BAEDEKER

SÜDTIROL

W0021042

www.baedeker.com

Verlag Karl Baedeker

Top-Reiseziele

Südtirol ist reich an Sehenswürdigkeiten von einzigartigen Kulturschätzen in historischen Orten bis zu faszinierenden Naturschauspielen mitten in einer malerischen Landschaft. Wir sagen Ihnen, was Sie auf keinen Fall verpassen sollten.

©BAEDEKER

wird die Geschichte Südtirols erzählt. **Seite 165**

❻ ✶✶ Meran
Die heitere Kurstadt ist eine gelungene Mischung aus K.-u.-k.-Zeit und Gegenwart, die Therme Meran ein Gesamtkunstwerk mit Verwöhngarantie. **Seite 230**

❼ ✶✶ Niederlana
Der gotische Hochaltar von Hans Schnatterpeck ist der größte Schnitzaltar im Alpenraum. **Seite 217**

❽ ✶✶ Bozen
Die Landeshauptstadt lockt mit mediterraner Lebensweise, mittelalterlichen Lauben und Museen, darunter das Ötzi-Museum und eines für zeitgenössische Kunst. **Seite 119**

❶ ✶✶ Glurns
Miniaturstadt mit intakter mittelalterlicher Stadtmauer
Seite 186

❷ ✶✶ Stilfser Joch Nationalpark
Hochgebirgslandschaft mit einzigartiger Flora und Fauna
Seite 267

❸ ✶✶ Karolingische Kirchen
St. Prokulus bei Naturns und St. Benedikt in Mals: Die Fresken der beiden romanischen Kirchen gehören zu den ältesten Wandmalereien im deutschen Sprachraum. **Seite 226, 246**

❹ ✶✶ Churburg
Einer der schönsten befestigten Adelssitze in Südtirol
Seite 296

❺ ✶✶ Schloss Tirol
Im Stammsitz der Grafen von Tirol

Lust auf ...

... Berghotels, Südtiroler Speck oder Whisky aus der Region, wunderschöne Fernsicht, stille Dörfer oder drei Epochen Kirchenkunst? Dann ist Südtirol das richtige Reiseziel!

BERGHOTELS

- **Berghofer**
  Auf dem Hochplateau gibt es nur zwei Hotels, Almen und den Blick auf die Berge. **Seite 112**

  Alpina Dolomites ▶
  Schicke Architektur, ein Verwöhnprogramm und der Blick auf den übermächtigen Schlern durch das Panoramafenster ...
  Seite 292

- **Briol**
  Es ist ein Sprung in die 1930er-Jahre, doch die Reduktion auf das Allernotwendigste mitten in einer behüteten Landschaft bringt neue Erfahrungen. **Seite 339**

REGIONALE PRODUKTE

- **Marmelade**
  Stefan Gruber macht traumhaft fruchtige Marmeladen; besonders gelungen ist der Gaumenkitzler aus Marillen. **Seite 253**

- **Whisky**
  Whisky nach schottischem Rezept aus Obervinschgauer Roggen und Wasser vom Puni-Bach **Seite 187**

- **Apfelsaft**
  Viele Äpfel Südtirols landen im Apfelsaft; einen der besten bekommt man auf dem Kandlwaalhof Luggin in Laas. **Seite 216**

◀ **Südtiroler Speck**
  Einheimische haben ihre eigenen Erzeugeradressen; Südtirol-Besucher können sich auf Seibstock in Bozen oder PUR in Meran und Bruneck verlassen: sie haben allerbeste regionale Produkte zu fairen Preisen. **Seite 124, 78**

FERNSICHT

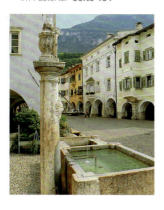

STILLE DÖRFER

KUNSTGESCHICHTE

Bäuerliches Erbe: Freilichtmuseum Dietenheim bei Bruneck

Die Spronser Seenplatte bei Dorf Tirol ist ein schönes Wandergebiet.

PREISKATEGORIEN
Restaurants (ein Hauptgericht)
🍴🍴🍴🍴 = über 25 €
🍴🍴🍴 = 15 – 25 €
🍴🍴 = 10 – 15 €
🍴 = bis 10 €

Hotels (DZ mit Frühstück)
🏠🏠🏠🏠 = über 200 €
🏠🏠🏠 = 150 – 200 €
🏠🏠 = 90 – 150 €
🏠 = bis 90 €

Hinweis
Gebührenpflichtige Service-nummern sind mit einem Stern gekennzeichnet: *0180....

PRAKTISCHE INFORMATIONEN

nachdenken · klimabewusst reisen
atmosfair

Kleine Kirche, große Berge: Kirche St. Walburg im Antholzer Tal

HINTERGRUND

Ein kleines Porträt Südtirols: Wissenswertes über seine großartige
Natur – hier bei St. Magdalena oberhalb von Bozen –, seine
Bevölkerung, über Wirtschaft und Politik, Geschichte,
Kunst und Alltagsleben.

Sonnenseite der Alpen

»Wenn ich Worte schreiben will, so stehen mir immer Bilder vor Augen«, schrieb schon Goethe bei seiner Italienreise, überwältigt von den Eindrücken nach der Überquerung des Brenners. Südtirols Landschaft trumpft mit grandiosen Bergformationen, dichten Wäldern und fruchtbaren Tälern auf. Auch die historischen Städte und das milde Klima auf der sonnenverwöhnten Alpensüdseite ziehen einst wie jetzt die Besucher in ihren Bann.

Südtirol ist die nördlichste Provinz Italiens und gleichzeitig der südlichste Zipfel des deutschen Sprachraums. Neben deutsch und italienisch wird in den Dolomitentälern auch ladinisch gesprochen, eine Sprache, die sich aus dem Rätischen der einstigen Ureinwohner und dem Vulgärlatein gebildet hat.

Die deutschsprachige Bevölkerung lebt mehrheitlich auf dem Land und hat sich in Architektur, Brauchtum, Lebensstil und Esskultur viel Tirolerisches bewahrt. Die Italiener leben dagegen vorwiegend in den Städten, die von einer lebendigen Mischung aus Kultur und Lebensstil der beiden Nationen geprägt sind.

Früh übt sich, wer die Traditionen bewahren will.

Berühmte Kulisse in Südtirol: die Drei Zinnen

LANDSCHAFT MIT VIELEN GESICHTERN ...

Das Eisacktal zieht sich vom niedrigsten Alpenübergang im Norden, dem Brennerpass, nach Süden. Auf dieser Route überquerten schon früher Händler, Kaiser und ganze Kriegsheere die Alpen, heute sind es Heerscharen von Feriengästen und viel Güterverkehr.

Am Zusammenfluss von Eisack und Rienz liegt die geschichtsträchtige Kleinstadt Brixen. Repräsentative Bauten, Museen und Sammlungen zeugen von der bedeutenden Rolle der einstigen Bischofsresidenz. Von hier zweigt das Pustertal mit dem Hauptort Bruneck nach Osten hin ab. Wiesen, Wälder, schroffe Felswände und Bergseen charakterisieren das Feriengebiet Hochpustertal. Am Talschluss des Tauferer Ahrntals liegt das nördlichste Eck Italiens.

Von Westen kommend, empfängt den Reisenden die kontrastreiche Landschaft des Vinschgaus. Dichte Wälder und grüne Almen werden von den weißen Gletscherspitzen der Ortlergruppe und der Ötztaler Alpen umsäumt. In den fruchtbaren Tallagen der Etsch prägt Obstanbau die Landschaft. Das Gebiet um Meran ist gegen den kalten Norden durch hohe, steile Berge geschützt und schon von der Sonne und Wärme des Südens gesegnet. Bereits im 19. Jh. war Meran aufgrund des guten Klimas ein beliebter Kurort. Zu den prominenten Kurgästen zählten auch Kaiserin Sisi, zu deren Österreichisch-Ungarischem Kaiserreich Südtirol damals noch gehörte, und der Dichter Christian Morgenstern.

In der Landeshauptstadt Bozen, am Zusammenfluss von Etsch und Eisack, trifft Nord auf Süd – das Deutsche mischt sich mit dem Italienischen. Schon im Mittelalter eine geschäftige Handelsstadt an der Brennerroute, ist Bozen heute die quirlige Hauptstadt der Provinz.

Im Südwesten von Bozen zieht sich die Südtiroler Weinstraße nach Süden, vorbei an üppigen Obst- und Weingärten, den Montiggler Seen und dem Kalterer See. Bei der Salurner Klause im Süden verengt sich das Tal und die Sprach- und Provinzgrenze zum italienischsprachigen Trentino ist erreicht.

... UND ANDERE SCHÄTZE

Die Berge, darunter 350 Gipfel über 3000 Meter, prägen die Landschaft Südtirols. Markante Steinriesen wie Rosengarten, Latemar und Schlern unterscheiden sich in ihrer Beschaffenheit von so manchen ihrer »Kollegen« am Alpenhauptkamm. Ein Großteil dieser hellen Felsen ist aus Dolomit, dessen Entdeckung und Namensgebung durch den Geologen Dolomieu rund 200 Jahre zurückliegt.

Die Dolomiten durchziehen den südwestlichsten Teil Südtirols: Schroffe Felszacken, saftige Wiesen und Almen, dichte Wälder und

Der Loggiengang ist der künstlerische Höhepunkt der Churburg in Schluderns.

ein Netz von Wanderwegen fügen sich zu einer einzigartigen Idylle, die seit 2009 zum Weltnaturerbe der UNESCO gehören. Felstürme wie der Rosengarten oder die Drei Zinnen sind eine beliebte Herausforderung für Kletterer. Die Silhouette des Schlern mit dem breiten, runden Buckel ist zum Symbol für die Dolomiten und für Südtirol geworden. Zu seinen Füßen liegt die Hochebene der Seiser Alm, wo man das ganze Jahr Ferien auf der Sonnenseite der Natur genießt.

300 Sonnentage im Jahr, Tausende Kilometer Wander- und Radwege sowie die unterschiedlichsten Ski- und Langlaufpisten in schönster Natur erwarten die Besucher.

Außerdem gibt es über 800 Burgen, Schlösser, Ruinen, Ansitze, aber auch zeitgenössische Architektur und Museen zu entdecken, darunter die berühmte Mumie »Ötzi« oder moderne und zeitgenössische Kunst im Museion in Bozen.

200 Musikkapellen, das Südtiroler Jazzfestival und die »Gustav Mahler Musikwochen« in Toblach zeugen davon, dass Musik Teil der Südtiroler Alltagskultur ist.

Nicht vergessen werden darf schließlich, dass es in Südtirol auffällig viele mit Hauben und Sternen ausgezeichnete Lokale gibt und die besten Weißweine Italiens ebenfalls hier wachsen, obwohl die Rebfläche Südtirols nur 1 % der Rebfläche Italiens ausmacht.

Der hl. Nikolaus als Retter aus Seenot: das Chorfresko in der Terlaner Pfarrkirche ist ein Hauptwerk der Bozner Schule.

Fakten

Natur und Umwelt

Gegensätze ziehen sich an: Die Klimazonen des Landes reichen von hochalpin bis nahezu mediterran, vom wärmsten See der Alpen bis zum nächsten Dreitausender sind es nur wenige Kilometer. Außerdem leben gleich drei verschiedene Sprachgruppen auf Südtiroler Gebiet.

Viele Südtirol-Reisende zieht es vor allem wegen der Landschaft in den südlichsten Teil des deutschen Sprachraums. Die über Jahrhunderte vom Menschen geprägte Kulturlandschaft mit Obstgärten, Weinbergen und Almen harmoniert mit sonnenüberfluteten Mittelgebirgsterrassen, unendlich scheinenden Bergwäldern und als krönendem Blickfang mit den markanten Felstürmen der Dolomiten oder den gletscherbedeckten Spitzen so mancher Dreitausender. Südtirol liegt dazu noch klimatisch begünstigt: Der Alpenhauptkamm fängt im Norden die kalten Winde ab, über die breiten Talflächen des Südens gelangen warme Luftströme vom Mittelmeer herein. Es gibt hier deutlich mehr Sonnentage und weniger Niederschläge als nördlich des Alpenhauptkamms. Auf den verschiedenen Höhenlagen entfaltet sich ein Vegetationsspektrum von submediterranen Pflanzen bis hin zu einer alpinen Flora.

Schönes Land, gutes Klima

Die großartigen **Dolomiten** – neun ihrer Berggruppen, von denen sechs in Südtirol liegen, sind seit Ende Juni 2009 **Weltnaturerbe** der UNESCO – im Südosten Südtirols sind eines der schönsten und am meisten besuchten Gebiete der ganzen Alpen. Mit den natürlichen Begrenzungen durch das Pustertal im Norden und das Eisacktal im Westen umfassen die Dolomiten etwa ein Drittel Südtirols. Fast zwei Drittel der Dolomi-

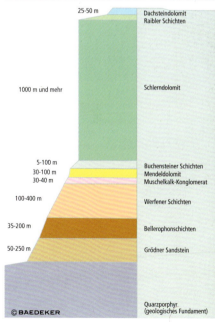

Dolomiten · Geologischer Aufbau

25-50 m	Dachsteindolomit / Raibler Schichten
1000 m und mehr	Schlerndolomit
5-100 m	Buchensteiner Schichten
30-100 m	Mendeldolomit
30-40 m	Muschelkalk-Konglomerat
100-400 m	Werfener Schichten
35-200 m	Bellerophonschichten
50-250 m	Grödner Sandstein
	Quarzporphyr (geologisches Fundament)

© BAEDEKER

Großartiges Farbenspiel im unberührten Fischleintal

ten liegen außerhalb Südtirols in Österreich (Lienzer Dolomiten) und in den Trentiner und bellunesischen Provinzen Italiens.

Die **Entstehungsgeschichte** der Dolomiten begann vor ca. 250 Millionen Jahren. Eine ursprünglich trockene Wüste wurde nach und nach vom Urmeer Tethys bedeckt und von Vulkanausbrüchen verformt. Durch den Zusammenstoß des afrikanischen mit dem europäischen Kontinent faltete sich ein Gebirge empor, das Wind, Wetter und den Eiszeiten ausgesetzt war. Vor rund 10 000 Jahren entstand nach der letzten Eiszeit schließlich jene bewohnbare paradiesische Kulisse, in der 1789 der Geologe Deodat de Dolomieu (1750 – 1801) einen besonderen **Kalkstein** fand. Dieser enthielt zusätzlich zum bekannten Kalziumkarbonat einen hohen Anteil an Magnesium. Wenn auch mancher Gipfel aus anderen Gesteinen besteht, so hat doch die vom Namen des Geologen abgeleitete Bezeichnung »Dolomiten« die Gebirgsgruppe in der ganzen Welt bekannt gemacht. Ein besonderes Schmuckstück sind die kleinen **Seen**, vor allem der Pragser Wildsee und der Karersee, über die sich die weißen oder gelblichen Kalkwände, gebändert von grau- bis braunrötlichen Mergelschichten und dunklen vulkanischen Tufflagen, erheben. Außergewöhnlich schön ist hier auch die »Enrosadüra«, das Alpenglühen, mit dem die untergehende Sonne die Gipfel übergießt.

PFLANZEN UND TIERE

Flora
Die Unterschiede bei den **alpinen Pflanzenarten** sind durch den Urgesteins- oder den Kalkboden der Dolomiten bedingt. Der Süden ist bestimmt durch den vom Gardasee heraufziehenden, mit immergrünen Arten bestandenen **Flaumeichengürtel**. In den Parkanlagen von Brixen, Bozen und Meran und an den geschützten Hanglagen gedeihen zahlreiche Exoten: Palmen, mehrere Bambusarten, der Perückenstrauch, die japanische Mispel, der Feigenkaktus, Zypressen, Feigen oder der Winterjasmin.

Schon zu vorrömischer Zeit wurden die klimatisch begünstigten niederen Hanglagen und Talböden für den **Weinbau** genutzt (▶Baedeker Wissen S. 344). Ebenfalls ertragreich für die heimische Wirtschaft sind die Apfelplantagen, deren Blüte im März und April die Täler und Mittelgebirgslagen in einen Blütenteppich verwandelt. Eine weitere bedeutende Nutzpflanze ist die Edelkastanie.

Fauna
Der **Wild- und Fischbestand** ist gesetzlich geregelt und geschützt. Erfolgreich wurden die Bartgeier wieder angesiedelt, Steinböcke kommen in großer Zahl vor und Gämsen wagen sich im Winter in die Tallagen fast bis in Stadtnähe. Es gibt viel Rotwild sowie in den Bergen Steinadler und Murmeltiere, Luchse und Wildschweine, gelegentlich auch Braunbären, die die Grenzen ihres Schutzgebiets im

Trentino überschritten haben. Hinzu kommen markante Arten der **südlichen Fauna** wie zum Beispiel die Smaragdeidechse, die Zikade und die »Maringgele« genannte Gottesanbeterin.

Zu den besonderen Haustieren gehört der **Haflinger**, eine kleine, kräftige und genügsame Pferderasse, die im 19. Jh. aus der Kreuzung einheimischer und arabischer Pferderassen entstanden ist. Ihr auffälligstes Merkmal ist das fuchsfarbene Fell mit heller Mähne. Der Haflinger hat als Arbeitstier kaum noch Bedeutung; viel wichtiger ist seine Rolle als Kutsch- und Reitpferd auch für Touristen.

UMWELTSCHUTZ

Gerade noch rechtzeitig wurde erkannt, dass Landschaft und Natur das wichtigste Kapital Südtirols sind. Zu den **Umweltschutzmaßnahmen** zählt neben der Einrichtung von Naturschutzgebieten eine behutsamere und maßvolle Erschlie-

Der Haflinger ist heute eher ein touristisches Zugpferd.

ßung der Landschaft. Der Autoverkehr wird eingeschränkt und stattdessen für die Nutzung von öffentlichen Verkehrsmitteln geworben. In den letzten Jahren wurden Radwege ausgebaut und die Vinschger Bahn zwischen Meran und Mals wieder eröffnet. Es gibt Ensembleschutz und Richtlinien bei Hotelbauten, das Hauptgewicht liegt auf der Erhaltung der Einzelbetriebe in den Dörfern und Städten anstelle von Einkaufszentren auf der »grünen Wiese«. Auf Wanderwegen informieren Hinweisschilder über die Verhaltensregeln. Das Pflücken von Obst und Trauben und das Sammeln von Edelkastanien ist untersagt.

In den vergangenen Jahren wurden auch immer mehr Biotope unter **Biotope** Naturschutz gestellt. Besonders in den geschützten Gebieten sollte man sich strikt an die markierten Wege und die Bestimmungen halten. Derzeit gibt es 175 geschützte Biotope in Südtirol, darunter die Feuchtbiotope Rasner Möser, Schludernser Au, Falschauer Mündung, Prader Sand und der Schilfgürtel am Kalterer See.

NATIONALPARK UND NATURPARKS

In Südtirol gibt es einen Nationalpark (Nationalpark Stilfser Joch) und sieben Naturparks; ein weiterer Naturpark (Sarntaler Alpen) ist im Entstehen. Vor Ort informieren **Naturparkzentren** über Besonderheiten der Flora und Fauna, außerdem werden verschiedene Führungen und eine Vielzahl von begleiteten Wanderungen angeboten.

Naturpark Schlern-Rosengarten

Der Naturpark Schlern-Rosengarten erstreckt sich auf rund 6806 ha, aufgeteilt auf die Gemeinden Kastelruth, Völs am Schlern und Tiers. Der charakteristische Gebirgsstock Schlern, seit Mitte 2009 Weltnaturerbe der UNESCO und ein Wahrzeichen Südtirols, ist von Nadelholzmischwäldern umrahmt und bekannt für die Blütenpracht der Seiser Alm entlang seiner Ausläufer.

Naturpark Texelgruppe

Der Naturpark Texelgruppe nordwestlich von Meran umfasst rund 33 430 ha und gehört geologisch zu den Zentralalpen. Landschaftlich besonders attraktiv sind die hoch gelegenen **Spronser Seen**, umrahmt von den Gipfeln der Dreitausender. Die insgesamt 20 Seen bilden die größte hochalpine Seenplatte Südtirols. An keinem anderen Ort lässt sich die Vielfalt der Südtiroler Landschaft auf so nahem Raum kennenlernen: Bei einem Höhenunterschied von rund 3000 m erstreckt sich der Naturpark von der submediterranen Vegetationszone mit Obst- und Weingärten über weite Almgelände bis hinauf zur Schneegrenze.

Nationalpark und Naturparks in Südtirol

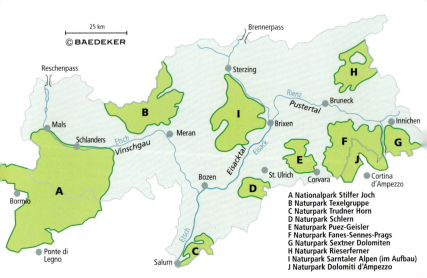

A Nationalpark Stilfer Joch
B Naturpark Texelgruppe
C Naturpark Trudner Horn
D Naturpark Schlern
E Naturpark Puez-Geisler
F Naturpark Fanes-Sennes-Prags
G Naturpark Sextner Dolomiten
H Naturpark Rieserferner
I Naturpark Sarntaler Alpen (im Aufbau)
J Naturpark Dolomiti d'Ampezzo

Der Naturpark Puez-Geisler, westlich des Gadertals und nördlich von Gröden gelegen und ebenfalls Weltnaturerbe, ist 10 196 ha groß. Ob Grödner Sandstein, Bellerophonschichten oder Schlerndolomit – alles sind sie, wie viele weitere typische **Gesteinsarten**, in diesem Gebiet besonders gut zu sehen. Besonders schönes Herzstück des Naturparks ist das Villnösser Tal bis zu den markanten Spitzen der Geislergruppe.

Naturpark Puez-Geisler

Der zum Weltnaturerbe zählende Naturpark Fanes-Sennes-Prags ist 25 680 ha groß und erstreckt sich südöstlich von Bruneck. Bekannt und im Sommer regelrecht überlaufen ist der zauberhaft gelegene Pragser Wildsee.
Eine landschaftliche Besonderheit sind die **Hochflächen von Fanes** mit dem Grünsee inmitten der kargen Berglandschaft. Im weichen Kalkstein haben sich Karsterscheinungen mit Rinnen und Rippen ausgebildet. Die Gesteine bilden hier glatte Plattenberge oder Stufen, die einem Amphitheater gleich in die Landschaft gebettet sind und schon früh die Legendenbildung rund um die Fanesalm mitprägten.

Naturpark Fanes-Sennes-Prags

Auf 6 866 ha findet sich im Naturpark Trudner Horn die **artenreichste Fauna und Flora** Südtirols. Der Naturpark liegt südlich von Bozen und umfasst hellen Kalk und Dolomit ebenso wie bräunlich roten vulkanischen Quarzporphyr, »Baustein« des 1817 m hohen Trudner Horns. Dieses Gestein sorgt für üppige Nadelwälder, Feuchtwiesen und Moore. Daneben sind submediterrane Flaumeichen, Hopfenbuchen und Mannaeschen verbreitet. Zwischen Truden und Altrei charakterisieren die Lärchenwiesen mit ihrem Blumenreichtum das Landschaftsbild.

Naturpark Trudner Horn

Der Naturpark Sextner Dolomiten im äußersten Osten Südtirols umfasst 11 635 ha. Bergmonumente des zum Weltnaturerbe gehörenden Naturparks wie der Elfer (3092 m), der Zwölfer (3094 m) und die Drei Zinnen (2999 m) bestehen aus Dachsteindolomit. Grüne Almen, Lärchenwiesen und winzige Seen sowie der Dürrensee im Höhlensteintal charakterisieren die Landschaft, die Hochgebirgsregion trägt noch die Spuren der Dolomitenschlachten des Ersten Weltkriegs (▶Baedeker Wissen S. 160).

Naturpark Sextner Dolomiten

Nordöstlich von Bruneck erstreckt sich der Naturpark Rieserferner-Ahrn mit einer Fläche von 31 505 ha bis an die Staatsgrenze und bildet zusammen mit dem daran anschließenden Nationalpark Hohe Tauern und dem Ruhegebiet Zillertaler Hauptkamm den **größten Schutzgebietsverbund Europas**. Der Naturpark ist von Gletschern (hier »Ferner« genannt), mächtigen Bergriesen und Wasserreichtum in Form von Wasserfällen und Seen geprägt.

Naturpark Rieserferner-Ahrn

Südtirol auf einen Blick

▶ Italienische
Schreibweise:

Alto Adige

11° 22'
östlicher Länge

ÖSTERREICH

SCHWEIZ

Südtirol

Bozen

46° 30'
nördlicher Breite

 Lage:
Die Autonome Provinz
Bozen-Südtirol (Alto Adige)
und die Provinz **Trentino**
bilden zusammen die Region
Trentino-Alto Adige.

Trentino

ITALIEN

 Fläche:
7400 km²
64,4 % höher als 1500 m ü. d. M.
6 % bebaut
2220 km² landwirtschaftliche Nutzung
3570 km² Waldfläche

 Bevölkerungsdichte:
69 Einwohner / km²

 Einwohner: **507 660**

©BAEDEKER

▶ Sprachen

26,5 — **Italienisch**

4,4 Ladinisch

%

69,1 — **Deutsch**

▶ Verwaltung

Regierung: Landeshauptmann mit Landräter...

Parlament: Landtag von Bozen-Südtirol
mit 35 Abgeordneten

▶ Urlaubsregionen

A: Vinschgau
B: Meran und Umgebung
C: Bozen und Umgebung
D: Überetsch / Unterland
E: Eisacktal

116 Gemeinden sind in **8 Bezirks-
gemeinschaften** unterteilt
(gestrichelte Linien)

■ Mals

B

Meran ■

A

C

■ Sterzing

E

F

■ Bruneck

Bozen ■

H

G

D

F: Pustertal / Tauferer-Ahrntal
G: Rosengarten / Latemar
H: Dolomiten

▶ Wirtschaft

BIP pro Kopf: **31 700 €**
Italien gesamt: **24 300 €**

Tourismus: über **28 Mio.**
Übernachtungen (2011)

Ca. 7 % der Erwerbs-
bevölkerung sind in der
Landwirtschaft beschäftigt.
Wichtigste Anbauprodukte:

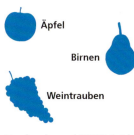

Äpfel

Birnen

Weintrauben

Handwerk: rund **13 000 Betriebe** in **80 verschiedenen
Berufssparten**

Arbeitslosenquote: **4,1 %** (2012)
Italien gesamt: **10,5 %**

▶ Klimastation Bozen

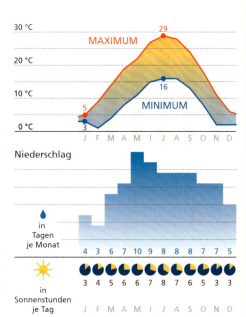

Niederschlag

in
Tagen
je Monat

4 3 6 7 10 9 8 8 8 7 7 5

in
Sonnenstunden
je Tag

3 4 5 6 6 7 8 7 6 5 3 3

J F M A M J J A S O N D

▶ Äpfel aus Tirol

Jeder 10. in Europa gegessene Apfel stammt aus Südtirol – hier wird die Hälfte des
italienischen Aufkommens geerntet.

1 Mio. Tonnen Äpfel werden jedes Jahr
in Südtirol geerntet. Prozentualer Anteil
der verschiedenen Apfelarten:

Anbaugebiete in Südtirol

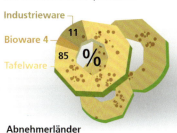

Industrieware

Bioware 4

Tafelware

11

85 **%**

Abnehmerländer

50 %
Italien

30 %
Deutschland

20 %
GB/Skand./
Spanien

Nationalpark Stilfser Joch Der Nationalpark Stilfser Joch im äußersten Südwesten von Südtirol weist auf 952 km² in verschiedenen Höhenlagen eine **besondere Artenvielfalt** auf. Der Nadelwald setzt sich aus Fichten, Lärchen und Zirbelkiefern zusammen, neben alpinen Rasengesellschaften mit Kohlröschen, Arnika und dem Edelweiß sieht man auch die Alpen-Polsternelke mit Kugelwuchs, das Alpen-Leinkraut als Schuttkriecher und den Gletscher-Hahnenfuß. Geschützte Vogelarten sind Steinadler, Schwarzspecht, Alpendohle, Steinrötel und Tannenhäher. In seiner Gesamtfläche, die sich auf Südtirol, das Trentino und die Lombardei erstreckt, bildet der bis ins Trentino und in die Lombardei reichende Nationalpark eines der größten Schutzgebiete der Alpen. Auf Südtiroler Seite gibt es gleich drei Besucherzentren: im Martelltal, in Prad und in Trafoi.

Politik · Bevölkerung · Wirtschaft

Die Autonome Provinz Bozen-Südtirol besteht seit 1948 und gehört zur Region Trentino-Südtirol, der innerhalb Italiens ein Sonderstatus zukommt.

Politischer Status Das erklärt sich aufgrund ihrer besonderen geografischen Lage, Geschichte und ethnischen Zusammensetzung. Landeshauptstadt und Sitz der Landesregierung ist Bozen.
Parteipolitisch wird die Mehrheit der deutschsprachigen Bevölkerung von der Sammelpartei der **SVP**, einer Partei der breiten Mitte, vertreten, während am linken und rechten Rand kleine deutsche Parteien deren Vormachtstellung mit mehr oder weniger Erfolg angreifen. Die italienische Volksgruppe ist in verschiedene kleinere Parteien aufgesplittert, die jeweils eigene Interessen verfolgen.
Die **Autonomie** (▶Geschichte) der 116 Gemeinden Südtirols ist verfassungsrechtlich verankert. Die Landesregierung setzt sich aus dem **Landeshauptmann** und den Landesräten zusammen, wobei der Status des Landeshauptmanns etwa dem eines deutschen Ministerpräsidenten entspricht. Von den Landeshauptmann-Stellvertretern gehört einer der deutschen und einer der italienischen Sprachgruppe an. Während die Gesetzgebungsbefugnis des Staates z. B. die Bereiche Währung, Steuern, Sicherheit und Gerichtsbarkeit umfasst, kann das Land u. a. bei Weiterbildung, Schule, Gesundheitswesen, Handel, Verkehr, Kultur und Tourismus gesetzgeberisch tätig werden.

Bevölkerung, Sprache In Südtirol leben Deutsche, Italiener und Ladiner. Der kulturelle und sprachliche Hintergrund der deutschsprachigen Bevölkerung wurzelt im Tirolerischen. Zu den Gemeinden mit italienischer Bevölkerungsmehrheit zählen Bozen und die südlich davon gelegenen Orte Leifers, Salurn, Branzoll und Pfatten. Die Ladiner, Nachkommen der rätischen Urbevölkerung, leben vor allem in den Dolomitentälern. Sie sprechen **Ladinisch**, das aus der Verschmelzung des Vulgärlateins der römischen Soldaten und Beamten und der Sprache der einheimischen Bevölkerung entstand (▶Baedeker Wissen S. 179).

In Südtirol sprechen heute 69,4 % deutsch, 26,3 % italienisch und 4,3 % ladinisch. Seit einiger Zeit sind die Bewohner von Südtirol gehalten, sich einer der Sprachgruppen zuzuordnen, und eine nicht geringe Zahl von Bürgern italienischer Abstammung bekennt sich bewusst zur deutschsprachigen Gruppe. Bei der jüngeren Bevölkerung wächst zudem die Bereitschaft zur Zweisprachigkeit. Alle drei Sprachen sind anerkannte Landessprachen. Es gibt italienische, ladinische und deutsche Schulen sowie Fernseh- und Rundfunksendungen in allen drei Sprachen.

> **? BAEDEKER WISSEN**
>
> *Südtiroler Erfindergeist*
>
> 1864 erfand der Tischler Peter Mitterhofer aus Partschins bei Meran die Schreibmaschine (▶Partschins), 1867 der Schlosser Johann Kravogel aus Lana im Etschtal ein »Elektrisches Kraftrad«. 1928 experimentierte der Bozner Max Valier mit Raketenwagen (▶ S. 57) und 1934 entwickelte der Brixner Julius Durst eine Kopiermaschine zum Drucken von Ansichtskarten.

Religion
Fast die gesamte Bevölkerung (98 %) bekennt sich – unabhängig von der jeweiligen Volksgruppe – zur **römisch-katholischen Kirche**. Die Diözese Bozen-Brixen besteht seit 1964. Von 28 Dekanaten sind 23 mehrheitlich deutschsprachig, drei italienisch- und zwei ladinischsprachig. Die Kurienverwaltung wird von einem deutschen und einem italienischen Generalvikar geleitet; die Ämter des Ordinariats haben meist eine deutsche und eine italienische Sektion. In Bozen und Meran gibt es protestantische Gemeinden, in Meran auch eine kleine israelitische Kultusgemeinde.

WIRTSCHAFT

Zugpferd Tourismus
Eine der wichtigsten Säulen der Wirtschaft ist der Tourismus. Die Saison erstreckt sich beinahe über das ganze Jahr. Südtirol liegt im europäischen Spitzenfeld, was die Anzahl an Übernachtungen pro Einwohner betrifft. Das Gebiet ist mit Hotels aller Kategorien, Berggasthäusern, Bergbahnen und Liften außerordentlich gut erschlossen. Die **Infrastruktur** mit wichtigen Eisenbahnstrecken, der Brennerautobahn, Straßen und Busverkehr bis in die hintersten Talorte, mit Freizeiteinrichtungen sowie einem dichten Netz von markierten Wanderwegen, Bergpfaden und Klettersteigen ist hervorragend.

Willkommen im Alltag!

Südtirol einmal abseits der Touristenpfade erleben und »ganz normale« Leute treffen – dazu einige Tipps von der Baedeker-Redaktion.

BERGBAUERNHILFE

1996 begann ein Pilotprojekt und heute finden jeden Sommer rund 300 unbezahlte Arbeitseinsätze auf Bergbauernhöfen statt. Für viele Städter ist es ein Zurück zur Natur, zu einem ursprünglichen Leben. Die Arbeit beginnt oft vor 6.00 Uhr morgens und endet gewöhnlich mit dem Sonnenuntergang. Die Bergbauern sind auf zupackende Hände angewiesen, denn hoch oben haben die Maschinen wenig Nutzen. Für einen solchen Aufenthalt sollte man mindestens eine Woche einplanen, etwaige Kenntnisse in der Landwirtschaft sind von Nutzen. *Kanonikus-Michael-Gamper-Str. 5, 39100 Bozen. Tel. 0473 99 93 09, www.bergbauernhilfe.it*

WINTERSCHULE ULTENTAL

Die Schafwolle und Traudl Schwienbacher sind ein fester Begriff in Südtirol. 1993 hat die Ultenerin ihre Winterschule gegründet, um altes Wissen aus dem bäuerlichen Alltag zu sichern. Ein Schwerpunkt ist die Schafwolle.

In Kursen lernt man, Schafwolle zu waschen, zu kämmen und mit Naturfarben zu färben, außerdem einen Sarner zu stricken, Ultner Hauspatschen in Zopftechnik zu flechten oder Taschen, Teppiche und Decken zu weben. Auf dem Ultener Bauernmarkt »Zuanochten« werden immer mehr Textilien aus diesem Naturprodukt verkauft.

Winterschule Ulten, Hauptstr. 172/b, 39016 St. Walburg, Tel 0473 79 60 99, www.winterschule-ulten.it

WEINLESE

Weininteressierte können ab Ende September bei der Weinlese helfen. Zur Belohnung gibt es neben viel Spaß ein Mittagessen im Weinberg – wie z. B. hoch über dem Kalterer See. Der Mohrenwirt Raimund Holzner vom Gasthof zum Mohren in Prissian geht z. B. mit den Gästen in die eigenen Weinberge unterhalb von Schloss Wehrburg. Geerntet werden Sauvignon-, Vernatsch- und Zweigelt-Trauben.

Haus zur Traube, Pfuß 7, 39052 Kaltern, Tel. 0471 96 33 69. www.zurtraube.it; Gasthof zum Mohren, 39010 Tisens-Prissian, Tel. 0473 92 09 23, www.mohren.it

SÜDTIROLER WEINAKADEMIE

Die Südtiroler Weinakademie ist eine Gründung der Sommelier-Vereinigung und der Initiative »wein.kaltern«. Angeboten werden das vergnügliche Wein & Erleben, Kochkurse, ein Weinwandertag Ende April oder die Veranstaltung »Nacht der Keller« Mitte Juni. Bei Wein & Lernen können sich Einsteiger und Profis mit Basisseminaren bis zum diplomierten »Master of Wine« weiterbilden. Die meisten Kurse finden im Kalterner Ansitz Pach mitten in den Weinbergen statt.

Südtiroler Weinakademie, Ansitz Pach, Maria-von-Buol-Platz 4 A, 39052 Kaltern, Tel. 0471 96 46 09, www.suedtiroler-weinakademie.it

BROT BACKEN ODER VIELLEICHT MELKEN?

Zwischen Juli und September findet freitags um 16.00 Uhr in der Hofkäserei Englhorn in Schleis eine Vorführung der Käseherstellung statt; anschließend gibt es Käse und selbstgebackenes Brot zum Verkosten; Dauer etwa 1 Std., Teilnahmegebühr 10 €.

Auf dem Montecin-Hof der Familie Stocker, oberhalb von Tartsch im Oberen Vinschgau, erfährt man einiges über die Südtiroler Milchwirtschaft und kann sogar erste Melkversuche unternehmen. Der kleine Lehrgang dauert 1,5 Std., die Teilnahmegebühr beträgt 5 €.

Auskunft und Anmeldung beim Tourismusverein Mals/Burgeis-Schluderns-Glurns, Tel. 0473 83 11 90, www.ferienregion-obervinschgau.it/urlaub/veranstaltungen, Auskunft auch unter www.suedtirolerland.it/de/kalender

Land- und Forstwirtschaft

Der wirtschaftliche Schwerpunkt Südtirols im Bereich der Landwirtschaft liegt im Etschtal zwischen Mals und der Salurner Klause sowie im Eisacktal von Brixen bis ins Bozner Becken. Hier ist das Hauptanbaugebiet für hochwertiges **Obst**, vor allem Äpfel. Die besten Äpfel kommen aus den Hügellagen des Eisacktals und des Vinschgaus, wo die Anbaugrenze bei fast 900 Höhenmetern liegt. Südtiroler **Weinsorten** wie die roten St. Magdalener, Kalterer See und Lagrein sowie die weißen Gewürztraminer und Weißburgunder tragen überproportional zum italienischen Weinexport bei. Ausgedehnte Hochalmen ermöglichen Rinderhaltung, die **Verarbeitung der Milch** zu Joghurt, Butter und Käse ist genossenschaftlich organisiert. Ein bekanntes und von der EU geschütztes Markenprodukt ist der »Südtiroler Speck«; über die Einhaltung der Qualitätskriterien wacht das 1992 gegründete Speckkonsortium. Die **Holzverarbeitung** konzentriert sich vor allem auf Fenster und Möbel. Der wirtschaftliche Ertrag aus dem Holzverkauf ist dagegen marginal, da die Marktpreise zu niedrig sind für die kostenintensive Pflege der Wälder.

Jeder zehnte Apfel, der in der EU auf den Tisch kommt, stammt aus Südtirol.

Im Bozner Raum ist die Konzentration von Handel, Gewerbe und Industrie am höchsten. Hier gibt es noch einige metallurgische Werke sowie Maschinen- und Fahrzeugbaubetriebe – Reste der Italianisierungspolitik der Zwischenkriegszeit –, die an für die Großindustrie heute ungünstigen Standorten angesiedelt wurden. Inzwischen steigt die Zahl der Betriebe für Import- und Distributionsdienstleistungen, z. B. Sportartikelhersteller für den italienischen Markt. Im Eisacktal, im Pustertal sowie im Vinschgau gibt es eine Reihe kleinerer und mittelständischer Industrie- und Handwerksbetriebe sowie Zulieferbetriebe für die Automobilindustrie. Berühmt sind außerdem die Marmorbrüche von Laas bei Schlanders.

Gewerbe und Industrie

Besonderes **Kunsthandwerk** produzieren Holzschnitzer im Grödner Tal, Maskenschnitzer und im Sarntal z. B. Federkielsticker, Reggelmacher (»Reggele« = Kurzpfeife) und Besteckmacher.

Im Vinschgau, im Eisacktal und in kleinen Hochtälern nutzen zahlreiche **Elektrizitätswerke** die Wasserkraft der Gebirgsflüsse, die teils zu großen Seen (z. B. Reschensee, Vernagt-Stausee im Schnalstal, Zufritt-Stausee im Martelltal) aufgestaut sind. Seit Jahren bemüht sich die Südtiroler Landesregierung, über Beteiligungsgesellschaften Einfluss auf die einstmals in Staatsbesitz befindlichen und inzwischen privatisierten Energiegesellschaften zu erlangen.

Langer Weg zur Autonomie

Als Transitland war Südtirol häufig Zankapfel der großen Nachbarstaaten. Umso wichtiger ist der Bevölkerung auch heute noch ihre Autonomie.

SIEDLER UND EROBERER

12 000 – 5000 v. Chr.	Funde verweisen auf prähistorische Jäger.
5000 – 3000 v. Chr.	Spuren von sesshaften Siedlern (»Ötzi«).
1700 v. Chr.	Besetzung durch die Römer.

Erste Spuren menschlicher Besiedlung im heutigen Südtiroler Gebiet **Erste Siedler** stammen aus der Zeit kurz nach dem Verschwinden der eiszeitlichen Gletscher. Auf **mittelsteinzeitliche Jäger** deuten Funde in den Tallagen bei Salurn, Bozen und Brixen und Kultstätten am Schlern. Im Naturparkgebiet Schlern wurde das »Hauensteiner Schwert« aus der Bronzezeit gefunden. Für Furore sorgte 1991 die Entdeckung eines mumifizierten Menschen auf dem Similaun-Gletscher im Schnalstal, die dort Mitte des 4. Jahrtausends v. Chr. in 3210 m Höhe erfroren war. **»Ötzi«**, wie die Mumie aus den Ötztaler Alpen liebevoll genannt wird, war den Folgen eines Pfeilschusses erlegen (▶Baedeker Wissen S. 130). Die Menschen dieser Steinzeitepoche trieben bereits Handel, z. B. mit Feuersteinen aus den lessinischen Feuersteingruben nördlich von Verona. Neben nomadisierenden Stämmen waren die ersten Siedler wohl Illyrer und Ligurer, die von Süden kamen und sich mit den Venetern, die ab 1000 v. Chr. aus dem Osten zuwanderten, vermischten. Ab 500 v. Chr. zogen aus dem Norden und Westen Kelten zu sowie ab 400 v. Chr. Etrusker aus dem Süden. Die Römer gaben den in Tirol und Graubünden siedelnden Menschen den Namen »Raeti« (**Räter**).

Im Jahr 15 v. Chr. eroberten die nach Norden vordringenden Römer **Römerzeit** unter Tiberius und Drusus, den Stiefsöhnen von Kaiser Augustus, das Tiroler Land, das nun zu den neu gegründeten römischen Provinzen **Raetia** (im Nordwesten), **Noricum** (im Nordosten) und **Venetia et Histria** (im Süden) gehörte. In den rund 500 Jahren römische Herrschaft wurden Militär- und Zollstationen gegründet, Straßen angelegt und verbessert, darunter die bedeutende Kriegs- und Handelsstraße »Via Claudia Augusta« nach Norden über den

Italienische Alpini transportieren im Ersten Weltkrieg ein Geschütz an die nur schwer zugängliche Dolomitenfront.

Alpenhauptkamm. Römische Siedlungen entstanden, die Urbevölkerung wurde romanisiert und das **Christentum** eingeführt. Aus der Vermischung der rätischen Sprache mit dem Lateinischen entstand das Rätoromanische bzw. Ladinische (▶ Baedeker Wissen S. 179).

Völkerwanderung Mit dem Zerfall des römischen Reichs endete für Südtirol eine lange Friedensperiode. Das Machtvakuum, das die Römer hinterlassen hatten, begannen ab dem 4. Jh. n. Chr. eindringende Völker zu füllen. Hunnen verwüsteten das Südtiroler Gebiet, Ostgoten, Franken und Langobarden nahmen Teile des Landes in Besitz. Den stärksten Anteil an der germanischen Besiedlung Tirols hatten die **Baiern**, die im 7. Jh. über die Alpen vorstießen. Von nun an begann sich die deutsche Sprache durchzusetzen. Die Sprachgrenze war fließend; lange Zeit verlief sie nördlich von Trient am Fluss Avisio, später bei der heute noch gültigen Linie an der Salurner Klause.

MITTELALTER

8. Jh.	Tirol wird Teil des Reichs Karls des Großen.
11. Jh.	Die Bischöfe geben die Grafengewalt an weltliche Herren ab.
14. Jh.	Tirol geht an die Habsburger.

Franken Nach dem Sieg Karls des Großen über die Langobarden im Jahr 774 wurden das langobardische und das bajuwarische Gebiet dem Frankenreich angeschlossen und in **Gaue und Grafschaften** eingeteilt; die Gebietsbezeichnung »Vinschgau« erinnert daran. Mit dem Tod Karls des Großen 814 fielen die südlichen Teile Unterland und Überetsch Trient und dem Königreich Italien zu, der Rest dem Herzogtum Bayern, also dem entstehenden »Heiligen Römischen Reich Deutscher Nation«. Im Jahr 952 übernahm der spätere Kaiser Otto der Große auch Trient. Anfang des 11. Jh.s wurden die Bischöfe von Trient und Brixen mit den Fürstentümern belehnt. Diese konnten aus innerkirchlichen Gründen die weltliche Macht nicht selbst ausüben, weshalb sie zuerst Vögte, später Grafen mit der Verwaltung ihrer Gebiete sowie der Ausübung der gerichtlichen und militärischen Gewalt belehnten.

Grafen von Tirol In der Folgezeit entbrannten erbitterte Machtkämpfe der weltlichen Herrschergeschlechter untereinander, aber auch mit den Bischöfen, deren Machtanspruch die Grafen nicht mehr hinnehmen wollten. Eindeutige Sieger der Kämpfe waren schließlich die Grafen von Tirol. Dieses Geschlecht, das sich den Beinamen »**Tirol**« 1142 nach seinem Stammsitz, der gleichnamigen Burg bei Meran, zugelegt hatte, kontrollierte im 12. und 13. Jh. das spätere Südtirol fast vollständig. Unter Meinhard II. (1268 – 1295) erlangte Tirol weitgehend seine von da an

Prächtiger Innenhof der fürstbischöflichen Hofburg in Brixen

geltende politische Gestalt; 1282 bestätigte König Rudolf von Habsburg Meinhards Anspruch auf das »Land an der Etsch und im Gepirg«. Die letzte Herrscherpersönlichkeit aus dem Geschlecht der Grafen von Tirol war Margarethe Maultasch (►Berühmte Persönlichkeiten), die 1363 Tirol Rudolf IV. von Habsburg vermachte.

FRÜHE NEUZEIT

1493 – 1519	Blüte unter der Regentschaft Maximilians I.
1525/26	Bauernaufstand unter Führung von Michael Gaismair.
1809	Aufstand Tirols gegen die bayerischen Herrscher.

Die Eigenständigkeit Tirols wurde unter den Habsburgern noch gefördert. Im 15. Jh. erlebte es durch den Salz-, Silber- und Kupferbergbau einen wirtschaftlichen Aufschwung, der eine kulturelle Blütezeit zur Folge hatte. Südtirols vorteilhafte Lage kam dem Durchzugshandel zugute. Die Landstände (darunter auch die Bauern) hatten sich bedeutende Rechte erkämpft und vereitelten u. a. den Plan Sigismunds des Münzenreichen (►Berühmte Persönlichkeiten), der 1487 Tirol an die Bayern abtreten wollte. 1490 ging Tirol an Sigismunds nächsten Verwandten, den späteren Kaiser Maximilian I. (1493 bis 1519). Unter diesem bedeutenden Renaissancefürsten wurde Tirol mit Innsbruck, das Meran als Landeshauptstadt abgelöst hatte, sogar zum **Zentrum europäischer Politik**. Er vergrößerte Tirol beträchtlich nach Norden (Kufstein), Süden (Rovereto, Ala) und Osten (Pustertal, Cortina) hin.

Habsburger

Engadiner Krieg 1499 drangen im Engadiner Krieg (Schwabenkrieg), den die schweizerische Eidgenossenschaft zusammen mit Graubünden gegen Österreich und den Schwäbischen Bund führte, Schweizer Truppen durch das Münstertal in den Vinschgau vor und schlugen das österreichische Heer vernichtend. Es war die blutigste Schlacht auf Tiroler Boden mit Tausenden von Toten. Mit Maximilians Tod fand die politische Glanzzeit ein rasches Ende: Auf religiöse und rechtliche Unruhen folgten Missernten und schlechte Witterung. 1525/26 erhoben sich die Tiroler Bauern unter Führung von Michael Gaismair (▶Berühmte Persönlichkeiten) vergeblich gegen die zunehmende Unterdrückung durch die Kirche und den Landesherrn Friedrich von Habsburg. Auch die **Hutterer**, eine nach Jakob Hutter aus St. Lorenzen im Pustertal benannte reformistische Wiedertäuferbewegung, bekamen die ganze Härte von Kirche und Staat zu spüren. Jakob Hutter wurde 1536 in Innsbruck hingerichtet, mehr als 6000 »Huttersche Brüder« wanderten nach Mähren und später in die USA aus, wo die Hutterer noch heute in einer religiösen Gemeinschaft leben.

Im 17. Jh. verlagerten sich die Zentren des politischen und wirtschaftlichen Geschehens in Europa und Tirol versank immer mehr in politischer Bedeutungslosigkeit. 1665 entstand nach dem Aussterben der Tiroler Linie der Habsburger in der nun von Wien aus verwalteten Alpenregion ein politisches Vakuum, das die katholische Kirche geschickt zu füllen wusste. Jegliches reformerische Gedankengut wurde unterdrückt, protestantische Familien mussten das Land verlassen, die Errichtung kirchlicher Prachtbauten nahm zu und schon bald kursierte der Mythos vom **»heiligen Land Tirol«**.

Im Tiroler Aufstand unter Andreas Hofer wird Innsbruck erobert (Aquarell von Ernst Henseler).

Im Spanischen Erbfolgekrieg (1701 – 1714) gelang es dem Tiroler Landesaufgebot, ein französisch-bayerisches Truppenkontingent zu schlagen. 1797 wehrte der Tiroler Landsturm einen Vorstoß napoleonischer Verbände bei Franzensfeste erfolgreich ab. 1805 erklärte Napoleon Bonaparte Österreich den Krieg. Nach dessen entscheidendem Sieg bei Austerlitz in Mähren verlor Wien u. a. Tirol an das mit Frankreich verbündete **Bayern**. Die Bayern erhöhten die Steuern, tilgten den Namen »Tirol« von der Landkarte und schlugen einen harten antiklerikalen Kurs ein. 1809 erhoben sich die Tiroler unter der Führung von **Andreas Hofer** gegen die verhasste bayerische Vorherrschaft (▶Baedeker Wissen S. 50). Nach dem Sieg über Napoleon erhielt Österreich auf dem Wiener Kongress von 1814/15 Tirol wieder zurück.

ZEITGESCHICHTE

1919	Nach dem Ersten Weltkrieg fällt Südtirol an Italien.
1922	Die italienischen Faschisten unter Mussolini übernehmen die Macht.
1969	Das »Südtirol-Paket« gewährt Autonomiestatus.
1992	Der Streit mit Österreich wird vor der UNO beigelegt.

Im **Ersten Weltkrieg**, in den Italien 1915 eintrat, waren Südtirol und die Dolomiten Schauplatz erbitterter Kämpfe; im Friedensvertrag von 1919 musste die Alpenregion an Italien abgetreten werden. Schon seit dem ausgehenden 19. Jh. waren Stimmen in Italien laut geworden, die eine Ausdehnung des Gebiets auf die »natürlichen Grenzen« an der Wasserscheide der Alpen und somit eine Annexion des heutigen Südtirols forderten. Während des Ersten Weltkriegs verlangte Italien 1915 als Preis für das Festhalten am 1882 geschlossenen Dreibund »Deutschland/Österreich-Ungarn/Italien« den Brenner als Grenze. Wien war immerhin bereit, das Trentino, das italienisch besiedelte Welsch-Tiroler Gebiet, abzutreten. Doch Rom hatte bereits Geheimverhandlungen mit dessen Gegnern aufgenommen, die ihm größere Gebietsansprüche zusicherten. Im Mai 1915 erklärte Italien der Habsburger Monarchie den Krieg. An der Dolomitenfront und im Ortlermassiv entwickelte sich ein heftiger Stellungskampf (▶Baedeker Wissen S. 160). Nach dem Ersten Weltkrieg strich Italien mit dem **Friedensvertrag von Saint-Germain** (1919) die Belohnung für das 1915 vollzogenen Seitenwechsel ein: Es erhielt das Trentino und die deutschsprachigen Gebiete nördlich der Salurner Klause bis zur Alpenhauptwasserscheide am Brenner. Aus strategischen Gründen annektierte Italien auch die Sextener Dolomiten mit Innichen jenseits der Wasserscheide.

Südtirol wird italienisch

Mit der Machtübernahme der Faschisten unter Mussolini 1922 setzte im Norden eine rigorose Italienisierungspolitik ein. Auf Ämtern und in Schulen wurde der Gebrauch der deutschen Sprache verboten, nur im Gottesdienst und Religionsunterricht durfte dank kirchlicher Intervention noch Deutsch gesprochen werden. So entstanden im ganzen deutschsprachigen Südtiroler Raum geheime »Katakombenschulen«, in denen weiterhin in Deutsch unterrichtet wurde. Der

Italienisierung

Politische Geschichte Südtirols

Der Friedensvertrag von St-Germain 1919 brachte den nun zu Italien gehörenden Südtirolern nur bedingt Frieden, denn Mussolini begann nach seiner Machtübernahme 1922 mit der »Italienisierung«. Hitler anerkannte die Brennergrenze, um Mussolinis Zustimmung für den Anschluss Österreichs an das Deutsche Reich zu bekommen. Landeshauptmann Silvius Magnago verhandelte viele Jahre mit Rom über das 1972 verabschiedete »Südtirol-Paket«.

▶ **Bevölkerungsentwicklung**

■ Deutsche ■ Italiener ■ Andere

1880

186 087   6 884

1921 nach der Teilung

193 271   27 048

2039 Option

234 650   80 743

2011

355 205   133 362

▶ **Politische Gesichter**

Reinhold Messner
Extrembergsteiger;
1999 bis 2004 als
Parteiloser für die
italienischen Grünen
im EU-Parlament

Silvius Magnago
(1914–2010);
1960–1989 Landes-
hauptmann und
»Vater des
Autonomiestatuts«

▶ **Zeittafel der politischen Entwicklungen**

Entstehung des Landes Tirol	Unter der Herrschaft Österreichs	Unter Herrschaft Bayerns	
1282 Rudolf von Habsburg bestätigt den Anspruch der Grafen von Tirol auf das »Land an der Etsch und im Gepirg«	**1363** Margarete Maultasch überlässt Tirol dem Haus Habsburg	**1805-1814** Napoleon schlägt Tirol dem mit ihm verbündeten Bayern zu	**1814/1815** Wiener Kongress Tirol fällt wieder an die Habsburger
Die Grafen von Tirol werden 1128 erstmals urkundlich erwähnt. Tirol gehört zum Herzogtum Bayern.	**1525** Bauernaufstand Die Grafschaft ist Teil des Heiligen Römischen Reichs Deutscher Nation.	Zeit der napoleonischen Kriege	Tirol ist Kronland der Österreichisch-Ungarischen Monarchie

1000   1500   1800   1810   1900

©BAEDEKER

Teilung Tirols

1918/19
Im Friedensvertrag von St-Germain wird die Region südlich des Brenners Italien zugeschlagen

Nordtirol und Osttirol gehören zu Österreich

1950   2000

1922
Mussolini kommt in Italien an die Macht; Beginn der Italienisierung Südtirols

1946
Pariser Abkommen zw. Österreich und Italien über Autonomie Südtirols

1961 – 1992
Kampf der Südtiroler für ihre Autonomie führt zum »Südtirol-Paket«, das bis 1992 umgesetzt wird.

1939
Hitler und Mussolini beschließen Umsiedlungsabkommen zur Aussiedlung der Südtiroler ins Deutsche Reich.

Südtirol gehört zu Italien

Geograf Ettore Tolomei (▶ Berühmte Persönlichkeiten) italianisierte Südtiroler Orts- und Flurnamen. Dank einer konsequent durchgesetzten **Siedlungspolitik**, d. h. nach Zuzug von rund 100 000 Italienern vorwiegend aus dem Süden des Landes, war Ende der 1930er-Jahre bereits ein Viertel aller Bewohner Südtirols italienisch.

»Option« Am 22. Juni 1939 schlossen Hitler und Mussolini das Optionsabkommen: Zwischen Oktober und Dezember 1939 mussten sich die deutschen Südtiroler entweder für Deutschland entscheiden und ihre Heimat verlassen (**»Optanten«**) oder konnten unter Preisgabe ihrer Sprache und Kultur in der Heimat bleiben (**»Dableiber«**). Verlässliche Zahlen gibt es nicht, aber die Mehrheit entschied sich für das Deutsche Reich. 75 000 Südtiroler hatten ihre Heimat bereits verlassen, als der Beginn des Zweiten Weltkriegs im September 1939 die Abwanderung stoppte. Die meisten Südtiroler wurden im damals zum Großdeutschen Reich gehörenden Nordtirol angesiedelt. 1943, nach dem Sturz Mussolinis und der Kapitulation Italiens, besetzten deutsche Truppen Norditalien. Als Teil der »Operationszone Alpenvorland« wurde das Land unter deutsche Verwaltung gestellt.

Ab 1948 konnten die »Optanten« wieder nach Südtirol zurück und die italienische Staatsbürgerschaft annehmen. Viel Aggression entstand im Alltag bei der Suche nach Wohnungen und der raren Arbeit. Viele Jahrzehnte gärte der Zwist zwischen »Dableibern« und »Optanten«, besonders heftig in den sehr deutsch geprägten Tälern wie Vinschgau, Eisack und dem unteren Pustertal. Lesetipp: Das 20. Jahrhundert in Südtirol, Band II 1920 – 1939; Gottfried Solderer (Herausgeber), Edition Raetia, Bozen.

Kampf um die Autonomie Am 5. September 1946 ratifizierten Italien und Österreich am Rand der **Pariser Friedenskonferenz** das Gruber-De-Gasperi-Abkommen, das den weiteren Verbleib Südtirols bei Italien bestätigte, den Südtirolern aber Kultur- und Verwaltungsautonomie sicherte. Mit dem 1. Autonomiestatut und der Schaffung der aus den Provinzen Bozen (Südtirol) und Trient bestehenden Region »Trentino – Alto Adige« (Trentino – Tiroler Etschland) 1948 war eine italienische Mehrheit gesichert; Deutsch war im Amtsverkehr nur Hilfssprache. Die wachsende Unzufriedenheit der deutschsprachigen Bevölkerung führte 1957 unter der Losung **»Los von Trient«** zu Protestveranstaltungen und Sprengstoffanschlägen – darunter die »Feuernacht« im Juni 1961 – mit Toten und Verletzten. 1960 hatte Österreich die Südtirol-Frage vor die UNO gebracht und die Einhaltung des Abkommens und die Durchsetzung der Gleichberechtigung gefordert, doch nun folgten lange, zähe Verhandlungen. 1969 einigten sich Rom und die am 12. März 1945 gegründete christlich-demokratische Südtiroler Volkspartei (SVP) unter Führung ihres Obmanns Silvius Magnago (▶Berühmte Persönlichkeiten) auf das sogenannte **Südtirol-**

Bei einem der über 300 Attentate wird im Juni 1961 dieser Hochspannungsmast bei Bozen zerstört.

Paket. Dieses sah ein neues Autonomiestatut für die Alpenregion vor, das 1972 in Kraft trat. Die Provinz Bozen erhielt weitere Kompetenzen im Sinne der Autonomieregelung, auch für die Sprachgruppe der Ladiner. In den 1970er-Jahren wurden weitere wichtige Bestimmungen erlassen, darunter jene über den ethnischen Proporz bei der Besetzung von Stellen der öffentlichen Körperschaften. 1992 wurde der Streit vor der UNO offiziell beigelegt.

Mit dem Schengen-Abkommen der EU-Staaten 1998 fielen die Grenzbarrieren. Fast jährlich erließ der römische Ministerrat weitere Autonomiebestimmungen und erweiterte die Kompetenzen des Landes. Im Jahr 2001 kam Silvio Berlusconi als Ministerpräsident Italiens an die Macht und damit eine Regierungskoalition aus den rechtsgerichteten Parteien Forza Italia, Alleanza Nazionale und Lega Nord. Der Name »Südtirol« wurde von der italienischen Regierung offiziell zugelassen und in die italienische Verfassung eingefügt. Anfang November 2011 wurde Berlusconi als Ministerpräsident abgelöst von dem Wirtschaftswissenschaftler Mario Monti, dessen Hauptaufgabe in der Sanierung des Staatshaushalts lag. Die Wahlen im Februar 2013 führten zu einer Pattsituation zwischen den politischen Parteien.

Die Grenzen fallen

Bei den Landtagswahlen im Oktober 2008 sicherte sich der charismatische, seit 1989 regierende Luis Durnwalder von der **Südtiroler Volkspartei** erneut die absolute Mehrheit. Als seine Nachfolger bei den Wahlen im Oktober 2013 treten vermutlich der Völser Bürgermeister Arno Kompatscher und der Bozner Journalist Elmar Pichler gegeneinander an.

Ausblick

Kunstgeschichte

Auch kunsthistorisch interessierte Urlauber finden in Südtirol viel Sehenswertes: Herrliche Fresken aus Romanik und Gotik, eine Vielzahl imposanter Burgen, schöne Stadtbilder und zeitgenössische Architektur laden ein zur Entdeckungsreise vom Mittelalter bis heute.

VOR- UND FRÜHGESCHICHTE

Von der **Urbevölkerung** Tirols zeugen Wallburganlagen und Gebrauchsgegenstände aus der Jungsteinzeit, der Bronze- und Eisenzeit. Viele sind im Archäologiemuseum in Bozen zu sehen. Aufschlüsse über die Frühgeschichte des Vinschgaus gibt auch die Grabungsstätte Ganglegg oberhalb von Schluderns, einst eine befestigte Höhensiedlung der Bronze-, Eisen- und Römerzeit.

Ureinwohner und Römer

In **römischer Zeit** wurden in Südtirol v. a. Militärstraßen angelegt und ausgebaut. Die 46 n. Chr. fertiggestellte Via Claudia Augusta verband das Etschtal über den Reschenpass, Imst und den Fernpass mit Augsburg. Eine Variante führte vom Piavetal über den Misurina-See, durch das Höhlenstein- und Pustertal via Brennerpass, Innsbruck und Mittenwald. Ein römischer Meilenstein bei St. Lorenzen und der Mithras-Altar für den v. a. von Soldaten stark verehrten persischen Lichtgott in Sterzing zeugen von der römischen Provinzialkultur.

Die Christianisierung Raetiens war um die **Mitte des 5. Jh.s** mit der Aufteilung der Kirchenprovinzen abgeschlossen: Der Vinschgau kam zum Bistum Chur, das Pustertal zu Aguntum, der Bozner Raum zum Bistum Trient, der Rest fiel an die Diözese Augsburg. St. Peter in Gratsch bei Dorf Tirol und St. Valentin bei Meran bergen Reste frühchristlicher Baukunst. Die Kirche St. Peter in Altenburg oberhalb vom Kalterer See, heute Ruine, stammt vom hl. Bischof Vigilius von Trient (um 400) und wurde im 6. Jh. ausgebaut. Das sogenannte Untermaiser Relief (7. Jh.) im Meraner Stadtmuseum zeigt archaische Figuration mit Planeten und Flechtbandmotiven.

Frühchristentum

ROMANIK

Herzog Tassilo von Bayern gründete 769 ein Kloster in Innichen. Dessen erste Kirche ist aber nicht erhalten, der Kernbau der heutigen

Architektur

Kreuzigungsgruppe in der Innichener Stiftskirche

dreischiffigen Basilika stammt aus der Hoch- und Spätromanik. Der große Schatz Südtirols sind die Ende des 8. Jh.s errichteten kleinen einschiffigen **Saalkirchen** im Vinschgau, darunter St. Prokulus bei Naturns mit den ältesten Wandmalereien im deutschsprachigen Raum. Die Flechtbandornamentik der iroschottischen Buchmalerei, gepflegt von Mönchen in den Missionszentren St. Gallen und Salzburg, fand ebenso wie das römisch-antike Mäanderband Eingang in die Ende des 8. Jh.s gestalteten Fresken mit Engeln und Heiligen. Karolingische Reichskunst aus dem Anfang des 9. Jh.s mit plastischer Figurendarstellung vor dreidimensionaler Hintergrundkulisse findet sich in St. Benedikt bei Mals. Aus der ottonischen Epoche ist nur die um 1020 entstandene Krypta des Klosters Sonnenburg erhalten.

Die Fresken von St. Prokulus gehören zu den ältesten im deutschen Sprachraum.

Nachdem die Grafen von Tirol im Lauf des 12. Jh.s die Landeshoheit errungen hatten, kam es zu einer neuen Kunstentfaltung mit der Neugründung und Umgestaltung von Kirchen (die Stiftskirche von Innichen und der Dom zu Brixen) und Klöstern (Marienberg, Neustift). In den Dörfern entstanden meist flach gedeckte einschiffige Saalkirchen mit halbrunder Apsis. Als Sonderform etablierten sich die sogenannten **Bozner Chorturmkirchen**, in denen das Turmuntergeschoss den Altarraum bildet. Daneben entstanden wenige Zentralbauten wie die 1199 geweihte zweigeschossige Michaelskapelle in Neustift oder die Johanniterhospizkirche in Taufers im Münstertal. Die Baukunst wurde wesentlich von **lombardischen Wanderkünstlern** geprägt, die den aus der Antike überlieferten Gewölbebau wieder aufgriffen. Sie schufen u. a. die fantasievollen Bestiarien- und Figurenreliefs an den Portalen von Schloss Tirol, den Kapitellschmuck im Palas der Burgruine Boymont oder die Apsis der Pfarrkirche von Laas (▶ Abb. S. 40). Die Portal- und Reliefplastik des 12. und 13. Jh.s in den Kirchen von Innichen und Marienberg weist dagegen auf den Einfluss deutscher Bauhütten hin.

Auf dem Gebiet der **Holzskulptur** ragt die monumentale Kreu- Sakrale Kunst
zigungsgruppe (Christus zwischen Maria und Johannes, um 1250) in
der Stiftskirche von Innichen hervor, die romanischen Kruzifixe in
der Pfarrkirche von Gries und in der Spitalkirche von Sonnenburg
sowie die Sitzmadonnen in den Museen von Bozen und Brixen.
Der größte Kunstschatz der Romanik in Südtirol sind die zahlreichen
Wandmalereien. Um 1160 wurde die Krypta des Benediktinerklos-
ters Marienberg mit einer Majestas Domini ausgemalt, zwischen
1180 und 1200 die Burgkapelle von Hocheppan. Streng gestaltet sind
die Kirchenlehrer in St. Johann in Taufers (um 1230) und die starren
Gesichter in der Maria-Trost-Kirche in Untermais (Ende 12. Jh.). Auf
den Fresken von St. Jakob in Grissian (um 1200) ziehen Abraham
und Jakob vor einer felsigen, mit Schnee bedeckten Dolomiten-
Landschaft einher. Einzigartig sind die skurrilen Bestiarien (um
1220) in St. Jakob in Kastelaz bei Tramin. Die Fresken in Burg Rodeneck zur Illustration des Heldenlieds Iwein nach Hartmann von
Aue, kurz nach 1200 entstanden, gelten als die **älteste bekannte
Profanmalerei** der Romanik.

GOTIK

Den ungeheuren **Reichtum an gotischer Kunst** verdankt Südtirol Sakrale
Architektur
und Kunst
dem im 14. und 15. Jh. aufsteigenden Bürgertum in den Städten als
Auftraggeber, das die Gewinne aus Handel und Bergbau unter der
gefestigten Herrschaft der Tiroler Landesfürsten in Kunstwerke in-
vestierte. Die meist aus dem schwäbischen Süddeutschland stammenden Baumeister errichteten für die Orden geräumige Predigtkir-
chen und für die bürgerlichen Pfarrgemeinden meist dreischiffige
Hallenkirchen. Sehenswert ist beispielsweise die Turmvorhalle (um
1350) der Meraner Pfarrkirche St. Nikolaus. Das dreischiffige, hallen-
artige Innere der Kirche Unsere Liebe Frau in der Vill in Neumarkt
wird überspannt von einem reich figurierten Stern- und Netzgewölbe. Hans Lutz von Schussenried schuf den filigranen Turmhelm der
Bozner Dompfarrkirche und innen das feine Maßwerk, ebenso die
Reliefs der Kirchenväter an der Kanzel (1513/14).
In der **Wandmalerei** herrschte um 1300 der aus Deutschland und
Frankreich übernommene Linear- oder Konturenstil vor, bei dem die
Farbe die bewegte Umrisslinienzeichnung ausfüllt, aber nicht zur
plastischen Modellierung der Figuren dient. Gute Beispiele dafür lie-
fern die Viktorskapelle von Kloster Neustift oder die Christinalegen-
de im Brixner Domkreuzgang sowie St. Johannes in Brixen. Von
Italien her breitete sich mit der Malerei Giottos ein neuer Stil aus, der
Licht-Schatten-Modellierung kannte, die Figuren vermenschlichte
und wirklichkeitsnahe Landschafts- und Architekturprospekte schuf.
Die Legende der hl. Dorothea an der Langhauswand der Bozner

Dompfarrkirche, um 1340 gemalt von einem Paduaner Maler, bildet den Auftakt für die sogenannte **Bozner Schule**. Die daran geschulten lokalen Maler trugen die bildnerischen Ideen weiter nach St. Cyprian in Sarnthein, in die Pfarrkirche nach Terlan, nach St. Valentin in Tramin und St. Helena bei Deutschnofen. Kennzeichen ist ein strenger Bildaufbau, aufgelockert durch Hintergrundprospekte und bewegte Figurengruppen in schwungvollen Gewändern.

Höfischer Stil Um 1400 hielt der von Prag über Wien vermittelte höfische Stil Einzug. Meister Wenzeslaus, Hofmaler des deutschen Bischofs von Trient, malte um 1415 die Friedhofskapelle in Riffian aus. Farbenreichtum, kunstvolle Faltenwürfe, elegante Bewegungen und abgestufte Raumebenen zeichnen die Fresken der Burg Runkelstein (um 1400) bei Bozen aus. Hans von Bruneck vereinte die höfische Kunst des Nordens und des Südens in seiner Malerei: Seine Darstellungen in der Spitalkirche von Sterzing, den Kreuzgängen von Brixen und Neustift und der Nikolauskirche in Stegen begründeten die **Pustertaler Schule**, die mit Michael Pacher (▶Berühmte Persönlichkeiten) ihren Höhepunkt erreichte. In Brixen setzte Jakob von Seckau neue Akzente in der dritten Kreuzgangarkade durch die bewegte Dramatik der Kreuzigung (um 1450).

Eine Besonderheit Südtirols sind die monumentalen gotischen **Flügelaltäre**. Der Ulmer Meister Hans Multscher (um 1400 – 1467) betonte bei seinen Figuren die Körperlichkeit und verlieh ihnen expressive Mimik und Gestik, zu beobachten am Altar in Sterzing. Michael Pacher entwarf bühnenähnliche Architekturgehäuse wie im Schreinflügelaltar (1475) der alten Pfarrkirche von Gries. Hans Klockers eindrucksvolle Schreinfiguren (um 1500) sind heute am Hauptaltar der Marienkapelle des Franziskanerklosters in Bozen zu sehen. Bedeutsam sind außerdem die von schwäbischen Meistern geschnitzten großen Altäre wie der Hochaltar der Pfarrkirche in Niederlana von Hans Schnatterpeck. Jörg Lederer aus Kaufbeuren gestaltete um 1517 den Flügelaltar der Spitalkirche zum Heiligen Geist in Latsch.

Volkstümliche Frömmigkeit spiegeln die zahlreichen gotischen **Bildstöcke** wieder. Das spitzige Stöckl (um 1460) bei Mitterolang und der Tabernakelbildstock (15. Jh.) auf dem Dorfplatz von Welsberg zählen zu den eindrucksvollsten.

RENAISSANCE

Die Neuerungen der Renaissanceepoche wurden den örtlichen Traditionen und Bedürfnissen angepasst. Mehrere Burgen erhielten Loggienhöfe, etwa die Brixner Hofburg (ab 1591, ▶ Abb. S. 33), die Churburg in Schluderns einen prächtigen Arkadenhof (ab 1537) und Schloss Ehrenburg einen Hof mit Rundbogenarkaden (um 1522). Im

Detail von Michael Pachers Marienkrönung in der Grieser Pfarrkirche

Überetsch, wegen seiner vielen Burgen und Schlösser auch Adelspa-radies genannt, entwickelte sich bei der besonders kunstvollen Aus-stattung der Ansitze mit aufwendigen Täfelungen, Kachelöfen und Mobiliar der manieristisch geprägte **Überetscher Stil**. Charakteris-tisches Merkmal sind die Doppelbogenfenster. Schloss Velthurns begeistert mit Wandmalereien und Holzintarsien aus der Renais-sancezeit, beeindruckend ist auch der Habsburger-Stammbaum in Terrakotta von Hans Reichle in der Brixner Hofburg.

BAROCK

Infolge wirtschaftlicher Krisen, nicht zuletzt verursacht durch den Dreißigjährigen Krieg, verarmte Südtirol im 17. Jh.; daher fasste der in Rom entstandene Barockstil hier erst im 18. Jh. Fuß. Zumeist wur-de barock umgebaut wie im Brixner Dom (1745 – 1755) und in der Stiftskirche von Neustift (1734 – 1738). Kleinere Neubauten waren die Stiftskirche in Gries und die Pfarrkirchen in Gossensass, Toblach, Taisten sowie St. Vigil in Enneberg. Mit dem Merkantilpalast in Bo-zen schuf der Veroneser Francesco Perotti ab 1705 ein gelungenes Beispiel für die Einbindung eines italienischen Palazzo in eine Lau-bengasse. Auch das Palais Campofranco (1764), das Palais Menz (um 1771) und das Palais Pock (1759) in Bozen zeigen reizvolle Barock-fassaden. Außerdem erhielten zahlreiche Ansitze ein barockes Ge-wand, z. B. der Ansitz Mühlrain (um 1680) in Latsch. Das einzige reine Barockschloss ist Schloss Wolfsthurn in Ratschings.

Architektur und Kunst

Auf dem Gebiet der Malerei sticht Paul Troger (►Berühmte Persönlichkeiten) mit seinen kühnen Raumillusionen hervor, dessen Frühwerk mit dem Altarblatt in der Kalvarienbergkirche von Kaltern zu sehen ist. Höhepunkt seines Schaffens in Südtirol bilden die prachtvollen **Deckenfresken** (1748 – 1750) im Brixner Dom. Martin Knoller gelangen mit den Deckenfresken im Kloster Muri (1771, Bozen-Gries) Kompositionen dramatischer Bewegtheit in hellem Kolorit. Franz Anton Zeiller schuf den Rocaillestuck und die Deckenfresken (1764) in der Heiligkreuzkirche in Brixen sowie die Ausmalung der Pfarrkirche in Toblach (1769). Matthäus Günther aus Augsburg freskierte die Stiftskirche zu Unserer Lieben Frau in Neustift (1735 bis 1743). Karl Heinrich Henrici ist für die Malereien in der Dompfarrkirche von Bozen, in Pfalzen im Pustertal sowie für die Kreuzwegbilder in St. Vigil in Enneberg verantwortlich.

19. JAHRHUNDERT BIS HEUTE

Historismus In der zweiten Hälfte des 19. Jh.s entwickelte sich der Historismus als Gegenbewegung zum Klassizismus, der in Südtirol kaum Spuren hinterlassen hatte. Als bestes Werk der **Neugotik** gilt der 1869 vom Wiener Moritz Wappler errichtete Kirchenbau St. Johann in Schenna, Grabstätte für den populären Erzherzog Johann (gest. 1859) und seine Familie. Im neuromanischen Stil aus einheimischem rotem Porphyr baute Johann Bittner die Heilig-Kreuz-Kirche in der Rauschertorgasse in Bozen.

Jugendstil Der Jugendstil setzte um 1900 neue Akzente durch seine **Naturvorbildern** abgeschauten Formen und ornamentalen Linien. Im aufstrebenden Kurort Meran errichtete der Münchner Martin Dülfer das Stadttheater (1899 – 1900) mit Jugendstil- und Klassizismuselementen. Der Wiener Architekt Konstantin Ritter von Chabert gestaltete 1905/06 den Meraner Bahnhof im Wiener Sezessionsstil und Friedrich Obmann aus Wien das Neue Kurhaus in Meran (1912 – 1914).

Moderne Architektur Anfang des 20. Jh.s veränderte sich das Stadtbild **Bozens** rasant: Karl Hocheder entwarf das 1909 eingeweihte Rathaus und der Bozner Architekt Marius Amonn den Laubengang zwischen Piavestraße und Rathausplatz. Der »zu deutsche« Turm des Stadtmuseums im eklektischen Stil von 1905 wurde zur Zeit des Faschismus abgerissen, später aber wieder aufgebaut. Marcello Piacentini (1861 – 1960), der oberste Baumeister Mussolinis, entwarf das »Siegesdenkmal«; ganze Stadtviertel mit Wohnhäusern und Repräsentationsbauten entstanden im monumentalen Baustil.
Ein wichtiges Bauwerk der Zwischenkriegszeit ist das **GIL** an der Drususbrücke (1933; Francesco Mansutti, Gino Miozzo) für die faschis-

tische Jugendorganisation (Gioventù Italiana del Littorio). Nach vielen Jahren der Vernachlässigung wurde es restauriert und um einen Neubau aus Glas, Holz und Beton ergänzt (Colombi, Dalsass, De Dominicis). Die Fassade Richtung Romstraße besitzt noch das typische Pompejanisch-Rot und die klaren, geometrischen Grundlinien des ursprünglichen Gebäudes. Es ist Sitz der EURAC (Europäische Akademie Bozen, www.eurac.edu) und heute eines der wenigen verbliebenen Beispiele der italienischen Architektur zwischen Monumentalismus und Rationalismus in Südtirol.

Ein herausragender Architekt der Nachkriegszeit ist **Otmar Barth** (1927 – 2010): Seine Haslach-Siedlung bei Bozen und die Nikolaus-Cusanus-Akademie in Brixen begründeten eine neue Zeit. Zu seinen Hauptwerken gehört das Seehotel Ambach am Kalterer See von 1973, dessen Sichtbetonfassade ein Aushängeschild jener Ära wurde.

Bei den heutigen ungewöhnlichen Bauten gelten die **Weingüter in Überetsch als Vorreiter** – angestiftet von der Konkurrenz im übrigen Italien, Frankreich und Spanien. Den Anfang machte 1996 die Kellerei Alois Lageder in Margreid, weitere Beispiele sind u. a. die Genossenschaftskellereien Nals Margreid und Tramin, das Weingut Schreckbichl in Girlan und die unterirdische Kellerei Manincor, entworfen von führenden Architekten Südtirols wie Walter Angonese, Markus Scherer, Werner Tscholl und Gerd Bergmeister. Gemeinden, Unternehmer und Privatleute haben sich von diesem Trend anstecken lassen. So fügt sich nun manches unkonventionelle Fabrikgebäude, Bürohaus oder Museum harmonisch in das traditionelle Ortsbild. Die Bahnhöfe der Vinschger Bahn oder die Seilbahnen von Latsch nach St. Martin oder nach Meran 2000 zeigen, wie schick ein öffentliches Verkehrsmittel aussehen kann.

Zeitgenössische Architektur

Ein Meilenstein und Anlaufpunkt für die zeitgenössische Kunst Südtirols ist das **Bozner Museion**. Die Pläne für den 2008 zwischen Alt- und Neustadt eröffneten Glaskubus und die elegante wellenförmige Dopppelbrücke stammen vom Berliner Architektentrio Krüger, Schuberth und Vandreike. Südtirol brauchte lange, um zur zeitgenössischen Kunstszene aufzuschließen. Die politische Zerrissenheit nach dem Zweiten Weltkrieg ließ viele Künstler in eine Art Volkskunst flüchten. Wer es nicht aushielt, wie u. a. der Malser Karl Plattner oder der Prader Hans Ebensperger, wanderte nach Mailand oder Wien aus. Zu den wenigen, die blieben und ihren eigenen Stil fanden, gehören der Laaser Jörg Hofer mit abstrakten Bildern aus Marmorstaub und Farbe und der Grödner Holzschnitzer Adolf Vallazza, der für seine Skulpturen aus verwittertem Holz bekannt ist.

Zeitgenössische Kunst

Berühmte Persönlichkeiten

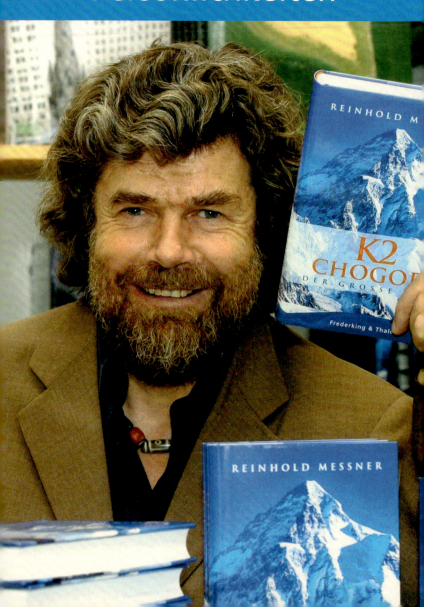

THEODOR CHRISTOMANOS (1854 – 1911)

Der in Wien geborene Theodor Christomanos, Jurist und Landtags-
abgeordneter, gehört zu den bedeutendsten Förderern in der Früh-
zeit des Südtiroler Tourismus. Dem Präsidenten der »Vereinigung
der Alpenhotels« wurde auf dem Karerpass ein Denkmal gesetzt. Auf
seine Initiative geht der Bau der Großen Dolomitenstraße zurück,
der Bau der Großhotels in Sulden, Trafoi und am Karersee, die Errichtung der Bahnlinie durch den Vinschgau und der Bau der Straße
vom Trafoier Tal nach Sulden im Ortlergebiet.

Förderer des Tourismus

PAUL FLORA (1922 – 2009)

Der Grafiker Paul Flora – sein Markenzeichen war der Rabe mit spit-
zem Schnabel – wurde im mittelalterlichen Städtchen Glurns im
Oberen Vinschgau geboren und lebte in Innsbruck. 1953 erschien
sein erstes Buch mit dem Titel »Flora's Fauna«, rund 150 weitere folgten. Bekannt wurde er u. a. als Karikaturist der Wochenzeitung »Die
Zeit«, für die er bis 1971 mehr als 3000 Zeichnungen fertigte. Seine
Heimatstadt Glurns hat ihm ein kleines Museum eingerichtet.

Illustrator

PATER JOSEF FREINADEMETZ (1852 – 1908)

Der in Abtei geborene Pater ist im Gadertal eine sehr beliebte Heili-
genfigur. In allen Kirchen des Tales und in den meisten Privathäusern findet man Bilder von ihm. Den größten Teil seines Lebens verbrachte er als eifriger Missionar in China, wo er auch starb. Dem
Südtiroler war China so zur zweiten Heimat geworden, dass er sagte:
»Ich bin schon mehr Chinese als Tiroler und will auch im Himmel
Chinese bleiben.« 2003 wurde er von Papst Johannes Paul II. heilig-
gesprochen.

Missionar

MICHAEL GAISMAIR (1490 – 1532)

Der aus Sterzing stammende Michael Gaismair war Anführer des
Tiroler Bauernkriegs. Er verfasste die »Tiroler Landesordnung«, deren Ziel die Errichtung einer demokratisch-bäuerlichen Staatsform
war und deren Hauptforderungen die Erneuerung der alten bäuerlichen Rechte sowie die Abschaffung der Adelsprivilegien, die Ver-
staatlichung der Schlüsselwirtschaft (Bergbau, Handel) und eine

Bauernführer

**Der Extrembergsteiger, Museumsgründer, Schriftsteller und Politiker
Reinhold Messner ist vermutlich der bekannteste Südtiroler.**

Zu Mantua in Banden ...

Er ist der Tiroler Nationalheld schlechthin: Andreas Hofer, der Sand-
wirt aus dem Passeiertal. 1796 bis 1805 war er Schützenhauptmann
im Kampf gegen Frankreich und gewann damit das Vertrauen
Erzherzog Johanns.

Dieser berief ihn 1809 nach Wien. Der Plan der Krone war eine **Volkserhebung ganz Österreichs** gegen die Franzosen und die mit diesen verbündeten Bayern; Tirol sollte niemals von Österreich getrennt werden.

Der »vom Haus Österreich erwählte Kommandant« (wie sich Hofer zeitweise selbst bezeichnete) errang am 11. April 1809 auf dem Sterzinger Moos den ersten Sieg über die feindlichen Verbände und übernahm 1809 den Oberbefehl über die Tiroler Kampfeinheiten; auch in den beiden anschließenden Gefechten am Berg Isel bei Innsbruck war er siegreich.

Im **Waffenstillstand** von Znaim (12. Juli 1809) musste sich Österreich verpflichten, Tirol und Vorarlberg zu räumen. Hofer wartete zunächst den Gang der Dinge ab, bis der französische General Lefebvre das Gebiet besetzte. Dann mobilisierte er, von seinen Gefährten **Haspinger** und **Speckbacher** unterstützt, den Tiroler Landsturm zur Gegenwehr. Nach der dritten Schlacht am Berg Isel regierte er für kurze Zeit in der Innsbrucker Hofburg und ließ eine Landesverfassung ausarbeiten.

Der **Frieden von Schönbrunn** (14. Oktober 1809) schrieb Österreichs Verzicht auf Tirol und Vorarlberg fest, Napoleon gewährte den Freiheitskämpfern umfassende Amnestie. Erzherzog Johann setzte Hofer von dem Vertrag in Kenntnis, doch dieser ließ sich von dem Hitzkopf Haspinger davon überzeugen, den Kampf fortzusetzen. Nachdem er die vierte und entscheidende Schlacht am Berg Isel verloren hatte, zog sich Hofer auf die Pfanderalm zurück. Auf seinen Kopf hatten die Franzosen eine Prämie gesetzt. Er wurde verraten, am 28. Januar 1810 gefangen genommen, in Mantua von einem französischen Kriegsgericht zum Tod verurteilt und standrechtlich erschossen.

Mit dem Lied »Zu Mantua in Banden ...« hat man Andreas Hofer 1831 ein Denkmal gesetzt. Seit 1823 ruhen seine sterblichen Überreste in der Hofkirche in Innsbruck.

weitgehende Abrüstung (Schleifung von Festungen und Burgen) waren. In den Meraner Artikeln von 1525 fanden diese Programmpunkte ihren Niederschlag. Als sich das Kriegsglück gegen die Bauern wandte, zog sich Gaismair mit seinen Truppen auf venezianisches Gebiet zurück und wurde von einem Söldner in Padua ermordet.

JOSEF (SEPP) INNERKOFLER (1865 – 1915)

Josef Innerkofler entstammte einer berühmten Alpinistendynastie aus Sexten. Berühmt wurde er, weil er bereits bezwungene Gipfel auf neuen Wegen bestieg. So durchstieg er als Erster die Nordwand der Kleinen Zinne. Außerdem baute er im Dolomitenraum mehrere Hotels. Als 1915 der Krieg die Dolomiten erreichte, meldete sich der Fünfzigjährige zu den Standschützen, wo er beim Angriff auf den Paternkofel fiel und von den italienischen Gegnern auf dem Gipfel des Berges bestattet wurde. 1918 wurde er exhumiert und in seiner Heimatgemeinde Sexten zur letzten Ruhe gebettet.

Bergsteiger-Legende

JOHANN ERZHERZOG VON ÖSTERREICH (1782 – 1859)

Erzherzog Johann zählte zu den volksverbundensten Mitgliedern des Hauses Habsburg. Er kämpfte, unterstützt von Andreas Hofer und Josef Freiherr von Hormayr, gegen Frankreich und Bayern, regte aber auch die Erstbesteigung des Ortlergipfels an, war für den Alpenbund aktiv und engagierte sich für die Landwirtschaft. 1847 richtete er in Eppan ein Musterweingut ein und brachte mehrere Rebsorten wie Welschriesling, Traminer, Ruländer und Weißburgunder nach Südtirol. 1848 wurde er Stellvertreter des Kaisers und betrieb die Abdankung Metternichs. Johann und seine Frau sind in Schenna bestattet.

Volkstümlicher Landesvater

NORBERT C. KASER (1947 – 1978)

In Brixen geboren, begann N. C. Kaser seine berufliche Laufbahn als Mittelschullehrer im Vinschgau. In dieser Zeit verfasste er seine ersten Gedichte und veröffentlichte ab 1968 satirisch-kritische Lyrik, politische Texte und Kurzprosa. Darin rechnet er mit den Südtiroler Literaten der Vorkriegszeit ab, was ihm auch Feinde schuf. Posthum wurde er zum ersten anerkannten Südtiroler Schriftsteller, der sich kritisch gegen das Establishment wandte und auch über die Landesgrenzen hinaus wahrgenommen wurde. An seinem 10. Todestag wurde der internationale Norbert-C.-Kaser-Preis gestiftet.

Schriftsteller

FRANZ KOSTNER (1877 – 1968)

Bergführer und Skipionier

Mit dem Erwachen des Tourismus bot sich für Franz Kostner ein neuartiger Beruf – der des Bergführers. Dabei lernte er den Alpen- und Polarforscher Julius Payer (1842 – 1915) kennen, der ihn für Expeditionen begeisterte. So brach Kostner 1901 mit dem Asienforscher Merzbacher nach Zentralasien auf, um das rund 3000 Kilometer lange Tien-Tschan-Massiv zu erkunden. Ihm ist aber auch der Einzug des Skisports in Südtirol zu verdanken, denn bereits 1904 führte er das damals noch exotische Sportgerät im Gadertal ein. Im Ersten Weltkrieg bildete er die Gebirgstruppen im Skilauf aus und übernahm ein Standschützenkommando.

ALEXANDER LANGER (1946 – 1995)

Politiker

Alexander Langer wuchs in Sterzing auf. Seine Schulzeit in Bozen sensibilisierte ihn für die Befindlichkeiten zwischen der deutsch- und italienischsprachigen Bevölkerung. Seitdem setzte er sich für ein harmonisches Zusammenleben (Convivenza) der drei Südtiroler Bevölkerungsgruppen ein. Er baute die grüne Bewegung in Italien auf, engagierte sich in den 1960er-Jahren gegen die Attentate und als Abgeordneter im Südtiroler Landtag gegen die sprachgruppentrennenden Proporzregelungen. Als Europaparlamentarier der Grünen bemühte er sich ab 1989 um Friedensinitiativen in Albanien, Kosovo und Bosnien, bis er sich 1995 das Leben nahm. Der Sitzungssaal der Grünen-Fraktion in Straßburg ist nach ihm benannt.

SILVIUS MAGNAGO (1914 – 2010)

Politiker

Silvius Magnago wurde in Meran als Sohn eines Bezirksrichters italienischer Abstammung und einer Vorarlbergerin geboren. In seine Kindheit und Jugendzeit fielen der Zusammenbruch der Donaumonarchie und die Italianisierungspolitik der Faschisten in Südtirol. Nach dem Studium der Rechtswissenschaften an der Universität von Bologna zogen ihn die deutschen Besatzer zum Militärdienst in der Wehrmacht ein, wo er im Kaukasus schwer verwundet wurde. Von 1957 bis 1991 war er Obmann der Südtiroler Volkspartei (SVP) und zwischen 1961 und 1989 Landeshauptmann der Provinz Bozen. Er betrachtete Politik als »Kunst des Möglichen«, akzeptierte die Zugehörigkeit Südtirols zum italienischen Staatswesen und handelte auf dieser Basis das »Südtirol-Paket« aus, das der deutschsprachigen Bevölkerung der Region Trentino-Südtirol die Autonomie sicherte.

MARGARETE MAULTASCH (1318 – 1369)

Margarete Maultasch war die letzte Gräfin von Tirol. Nach dem Tod des einzigen verbliebenen männlichen Nachkommens Meinhards II.   **Gräfin von Tirol**

setzte sich 1335 die Vertretung des Landes für sie als rechtmäßige Landesherrin ein und verhinderte so eine Aufteilung Tirols zwischen Bayern und Österreich. Die Heirat Margaretes 1342 mit Herzog Ludwig von Bayern und Brandenburg brachte der Grafschaft Tirol einen Freiheitsbrief, der den Bewohnern ein Mitspracherecht in Sachen Steuern, Gesetzgebung und Regierung gewährte. Aufgrund politischer Intrigen und der nahen Verwandtschaft wurden die Eheleute von Papst Clemens VI. gebannt; erst 1359 wurde der Bann wieder gelöst. Nach dem Tod des Herzogs 1361 und zwei Jahre später auch ihres Sohns, Meinhards III., beanspruchten Bayern und die Habsburger Tirol für sich. Um kriegerische Auseinandersetzungen und eine Aufteilung des Landes zu verhindern, übergab Margarete das Land dem Habsburger Rudolf IV. und zog sich nach Wien zurück.

Ihre angebliche Hässlichkeit war höchstwahrscheinlich nur üble Nachrede ihrer Feinde.

REINHOLD MESSNER (*17.9.1944)

Der aus Villnöss stammende Reinhold Messner machte Schlagzeilen durch seine spektakulären Bergbesteigungen. In den Alpen, im Himalaya, im Karakorum und den Anden gelangen ihm Erstbegehungen der höchsten Schwierigkeitsstufen. Als erster Alpinist hat er alle vierzehn Achttausender der Erde erstiegen. Messner ist auch als Buchautor sehr erfolgreich. Heute lebt der aktive Umweltschützer, der fünf Jahre lang als Europaparlamentarier für die Grünen tätig war, u. a. auf Schloss Juval bei Naturns, wo er ein Museum mit Tibetica eingerichtet hat. Das Museum gehört zu den »Messner Mountain Museen«, die an fünf verschiedenen Standorten das Thema Berg und   **Extrembergsteiger**

Kultur behandeln. Zentrum ist das MMM Firmian in Schloss Sigmundskron bei Bozen zur Geschichte und Kunst des Bergsteigens. Die vier Satellitenmuseen sind das MMM Juval auf Schloss Juval im Vinschgau (Mythos Berg), das MMM Ortles in Sulden (Gletscher), das MMM Dolomites auf dem Monte Rite in Cadore (Fels und Alpinismus in den Dolomiten) und das MMM Ripa in Schluss Bruneck im Pustertal (Bergvölker).

NIKOLAUS VON KUES, GEN. CUSANUS (1401 – 1464)

Philosoph

Der Philosoph und Theologe Nikolaus Chrypffs aus dem Moselort Kues latinisierte seinen Herkunftsnamen zu Cusanus. Mit 29 Jahren

wurde er zum Priester geweiht und nahm 1432 am Konzil in Basel teil. 1448 wurde er Kardinal, zwei Jahre später Bischof von Brixen. Sein Konflikt mit ▶Herzog Sigismund dem Münzreichen von Tirol aufgrund der Reformunwilligkeit des Nonnenklosters Sonnenburg bei Bruneck artete zu einem Streit um die Landeshoheit zwischen den Fürstbischöfen, den weltlichen Herren des Bistums Brixen und den Tiroler Grafen aus. 1458 musste sich Cusanus aus Brixen zurückziehen und wirkte danach als Kurienkardinal in Rom.

Der Theologe Cusanus war auch ein exzellenter Naturwissenschaftler.

OSWALD VON WOLKENSTEIN (1377 – 1445)

Dichter, Sänger, Abenteurer

Oswald von Wolkenstein, vermutlich auf Schloss Schöneck im Pustertal zur Welt gekommen, stammte aus altem tirolischem Adel. Er wuchs im Grödner Tal auf Schloss Wolkenstein auf, seine Jugendjahre verbrachte er auf der Trostburg. Früh regte sich sein unruhiger Geist: »Es fuegt sich, do ich was von zehen jaren alt, ich wolt besehen, wie die welt wär gestalt.« Er durchstreifte Litauen, Russland, Schweden, England, Rumänien und den Nahen Osten, lernte mit bewundernswerter Leichtigkeit zehn Sprachen und war damit dem deutschen Kaiser Sigismund beim Konstanzer Konzil 1413 von großem Nutzen. Spät heiratete er eine Frau aus dem Schwangau, wurde siebenfacher Vater und zog sich nach einem turbulenten Leben 1433 auf die Burg Hauenstein bei Seis am Schlern zurück, wo er wahrscheinlich starb. Seine sterblichen Überreste liegen der Überlieferung nach im Kloster Neustift unter dem Kirchenboden. Als Dichter ist Oswald von Wolkenstein eine herausragende Gestalt an der Schwelle vom Mittelalter zur Renaissance. Die 133 überlieferten Texte schöpfen aus allen lyrischen Möglichkeiten des Mittelalters, die Oswald mit großer sprachlicher und rhythmischer Begabung variiert hat.

MICHAEL PACHER (UM 1435 – 1498)

Der Maler und Bildschnitzer Michael Pacher stammte wahrscheinlich aus Bruneck; nachweisbar ist dort ab 1467 seine Werkstatt. Seine Lehrjahre führten ihn vermutlich nach Oberitalien, denn sein der Spätgotik zuzurechnendes Werk ist von oberitalienischen Meistern beeinflusst. Von den Werken Donatellos, Masaccios und Filippi Lippis lernte er die Gesetze der Perspektive und der Raumtiefe. So entwickelte er eine neue Konzeption des Flügelschreins, indem er die Figuren wie auf einer Bühne anordnete. Von Pacher und seinen Schülern stammen wichtige Werke wie die Fresken in der Stiftskirche von Neustift und Innichen, der Laurentiusaltar in St. Lorenzen bei Bruneck, der Marienaltar in Gries bei Bozen (▸ Abb. S. 45) und der Kirchenväteraltar in Neustift (heute Alte Pinakothek München).

Künstler

SIGISMUND, HERZOG VON TIROL (1427 – 1496)

Herzog Sigismund (auch Sigmund) war Regent in Tirol und Vorderösterreich und verdankt seinen Beinamen »der Münzreiche« der Prägeanstalt, die er 1477 von Meran nach Hall in Tirol verlegte und wo er die erste Großsilbermünze (Taler) prägen ließ. Er folgte den Bestrebungen seines Vaters, eine geordnete Zentralverwaltung aufzubauen sowie Adel und Klerus der fürstlichen Landesherrschaft zu unterwerfen. Bekannt wurde seine Fehde mit ▸ Nikolaus Cusanus. Sie entwickelte sich zu einem Grundsatzstreit über kirchliche und weltliche Gewalt und hatte für Sigismund 1460 den Kirchenbann zur Folge. Auf die Initiative des Herzogs ging der Bau der Burg Sigmundskron bei Bozen zurück; auch förderte er die kulturelle Entwicklung Tirols und ließ wichtige Straßen ausbauen. 1490 verzichtete er zugunsten seines Neffen Maximilian I. auf die Regierung, da er keine legitimen Erben besaß.

Fürst

ETTORE TOLOMEI (1865 – 1952)

Der Verdienst des in Rovereto geborene Ettore Tolomei ist höchst umstritten. Der überzeugte italienische Nationalist, von Beruf Geo-

Nationalist

graf, sah das deutschsprachige Südtirol als Teil der noch nicht befreiten italienischen Territorien. Schon 1906 gründete er das »Archivio per l'Alto Adige«, mit dessen Hilfe er die angebliche Zugehörigkeit Südtirols zu Italien zu beweisen versuchte. Als die Bedingungen des Friedensvertrags von Saint Germain 1920 u. a. die Berichtigung der italienischen Grenze »nach den klar erkennbaren Linien der Nationalität« vorsahen, kam Italien Tolomeis Arbeit gerade recht. Zur Stützung seiner Thesen erfand er rund 20 000 italienische Orts- und Flurnamen für das deutschsprachige Gebiet: teils wörtliche Übersetzungen (Schönau – Belprato), teils an den originalen Wortklang angelehnte Romanisierungen (Meran – Merano) und teils willkürliche Neubildungen (Sterzing – Vipiteno). Das brachte Tolomei den Beinamen »Totengräber Südtirols« ein und trifft noch heute manchen deutschsprachigen Einwohner an einem empfindlichen Punkt. Tolomei war für die Regierung in Rom immerhin so wichtig, dass er 1952 ein Staatsbegräbnis erhielt.

LUIS TRENKER (1892 – 1990)

Schauspieler Eigentlich war der in St. Ulrich im Grödner Tal geborene Luis Trenker von Beruf Architekt, der nebenbei als Bergführer arbeitete. Berühmtheit erlangte er als Filmschauspieler, Regisseur und Schriftsteller; er gilt auch als Begründer des realistischen Berg- und Skifilms. Daneben verfasste er zahlreiche Romane, die ebenfalls überwiegend in den Alpen spielen und häufig die Kämpfe in den Dolomiten während des Ersten Weltkriegs thematisieren. Sein Natur- und Heimatideal gefiel auch den deutschen und italienischen Faschisten. Doch ließ sich Trenker nicht vereinnahmen und verließ deshalb 1940 Berlin, in das er 1927 übergesiedelt war. Zuletzt lebte er in Bozen-Gries. Durch die ARD-Sendung »Luis Trenker erzählt« brachte der begnadete Erzähler den deutschen Zuschauern seine Südtiroler Heimat näher. Heute erinnert u. a. das alpine Lifestylelabel Luis Trenker an die Bergsteigerlegende.

So hat ein schauspielernder Bergheld einfach auszusehen.

PAUL TROGER (1698 – 1762)

Der Barockmaler Paul Troger stammte aus Welsberg im Pustertal,   Maler
erhielt aber seine künstlerische Ausbildung wie viele Zeitgenossen in
Italien, vor allem in Venedig. Ab 1726 war er in Österreich tätig; berühmt sind seine riesigen Deckenfresken, u. a. in St. Cajetan in Salzburg, im Stift Melk an der Donau und im Stift Göttweig. Im Südtiroler Raum ist er für die Ausgestaltung des Doms in Brixen (1748 bis
1750) verantwortlich. Charakteristisch für seine Werke ist ein besonderer blauer Farbton, »Trogerblau« genannt.

MAX VALIER (1895 – 1930)

Der in Bozen geborene Max Valier war Amateurastronom und Sci-   Raumfahrt-
ence-Fiction-Autor; in seinem Geburtshaus am Pfarrplatz 11 sind   Pionier
einige Erinnerungsstücke zu sehen. Er gilt als Pionier des Raketen-
baus und der Raumfahrt. Zusammen mit dem Autoindustriellen
Fritz von Opel baute er 1928 das mit Feststofftreibsätzen ausgerüste-
te erste Raketenauto der Welt. Eine von Valier konstruierte Flüssig-
treibstoffrakete erreichte 1929 die Rekordgeschwindigkeit von 400
km/h. Eine Explosion bei einem Raketentest kostete ihn ein Jahr
später das Leben – er ist das erste Todesopfer der Raumfahrt.

WALTHER VON DER VOGELWEIDE
(UM 1170 – 1230)

Obwohl neueste Forschungsergebnisse eine niederösterreichische   Minnesänger
Herkunft nahelegen, hinterließ der mittelalterliche Dichter auch in
Südtirol Spuren. In der 2. Hälfte des 19. Jh.s vermutete man seinen
Geburtsort am Vogelweiderhof bei Lajen (▶Waidbruck) und eine
wahre Walther-Renaissance setzte ein. 1877 wurde sein Denkmal im
Zentrum von Bozen enthüllt. Scharen von Germanisten trafen sich
in Klausen und das kleine Städtchen wurde ein Anziehungspunkt für
Künstler aller Gattungen. Walther von der Vogelweide erhielt seine
lyrische Schulung bei Reinmar von Hagenau, hielt sich um 1190 am
Wiener Hof auf und führte danach ein unstetes Wanderleben. Um
1220 erfüllte sich einer seiner größten Wünsche: Er erhielt ein kleines
Lehen bei Würzburg und feierte dieses Ereignis in einem seiner bekanntesten Gedichte (»Ich hân mîn lêhen, al die welt, ich hân mîn
lêhen ...«). Walther gilt als der bedeutendste deutsche Lyriker des
Hochmittelalters. In seinen Gedichten vereint sich virtuose Gestal-
tungskraft mit Elementen der Hohen Minne, der Vagantenlyrik und
der religiösen Literatur.

ERLEBEN UND GENIESSEN

Südtirol liegt nicht am Meer und hat doch Waale. Man kann hier zelten, aber auch Zelte essen. Auf den folgenden Seiten bereiten wir Sie auf diese und andere Spezialitäten des Landes vor.

Essen und Trinken

Aus Küche und Keller

Südtirol ist ein Mekka für alle Liebhaber des guten Essens, denn in diesem kleinen Land wächst beinahe alles, was man an Zutaten braucht. So ist es eigentlich kein Kunststück, viele Erzeugnisse frisch auf den Tisch zu bringen, und das in ausgezeichneter Qualität.

Ohnehin haben sich die Südtiroler in den letzten Jahren sehr auf ihre regionalen Produkte besonnen. In fast jedem Ort findet man heute Landwirte und kleine **Hofläden**, die Produkte direkt aus ihrem Garten und ihrer Selchküche anbieten.

Regionale Produkte

Frühstücksbuffets sind meist üppig, oft auch mit Kuchen, gefüllten Croissants (cornetti) und Kaffee in allen Variationen bestück. Mittagessen gibt es zwischen 12.00 und 14.00, Abendessen von 19.00 bis 21.00 Uhr, dazwischen sind die Restaurants in der Regel geschlossen. Während der Hauptsaison wird es etwas lockerer gehandhabt, aber man sollte vorher anrufen, besonders bei der gehobenen Gastronomie. Lokale mit längeren Öffnungszeiten findet man nur in Bozen, Bruneck und Meran. Auf Berghütten und in Ausflugsgasthäusern gibt es praktisch durchgehend warme Gerichte und in jedem Fall eine **Marende**, eine kräftige Zwischenmahlzeit aus Speck, Käse und Wurst. Besonders im ländlichen Raum hört man bei den Mahlzeiten manchmal noch die traditionellen Namen. Der Tag beginnt hier beispielsweise mit dem »Vormas«, dem Frühstück; das zweite Frühstück heißt »Halmittag«. Als »Marende« wird hier die Brotzeit am Nachmittag bezeichnet und das Abendessen heißt bei den Südtiroler Bauern noch immer »Nachtmahl«.

Essenszeiten

Als Richtwert für **Trinkgeld** gelten 5 bis 10 Prozent des Rechnungsbetrags. Manche Lokale berechnen für Gedeck und Bedienung einen Zuschlag (1 – 2 € in Pizzerien bzw. 10 bis 15 Prozent der Rechnung in gehobeneren Restaurants), dann kann das Trinkgeld entfallen.

In Südtirol vereint sich die gute Küche Österreichs mit den starken Einflüssen des mediterranen Italien. In der gehobeneren Gastronomie findet man diese Traditionen aufs Glücklichste vereint.

Südtiroler Spezialitäten

Die traditionelle Südtiroler Küche ist einfach und schmackhaft. Beliebt sind vor allem die **Knödel**, die aus Nordtirol stammen und in allen denkbaren Varianten serviert werden. Als Leber-, Speck und Fastenknödel schwimmen sie in klarer Brühe, als Vorspeise, vegeta-

Herbstlich gefärbte Weinstöcke unter strahlend blauem Himmel: Südtirol ist zu allen Jahreszeiten ein schönes Reiseziel.

risches Gericht oder Beilage zu Fleisch gibt es Kas-, Servietten-, Spinat- oder schwarzplentene Knödel (aus Buchweizen). Eine Tris ist ein Gericht aus drei verschiedenen Knödelsorten. Als habhaftes Dessert schmecken Marillen- oder Zwetschgenknödel.

Außerordentlich beliebt sind die vor allem mit Spinat gefüllten **Schlutzkrapfen**, eine Südtiroler Spielart der italienischen Ravioli. Sie stehen in fast jedem Restaurant auf der Speisekarte. Nocken können als Pilz-, Spinat- oder Käsenocken auch eine Hauptmahlzeit bestreiten. Gerne verzehrt wird **Polenta** (Maisgriesbrei), die aus Norditalien stammt und v. a. in der Gegend um Kaltern mit Wurst gegessen wird. In traditionellen Bäckereien sieht man noch die Holzgestelle für die Lagerung der **Vinschger Paarl**, die paarweise gebackenen, mit Kümmel und Fenchelsamen gewürzten Roggenbrötchen. Sehr bekannt ist das knusprige **Schüttelbrot**, das praktischerweise über Monate haltbar ist und gerne zu Rotwein und Speck serviert wird.

Eine kulinarische Spezialität zu Ostern ist der **Oster-Fochaz**, ein rundes Brot mit Koriander und Fenchel als Beilage zum gekochten Osterschinken. An Weihnachten gibt es **Bozner Zelten**, ein köstliches süßes Früchtebrot.

Spezialitäten-wochen

Fast jede Region hat ihre Spezialitätenwoche. Das beginnt im späten Frühjahr mit dem **Spargel** in Terlan, andere Orte wie Kastelbell im Vinschgau folgen: Die Spargelfelder werden beheizt! Kurz danach kommt **Löwenzahn** in Nonsberg oder Schenna auf den Tisch. An der »Eisacktaler Kost« beteiligen sich rund 20 Restaurants im gleichnamigen Tal, das Angebot umfasst hier eher deftige Gerichte. Sehr renommiert sind das »Völser Kuchkastl« und der »Brixner Kuchlkirchtig« im Oktober. Ganz der schmackhaften **Esskastanie** oder Marone ist der »Keschtnriggl« Ende Oktober in Tisens, Völlan und Prissian gewidmet.

Auf alle Fälle Wein

Die bekannteste Südtiroler Spezialität aus der Flasche ist sicher der Wein. Zwanzig verschiedene **Rebsorten** werden auf einer Fläche von etwa 5200 ha angebaut und stehen für Vielfalt und genussvolle Abwechslung. Darunter finden sich so eigenwillige Trauben wie der Vernatsch, in Württemberg Trollinger genannt, und der Gewürztraminer (▶Baedeker Wissen, S. 344). Viele Winzer bieten einen Direktverkauf an und lassen bei vorheriger Anfrage Besucher gerne einen Blick in die Keller werfen. Winzeradressen findet man unter www.suedtirolerwein.com. Im Herbst laden viele Buschenschänken zum Probieren der neuen Weine (www.roterhahn.it). Gute Adressen

? Preiskategorien

BAEDEKER WISSEN

Preis jeweils für ein Hauptgericht ohne Getränke:
€€€€ über 25 €
€€€ 15–25 €
€€ 10–15 €
€ bis 10 €
Restaurants: ▶Reiseziele von A bis Z

für den Weineinkauf sind im Kapitel Reiseziele unter dem jeweiligen Stichwort zu finden.

Beliebt sind die **Alpenkräuter- und Obstschnäpse** sowie der **Grappa** (auch Treber genannt). Wo viele Obstbäume stehen, gibt es erstklassige **Fruchtsäfte**. Das Angebot an **Bier** umfasst die übliche Importware und einheimische Sorten, z. B. das »Forst«-Bier aus Meran. Hinzu kommt die ganze Palette italienischer **Kaffeespezialitäten**.

<small>Getränke</small>

Südtiroler Speisenlexikon

Bauernschöpsernes	Eintopf aus Hammelfleisch (Schöpsenfleisch), Rotwein, Kartoffeln, Knoblauch, Salbei, Rosmarin und Lorbeer
Erdäpfelblattln	in Fett ausgebackene Kartoffelteigrechtecke
Hauswurst	gekochte Schweinewurst, die mit Sauerkraut gegessen wird
Keschtn	Esskastanien
Kloazenfülle	Krapfenfüllung aus gedörrten, passierten Birnen
Knieküchel	kreisförmiges Hefe-Fettgebäck, in der Mitte mit Marmelade gefüllt
Milzschnittensuppe	Schnitten aus Kalbsmilz, Semmeln und Gewürzen in kräftiger Fleischbrühe
Schwarzplent	Buchweizen; wird des nussartigen Geschmacks wegen gern zu Kuchen oder Knödeln verarbeitet
Speckknödel	durch Speck, Zwiebeln und Kräuter verfeinerte Semmelknödel, in der Suppe oder als Beilage; es gibt sie auch mit Käse, Spinat oder Pilzen
Spinatnocken	aus Weißbrot, Spinat, Knoblauch und Gewürzen zubereitete Nocken
Tirtlan	Teigtasche, gefüllt mit Sauerkraut, Quark, Spinat oder süßen Zutaten, in Fett ausgebacken
Topfen	Quark
Weinsuppe	Fleischbrühe mit Rahm, Eigelb und Weißburgunder
Zelten	Früchtebrot mit sehr wenig Teig
Ziegerkas/Ziegerkäse	kleiner, kegelförmiger, pikanter Almkäse aus Kuhmilch

Herzhaft und bodenständig

Würziger Speck, geräucherte Wurst, herzhafter Käse und knuspriges Schüttelbrot, begleitet von einem guten Roten: so stellt man sich eine klassische Südtiroler Jause, hierzulande auch Marende genannt, vor. Aber die Region hat noch mehr zu bieten.

Gerstensuppe: Sie ist ein Arme-Leute-Essen und war lange Jahre auf keiner Speisekarte zu finden. Nun ist das nahrhafte und magenfreundliche Gericht in Bergregionen wie Südtirol, Nordtirol und im Engadin wieder in Mode gekommen. Die Gerste fördert die Verdauung, kann Giftstoffe binden und enthält Folsäure, Vitamin B, Proteine und Mineralstoffe. Für herzhaften Geschmack sorgt ein Stück Geräuchertes vom Schwein, in Würfel geschnitten. Die Gerstensuppe gehört zu den typischen Gerichten, die beim Törggeln serviert werden.

Bauerngröstl: Traditionell wird dieses einfache und herzhafte Gericht im Winter gegessen und es kommt gleich in der heißen Pfanne auf den Tisch. Das Gröstl steht auch auf der Speisekarte von zahlreichen Almhütten und Berggasthöfen. Zu den häufigsten Grundzutaten gehören gekochtes Rindfleisch, Kartoffeln und Zwiebeln, obendrauf kommt auch gerne einmal ein Spiegelei. Man kann dieses Pfannengericht selbstverständlich in vielen Varianten zubereiten: Ein Blick in die Speisekammer oder den Kühlschrank genügt: Schon entsteht eine ganz neue Art von Gröstl. Im Prinzip entwickelt jede Familie ihr eigenes Lieblings-Gröstl-Rezept.

Marende: Diese Zwischenmahlzeit ist ein Aushängeschild Südtirols. Vor allem gehört Speck dazu, der nach Südtiroler Rezepten gebeizt und geräuchert wurde. Dazu die Kaminwurzen, eine kalt geräucherte Wurst vom Schwein, Käse und Schinken. Auf dem unverzichtbaren Holzbrett liegen meist noch Gurken und eingelegtes Gemüse (Abb. S. 58).

Schlutzkrapfen: Die sogenannten Schlutzer sind im Pustertal zu Hause. Wahrscheinlich kommt die Bezeichnung von »schluzen«, das bedeutet gleiten oder rutschen und bezieht sich möglicherweise darauf, dass die Schlutzkrapfen früher genussvoll geschlürft wurden.

Nach dem Originalrezept sind diese Teigtaschen mit Spinat und Ricotta gefüllt. Heute gibt es jedoch, ähnlich wie beim Gröstl, alle möglichen Kombinationen, u. a. mit Pilzen oder sogar süß als Dessert. Man lässt sie in heißem Wasser ziehen. Gar sind die Schlutzkrapfen, wenn sie oben schwimmen.

Marillenknödel: Von allen Knödelvarianten in der Südtiroler Küche sind die Marillen- bzw. Aprikosenknödel die charmantesten. Diese Mehlspeise stammt ursprünglich aus der böhmisch-österreichischen Küche und ist besonders in Anbaugebieten der Marille wie dem Vinschgau beliebt. Die Marille wird entkernt, mit einem Stück Zucker gefüllt und mit Knödelteig umhüllt. Dann ziehen die Knödel in heißem Wasser gar und werden anschließend in gebräunten Bröseln gewälzt und mit Puderzucker bestreut. Nach Genuss eines solchen Desserts ist man definitiv satt und zufrieden.

Höhepunkte des Jahres

Ob religiös motiviert oder auf einen archaischen Brauch zu-rückzuführen, ob eingebettet in den Kreislauf der Natur oder kulinarisch begründet, Feste bieten eine schöne Abwechslung im Alltag und Touristen sind willkommen.

Insbesondere die religiösen Feste waren Höhepunkte des bäuerlichen Lebens in Südtirol und vieles ist im Alltag in den Tälern noch heute tief verankert. Mit Mariä Lichtmess etwa ist der 2. Februar gemeint, »zu Martini« bedeutet der Martinstag am 11. November, einst das Ende des bäuerlichen Jahrs.

Von Tracht bis Frack

Wie in anderen Regionen mit überwiegend katholischer Bevölkerung feiern die Einheimischen auch in Südtirol die kirchlichen Feste mit Gottesdiensten und **farbenfrohen Prozessionen**. Jeder aus dem Dorf nimmt daran teil, dann auch werden gerne die traditionellen Trachten getragen. An Ostern ist das **Osterpecken** oder **Preisguffen** beliebt, das man auch anderswo unter anderen Bezeichnungen kennt: Nach dem Gottesdienst am Ostersonntag bringt jeder sein gekochtes und gefärbtes Ei. Je zwei Eier werden erst am spitzen, dann am flachen Ende zusammengeschlagen. Gewonnen hat derjenige, dessen Ei heilgeblieben ist, und er bekommt beide Eier. Mit Mariä Himmelfahrt am 15. August beginnt die Hauptferienzeit der Stiefelrepublik (ferragosto), dann ist Südtirol ein beliebtes Ziel der südlichen Nachbarn.

Daneben gibt es vor allem im Sommer jede Menge profaner **Dorf- oder Stadtfeste**, bei denen Stände mit örtlichen Spezialitäten nicht fehlen dürfen. Die Verkostung von Wein, Speck und Käse ist auch ein beliebter Anlass, Freunde zu treffen, und man freut sich über zahlreiche Gäste. Das gilt auch für die Weihnachtsmärkte in Bozen und Meran. Dann sind die Hotels ausgebucht und man hört fast nur noch Italienisch.

In etlichen Tälern blieben archaische Bräuche erhalten, die auf heidnische Kulthandlungen und Mythen zurückgehen und noch heute mit großer Leidenschaft gefeiert werden.

Archaisches Brauchtum

Während des Advents wird es richtig laut im Sarntal, denn an den drei Donnerstagen findet das **»Klöckeln«** statt. Dann ziehen vermummte Burschen, die Kuttn, mit fürchterlichem Getöse von Hof zu Hof und singen vor den Türen das Klöckellied. Als Dank bekamen sie früher Wurst und Speck, heute meistens Geld.

Die meisten Feste in Südtirol sind mit Religion und traditionellem Brauchtum verbunden, farbenfrohe Trachten gehören dazu.

Noch wilder geht es im oberen Vinschgau in Prad und Stilfs zu. Das ohrenbetäubende Treiben am Samstag vor Nikolaus mit Glocken- bzw. Schellengeläut und Kettengerassel nennt sich **»Klosn«** oder **Perchtenumzug** und ist ein gutes Beispiel dafür, wie sich heidnisches und christliches Brauchtum allmählich gemischt haben. Die »Klaubauf« sind mit schwarzen Fellresten behängt, auf dem Kopf eine Furcht erregende Holzmaske und schwere Eisenketten in der Hand. Ganz in bunte Fetzen gekleidet und mit großen Glocken versehen kommen die Esel daher, gefolgt vom »Tuifl« im schwarz-roten Kostüm. Die schön weiß gekleideten »Schian« begleiten den heiligen Nikolaus. Beim Kirchhof wird gebetet, dann geht das Treiben weiter bis tief in die Nacht.

In ungeraden Jahren findet in Tramin zur Fastnachtszeit der schon 1591 erwähnte **Egetmann-Umzug** statt: Die Narren ziehen auf reich geschmückten Pferdegespannen und Eselswagen durch den Ort, bewerfen die Zuschauer mit Mehl, Senf und Ruß und erschrecken sie mit vielerlei Streichen. In den letzten Jahren musste gelegentlich die Polizei eingreifen, weil die Narren allzu übermütig wurden.

Auf einen rätischen Feuer- und Fruchtbarkeitskult geht das **Scheibenschlagen** im Engadin, in etlichen Orten des Friaul und im Vinschgau zurück. Ein beliebter Ort ist der Tartscher Bühel. Am ersten Fastensonntag schleppen junge Männer Holzscheiben, Fichtenstangen und viel Stroh auf die Anhöhe. Dann wird ein Loch in den oftmals gefrorenen Boden gehackt, die Fichtenstangen zu einem Holzgerüst zusammengenagelt und mit Stroh umwickelt. In der Dämmerung wird in der Nähe ein Feuer entzündet. Die Holzscheiben werden mit Ruten aus Haselnuss in die Glut gehalten, dann durch die Luft geschleudert, dazu wird einen Reim aufgesagt. Als feurige Räder rollen die Scheiben den Hang hinunter, und je weiter sie fliegen, desto mehr Glück sollen sie bringen. Zum Schluss wird die Hexe angezündet, als Teil der Winter- bzw. Dämonenvertreibung, und ein helles Feuer ist ein gutes Zeichen für eine reiche Ernte.

Seit Ende des 18. Jhs. hat der ehemalige heidnische Brauch der **Sonnwendfeuer** oder **Bergfeuer** in Südtirol einen politischen Hintergrund. Am zweiten Sonntag nach Fronleichnam flackern Tausende von Lichtern über den abendlichen Tälern. Sie zeichnen die Grate

---

?

BAEDEKER WISSEN

Die schönsten Feste

- Ein legendäres Reitturnier: der Oswald-von-Wolkenstein-Ritt
- Rund 600 Leute treten beim Festumzug Gröden in Tracht an.
- Die Meraner Musikwochen zählen zu Europas bedeutendsten Festivals für klassische Musik.
- Das Laubenfest in Neumarkt ist ein traditionelles Volksfest an historischem Ort.
- An den Kalterer Weintagen stellen rund 30 Betriebe ihre Weine vor.

Die Klosn oder Perchten sehen ziemlich furchterregend aus.

der Berge nach oder formen meterhohe Kreuze und riesige Herzen. Der Ausgangspunkt: Im Freiheitskampf gegen Napoleon gelobten die Tiroler, alljährlich den Herz-Jesu-Tag mit einem Hochamt und den Feuern zu begehen.

Wo Wein wächst, wird traditionell gerne gefeiert und das ist in Südtirol nicht anders. Immer sind Stände mit den lokalen Produkten aufgebaut, damit der Wein eine ordentliche Unterlage hat. Berühmt sind die **Weinfeste** im Unterland und in Überetsch wie die Bozner Weinkost und Neumarkter Blauburgundertage im Mai, dazu das Gewürztraminer Symposium, das alle zwei Jahre in Tramin im Juli stattfindet. Dann locken die Kalterer Wintage im September und die Unterlandler Weinkosttage im Oktober. Der krönende Abschluss ist das »Wine Festival« in Meran: Dort treffen sich im November die Vertreter vieler führender Weingüter aus ganz Italien, um Erfahrungen auszutauschen und neue Kunden zu finden. Begleitet wird diese Weinmesse von einem Gourmetfestival.
Seit den 1980er-Jahren werden in Toblach die **Gustav-Mahler-Musikwochen** im herrschaftlichen Ambiente des Grandhotels veranstaltet. Auch Meran genießt mit seinen Veranstaltungen klassischer Musik ein hohes Renommee, die meisten Konzerte im Kurhaus während der **Meraner Musikwochen** sind lange im Voraus ausverkauft.

Veranstaltungskalender

FEIERTAGE

1. Januar (Neujahr)
6. Januar (Heilige Drei Könige)
Ostermontag
25. April (Tag der Befreiung vom Faschismus)
1. Mai (Tag der Arbeit)
Pfingstmontag
2. Juni (Tag der Republik)
15. August (Mariä Himmelfahrt)
1. November (Allerheiligen)
8. Dezember (Mariä Empfängnis)
25. und 26. Dezember (Weihnachten)

WINTER/FRÜHLING
Stilfser Joch
Donnerstag vor Fastnacht: Zusslrennen; mit dem lautstarken Umzug soll der Winter vertrieben werden.

Meran
Zu Ostern finden das »Haflinger-Galopprennen«, ein Umzug mit Haflinger Pferden, und ein traditionelles Bauernreiten auf dem Untermaiser Rennplatz statt.

Bozen
Gleich zwei kulinarische Highlights: »Bozner Weinkost« (April, www.weinkost.it) und Speckfest (Mai, www.speckfest.it).

Terlan
Bei den Spargelwochen dreht sich alles um das feine Stangengemüse.

Tramin
Alle zwei Jahre finden im Mai die Gewürztraminerwochen statt, dabei werden Gewürztraminer aus der ganzen Welt miteinander verglichen.

Kastelruth
Am Sonntag nach Fronleichnam (Mai/Juni) findet hier die größte und schönste Prozession in Südtirol statt. Dabei handelt es sich nicht um Folklore!

SOMMER
Oswald-von-Wolkenstein-Ritt
Anfang/Mitte Juni: Reiterturnier-Spektakel rund um Kastelruth, Völs und Seis mit Mannschaften in historischen Trachten, Festumzug und Mittelaltermarkt; www.ovw-ritt.com

Maratona dles Dolomites
Anfang Juli: Schweißtreibender Radmarathon durch die Dolomiten mit 8500 Teilnehmern; www.maratona-dolomites.com

Schenna
Zur »Südtirol Classic«-Rallye treffen sich Anfang Juli Oldtimerbegeisterte aus ganz Europa. Schnelligkeit ist dabei nicht gefragt; www.suedtirolclassic.com.

Bozen
Juli: International besetztes Tanzfestival mit Fokus auf Osteuropa; www.bolzanodanza.it

Ritten
Mitte/Ende Juli: Rittner Sommerspiele mit Theater und Konzerten. Zur »Barthlmasmarkt« findet der Almabtrieb statt; www.rittner sommerspiele.com.

Bei Konzerten, Freilichttheatern und Schlossnächten auf Schloss Prösels bei Völs im Schlerngebiet geht es lebhaft zu.

Neumarkt
Anfang August (Fr. – So.): gut besuchtes historisches Laubenfest in den schönen Gassen

Toblach
Mitte Juli – August: Die Gustav-Mahler-Musikwochen sind etwas für Liebhaber klassischer Musik; www.gustav-mahler.it

Gröden
Bei »Gröden in Tracht« im August wird Tradition satt geboten, mit großem Trachtenumzug am Sonntagnachmittag.

HERBST/WINTER
Meran
Ende August bis Ende September: Die Meraner Musikwochen im Neuen Kursaal wenden sich ebenfalls an die Freunde klassischer Musik; www.meranofestival.com.

Sarntal
Erstes September-Wochenende: der Sarner Kirchtag gilt als das größte Volksfest Südtirols.

Kaltern
September: Bei den Kalterer Weintagen kommen edle Tropfen auf den Tisch und es gibt ein reichhaltiges Kulturprogramm; www.wein.kaltern.com.

Meran
Mitte Okt.: »Maioktoberfest«, folkloristisches Pferdespektakel

Weihnachtsmärkte
Große Weihnachtsmärkte in Bozen, Brixen und Meran, kleiner Markt in Glurns, Schlossweihnacht in Dorf Tirol und Schenna.

Mit Kindern unterwegs

Viel Abwechslung

In Südtirol gibt es viel zu sehen und zu erleben, was Kindern und Eltern Spaß macht. So vielfältig wie die Natur in Südtirol sind auch die Möglichkeiten für abwechslungsreiche Ferien mit dem Nachwuchs.

Südtirol punktet mit warmen Badeseen wie dem Kalterer See – der ungeachtet seines Namens im Hochsommer erfreuliche Temperaturen aufweist – und mit flachen Wanderwegen, die sich sogar für kleinere Kinder eignen. Größere packt angesichts der Berge sowieso gerne der Ehrgeiz und als Belohnung winkt der Eintrag ins Gipfelbuch und eine zünftige Marende. Wer es sportlich liebt, steigt aufs Fahrrad oder versucht sich an kurzen einfachen Klettersteigen. Ganz im Trend liegen die künstlichen Kletterwände zum Beispiel in Toblach und Meran, die jedem Können gerecht werden. Falls es einmal regnen sollte, locken Museen mit multimedialer Technik, viel Unterhaltung und Wissenswertem für die ganze Familie.

Im Winter kann man sich auf jede erdenkliche Art im Schnee bewegen. In den letzten Jahren wurden beispielsweise die Ski-Kindergärten erheblich ausgebaut. Ganz spielerisch erlernen die Kinder hier die Bewegung auf den Brettern. Alle Skigebiete haben eine nahezu perfekte Infrastruktur mit dem Verleih von Skischuhen, Skier und einer ganztägigen Betreuung in der Skischule. Das gilt im Übrigen nicht nur für die Abfahrt, sondern auch fürs Langlaufen.

Auch die Hotels sind in der Regel gut auf Kinder eingestellt, beispielsweise mit zusätzlichen Kinderbetten und speziellen Gerichten. Viele Familienhotels bieten eigene Programme für Kinder, darüber hinaus gibt es Kinderhotels, die in ihrer Einrichtung ganz auf die Kleinen abgestimmt sind.

Mittlerweile haben sich auch die Tourismusbüros auf die jüngeren Gäste eingestellt und offerieren ein breites Angebot mit viel Bewegung, Unterhaltung und kindergerechter Information sowie Wanderwegen und kleinen Klettertouren, die für Kinder geeignet sind.

Auch für Kinder gibt es zahlreiche geeignete Wanderwege.

? BAEDEKER WISSEN

Die besten Museen für Kinder

- Die Rüstkammer der Churburg ist beeindruckend (▶S. 297).
- Das multimediale Bozner »Naturmuseum Südtirol« bietet unter anderem diverse Aquarien (▶S. 128).
- Im Südtiroler Archäologiemuseum wird mit »Ötzi« die Urgeschichte wieder lebendig (▶S. 128).

Angebote für Kinder

FERIEN AUF DEM BAUERNHOF

So ein Bauernhof ist der perfekte Platz für kleinere und größere Kinder. Hier können sie Kühe, Schafe, Ziegen und Kaninchen aus nächster Nähe betrachten und die landwirtschaftliche Arbeit kennenlernen.

SPORT
Baden

Südtirols bevorzugte Badeseen sind der Kalterer See, der Montiggler See und der Vahrner See im Eisacktal. Viele Orte besitzen Frei- und Hallenbäder, oftmals auch Erlebnisbäder, z. B. Innichen, Naturns oder Brixen, mit viel nasser Unterhaltung für einen entspannten Nachmittag.

Radfahren

An den Talböden gibt es zahlreiche asphaltierte Radwege, die auch mit kleineren Kindern gut zu bewältigen sind. Vor allem der Vinschgau und das Meraner Land bieten abwechslungsreiche Touren. Schön ist beispielsweise der Passeierradweg, der über rund 20 km von Meran nach St. Leonhard im Passeiertal führt. Zurück kann man mit dem Bus fahren.

Reiten

Insbesondere die ebenso hübschen wie robusten Haflinger mit ihren blonden Mähnen eignen sich gut als Kinderreitpferde. Einige Höfe haben spezielle Angebote für Kinder wie der Reiterhof Tolderhof in Olang (www.hotel resort-tolder.com), der Garmesegghof im Sarntal oder das Biohotel Anna in Schlanders (www.vill.it).

Skifahren

Nahezu alle Skiorte bieten einen Kids Club. Geeignete Gebiete für kleine Kinder, sprich sanfte Hügel

Und jetzt mit Schwung ins Tal ...

und überschaubare Pisten für die Skizwerge, gibt es auf der Seiser Alm und in Trafoi zu Füßen des Ortlers.

Wandern

Auf den Hochflächen kann man problemlos auch mit jüngeren Kindern unterwegs sein, da viele Wege vergleichsweise eben sind und die kleinen Füße nicht vor allzu große Aufgaben stellen.

MUSEEN
Südtiroler Archäologiemuseum

Der Ötzi selber ist natürlich die größte Attraktion des Museums. Dazu gibt es Wissenswertes über die Lebensumstände längst vergangener Zeiten ▶Bozen.

Naturmuseum Südtirol

Das Naturmuseum hat museumspädagogische Angebote für Kinder, hinzu kommen u. a. Aquarien und Terrarien ▶Bozen.

Churburg

Die Churburg im oberen Vinschgau lässt die Welt des Mittelalters wieder aufleben: Im Rittersaal findet sich unter den Rüstungen der Familie von Trapp auch eine Kinderrüstung ▶Schluderns.

Südtiroler Landesmuseum für Volkskunde

Bei Dietenheim in der Nähe von ▶Bruneck wurde ein kleines Dorf mit originalen Bauernhäusern aufgebaut. An speziellen Veranstaltungstagen kann man Handwerkern beim Arbeiten zusehen.

KINDERPROGRAMME
Seiser Alm – Hexenzauber

In den Sommerferien werden Tages- und Nachmittagsprogramme zum Thema Hexen veranstaltet, etwa eine Spurensuche auf Schloss Prösels, eine Nachtwanderung, das Kochen eines Hexenmahls und eine Wanderung mit der Hexe Martha zu mystischen Plätzen auf der Seiser Alm.

Erlebnis Bauernhof

Von Mitte Juli bis Ende August können Familien von Bauernhof zu Bauernhof ziehen und die einheimische Landwirtschaft kennenlernen (geeignet für Kinder ab 6 Jahre in Begleitung eines Erwachsenen). Preis pro Woche: 90 €, Preis pro Veranstaltung: 25 €. Auskunft: Tourismusbüros Kastelruth, Seis, Seiser Alm und Völs;. www.seiseralm.it

Dolomiti Ranger

Von Mitte Juli bis Ende August erfahren Familien rund um Toblach von den Dolomiti Ranger, wie die Dolomiten einst entstanden sind, welche Pflanzen und Tiere hier damals und heute heimisch sind.
Teilnahme an 3 Tagen: 49 € für einen Erwachsenen mit einem Kind; pro Veranstaltung: 25 €; www.hochpustertal.info

Naturdetektiv-Camp

Dreimal in der Woche beschäftigen sich Kinder unter fachkundiger Anleitung im Wald mit den Themen Blätter, Nadeln, Rinde und Holz.
Preis pro Woche: 25 €/Kind, www.familienhotels.com

Shopping

Kulinarisches und Kunsthandwerk

Einkaufen ist heute ein Erlebnis und kein Ferienort kann es sich leisten, die Lust am Shopping zu ignorieren. Aber Südtirol mit seinem reichen Angebot verlangt ohnehin ein geräumiges Fahrzeug, um die Weinkisten, die Speckhälften und verschiedene Käse nach Hause zu bringen.

Neben den kulinarischen Souvenirs (▶ Baedeker Wissen S. 78 und S. 344) sind traditionelle kunstgewerbliche Artikel, die es in großer Vielfalt gibt, beliebte Mitbringsel. Wer sich für die Geschichte des Südtiroler Kunsthandwerks interessiert, sollte im Kunsthandwerklichen Museum in St. Ulrich oder im Südtiroler Landesmuseum für Volkskunde in Dietenheim bei Bruneck vorbeischauen. Eine gute Adresse für Kunsthandwerk sind die »Südtiroler Werkstätten« in Bozen (▶S. 127). Die **Holzschnitzereien** aus dem Grödner Tal gehören zu den berühmtesten Souvenirs. Vor allem in St. Christina, St. Ulrich und Wolkenstein kann man die eigene Weihnachtskrippe mit Holzfiguren verstärken oder Accessoires für den Haushalt erwerben. Um Handgefertigtes von maschinell Gearbeitetem zu unterscheiden, wird Ersteres durch ein **Markenzeichen** geschützt, ein Metallplättchen mit dem Zeichen der Handwerkskammer Bozen und dem Schriftzug »Entirely Hand Carved«. Seit etlichen Jahren lassen sich auch Kunstsammler in St. Ulrich sehen. Mancher Abkömmling einer Holzschnitzerfamilie hat sich der gegenständlichen und abstrakten Kunst zugewandt. Walter Moroder und Adolf Vallazza beispielsweise haben inzwischen internationales Renommee.

Beliebt sind auch **Federkielstickereien** aus dem Sarntal, etwa in Form von Handtaschen, Gürteln oder Bucheinbänden. **Sarnerjanger**, also Trachtenjanker aus handgesponnener brauner Wolle, gehören zu den höherpreisigen, aber recht unverwüstlichen Mitbringseln. Ebenfalls ziemlich teuer ist das wertvolle Sarner Essbesteck, dessen Holzgriffe mit metallenen Einlagen verziert wird.

Gute Adressen für einen kurzweiligen Einkaufsbummel finden sich im Kapitel Reisziele unter den jeweiligen Stichworten.

Die Geschäfte sind in den Städten im Allgemeinen Mo. – Fr. von 9.00 bis 12.00 und von 15.00 bis 19.00 Uhr geöffnet. Samstags haben die meisten nur vormittags offen und sonntags meist gar nicht; einige machen zusätzlich einmal pro Woche halbtags zu. In den Tourismuszentren ticken die Geschäftszeituhren allerdings anders.

Handwerk und Kunstgewerbe

Geschäftszeiten

In Südtirol lässt sich so mancher gute Tropfen erwerben, beispielsweise im Weingut Manicor in Kaltern.

Gaumenfreuden aus Südtirol

Viele derjenen, die schon Filzpantoffel und Holzengel besitzen, richten ihren Fokus auf das Essbare. Besonders seit auf die Qualität der Lebensmittel mehr Wert gelegt wird, ist Südtirol zu einem Mekka des bewussten Essens geworden, und vieles davon lässt sich gut nach Hause transportieren.

Schon der Blick in die Landschaft vermittelt das Gefühl, dass hier das Obst richtig reifen kann, weil es genügend Sonne gibt. Zwar müssen sich auch die Südtiroler den Gesetzen der Großproduktion beugen, um preislich konkurrenzfähig zu bleiben. Doch es gibt immer mehr Initiativen, weniger und dafür besser zu produzieren, z. B. der »Rote Hahn«, eine Vereinigung der Südtiroler Bauern, die Produkte und Angebote wie Ferien auf dem Bauernhof bewerten und überwachen. Das Etikett »Qualität Südtirol« steht für 48 Südtiroler Bauernhöfe, die ihre Erzeugnisse auch direkt vermarkten.

Der **Bozner Wochenmarkt** ist ein Eldorado für die vielen Südtiroler Produkte. Während der ganzen Woche kann man an den Ständen auf dem Obstmarkt einkaufen und am Samstag geht es über die Talferbrücke in den italienischen Teil der Stadt, wo Mediterranes wie Olivenöl lockt.

Dem Zeitgeist folgen auch der Sommelier Günther Hölzl und der Marketingexperte Ulrich Wallnöfer mit ihrem Genussmarkt **»PUR«** in der Meraner Freiheitsstraße 35. Hier kann man nur allerbeste Ware aus einheimischer Produktion kaufen, rund 1400 Artikel, darunter auch Kosmetik und etwas Kunsthandwerk. Dabei verzichtet man auf jede Art von Design: Wein und

Obst liegen in ihren Originalkisten, um die Atmosphäre eines Markts zu schaffen. Diese Idee hat Erfolg, auch die lokale Bevölkerung kauft mit Vergnügen ein. Inzwischen gibt es eine Filiale in der Herzog-Sigmund-Str. 4/a in Bruneck (www.pursuedtirol.com).

Bekannt für ihren köstlichen Speck ist die **Metzgerei Siebenförcher** in den Meraner Lauben. Dort hängen die Speckseiten zwischen 20 und 24 Wochen im Rauch von Buchenholz und Wacholderbeeren. Danach haben sie rund 40 Prozent ihres Gewichts verloren, aber unglaublich an Geschmack gewonnen (www.siebenfoercher.it).

Wer vom Eisack- ins Pustertal abbiegt, kommt nach wenigen Kilometern quasi automatisch bei Feinkost **Lanz** vorbei. Begonnen hat die Familie Lanz mit einem kleinen Obststand, heute blickt man auf eine wagemutige Architektur, unter deren Dach ein Geschäft und eine Raststätte zur Pause einladen. Geöffnet ist von 6.00 bis 22.00 Uhr (www.lanz-suedtirol.it).

Ganz auf Vinschgauer Produkte, die ausschließlich von Genossenschaftsmitgliedern geliefert werden, hat sich der **Vinschger Bauernladen** spezialisiert. Die Lage unterhalb der Burg Juval lockt viele Kunden an. Neben Kartoffeln, Äpfeln, Speck, Wein und anderen Leckereien offeriert eine Kaffeebar

Der Bozner Wochenmarkt ist ein beliebter Treffpunkt der Einheimischen.

Capuccino und Espresso (www. bauernladen.it).

Noch ein gutes Stück weiter im oberen Vinschgau liegt der **Dorfladen Trafoier** unterhalb der Churburg. Der ehemalige Stadel hat sich zu einem ausgesprochen einladenden Geschäft gemausert, ein Hauptaugenmerk liegt auf dem Fleisch aus der Region (www.dorfladen-trafoier.net).

Von dort ist es nur ein Katzensprung zur **Hofkäserei Englhorn** in Schleis. Ihre Käsesorten werden sogar in der feinen Gastronomie Südtirols serviert. Der Hof liegt ein bisschen versteckt, aber die Mühe lohnt sich, insbesondere für die aromatischen Rohmilchkäse (www. englhorn.com). Übrigens wird seit Kurzem die alte Tradition des Getreideanbaus im oberen Vinschgau wiederbelebt und die Familie Agethle von Hof Englhorn erntet nun wieder Dinkel und andere traditionelle Getreidesorten.

Nicht nur kulinarisch berühmt sind die Inhaber von **Le bun Mangè** in St. Vigil in Enneberg am Beginn des Gadertals: Die Geschwister Manfred und Manuela Mölgg waren auch Koryphäen des italienischen Skirennsports. Nun betreiben sie einen Feinkostladen mit Köstlichkeiten aus dem Gadertal und dem übrigen Italien

Übernachten

Traditionsreiche Feriengegend

Schon seit Jahrzehnten ist Südtirol auf zahlreiche Besucher eingestellt, so manches Schlafzimmer wurde in ein Fremdenzimmer verwandelt. Als bestens entwickelte Urlaubsregion gibt es in Südtirol viele Übernachtungsmöglichkeiten.

Bereits Mitte des 19. Jh.s entstanden prachtvolle Grandhotels wie am Karersee oder am Pragser Wildsee, aber sie waren einer noblen Klientel vorbehalten. Später kamen auch andere Gäste, die in kleinen Pensionen, Fremdenzimmern bei den Bauern und sogar in Pfarreien logierten (▶Baedeker Wissen S. 84). Heute gibt es in Südtirol ein breites Angebot an Übernachtungsmöglichkeiten aller Art für jeden Geschmack und Geldbeutel, ein richtiges Grandhotel existiert allerdings nicht mehr. Die Preise der Unterkünfte variieren abhängig von der Saison und teilweise auch von der Aufenthaltsdauer. Eine rechtzeitige Reservierung ist auf jeden Fall sinnvoll.

Quartiervielfalt

Die meisten traditionellen Pensionen haben ihre Stammgäste, von denen viele seit Jahrzehnten herkommen. Dabei wird aufmerksam jede Veränderung registriert und oftmals kritisiert. Diese Klientel schätzt das Traditionelle und will sich selten mit einer aktuellen Architektur anfreunden. Allerdings ist der Stil der Modern auch in Südtirol zu finden, oft gut eingebunden in die traditionelle Umgebung. Architektonisch interessante Designhotels sind beispielsweise das Greif in Bozen, das Feldmilla in Sand in Taufers oder das Alpina Dolomites auf der Seiser Alm. Sehr großer Beliebtheit erfreuen sich die Ferien auf dem Bauernhof, eine idealer Urlaubsweise vor allem für Familien mit kleinen Kindern, die mehr am Streicheln von Kaninchen und Betrachten von Schafen

Vom Designhotel bis zur Berghütte

? BAEDEKER WISSEN · *Preiskategorien*

Die im Kapitel »Reiseziele von A bis Z« empfohlenen Hotels sind in folgende Preiskategorien eingeteilt (Übernachtung im Doppelzimmer mit Frühstück):

€	bis 90 €
€ €	90 – 150 €
€ € €	150 – 200 €
€ € € €	über 200 €

und Kühen interessiert sind als an einem spektakulären Bergpanorama. Auch die Ferienwohnungen sind oft schnell ausgebucht. Mittlerweile gibt es überdies eine Auswahl an sehr schicken Appartements in zeitgenössischer Architektur. Hier sollte man ebenfalls rechtzeitig ans Reservieren denken.

Die Rotwandhütte liegt wunderbar mitten in der Rosengartengruppe auf immerhin 2283 m.

Wer auf städtische Atmosphäre nicht verzichten will, quartiert sich beispielsweise mitten in Bozen ein.

Hütten Bei so vielen Berggipfeln ist auch die Auswahl an Schutzhütten mit Übernachtungsmöglichkeit groß. Die rund 100 Hütten werden in der Regel vom Alpenverein Südtirol (www.alpenverein.it) bzw. dem italienischen Alpenverein (www.cai.it) geführt, daneben gibt es aber auch private Häuser. Die Bandbreite reicht vom recht luxuriös ausgestatteten Berghotel bis zur schlichten Massenunterkunft mit Lager und Plumpsklo. Mitglieder anderer Alpenvereine erhalten Ermäßigung. Je nach Höhenlage sind die Schutzhütten von Ende Juni bis Mitte/Ende September geöffnet.

Wellness Wellness ist auch in Südtirol inzwischen ein wichtiges Stichwort. Die Zahl der Wellnesshotels ist in den letzten Jahren gestiegen. Allein schon die herrliche Bergluft tut richtig gut, doch lässt sich das Wohlbefinden durchaus noch steigern mit Heubädern, diversen Wasseranwendungen, entspannenden Massagen, speziellen Menüs, Saunabesuchen, Kosmetikanwendungen oder Fitnesstrainings.

Campingplätze Auch die Freunde des Campings finden rund 40 gut bis sehr gut ausgestattete Anlagen, die teilweise das ganze Jahr geöffnet sind. Wildes Campen ist hingegen streng verboten.

Jugendherbergen Insgesamt rund 70 000 Übernachtungen mit Gästen aus über 130 Nationen verzeichnen die Jugendherbergen in Bozen, Meran, Brixen und Toblach pro Jahr, Tendenz steigend. Es gibt in der Regel Ein- bis Vierbettzimmer mit guten sanitären Anlagen. Schöne Jugendgästehäuser sind das Noldinhaus in Salurn und das Ferienheim Castelfeder in Auer.

Unterkünfte aller Art

Südtiroler Bauernbund
Roter Hahn
»Urlaub auf dem Bauernhof«
K.-M.-Gamper-Str. 5
39100 Bozen
Tel. 0471 99 93 25
www.roterhahn.it
Detaillierte Informationen zu den einzelnen Höfen.

Familienhotels Südtirol
Pfarrplatz 11
39100 Bozen
Tel. 0471 99 99 90
www.familienhotels.com
24 Südtiroler Familienhotels, mit Tipps für große und kleine Gäste.

Designhotels Südtirol
www.sudtirol.com/de/design hotels.htm
www.designhotels-suedtirol.com

Vitalpina Hotels Südtirol
Pfarrplatz 11
39100 Bozen
Tel. 0471 99 99 80
www.vitalpino.info
Die 33 Vitalpino-Hotels sind ideal für Wander- und Wellnessurlaub.

Verband der Privatvermieter
Schlachthofstr. 59
39100 Bozen
Tel. 0471 97 83 21
www.kleinundfein.org

Wellnesshotels
www.wellnesssuedtirol.org

www.suedtirol.com/wellness
www.wellness-angebote-suedtirol.de

CAMPING/CARAVANING
Campingplätze online
www.camping.suedtirol.com

Federazione Italiana del Campeggio e del Caravanning
Via Vittorio Emanuele 11
50041 Calenzano/Firenze
Tel. 0 55 88 23 91
www.federcampeggio.it

JUGENDHERBERGEN
Jugendherberge Bozen
Rittnerstraße 23
Tel. 04 71 30 08 65
http://bozen.jugendherberge.it

Jugendherberge Brixen
Brunogasse 2
Tel. 04 72 27 99 99
http://brixen.jugendherberge.it

Jugendherberge Meran
Carduccistraße 77
Tel. 04 73 20 14 75
http://meran.jugendherberge.it

Jugendherberge Toblach
Dolomitenstraße 29
Tel. 04 74 97 62 16
http://toblach.jugendherberge.it

Ein Eldorado des Tourismus

Heute kommen jedes Jahr gut fünf Millionen Besucher nach Südtirol. Ganz vorne liegen die Deutschen, gefolgt von den Italienern. In letzter Zeit sieht man auch Autos aus Ungarn ...

Noch in den 1960er-Jahren waren Schenna und Dorf Tirol kleine, eher unbedeutende Ortschaften mit einer Burg, heute reihen sich hier die Hotels aneinander.

In der Mitte des 19. Jh.s kam die Sommerfrische in Mode, allerdings konnten sich nur die wohlhabenden Leute die vielen Wochen in besserer Luft und alpenländischer Umgebung leisten. Die begehrten Ziele waren Meran oder Toblach in den Dolomiten. Dort entstanden Grandhotels im Stil der Gründerzeit, um den Luxus der Stadt und den Anblick des einfachen bäuerlichen Lebens in besonders schöner Umgebung zu verbinden. Dann wurde das Skifahren erfunden und Einnahmen aus dem Fremdenverkehr flossen auch im Winter.

Ein Neubeginn

Der Erste Weltkrieg machte Schluss mit den Gästen aus dem habsburgischen Hochadel, aber eine neue Mittelschicht rückte nach. Im Jahr 1929 hatte bereits ein Drittel aller Beschäftigten in Deutschland ein Anrecht auf bezahlten Urlaub. Die Besucher kamen in Volkszügen, was ganz der politischen Philosophie der kommenden Jahre mit Freizeitorganisationen wie z.B. »Kraft durch Freude« und »Dopolavoro« entsprach.

Damit war der Gesellschaftstourismus der »Belle Epoque« zu einem Erholungs- und Sportaufenthalt geworden. Die forcierte Italienisierungspolitik von Mussolini führte zu großen Spannungen zwischen den Südtirolern und den italienischen Gästen, bis die »Option« (▶S. 38) den touristischen Aufschwung abrupt beendete.

Der Zweite Weltkrieg bedeutete auch das Ende manches großen Hotels. Enteignet, beschädigt und als Lazarett umgenutzt, blieben die großen Kästen nach dem Krieg für immer geschlossen. Das war der Startschuss für die viel preiswerteren Fremdenzimmer in den Privathäusern der Südtiroler und schon 1949 war mit 1,4 Millionen Übernachtungen die Zahl der Vorkriegsjahre wieder erreicht.

In den folgenden Jahren wurde Südtirol zur Hochburg der deutschen Urlauber. 1956 baute Johann Mair die erste Frühstückspension mit 18 Betten, einem WC und einer Etagendusche und legte damit den Grundstein für das heutige Hotel Hohenwart in Schenna. Auch die Südtiroler begannen nun zu reisen. Sie fuhren allerdings eher nach Rimini oder zur Wallfahrt nach Rom oder Lourdes.

Der Bauboom

Das stetig wachsende Interesse am Ferienziel Südtirol löste ein reges Bauen aus. Mit der Zeit wurden Orte wie Schenna, Dorf Tirol und ganz extrem das Grödner Tal regelrecht zubetoniert. Auch am lieblichen Kalterer See schossen die Hotels wie Pilze aus der Erde. Für

Der Gasthof Krone in Aldein ist nicht nur von außen gemütlich.

eine stetig wachsende Gästezahl wurde das althergebrachte Törggeln mit neuem Leben erfüllt, nicht zuletzt, um die damals noch recht schwache Herbstsaison aufzumöbeln.

Auch im Wintersport sah man große Ressourcen. Einer der Vorreiter war Leo Gurschler, der 1975 die Schnalstaler Gletscherbahn eröffnete und den Plan für ein Hoteldorf bei Kurzras hegte. Eine Pleite 1982 bedeutete das Ende seiner Träume, übrig geblieben sind etliche Gebäude in der typischen Architektur der 1970er-Jahre. Den großen Coup landete der Mailänder Gianni Marzola mit der Gründung von **Dolomiti Superski**, einem Zusammenschluss mehrerer Skiorte in den Dolomiten. Ab 1974 konnte man in Gröden, Kronplatz und Alta Badia mit einem einzigen Skipass über die Pisten sausen.

Unermüdlich arbeitete man an der Verbesserung der Destination und Anfang der 1990er-Jahre erfanden die Südtiroler Tourismusvordenker Weihnachten neu. Das ist bis heute ein Riesenerfolg: Die Italiener strömen in Massen zu den oftmals kommerziellen »Mercantini di Natale«. Regelmäßig ist der 7. Dezember ein Chaostag, denn am Feiertag des Sant'Ambrogio strömen alle Mailänder nach Bozen ...

Mit den Touristen sind Südtirol und die Südtiroler reich geworden. Arbeitskräfte werden längst anderswo angeworben. Wo einst in kernigem Tirolerdeutsch der Kaffee am Morgen serviert wurde, sind heute meist Tschechen, Polen und Ostdeutsche beschäftigt.

Vor allem draußen

Die abwechslungsreiche Landschaft Südtirols lockt geradezu, sich in der Natur zu bewegen und für zahlreiche Sportarten finden sich hier in den Bergen und Tälern das ideale Terrain.

Südtirol gehört zu den **schönsten Wandergebieten Europas** und hat erfreulicherweise für jeden etwas im Angebot. Für Ungeübte oder Familien mit kleinen Kindern empfehlen sich relativ eben verlaufende Tal- und Höhenwege. Ambitionierte Wanderer zieht es eher auf lange Touren, beispielsweise auf den Europäischen Fernwanderweg E 10, der die Region quert. Eine alpine Attraktion für Schwindelfreie sind die Klettersteige, mit Klammern, Eisenleitern und Drahtseilen gesicherte Wege, und auch Bergsteiger finden hier unzählige Möglichkeiten.

Wandern und Bergsteigen

Die Infrastruktur ist sehr gut ausgebaut, Gondeln und Sessellifte gibt es zuhauf und hervorragendes Kartenmaterial hilft bei der Orientierung. Hinzu kommen Blogs im Internet, die über Erfahrungen berichten und Tipps geben. Sehr gute Infos erhält man unter www.trekking.suedtirol. info. Es gibt 14 Alpinschulen mit rund 170 geprüften **Bergführern**.

> **? BAEDEKER WISSEN**
>
> *Ideale Wanderwege*
>
> Waale sind sorgfältig angelegte, zum Teil jahrhundertealte Bewässerungskanäle. Sie leiteten das Schmelzwasser der Gletscher ab und führten es über große Entfernungen zu Wiesen und Feldern. Die Bauern des regenarmen Vinschgaus konnten damit über Jahrhunderte Landwirtschaft betreiben. Für die Instandhaltung dieses Wasserwegenetzes an den steilen Hängen sorgten die »Waaler«. Heute verlaufen entlang der Waale schöne, ebene Wanderwege.

Auch jedes lokale Tourismusbüro veranstaltet geführte Wanderungen und leichte Gipfeltouren, dazu kommen entsprechende Initiativen der Hotels und Pensionen.

Die **Wandersaison** in den hohen Lagen reicht meist von Anfang Juli bis Ende September. Sonst sind die Seilbahnen und Berghütten geschlossen. In tieferen Lagen kann man schon ab Mai und bis weit in den Oktober oder sogar November hinein wandern.

Besonders leicht begehbar sind die **Waalwege** entlang der alten Bewässerungskanäle, die insbesondere im Vinschgau und rund um Meran angelegt wurden und der Versorgung der trockenen Gegend mit dem für die Landwirtschaft unerlässlichen Wasser dienten.

Ein großer Spaß für die ganze Familie sind Wanderungen in den **Naturparks** von Südtirol. Vor dem Ausflug sollte man das jeweilige Na-

Noch ein Blick auf das herrliche Bergpanorama, dann geht es über die weiße Pracht hinab ins Tal.

Wandern vor grandioser Kulisse

turparkhaus besuchen, dort gibt es meist sehr unterhaltsam aufbereitete Informationen über Flora und Fauna.

Italien ist eine **radsportbegeisterte Nation** und die Berge Südtirols sind ein ideales Trainingsgelände. Doch auch die Zahl der Nichtprofis unter den Radlern steigt ständig. Wer locker über Dolomitenpässe strampelt, kann versuchen, beim »Maratona dles Dolomites« mitzufahren. Seit 1987 wird dieses Straßenradrennen im Juli veranstaltet. Von La Villa führt die 138 km lange Rundtour nach Corvara. Unterwegs sind sechs Pässe mit insgesamt 4190 Höhenmetern zu bewältigen. Die 8500 Startplätze werden durch das Los vergeben, denn die Zahl der Anmeldungen erreicht meist das Vierfache.

Es geht aber natürlich auch gemütlicher. Sehr beliebt ist der Etsch-Radweg vom Reschen durch den Vinschgau bis nach Meran und weiter an die südliche Grenze Südtirols. Der Radweg durch das Pustertal geht an der Grenze zu Österreich in den Drau-Radweg über. Wer seinen Fuhrpark nicht mitnehmen möchte: Etliche Hotels haben sich darauf eingestellt und verleihen ordentliche Drahtesel.

Wassersport Bei schönstem Sommerwetter locken natürlich der Kalterer See, der Montiggler See oder der Vahrner Weiher. Wenn das Wetter nicht so mitmacht, findet man an den meisten größeren Orten Badespaß-Zentren, die meist auch Sauna und Fitness anbieten. Dazu gehören beispielsweise die Therme in Meran, das Acquarena in Brixen und Kron 4 in Reischach im Pustertal oder das hinreißend gelegene Lido von Schenna. Für die Kiter und Windsurfer liegt das Mekka am Reschensee, auch einen Segelclub gibt es dort. Viele Segler bevölkern überdies den Kalterer See.

Golf In Südtirol hat Golf eine lange Tradition. Bereits 1904 entstand eine Anlage mit 9 Löchern am Karersee am Fuß des Rosengartens, wo sich die Gäste des Grandhotels Karersee die Zeit vertrieben. In Meran wurde 1922 ein Platz eröffnet. Zwischenzeitlich nahm die Begeisterung für diese Sportart in Südtirol deutlich ab, doch in jüngerer Zeit besann man sich auf das zahlungskräftige Klientel mit der Golfausrüstung. Mittlerweile kann man in Südtirol auf sieben Anlagen abschlagen, eine herrlicher gelegen als die andere. Ganz sportlich kommt der Golfclub Karersee daher, denn im Juni findet dort »The Alpine Ironman« statt, ein Turnier über 54 Loch mit einer Spieldauer von 12 Stunden. Ein neuer Platz soll demnächst in Eppan entstehen. Die »Golfcard« für die ganze Familie kostet 210 Euro und ist in allen Golfhotels erhältlich. Sie gilt auch für die beiden Plätze in Sarnonico (Trentino) und Lienz (Osttirol).

Südtirol und die Dolomiten bieten Wintersportlern **paradiesische** **Wintersport** **Voraussetzungen**. Es gibt eine große Zahl von Skipisten aller Schwierigkeitsgrade, gespurte Loipen, Rodel- und Eisbahnen sowie jede Menge Aufstiegshilfen, vom Schlepplift für Anfänger bis zur Großkabinen-Gletscherbahn. Praktisch jeder Ort verfügt über Ski- und Snowboardschulen und Sportgeräteverleih; die Kleinen finden in Ski-Kindergärten Betreuung. Apropos: Für Wintersportler unter 14 Jahre gilt auf italienischen Pisten **Helmpflicht**. Wer dagegen verstößt, muss mit Bußgeldern bis zu 150 Euro rechnen.

Fast jeder Wintersportort bietet, oft im Verbund mit benachbarten Tälern und Orten, für die lokalen Lifte Skipässe an, in der Regel als Tages-, Wochen- oder Saisonabonnement. Das Nonplusultra ist der **»Dolomiti Superski«** genannte Verbund zwischen Eisacktal, Pustertal und Fleimstal. Der weltweit größte Lift- und Pistenverbund öffnet den Passinhabern beinahe die gesamte Dolomitenregion. Der Skipass gilt für zwölf Skigebiete: Insgesamt 450 Lifte und 1220 km Piste stehen Skifahrern, Snowboardern, Schneeschuhläufern oder Telemark-Fans zur Verfügung.

> **BAEDEKER TIPP**
>
> **! Bikemobil Card**
>
> Mit dieser einen Tag (24 €), drei (30 €) oder sieben Tage (34 €, Kinder jeweils die Hälfte) gültigen Kombikarte kann man an einem beliebigen Tag ein Fahrrad ausleihen und an jedem Verleih mit dem Kennzeichen »Südtirol Rad« zurückgeben. Außerdem darf man alle öffentlichen Verkehrsmittel benutzen. Infos gibt es unter www.suedtirol-rad.com.

Weniger anstrengend als sportliche Betätigung ist ein Wellnessauf- **Wellness** enthalt. Südtirol bietet hervorragende Möglichkeiten, Seele und Körper zu verwöhnen. Zum Kuren zog es einst schon Kaiserin Sisi und ihren Hofstaat her. Besonders das **Heubad** erfreut sich heute großer Beliebtheit. Auf den Wellnesstrend setzen auch die gehobenen Hotels, die ihren Gästen Sauna, Massage etc. im Haus bieten.

In Südtirol gibt es eine Reihe von Heilbädern. Am bekanntesten sind die radioaktiven **Mineralquellen** von Meran, dazu kommen Weißlahnbad bei Tiers, Bad Bergfall in Olang, das Völlaner Badl bei Lana, Bad Valdander in Untermoi, Bad Schörgau im Sarntal, Salomonsbrunn in Antholz und Bad Moos in Sexten.

Adressen

ERLEBNISBÄDER (AUSWAHL)
Acquafun
M.-H.-Hueber-Str. 2, Innichen
www.acquafun.com

Acquarena
Altenmarktgasse 28/B, Brixen
www.acquarena.com

Erlebnisbad Naturns
Feldweg 5, Naturns
www.naturns.it/erlebnisbad/

Lido Schenna
www.lido-schenna.it

Meranarena
Piavestr. 46, Meran
www.meranarena.it

Therme Meran
Thermenplatz 9, Meran
www.termemerano.it

GOLF
Golf in Südtirol
Maia Service Center
Gampenstr. 99i, 39012 Meran
www.golfinsuedtirol.it

KLETTERN
Südtiroler Alpenverein
www.alpenverein.it

Kletterhalle Salewa
Waltraud-Gebert-Deeg-Str., Bozen
www.salewa-cube.com
180 Routen, Schwierigkeitsgrad
4 bis 8c

Kletterhalle Sexten
Waldheimstr. 23, Sexten
www.sportsexten.com
45 unterschiedliche Routen

NATURPARKHÄUSER
Fanes-Sennes-Prags
Katharina-Lanz-Str. 96
St. Vigil in Enneberg
Tel. 0474 50 61 20

Rieserferner-Ahrn
Rathausplatz 9, Sand in Taufers
Tel. 0474 67 75 46

Schlern-Rosengarten
Weißlahnbad
Tel. 0471 64 21 96

Sextner Dolomiten
Kulturzentrum Grand Hotel Toblach
Dolomitenstr. 1, Toblach
Tel. 0474 97 30 17

Stilfser Joch
Nationalparkbüro
Rathausplatz 1, Glurns
Tel. 0473 83 04 30

Texelgruppe
Feldgasse 3, Naturns
Tel. 0473 66 82 01

Trudner Horn
Am Kofl 2, Truden
Tel. 0471 86 92 47

RADFAHREN
www.suedtirol.com/biken
Tipps zu Routen mit Hotels, die
auf Biker eingerichtet sind.

www.mountainbiker.it
Infos zu Touren, Hotels, Service
und Einkehrmöglichkeiten.

M2 BIKE Sterzing
www.m2-bike.com
Verleih, Reparaturen, Touren.

Erst den Schirm aufrichten, dann noch ein paar Schritte ...

Bike Alpin
www.bikealpin.de
Bietet mehrtägige Mountainbike-
Reisen durch Südtirol an.

Südtirol Bike Arena
Sigmundskronerstr. 26/a,
Frangart/Eppan
www.bikearena.it

RAFTING
Rafting Club Activ
Sand in Taufers
Tel. 04 74 67 80 76

Rafting Sterzing
Tel. 0335 1 37 05 60
www.raftingsterzing.it

Rafting Sterzing/Schifferle
Tel. 0472 76 56 60

REITEN
**Südtiroler Haflinger
Pferdezuchtverband**
Galvanistr. 40, Bozen

www.haflinger-suedtirol.it

SEGELN
Segelverein Kalterer See
www.svks.it

Segelverein Reschensee
www.segelverein-reschensee.
com.

WANDERN/BERGSTEIGEN
www.trekking.suedtirol.info
Das Trekking-Portal hilft bei der
Planung von Wandertouren.

www.bergfuehrer-suedtirol.it
Bergführer, Alpinschulen, Infor-
mationen zur Sicherheit, aktuelle
Wetterdaten und vieles mehr.

WINTERSPORT
Dolomiti Superski
www.dolomitisuperski.com

Ortler Skiarena
www.ortlerskiarena.com

TOUREN

Wo spektakuläre Bergwelten locken, sind auch atemberaubende Straßen wie hier am Stilfser Joch, Täler und Schluchten zu finden. Wer Südtirol durchstreift, trifft aber auch auf romantische Burgen und idyllische Städte.

Touren durch Südtirol

Mit unseren Routenvorschlägen erkunden Sie die abwechslungsreichen Landschaften Südtirols und entdecken versteckte Ortschaften abseits der Touristenzentren.

Tour 1   Kleine Dolomitenrunde

Die Route folgt anfangs der Großen Dolomitenstraße bis zum Karersee. Mit dem Tierser Tal und Schloss Prösels stehen weitere Highlights auf dem Programm.
▶Seite 96

Tour 2   Ins Herz Südtirols

Mit Bozen, Sterzing und Meran begegnen Sie drei unbedingt sehenswerten Städten. Ein absolutes Erlebnis ist außerdem die Fahrt durch das Sarntal mit seinen roten Porphyrfelsen.
▶Seite 97

Tour 3   Durch das Tisner Gebirge

Es muss nicht immer alpin zugehen: Im Tisner Mittelgebirge reiht sich Hügel an Hügel und Schloss an Schloss.
▶Seite 99

Tour 4   Über das Stilfser Joch in die romanische Schweiz
In drei Sprachräume und bis in die Ostschweiz führt die Tour,
deren »Höhepunkt« das Stilfser Joch auf 2757 m ist.
▶Seite 101

Tour 5   Vier Täler und das Grödner Joch
Bei der Fahrt in die Dolomitenwelt rund um das Grödner Joch trifft
man auf Spuren der Römer und vier charakteristische Täler.
▶Seite 103

Tour 6   Von Uttenheim nach Tesselberg
In kleinen, unentdeckten Dörfern finden Sie ideale Ausgangspunk-
te für Wanderungen und einen grandiosen Blick auf Bruneck.
▶Seite 104

Tour 7   Südtiroler Weinstraße
Ob Vernatsch, Lagrein oder Gewürztraminer, hier lernen Sie die
Herkunftsorte der typischen Südtiroler Weine kennen.
▶Seite 106

Unterwegs in Südtirol

Südtirols Vielfalt an Landschaftseindrücken und kulturellen Sehens-   **Auf zwei Bei-**
würdigkeiten lässt sich auf verschiedenste Weise kennen lernen. Dem   **nen oder auf**
Wanderer bieten sich unzählige Wege an, um auf Schusters Rappen   **Rädern**
durch die Wälder, Weinberge, Obsthaine und über Almen zu streifen
oder im Hochgebirge in die grandiose Bergwelt einzutauchen. Südtirol ist auch ein sehr fahrradfreundliches Land. Radwanderer können die Region entlang der Flüsse auf ausgezeichneten Radwegen
erkunden. Mountainbiker finden in den Bergen ideale Bedingungen.
Unzählige Routen mit verschiedenen Schwierigkeitsgraden laden
dazu ein, das Land zu »erradeln«.
Die größeren Städte sind gut mit dem Zug erreichbar; in die kleineren Orte fahren Busse. Wer mit dem Auto oder mit dem Motorrad
reist, ist aber sicherlich am flexibelsten. Die hier beschriebenen Routen bieten schon beim Fahren spektakuläre Straßen mit grandiosen
Aussichten. Viel Schönes gibt es in den kleinen Orten zu entdecken,
die abseits der viel befahrenen Durchzugsstrecken liegen.
Da einige der Touren über **hohe Gebirgspässe** führen, sollte man
sich in den kalten Jahreszeiten vorher unbedingt informieren, ob diese auch passierbar sind (▶Praktische Informationen, Verkehr). Außerdem sind viele Bergstraßen, insbesondere im Dolomitenraum,
ziemlich schmal und steil. Mit Wohnmobilen oder Campinganhän-

gern sollte deshalb von »Autowanderungen« in die Berge abgesehen werden. Hier hilft auch die Reisekarte im Anhang, in der gesperrte bzw. nicht empfehlenswerte Strecken gekennzeichnet sind.

Tour 1 # Kleine Dolomitenrunde

Start und Ziel: Bozen
Länge: 64 km
Fahrtzeit: ca. 2 Stunden

Der Weg deckt sich anfangs mit der berühmten großen Dolomitenstraße. Von der wilden Felsschlucht des Eggentals führt sie zum berühmten Karersee und knapp vor den Karerpass, der zwischen den Bergriesen Latemar und Rosengarten liegt. Unterhalb der mächtigen Wände des Rosengartenmassivs vorbei, geht es ins schöne Tierser Tal, am sehenswerten Schloss Prösels vorbei, weiter nach Blumau und zurück nach Bozen.

❶**✶✶Bozen** verlässt man in Richtung Osten. Hinter Kardaun zweigt ein Umfahrungstunnel ins ❷**Eggental** ab. Die Straße windet sich an den steilen Wänden aus rotem Porphyr vorbei immer stetig aufwärts. Ab ❸**Birchabruck** wird der Blick auf die Dolomitengipfel von Rosengarten und Latemar frei. Der nächstgrößere Ort ist ❹**Welschnofen**

vor der Kulisse der Latemarzacken. Von hier führt die Straße weiter zum ❺****Karersee**, der mit etwas Glück einen guten Wasserstand hat und das berühmte und viel fotografierte Bild bietet: Helle Felsen, dunkle Tannen, blauer Himmel und weiße Wolken spiegeln sich im türkis farbenen Wasser des kleinen Bergsees. Knapp vor dem Karerpass (1745 m) zweigt die Route ab zum ❻***Nigerpass** (1630 m) und führt an den beeindruckenden Felswänden des **Rosengartenmassivs vorbei. Dann senkt sich die Straße ins grüne Tierser Tal hinab, eines der schönsten Dolomitentäler zwischen Brixen und Bozen. Sie führt an St. Cyprian vorbei, einem hübschen Kirchlein aus dem 13. Jahrhundert. Hinter Tiers fährt man nun auf der Staatsstraße 165 Richtung Eisacktal. Auf einem Bergrücken vor dem Schlern erhebt sich ❼* **Schloss Prösels**, die ehemalige Residenz des Landeshauptmanns von Tirol. Von Blumau, am Eingang des Tierser Tals, führt die Brennerstraße dann im Talgrund nach Bozen zurück.

Ins Herz Südtirols

Tour 2

Start und Ziel: Bozen
Länge: 131 km
Fahrtzeit: ca. 4 Stunden

Die Tour führt durch zwei ursprüngliche Täler, das Sarntal im Herzen Südtirols und das Passeiertal. Sie verläuft über die aussichtsreichen Pässe Penser Joch und Jaufenpass und verbindet die sehenswerten Städte Bozen, Sterzing und Meran.

Die Fahrt führt von ❶****Bozen** entlang der Talfer zum Nordrand der Stadt. Am Beginn des Sarntals steht auf einem Felsen ❷****Schloss Runkelstein**, ein Kleinod mittelalterlichen Festungsbaus mit berühmten Fresken. Einige 100 m danach, die Straße beginnt am westlichen, felsigen Talhang bereits zu steigen, steht auf einem Felssporn im Talgrund der **Wehrturm Schloss Ried**. Die Straße passiert nun eine Reihe von Tunnels und gewinnt ständig an Höhe. Das Bild der Landschaft ist grandios: Die engen, steil aufragenden Felswände aus rotem, vulkanischem Porphyr lassen dem tosenden Talferbach im Talgrund kaum Platz. Einige wenige Bauernhöfe scheinen an den Berghängen zu kleben. Nach jedem Tunnel eröffnen sich neue Ausblicke: auf das imposante Schloss Wangen-Bellermont auf der östlichen

BAEDEKER TIPP

!

Botanisches Alpenglühen

Ende Juni bis Juli blühen am Penser Joch auf über 1800 m Meereshöhe die Alpenrosen. Dann sind die Berghänge vom Blütenmeer dieser Rhododendronart überzogen.

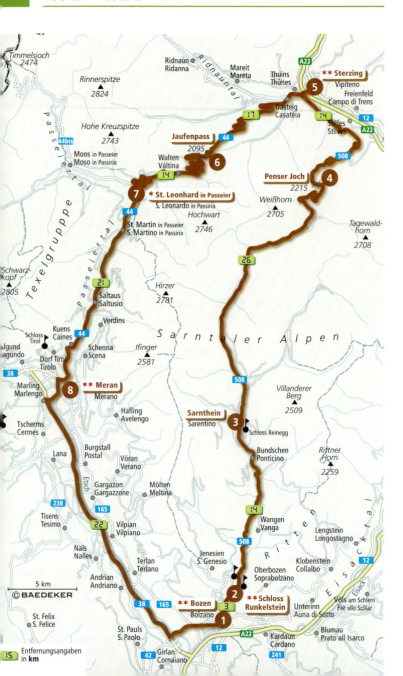

Talseite oder auf den Felsturm des Johanniskofels, auf dem man das Kirchlein nur erahnen kann. Nach 15 Minuten Fahrt wird das Tal breiter, die ersten Häuser tauchen auf. Beim Weiler **Bundschen** ist die Enge vorbei, das Tal öffnet sich und die Felswände machen Feldern und Wäldern Platz. Die Straße führt mäßig ansteigend in den Hauptort des Tals: ❸**Sarnthein**. Durch die engen Dorfgassen bummelt man am besten zu Fuß, um die alten Häuser, die typischen Gasthäuser und die Läden mit buntem Angebot an Kunsthandwerk zu besichtigen. Weiter geht es dann über Astfeld, Weißenbach und Pens auf das ❹**Penser Joch** (2211 m), wo sich ein Zwischenstopp lohnt, um den Blick über das Bergpanorama schweifen zu lassen.

Die Straße führt nun abwärts nach ❺**＊＊Sterzing**, dem quirligen ehemaligen Bergwerksstädtchen mit seinem historischen Altstadtkern. Der markante Zwölferturm trennt die mittelalterliche Altstadt von der gotischen Neustadt. Ein Bummel durch die Gassen lohnt wegen der prächtigen Bürger- und Handwerkerhäuser.

Die Fahrt führt von Sterzing auf kurvenreicher Straße hinauf auf den ❻**Jaufenpass** (2094 m) und in vielen Kehren und Kurven (eine Genussstrecke für Motorradfahrer) zum Talgrund bei ❼**＊St. Leonhard in Passeier**. Westlich flankieren die hohen Gipfel der Texelgruppe das Tal, im Osten die Sarntaler Alpen. Trotz der Nähe zur Kurstadt und zum Touristenmagnet Meran hat sich hier noch viel Ursprüngliches erhalten. Der Übergang vom grünen, waldreichen Passeiertal in den breiten Talkessel von ❽**＊＊Meran** ist überwältigend. Die alpine Naturlandschaft wird von der mediterranen Vegetation der Kurstadt abgelöst. Weinberge und Obstgärten umgürten die sonnenbegünstigte Stadt. Der historische Stadtkern mit den Laubengängen, den alten Stadttoren und den Promenaden entlang der stürmischen Passer ist unbedingt sehenswert. Von Meran führen zwei Wege durch das Etschtal nach Bozen zurück: Die Schnellstraße »MEBO« im Talgrund säumen weitläufige Obstplantagen. Die Staatsstraße hingegen schlängelt sich am Fuß des Tschögglbergs durch die Etschtal-Orte Burgstall, Gargazon, Vilpian und Terlan.

Durch das Tisner Gebirge   Tour 3

Start und Ziel: Lana
Länge: 26 km
Fahrtzeit: ca. 2 Stunden

Den mächtigen Bergen Gantkofel und Laugen, die die Grenze zwischen Südtirol und der Nachbarprovinz Trentino bilden, ist ein hügeliges Mittelgebirge vorgelagert. In diese einmalige Kulturlandschaft locken viele schöne Schlösser und Ausblicke.

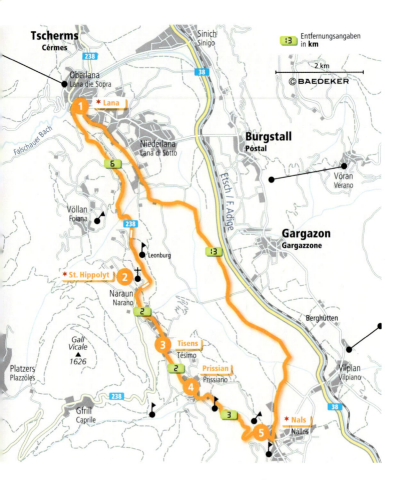

Die Fahrt beginnt im Dorfzentrum von ❶ *****Lana** und führt über die sogenannte Gampenstraße. In steter Steigung windet sich die Straße in die Höhe, überquert den Brandisbach und führt am Weiler Ackpfeif vorbei. Zur linken Hand ist die wehrhafte **Leonburg** zu sehen, seit über 700 Jahren gehört sie den Grafen Brandis. Vor dem Tunnel, bei dem wenig höher gelegenen Parkplatz, hat man eine fantastische Aussicht über das Etschtal. Kunsthistorisch Interessierte können von hier zum Hügel von ❷ *****St. Hippolyt** wandern. Der Weg beginnt gleich nach dem Tunnel: In 20 Minuten steigt man einen markierten Steig entlang zu einem Hügelkirchlein hinauf, wo man Spuren vorchristlicher Siedlungen gefunden hat. Hungrige und Durstige können sich in der Jausenstation stärken. Die Autofahrt geht weiter über eine Abzweigung von der Gampenstraße, am Waldrand entlang und an Obstwiesen vorbei nach ❸*Tisens*. Das stattliche Dorf mit einer stilreinen gotischen Kirche, alten Bauernhäusern und herrschaftlichen Anwesen ist es wert, zu Fuß durchstreift zu werden. Die Tour setzt sich dann nach ❹**Prissian** fort, an den Schlössern Fahlburg, Katzenzungen und Wehrburg vorbei. Die Straße führt in Kurven und Serpentinen wieder hinab und gibt die prächtigsten Ausblicke ins Etschtal und auf die fernen Dolomiten frei. Dann geht es weiter nach ❺*Nals*, immer den Prissianer Bach entlang. Bei Nals bietet sich die Gelegenheit, in der alten, sehenswerten Schlosskellerei Schwanburg Wein zu kaufen. Über die Abzweigung nach Norden führt die Route im Tal nach Lana zurück.

Über das Stilfser Joch in die romanische Schweiz

Tour 4

Start und Ziel: Spondinig
Länge: 95 km
Fahrtzeit: ca. 3 Stunden

Bei der Fahrt vom Vinschgau in die Täler der Ostschweiz begegnet man deutscher, italienischer und romanischer Kultur in beeindruckender Gebirgslandschaft. Unterwegs passiert man alte Dörfer, mittelalterliche Städtchen, grüne Täler und eisige Gletscher.

Bei Spondinig, am Zusammenfluss des Suldenbachs mit der Etsch, beginnt offiziell die Stilfser-Joch-Straße. An ❶**Prad** vorbei gewinnt sie stetig an Höhe. Von ❷**Gomagoi** aus bieten sich Abstecher zum bekannten Aktivsportzentrum *Sulden* oder zum charakteristischen Haufendorf *Stilfs*. Hinter Trafoi, einem kleinen Wintersportort, beginnt der beeindruckendste Teil der Passstraße. In unzähligen Serpentinen wird die baumlose Talflanke erklommen. Nun öffnen sich herrliche Ausblicke auf die Gletscherwelt des Ortler. Das ❸**Stilfser Joch** auf 2757 m ist der Ausgangspunkt des Sommerskigebiets. Seilbahnen bringen die Besucher auf die vergletscherten und verschneiten Hänge. Vom Stilfser Joch erreicht man auf tunnel- und kurvenreicher Strecke das Adda-Tal und den Ort ❹**Bormio** auf der lombardischen Südseite. Der Rückweg erfolgt entweder über dieselbe Strecke oder vom Umbrailpass über eine schmale, kurvenreiche Straße in das schweizerische ❺**Santa Maria** im Münstertal. Gleich zweimal

wird dabei die italienisch-schweizerische Grenze überschritten: am Umbrailpass und in Müstair. Auf der Fahrt durch das grüne Münstertal mit den schönen Lärchenwiesen erkennt man den rätoromanischen Einschlag der Dörfer mit den fremdartigen Aufschriften an den Häusern. Die einzigartige, von Karl dem Großen um 800 gestiftete romanische ****Klosterkirche St. Johann** in **Müstair** (Schweiz) und die gleichnamige ***Hospizkirche** mit wertvollen mittelalterlichen Fresken in ❻ **Taufers** sind einen Besuch wert. Die Route führt weiter ins mittelalterliche Städtchen ❼ **** Glurns**, nach ❽ ***Schluderns** und über die Vinschgauer Talstraße zurück nach Spondinig.

Vier Täler und das Grödner Joch   Tour 5

Start und Ziel: Brixen
Länge: 114 km
Fahrtzeit: 3 Stunden

Die Rundfahrt passiert vier charakteristische Täler: Dem engen Eisacktal folgt das grüne Pustertal. Durch das teils schluchtartige Gadertal führt der Weg bis vor die Sellagruppe. Wieder hinunter geht es durch das Grödner Tal.

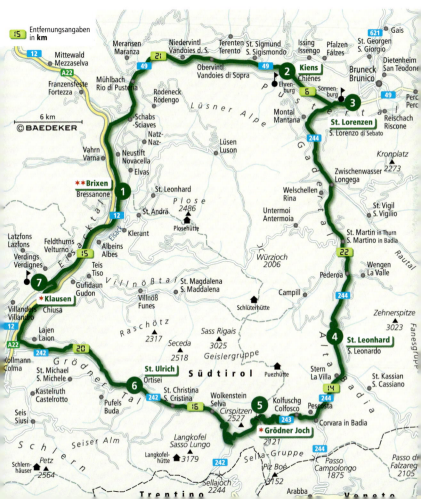

Wenig nördlich von ❶****Brixen** im Eisacktal zweigt bei Mühlbach das Pustertal nach Osten ab. In ❷**Kiens** lohnt die Besichtigung von ***Schloss Ehrenburg**. Kurz vor ❸**St. Lorenzen** liegt, versteckt auf einem Hügel, die imposante Anlage der **Sonnenburg**. Das älteste Südtiroler Nonnenkloster ist heute ein Hotel. In St. Lorenzen lagerten schon die Römer und bauten hier einen Brückenkopf und eine Militärstation. Bescheidene Reste davon sind an der Staatsstraße nach Bruneck zu finden. Die Straße biegt nun nach Süden in die Dolomitenwelt des ***Gadertals** ab. Bei ❹**St. Leonhard** öffnet sich das Tal und macht einem prächtigen Bergpanorama Raum. Bis nach Gröden durchquert man nun die Dolomiten. Bei **Corvara** zweigt die Route nach Westen. Dieser Abschnitt bietet ein grandioses Panorama: Die Straße schlängelt sich in Kehren unterhalb der Cir Spitzen hoch zum ❺***Grödner Joch** (2121 m). Die Felswände des 3152 m hohen Sellastocks sind zum Greifen nahe; die Straße verläuft unmittelbar am Fuß der fast 1000 m hohen Felsabstürze. Nun öffnet sich der Blick zum Gröden Tal und zum Langkofel, der im Westen mit seinen über 3000 m das Szenario beherrscht.

Der Rückweg führt durch das 32 km lange ****Gröden Tal** mit seinen unzähligen Hotelbauten und die schönen Hauptorte Wolkenstein, St. Christina und ❻**St. Ulrich**. Ab hier folgt die Straße der ehemaligen Schmalspurbahntrasse ins Eisacktal bis ins Städtchen ❼***Klausen**, wo das ****Kloster Säben** eindrucksvoll über dem Ort thront. Die Anlage lohnt unbedingt einen Besuch, bevor man nach Brixen zurückkehrt.

Tour 6 **Von Uttenheim nach Tesselberg**

Start und Ziel: Uttenheim
Länge: 32 km
Fahrtzeit: 1 Stunde

Die gemütliche Runde am Fuß des Nationalparks Rieserferner-Ahrn bietet nicht nur gute Ausgangspunkte für verschiedene Wanderungen, sondern auch zwei hervorragende Einkehrstätten. Außerdem überrascht sie mit einem prächtigen Blick auf Bruneck und die Dolomiten.

Von ❶**Uttenheim** im Tauferer Ahrntal zweigt eine Straße ostwärts nach ❷**Mühlbach** ab. Nach der anfänglich steilen Auffahrt zieht sie sich den Berghang entlang mit ungewohnten Ausblicken auf das Tauferer Tal. Gegenüber erheben sich die vereisten Bergspitzen der Zillertaler Alpen. Wer in Mühlbach schon Hunger verspürt, steigt im Gasthof Huber ab, der mit einfacher, aber guter Tiroler Kost über-

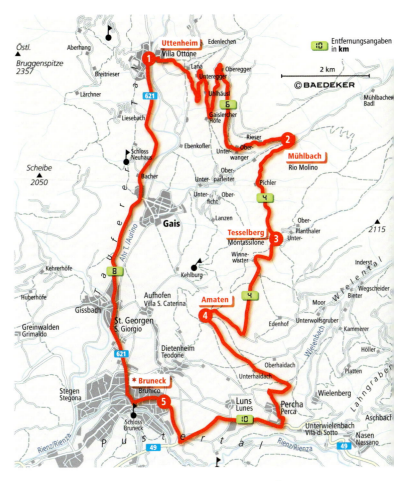

zeugt. Über ❸ **Tesselberg** führt die Route nun weiter nach ❹ **Amaten**. Im Gasthof Oberraut ist nicht nur die verfeinerte Hausmannskost eine Sensation – vom Balkon aus weitet sich der Blick über den 300 m tiefer liegenden Brunecker Talkessel, der vom Kronplatz und den Bergzacken der Pragser Dolomiten überragt wird. Am idyllischsten ist es, zum Sonnenuntergang auf der Terrasse vor dem Haus zu sitzen, wenn die letzten Sonnenstrahlen die Gipfel vergolden und im Tal bei aufziehender Dämmerung die ersten Lichter angehen. Von Amaten geht es über **Percha** und das schöne ❺ ***Bruneck** wieder zurück nach Uttenheim.

Entfernungsangaben in **km**

Nals
Nalles

★ **Terlan**
Terlano

Jenesien
S. Genesio

Oberbozen
Soprabozen

Andrian
Andriano

Schloss
Runkelstein

38   165

508

★★ **Bozen**
Bolzano

9

A22

Hocheppan

Kardaun
Cardano

12

St. Felix
S. Felice

238

St. Pauls
S. Paolo

Girlan
Cornaiano

42

Stadlegg
1616

241

Eppan
Appiano

St. Jakob
S. Giacomo

Fondo

M. Penegal
1737

4

Montiggl
Monticolo

Montiggler
Seen

Leifers
Láives

Ronzone

42

Pfatten
Vadena

22

Petersberg
Monta S. Pietro

Samonico

Mendelpass
1363

★ **Kaltern**
Caldaro

Branzoll
Bronzolo

Cavareno

14

S ü d t i r o l

Amblar

Kalterer See
Lago di Caldaro

12

Aldein
Aldino

Don

T r e n t i n o

8

M. Roèn
2116

Auer
Ora

★ **Tramin**
Termino

8

48

Kaltenbrunn
Fontanefredde

5

Montan
Montagna

Kurtatsch a. d. Weinstr.
Cortaccia s. Str. d. vino

7

★ **Neumarkt**
Egna

Truden
Tródena

48

Co. di Tres
1812

Margreid a. d. Weinstr.
Magre s. Str. d. vino

15

A22

Hornspitze
1817

Altrei
Anterivo

Molina

Kurtinig a. d. Weinstr.
Cortina s. Str. d. vino

14

10

Laag
Laghetti

Gfrill

Capriana

Rovère
ella Luna

12

T r e n t i n o

Lago di Stramentizzo

6

★ **Salurn**
Salorno

612

2 km

© BAEDEKER

Südtiroler Weinstraße

Tour 7

Start und Ziel: Bozen
Länge: 78 km
Fahrtzeit: 3 Stunden

Den schönsten Eindruck vom Bozner Becken, Überetsch und Unterland hat man bei einer Fahrt über die Südtiroler Weinstraße. Die Strecke verbindet Bozen mit einem Dutzend schöner historischer Dörfer, die in eine malerische, vom Weinbau geprägte Kulturlandschaft eingebettet sind. Die Tour bietet sich auch für eine mehrtägige Rundreise an.

Die Südtiroler Weinstraße nimmt ihren Anfang in **❶**Bozen**, nach Eppan und Kaltern die drittgrößte Weinbaugemeinde Südtirols. Auf den sie umgebenden Weinbergen wächst der rote St. Magdalener und in den Talböden der dunkle, kräftige Lagrein. Die Weinstraße führt weiter nach **❷*Terlan**. Der Ort ist sowohl für seinen Weißwein als auch als hervorragendes Spargelgebiet berühmt. Die Route quert die Etsch, führt ins gegenüberliegende Dorf **Andrian** und verläuft nach Süden weiter, unterhalb der Ruine von Hocheppan vorbei bis unter die mächtige Schlossanlage Sigmundskron bei Frangart. Die Straße zweigt hier in die Weißweinlagen von **Girlan** ab und mündet in die burgenreiche Gemeinde **❸Eppan**. Etwa 7 km südöstlich von Eppan liegen mitten im Wald die beiden Montiggler Seen, zwei beliebte Naturbäder. Die Weinstraße führt von Eppan geradewegs nach **❹*Kaltern** in die Heimat des Vernatsch-Rotweins »Kalterer«. Sie senkt sich zum ****Kalterer See** ab, umläuft diesen in sanften Windungen auf seiner westlichen Seite und verlässt das Überetsch bei St. Josef am See. Sie berührt noch die schönen Dörfer **❺*Tramin**, Kurtatsch, *****Margreid und Kurtinig, um schlussendlich in **❻*Salurn** auf der östlichen Etschtalseite die Grenze zur italienischen Nachbarprovinz zu erreichen. Von Salurn geht es wieder nach Norden in die Weinstraßen-Orte **❼*Neumarkt**, mit den historischen Laubengängen, und **❽Auer**. Oberhalb dieser beiden Orte schmiegt sich das Dörfchen **Montan** an den Berg, das für seinen Blauburgunder bekannt ist. Über Leifers geht es dann wieder nach Bozen zurück.

REISEZIELE
VON A BIS Z

Eine kleine Anleitung für die Erkundung Südtirols, der Landschaft mit den vielen Gesichtern auf der Sonnenseite der Alpen – hier der Vernagter Stausee. Die nördlichste Provinz Italiens ist auch der südlichste Zipfel des deutschen Sprachraums. Hier liegen fast zwei Drittel der Landesfläche über 1500 m hoch.

Aldein – Radein

E 9

Italienisch: Aldino – Redagano
Höhe: 1200 – 1556 m ü. d. M.
Einwohner: 1650

Die Dörfer Aldein und Radein liegen auf einer wald- und wiesenreichen Bergterrasse mit Blick auf die Dolomiten, ganz in der Nähe des geologischen »Wunders« Bletterbachschlucht.

SEHENSWERTES IN ALDEIN – RADEIN

Aldein Man erreicht die Doppelgemeinde auf einer wenig befahrenen Straße, die sich in langen Kurven nach oben zieht. Aldein, der Hauptort der Doppelgemeinde mit weit verstreut gelegenen alten Bauernhöfen, wurde schon im 12. Jh. erwähnt. Im **Dorfmuseum** im alten Schulhaus am Dorfplatz sind sakrale Gegenstände aus der Zeit des

Die Bletterbachschlucht bei Aldein ist ein Fenster auf etwa
35 Millionen Jahre Erdgeschichte.

Barock und des Rokoko ausgestellt, darunter ein um 1750 in Augsburg angefertigter barocker Kelch. Aufgrund der abgelegenen Lage mussten die Bauern früher ihr Getreide selber mahlen. 1911 gab es immerhin noch 41 Mühlen, die meisten verfielen jedoch. Anfang der 1990er-Jahre wurden drei Mühlen entlang des Thalbachs wieder instand gesetzt: die Thal-, die Matzneller- und die Schiaßer-Mühle, die heute mit einer Führung besichtigt werden können. Das Mühlenensemble im Thal gehört zum Dorfmuseum.

Dorfmuseum: Mai – Okt. Mi. 15.00 – 17.00, Sa. 17.00 – 19.00, Juli, Aug. auch Fr. 17.00 – 19.00 Uhr, Eintritt frei; Führungen Mühlenensemble: Tel. 0471 88 66 19, Reinhart Pichler, www.museum-aldein.com

Radein, einer der höchstgelegenen Orte Südtirols etwas südöstlich von Aldein, besteht aus vereinzelten, um den Regglberg gelegenen Bauernhöfen. Eine Höfegruppe trägt den ungewöhnlichen Namen »Stadt«. Die Bezeichnung erinnert daran, dass die Knappen, die einst hier wohnten und in der Bletterbachschlucht Bergbau betrieben, im Unterschied zu den bäuerlichen Bewohnern das Stadtrecht besaßen. Vor der Besichtigung der Bletterbachschlucht empfiehlt sich der Besuch des »**Geomuseums**« im Peter-Rosegger-Haus neben der Kirche in Oberradein. Es erklärt die Entstehung der Schlucht und stellt die Gesteinsarten sowie die wichtigsten Fossilienfunde von dort vor.

Radein

❶ Mai – Okt. Mi., Sa., So. 15.00 – 17.30, Juli, Aug. auch 10.00 – 11.30 Uhr, Eintritt 2 €, Tel. 0471 88 66 19, www.museum-aldein.com

★★ BLETTERBACHSCHLUCHT

Seit der Eiszeit vor 15 000 Jahren hat der Bletterbach eine 8 km lange und bis zu 400 m tiefe Schlucht unterhalb des Weißhorns ausgefräst. Ein rund 4-stündiger Rundwanderweg führt, teilweise über Leitern und auf schmalen Steigen mit Geländer und Stufen, durch die Schlucht, **Geoparc** genannt, und ermöglicht atemberaubende Einblicke in die Entstehungsgeschichte der Dolomiten. Dabei sieht man nicht nur einen Querschnitt durch die Gesteinsschichten der Zeit vor 275 bis 243 Mio. Jahren, von rotem Vulkanitgestein und Sandstein bis zu schneeweißem Dolomit (▶Baedeker Wissen S. 162), sondern auch Spuren einst hier vertretener Pflanzen- und Tiere. Infotafeln erläutern die Entstehung der Schlucht, Fossilien und Mineralien. Es gibt mehrere Einstiege: Beliebt ist der Weg vom Besucherzentrum Geoparc Aldein nahe der Lahneralm (ca. 30 Min. bis in die Schlucht); am Parkplatz vor dem Schulhaus in Radein beginnt ein anderer gut beschilderter Weg (ca. 1 Std. bis in die Schlucht).

UNESCO-Welterbe

Besucherzentrum Geoparc Bletterbach: Lerch 40, Mai – Okt. 9.30 – 18.00 Uhr, Eintritt 4 €, www.bletterbach.info; Führung durch die Schlucht nach Anmeldung: Mitte Juli – Mitte Sept. tägl. um 10.30 Uhr, 12 €

Aldein – Radein erleben

AUSKUNFT · VERKEHR
Tourismusverein Aldein – Radein
Dorf 34, 39040 Aldein
Tel. 0471 88 68 00
www.aldein-radein.com

Tourismusverein Truden
Kajetan-Pacher-Str. 9, 39040 Truden
Tel. 0471 86 72 78
www.trudnerhorn.com
Busse von und nach Montan, Auer, Neumarkt, Deutschnofen

ESSEN
Krone ⚅⚅-⚅⚅⚅
Dorfplatz 3
Tel. 0471 88 68 25
www.gasthof-krone.it
Seit 1720 im Familienbesitz. In den holzgetäfelten Stuben wird feine Südtiroler Küche serviert, u. a. Milzknödel. 15 gemütliche Zimmer.

Ploner ⚅⚅-⚅⚅⚅
Dachselweg 1
Tel. 0471 88 65 56; Di. geschl.
Richard Ploner serviert eine mediterran angehauchte Küche, z. B. schwarze Bandnudeln mit Schwertfisch und rotem Paprika.

ÜBERNACHTEN
Berghofer ⚅⚅⚅⚅
Oberradein 54

Tel. 0471 88 71 50
Anfang Mai – Anfang Nov.
www.berghofer.it
Hier mischt sich zeitgenössisches Design mit Tiroler Tradition. Speisekarte und Weinkeller sind ambitioniert. Mit kleinem Wellness-Bereich.

Zirmerhof ⚅⚅⚅
Oberradein 59
Tel. 0471 88 72 15
www.zirmerhof.com
Der Zirmerhof wurde schon im 12. Jh. erwähnt. Seit 1890 Gasthaus, heute mit 35 Zimmern und 3 Berghütten im Tiroler Stil. Im Hofladen gibt es Südtiroler Schmankerl, auch vom familieneigenen Hof.

Jochgrimm ⚅
Jochgrimm 3
Tel. 0471 88 72 32
www.jochgrimm.it
Das Berghotel oberhalb von Aldein bietet seit über 150 Jahren Heubäder an!

EINKAUFEN
Der Eggerhof im Gewerbegebiet Neustatt 3 (www.eggerhof.it) offeriert hausgemachte Nudeln! Spezialitäten sind Dinkelnudeln, Tagliatelle mit Tintenfisch, Ondonelle aus Kamutvollkornmehl und Fettuccine mit Spinat. Auch bei PUR in Meran oder Bruneck erhältlich (▶Baedeker Wissen S. 78).

Truden (Trudena) Südlich von Aldein – Radein liegt das Bergdorf Truden (1127 m), Zentrum des 6866 ha großen **Naturparks Trudener Horn**, der vom Etschtal im Westen, vom Fleimstal im Südwesten und vom Zimberntal (Val di Cembra) im Süden begrenzt wird. Die beiden letzteren liegen schon in der Provinz Trentino. Er ist der südlichste und niedrigstgelegene Naturpark Südtirols mit artenreicher Tier- und Pflanzenwelt: Hier blühen Orchideen, Feuerlilien und Anemonen, mit viel

Glück lässt sich ein Wiedehopf beobachten. Durch das Gelände führt ein großes Angebot an auch leicht begehbaren Wanderwegen. Das **Naturparkhaus Trudener Horn** in einer alten Mühle informiert über Flora, Fauna und die geologische Entstehung der Landschaft. Die Mühle wurde restauriert, gelegentlich wird Getreide gemahlen und Brot gebacken (Auskunft beim Verkehrsamt Truden).

Naturparkhaus: Köcknschmiedgasse 1, April – Okt. Di. – Sa., im Juli, Aug., Sept. auch So. 9.30 – 12.30, 14.30 – 18.00 Uhr, Tel. 0471 86 92 47

✳ Antholzer Tal

⊹ **B 14 – C 13**

Italienisch: Val di Anterselva

Das Antholzer Tal, ein Seitental des ▶Pustertals, beginnt bei Olang als breites Becken und verengt sich in Richtung Nordosten. Es bildet die Ostgrenze des Naturparks Rieserferner-Ahrn. Vor allem im oberen Abschnitt sorgen die nahen Dreitausender für hochalpinen Charakter. Das Tal ist bei Langläufern und Biathleten sehr beliebt; hohe Schneesicherheit bietet ideale Bedingungen für internationale Wettkämpfe.

SEHENSWERTES IM ANTHOLZER TAL

Erster Ort des Antholzer Tals ist Rasen mit den beiden Ortsteilen Oberrasen (1040 m) und Niederrasen (1030 m). Das bei Niederrasen entdeckte **Feld mit Urnengräbern** aus der Hallstattzeit (6. – 8. Jh. v. Chr.) gehört zu den wichtigen archäologischen Stätten Südtirols. Gegenüber von Oberrasen, direkt an der Straße, steht der stattliche Ansitz Heufler aus dem 16. Jh., heute ein gediegenes Hotel mit herrlich getäfelten Gaststuben im Renaissancestil. Etwas oberhalb liegt die **Burgruine Neurasen** aus der Zeit um 1200 versteckt im Wald, ein Stück weiter erhebt sich ein Ensemble von Erdpyramiden. **Rasen**

Die Antholzer Talstraße durchquert das frühere Hochmoor Rasner Möser. Das Wort Rasen kommt aus der keltischen Sprache und bedeutet Sumpf. Früher war das gesamte Gebiet von einem See bedeckt, der mit der Zeit verlandete. 1923 wurde das 23 ha große Gebiet mit seltener Flora und Fauna unter Naturschutz gestellt, man kann das Biotop auf einem Naturlehrpfad kennenlernen. Vom Parkplatz beim Kulturhaus in Oberrasen führt ein 20-minütiger Spazierweg dorthin. ***Rasner Möser**

Das nur wenige Kilometer entfernte **Bad Salomonsbrunn** ist für seine Radonquelle bekannt und besteht lediglich aus einem Hotel aus **Weiter das Tal hinauf**

Das Antholzer Tal erleben

AUSKUNFT
Tourismusverein Rasen
Niederrasen 60, 39030 Rasen
Tel. 0474 49 62 69
www.rasen.it

Tourismusverein Antholz
Mittertal 81
39030 Antholz-Mittertal
Tel. 0474 49 21 16
www.antholz.com

ESSEN
Bruggerwirt €–€€
Antholz-Mittertal, Mittertal 20
Tel. 0474 49 21 20
www.bruggerwirt.it
Die Wirtsstube von 1835 steht unter
Denkmalschutz. Serviert wird herzhafte
Tiroler Küche.

Biathlon Inn €–€€
Rasen-Antholz, Obertal 33
Tel. 0348 70 64 15
Nahe beim Antholzer See und dem Bi-
athloncenter. Tipp: hausgemachte
Schlutzkrapfen und Apfelstrudel.

ÜBERNACHTEN
Schlosshotel Ansitz Heufler €€€
Rasen, Oberrasen 54

Tel. 0474 49 85 82
www.ansitz-heufler.it, Di. geschl.
Ansitz mit holzgetäfelter Gaststube,
8 familiäre Zimmer.

Bad Salomonsbrunn €€€
Rasen, Antholzerstr. 1
Tel. 0474 49 21 99
www.badsalomonsbrunn.com
1559 zum ersten Mal erwähnt, entwickelte es sich zu einem sehr beliebten
»Badl«. Es bietet Radonbäder an.

Seehaus €€€
Antholz-Obertal, Obertal 16
Tel. 0474 49 23 42
www.hotel-seehaus.com
Gemütliches Familienhotel direkt am
Antholzer See. Die Küche ist für hausge-
machte Süßspeisen bekannt.

SPORT
Rund 60 km präparierte Loipen durch-
ziehen das Tal. Besonders schön ist die
Spur rund um den Antholzer See, etwas
anstrengender die hinauf zum Staller
Sattel, im Sommer gibt es die Variante
mit Nordic Walking (**Biathlon- und
Langlaufschule**, Antholz-Obertal,
Biathloncenter 33, www.langlauf-
antholz.it).

der Gründerzeit. Doch seine Lage und die blau-weiße Fassade sorgen
für viel Aufmerksamkeit.

Nun verengt sich das Tal und bei **Antholz-Niedertal** rücken die imposanten Felsmassive der Rieserfernergruppe ins Blickfeld. Im Dorf
steht die Kirche St. Walburg mit einem schönen ChristophorusFres-
ko an der Außenwand, das der Pacher-Werkstatt (15. Jh.) zugeschrieben wird.

Das kleine Dorf **Antholz-Mittertal**, Zentrum des hinteren Antholzer Tals und 1241 m hoch gelegen, hat zwei sehenswerte Gasthäuser.
Die Wandtäfelung der Gaststube des **Bruggerwirts** schmücken die

zwölf Apostel. Der **Wegerkeller** (1693) vor der Pfarrkirche ist das älteste Gasthaus im Antholzer Tal. Seine Wand zieren acht 1753 gemalte Figuren eines »Totentanzes«, jede mit einem Spruch für einen Zecher (der Wegerkeller gehört heute zum Santeshotel Wegerhof).

Über Antholz-Obertal (1418 m) und am modernen Stadion des Biathloncenters vorbei erreicht man den traumhaft gelegenen ***Antholzer See**, der von den beiden Dreitausendern Wildgall und Hochgall dominiert wird. Im Winter ist der verschneite See mit einer 5 km langen Loipe ein Mekka für Langläufer.

Vom Antholzer See führt eine schmale Passstraße zum 2052 m hoch gelegenen **Staller Sattel** und dann hinab ins österreichische Defreggental. Sie ist im Winter und häufig auch nachts geschlossen.

Auer

✦ C/D 5

Italienisch: Ora
Höhe: 242 m ü. d. M.
Einwohner: 3550

Auer liegt im Südtiroler Unterland am östlichen Rand des Etschtals auf fruchtbarem Schwemmland. Im Osten sorgen die schützende Berge für ein ideales Klima.

Zusammen mit Castelfeder, Neumarkt, Montan und Salurn gehört Auer zur Ferienregion Castelfeder. Erst die Trockenlegung der Etschsümpfe im 19. Jh. ermöglichte ein Auskommen für die Bauern, die ausschließlich von **Obst- und Weinbau** lebten. Heute haben sich etliche Industriebetriebe angesiedelt, da Auer perfekt an das Verkehrsnetz angebunden ist. Quasi vor der Haustür liegen die Autobahn und die Bahntrasse der Nord-Südverbindung Brenner–Verona.

SEHENSWERTES IN AUER UND UMGEBUNG

Auer ist ein verwinkeltes Dorf mit engen, von Mauern eingefassten Gassen und zahlreichen Weinbauernhöfen. Die spätgotische **Pfarrkirche St. Peter** südlich des Ortskerns besitzt noch den romanischen Turm eines Vorgängerbaus. Ihre Westfassade schmückt ein großes Christophorus-Fresko, Schutzpatron der Wanderer. Im Innern fallen ein wuchtiger spätbarocker Altar und die vom Füssener Meister Hans Schwarzenbach gebaute Orgel auf.

In den vergangenen Jahrhunderten trat der aus den Bergen heranströmende Schwarzenbach häufig über seine Ufer. Dabei wurde auch viel Geröll und Schutt abgelagert. So liegt die Kirche heute um eini-

Auer

ges tiefer als die Umgebung. Im 17. Jh. wurde als Alternative die **Marienkirche** im eigentlichen Dorfzentrum gebaut. Die beiden Ansitze ganz in der Nähe, Auer mit einer Renaissancefassade und Baumgarten, heute Sitz der Schule für Landwirtschaft, gehen auf dörfliche Burgen aus dem 12. Jh. zurück.

*Castelfeder

Südlich von Auer, an der Straße ins Fleimstal, erstreckt sich auf einer Anhöhe das **Ruinenfeld Castelfeder** (von lat. castellum vetus = alte Burg oder von ladinisch federa = Weide). Der Ort war schon in prähistorischer Zeit besiedelt. Römische Mauerreste, Turmstümpfe, Reste spätantiker Befestigungen und einer vormittelalterlichen Ringmauer, die einst wohl das ganze obere Plateau einrahmte, liegen verstreut zwischen Weißdornhecken und kleinen Steineichen.

Am höchsten Punkt des Hügels stehen die Fundamente der im 10. Jh. erbauten **Barbarakapelle**, die wohl bis 1750 genutzt und dann dem Verfall preisgegeben wurde. Sie besaß einen gotischen Schnitzaltar von Hans Klocker, der heute auf Schloss Tirol zu sehen ist. Urkundlich wurde die Burg Castelfeder zum ersten Mal 1203 erwähnt, damals war sie im Besitz der mächtigen Herren von Enn. Dieser einsam gelegene, rätselhafte Ort steht im Kontrast zu dem sonst so anheimelnden Südtirol. Der Aufstieg wird belohnt mit einem **grandiosen Ausblick** in das Etschtal und zur Salurner Klause.

Montan

Etwa 4 km südlich von Auer liegt Montan auf einer Bergterrasse inmitten von Weinbergen. Die Pfarrkirche St. Bartholomäus stammt ursprünglich aus dem 14. Jh., aus dieser Zeit ist jedoch nur der vierkantige Glockenturm erhalten. Das Übrige wurde im historisierenden Stil des 19. Jh.s umgebaut. Beherrscht wird der kleine Ort von **Schloss Enn**, das ebenfalls im 19. Jh. im historisierenden Stil mit Türmchen und Zinnen restauriert wurde. Erbaut wurde es im 12. Jh. als Stammburg der Grafen von Enn, die sich mit den Grafen von Eppan und Tirol um die Macht stritten. Die herrschaftliche Anlage ist im Privatbesitz und nur während des Schlosskonzerts Mitte August für Besucher geöffnet. Die Musikkapelle Montan spielt und die Karten sind meist lange im Voraus verkauft.

Auf dem Friedhof liegt Ettore Tolomei (▶ S. 55), der die rigorose Italienisierungspolitik unter Mussolini in Südtirol umsetzte und seine letzten Jahre in dem kleinen Dorf Glen verbrachte. Sein Grab war häufig Ziel von Sprengstoffanschlägen deutsch gesinnter Gruppen.

Pinzon

Im Montaner Ortsteil Pinzon, etwas südlicher auf der Bergterrasse, lohnt die stimmungsvolle ****Kirche St. Stephan** einen Besuch. Auf den Grundmauern eines romanischen Vorgängerbaus baute Meister Konrad von Neumarkt 1410 einen Chor in reinster Hochgotik mit Rippengewölbe und reliefverzierten Kämpfern am Triumphbogen. Das Langhaus wurde aus dem romanischen Mauerwerk neu errich-

**Vorbei an den Ruinen der Burg Castelfeder schweift der Blick
zur Talenge der Salurner Klause.**

tet, der Turm ist noch original. Im Innern steht einer der **bedeutendsten Flügelaltäre des Unterlands.** Bis zum Kirchenraub 1971
konnte man hier ein vollständiges Werk des Brixner Hans Klocker
bewundern, neben Michael Pacher einer der großen Bildschnitzer
der Gotik. Die einzelnen Schreinfiguren und die acht Reliefs von
Heiligen an den Flügeln zeigen sein Können. Im Schrein sitzt Maria
mit dem Kind, dem sie einen Apfel reicht, flankiert von den beiden
Heiligen Laurentius und Stephan. Die beiden Flügelaußenseiten zeigen vier Gemälde mit Szenen aus der Stephanslegende. Bei dem Ein-
bruch wurden vier den Vorhang tragende Engel und das Jesuskind
gestohlen; heute sind dort Kopien zu sehen.

In der **Loreto-Kapelle** gleich nebenan wird die »Casa Santa« (Haus
der Heiligen Familie) verehrt. Die Malereien stammen von dem Brixner Stephan Kessler und Michelangelo Unterberger aus Cavalese.

St. Stephan: nur bei Gottesdiensten geöffnet; Auskunft beim Tourismusamt
Neumarkt (▶S. 250)

Loreto-Kapelle: Schlüssel beim Messner, Tel. 0471 81 28 71

Auer erleben

AUSKUNFT

Feriendestination Castelfeder
Hauptplatz 7, 39040 Auer
Tel. 0471 81 02 31
www.castelfeder.info

ESSEN

Goldener Löwe ⓔ-ⓔⓔ
Montan, Kirchplatz 11
Tel. 0471 81 98 44
www.goldenerloewe.it
Seit 1865 von der Familie Pichler geführtes Gasthaus: verfeinerte Tiroler Gerichte, dazu eine große Auswahl lokaler Weine.

ÜBERNACHTEN

Hotel Amadeus ⓔⓔ
Auer, Fleimstalstr.1, Tel. 0471 81 00 53
www.hotel-amadeus.it
Traditionsreiches Haus mit 34 Zimmern und schönem Pool im Dorfzentrum.

EINKAUFEN

Lob von der Weinbibel »Gambero rosso« gibt es für den Cabernet Sauvignon Sass Roà Ris und den Gewürztraminer Elyond des Weinguts **Laimburg**. Empfehlenswert ist auch der rote Col de Rey (Laimburg 6, Auer-Pfatten, www.laimburg.bz.it)

*St. Daniel am Kiechlberg

Einen Katzensprung von Castelfeder entfernt auf der anderen Straßenseite liegt die kleine Kirche St. Daniel am Kiechlberg, eher versteckt zwischen Rebgärten des Girlaner Weinguts Schreckbichl. Die Nordwand der Kirche schmückt ein großes Fresko mit Daniel in der Löwengrube, vermutlich das Werk eines lombardischen Wandermalers von 1448. Größter Schatz ist der prächtige **Flügelaltar** eines unbekannten Meisters von 1525. Die beiden Schreinwächter Georg und Florian rechts und links sieht man nur bei geschlossenen Altarflügeln. Im Schrein sitzt Maria mit zwei Heiligen, die Innenseiten der Altarflügel tragen Reliefs von Petrus und Paulus, die Außenseiten herrliche Gemälde mit Szenen aus dem Leben des hl. Daniel.
❶ Besichtigung mit Führung: Di. 9.00 Uhr, Anmeldung beim Tourismusamt Castelfeder

Laimburg

Nördlich von Auer, am westlichen Etschufer, stehen auf dem Mitterberg die Ruine Leuchtenberg und die Reste der Laimburg. Im Tal befindet sich das renommierte **Land- und Forstwirtschaftliche Versuchszentrum Laimburg**. Die Weingärten der gleichnamigen Landeskellerei liegen in Südtirol verstreut und natürlich rund ums Haus. Die Weine kann man vor Ort kaufen.

Branzoll

Rund 12 km nördlich von Auer liegen Branzoll (Bronzolo)) mit seinem hübschen historischen Ortskern am östlichen Etschufer und, jenseits der Autobahn, die Siedlung Pfatten. Dort befand sich, als die Etsch noch schiffbar war, der Hafen von Bozen. In beiden Orte wohnen fast ausschließlich italienischsprachige Südtiroler.

✷✷ Bozen

E 9

Italienisch: Bolzano
Höhe: 262 m ü. d. M.
Einwohner: 104 000

Viel Lebensfreude liegt in den Gassen der Landeshauptstadt, denn die warme Luft aus dem Süden strömt in den Bozner Talkessel und lockt die Menschen ins Freie. Man plaudert in den Cafés, flaniert durch die Lauben und trifft sich zum Aperitif in einem der Lokale am Obstmarkt.

Bozen ist geprägt von dem nicht immer ganz einfachen Zusammenleben der italienisch- und deutschsprachigen Bevölkerung. Das führt zu einer spannenden Mischung von mediterraner Lässigkeit und deutscher Ordnungsliebe und Gründlichkeit. Im letzten Jahrzehnt entwickelte sich Bozen zu einem höchst lebendigen Zentrum von Kunst, Bildung und Handel. Heute bestimmen u. a. eine dreisprachige Universität, ein Theater, ein Museum für Moderne Kunst und ein Messezentrum die Atmosphäre – und natürlich der Ötzi!

Aufregende Lage

Die Hauptstadt der Autonomen Provinz Bozen liegt in einem breiten Talkessel. Hier münden die beiden Flüsse Eisack und Talfer in die Etsch, die aus dem Vinschgau kommt. Im Norden, in unmittelbarer Nähe, liegen die beliebten Ausflugsberge Ritten, Kohlerer Berg und Tschöggelberg, während östlich die Gebirgsrücken des Schlern und des Rosengarten ins Blickfeld rücken. Im Westen schaut man auf die Weinberge von Eppan und die Ruine der mittelalterlichen Burg Sigmundskron. Nach Süden öffnet sich das Tal, hier beginnt die liebliche Landschaft von Überetsch mit der Südtiroler Weinstraße.

Architektonische Kontraste

Bozen wird durch den Fluss Talfer geteilt. Mittelpunkt des deutschsprachigen Bozen ist die **mittelalterliche Altstadt** zwischen Eisack und Talfer. Sie wird von stattlichen Bürgerhäusern aus Gotik, Renaissance und Barock geprägt, mit Laubengängen, engen Gassen, Lichthöfen und vielen Erkern. Mittelpunkt ist der Waltherplatz mit der imposanten gotischen Pfarrkirche. Ihr filigraner Turm ist das Wahrzeichen der Stadt.
Die westlich der Talfer gelegene, **eher nüchternde italienische Neustadt** entstand in der ersten Hälfte des 20. Jh.s; die meisten Gebäude aus der Zeit des Faschismus stehen unter Denkmalschutz.

Geschichte

Bozen geht auf den römischen Militärposten Bauzanum im heutigen Vorort Rentsch zurück. Hier teilte sich die wichtige Handelsstraße Via Claudia Augusta: Ein Strang führte zum Reschenpass hinauf, ein

Stattliche Bürgerhäuser mit schönen Fassaden in Bozen

anderer über den Brenner. Nach dem Untergang des Römischen Reiches drängten die Germanen in das fruchtbare Land, um 680 folgten die Langobarden, um 740 die Franken. Später wurde der Fleck Sitz der bayerischen Grenzgrafen, die das Castellum Bauzanum anlegten. Als eigentlicher Stadtgründer gilt der Trienter Bischof Ulrich II., der 1027 das Etschtal mit dem Bozner Talkessel vom Deutschen Kaiser als Lehen erhalten hatte. In den folgenden Jahren musste sich das Bistum Trient gegen die kriegerischen Grafen von Eppan und Tirol wehren, bis 1277 Meinhards II. erfolgreich war: Das prosperierende Handelsstädtchen gehörte von nun an zu Tirol.

Bozen war dank seiner Lage an der Via Claudia Augusta schon früh ein Handelsort. Richtig in Schwung kam die Wirtschaft jedoch erst, nachdem es dem Bozner Wegebauer Heinrich Kunter gelungen war, zu Beginn des 14. Jh.s eine Trasse durch die Eisackschlucht anzulegen, damals eine außerordentliche Leistung, denn der Fluss war wegen seiner ungestümen Wassermassen gefürchtet: Die Kaufleute nahmen lieber den großen Umweg über den Ritten in Kauf. Doch nun lief der Warentransport zwischen Italien und dem Norden vornehmlich über Bozen und den Brennerpass. Die Händler in den Bozner Lauben wurden so wohlhabend, dass sogar Familien aus der Wirtschaftsmetropole Florenz angelockt wurden.

Bis zum Ende des Ersten Weltkriegs teilte Bozen die Geschicke des Habsburger Reichs. Im Frieden von Saint-Germain wurde die Stadt Italien zugesprochen. Unter Mussolini begann die politisch motivierte Ansiedlung von Arbeitskräften aus dem Süden Italiens. Nach dem Ende des Faschismus blieben viele Familien in Bozen. 1948 wurden die beiden Provinzen Bozen und Trient zum autonomen Gebiet Trentino-Alto Adige erklärt und Deutsch als zweite Staatssprache zugelassen. Seit 1964 ist Bozen Sitz des Bistums Bozen-Brixen.

ALTSTADT

Das Herz von Bozen ist der weitläufige Waltherplatz, benannt nach dem deutschen Minnesänger **Walther von der Vogelweide**. Man glaubte, dass der bedeutendste Dichter des Hochmittelalters aus Südtirol stammte, doch seine Heimat liegt mit hoher Sicherheit in Niederösterreich. Unter Mussolini wurde es entfernt, doch nun steht das imposante Denkmal aus Laaser Marmor (Heinrich Natter, 1889) wieder in der Platzmitte. Unter dem Platz liegt eine große Tiefgarage.

*Walther-
platz

Weithin sichtbar ist der filigrane Turm der gotischen Pfarrkirche Maria Himmelfahrt, seit 1964 **Dom**, an der Südseite des Waltherplatzes. Schon im 6. Jh. wurde hier in einem Vorgängerbau gebetet. 1180 erfolgte die Einweihung eines romanischen Neubaus, der im 13. und 14. Jh.s im spätgotischen Stil umgebaut wurde. Der Turm entstand 1517 nach Plänen von Hans Lutz von Schussenried. Bemerkenswert ist das **Leitacher Törl** an der Nordwand im hochgotischen Stil mit zierlichen Steinplastiken: Man erkennt u. a. einen Winzer und eine Winzerin in zeitgenössischer Tracht. Die Fresken daneben, u. a. ein Jakobspilger in rotem Umgang mit Pilgerstab und großer Geldtasche, wurden erst bei einer Restaurierung entdeckt.

**Pfarrkirche
Maria
Himmelfahrt

Die oberitalienisch beeinflusste Vorhalle an der Westfassade ruht auf zwei von Löwenplastiken getragenen Säulen. Links vom Portal prangt das Fresko **»Die Plappermutter«** von Friedrich Pacher aus der Brixner Schule. Die Legende besagt, dass dorthin gebrachte Kinder mit Sprachproblemen nach drei Tagen zu reden anfingen.
Im Innern ist die dreischiffige Hallenkirche mit Umgangschor und barockem Hochaltar eher schlicht. Hauptsehenswürdigkeit ist die aus Sandstein gearbeitete **Kanzel,** ebenfalls ein Werk des schwäbischen Meisters Hans Lutz von Schussenried von 1514. Den Kanzelkorb schmücken Reliefs mit Kirchenvätern auf der tragenden Säule sind Figuren im Pilgerkostüm zu sehen. Sehenswert sind außerdem eine Muttergottes aus Gussstein von Hans von Judenburg (15. Jh.) in der barocken Gnadenkapelle hinter dem Hochaltar, ein Herz-Jesu-Bild von dem in Südtirol verehrten Carl Henrici an der Südseite des Chorumgangs sowie die Reste des einst reichen gotischen Freskenschmucks. Sie wurden erst bei der Restaurierung nach Zerstörungen im Zweiten Weltkrieg entdeckt. Die ältesten befinden sich rechts am Zugang zum Chorumgang. Die Fresken an der Südwand des rechten Seitenschiffs links von der Tür zeigen u. a. die Enthauptung der hl. Dorothea und die Zähmung eines Drachen durch die hl. Martha. Im Propsteigebäude hinter dem Chor befindet sich die **Domschatzkammer** mit dem kostbaren Kirchenschatz.

Pfarrkirche: Mo. – Sa. 10.00 – 12.00, 14.00 – 17.00 Uhr, www.dompfarre.bz.it
Domschatzkammer: Di. – Sa. 10.00 – 12.00 Uhr, Eintritt 4 €

Bozen erleben

AUSKUNFT · VERKEHR
Verkehrsamt der Stadt Bozen
Waltherplatz 8, 39100 Bolzano
Tel. 0471 30 70 00
www.bolzano-bozen.it
Die Altstadt erkundet man am besten zu
Fuß. Ein großes Parkhaus gibt es unter
dem Waltherplatz, weitere Parkflächen
am Rand der Altstadt. Am Bozner Bahnhof halten alle Fernzüge zum und vom
Brennerpass sowie Regionalzüge von
und nach Meran. Der Busbahnhof liegt
in der Nähe des Bahnhofs, Perathoner
Straße; Info-Tel. 8 40 00 04 71, www.
sasabz.it. Die **Mobilcard** ist für alle öffentlichen Verkehrsmittel gültig. In Kombination mit 78 Museen heißt sie museumobil Card; wer sein Fahrrad
mitnehmen möchte, kauft die bikemobil
Card (Infos: www.mobilcard.info).

ESSEN
❶ Rastbichler ©©-©©©
Cadorna Str. 1
Tel. 0471 26 11 31
Sa., So. geschl.
www.ristoranterastbichler.com
Begehrt sind die Tische im Garten,
beliebt die Grillabende mit feinen Fischgerichten.

❷ Löwengrube ©©
Zollstange 3
Tel. 0471 97 00 32
So. geschl.
www.loewengrube.it
Gasthaus von 1543. Das Restaurant be-
sitzt einen prachtvollen neugotischen
Kachelofen. Südtiroler Küche mit medi-
terranen Ausflügen. Tipp: die Schlutz-
krapfen und das Kalbskotelett.

❸ Vögele ©-©©
Goethestr. 3
Tel. 0471 97 39 38
So. geschl., www.voegele.it
1277 erstmals erwähnt, eine Institution.
Gegessen wird in verschiedenen Stuben;
sehr beliebt ist die Goethestube.

❹ Fischbänke – bei Cobo ©
Dr.-Streiter-Gasse 28
Sa. abends und So. geschl.
Die Mitte April bis Mitte Okt. geöffnete
Freiluft-Bar begeistert z. B. mit Aperitif
und Bruschette.

❺ Weißes Rössl ©
Bindergasse 6
Tel 0471 97 32 67
Sa. abends, So. geschl.
www.weissesroessl.org
Herzhafte und preiswerte Tiroler Küche
bis Mitternacht! Zur Mittagszeit müssen
auch mal sechs Personen an einen
Vierertisch.

❻ Würstlwagen ©
Goethestr./Ecke Leonardo-da-Vinci-Str.
Die traditionellen Würstl sind eine
deftige Delikatesse.

AUSGEHEN
❼ Nadamas ©-©©
Obstplatz 43–44
Tel. 0471 98 06 84
ab 10.00 Uhr, So. geschl.
www.ristorante-nadamas.it
Trendlokal mit ungezwungener Atmosphäre, interessanter Weinkarte und
kleinen Gerichten im Tapas-Stil.

❽ Hopfen & Co ©-©©
Obstplatz 17

Tel. 0471 30 07 88
Kein Ruhetag
www.boznerbier.it
Herrlich an einem lauen Sommerabend:
mit selbstgebrautem Bier auf dem Obstplatz zu stehen. Sehr beliebt und entsprechend besucht!

❾ *Café Exil* ©
Kornplatz 2
Tel. 0471 97 18 14
tägl. außer So. ab 10.00 Uhr
Kaffee, Aperitif, Whisky oder Zeitungs-
lektüre gefällig?

❿ *Gelateria Avalon* ©
Freiheitsstr. 44
Ausgezeichnetes Eis mit Obst der Saison,

möglichst aus biologischem Anbau. Ein
schräges Lädchen mit viel buntem Neon.

UNTERHALTUNG
Carambolage
Silbergasse 19
Tel. 0471 98 17 90
www.carambolage.org
Kellertheater für Kabarett, Musik, experi-
mentelles Theater und Lesungen. Im
Sommer geschlossen.

Neues Bozner Stadttheater
Verdiplatz 40
Tel. 0471 30 41 30
www.theater-bozen.it
Aufführungen in Deutsch und Italienisch
(Teatro Stabile, www.teatro-bolzano.it).

Im Nadamas geht es ungezwungen zu.

Filmclub
Dr.-Streiter-Gasse 8/d
Tel. 0471 97 42 95
www.filmclub.it
Anspruchsvolle Filme in Deutsch und
Italienisch.

ÜBERNACHTEN

❶ *Greif* ⬤⬤⬤⬤
Waltherplatz
Tel. 0471 31 80 00
www.greif.it
Das Hotel gehört seit 1816 der Familie
Staffler. 1999 wurde es von Boris Po-
drecca umgebaut, alle 33 Zimmer sind
von Tiroler Künstlern gestaltet. Zimmer
211 ist ein Werk von Erich Kofler-Fuchs-
berg aus Naturns. Zimmer 302 wurde
von dem Vinschgauer Manfred Alois
Mayr gestaltet.

❷ *Laurin* ⬤⬤⬤-⬤⬤⬤⬤
Laurinstr. 4
Tel. 0471 31 10 00
www.laurin.it
Im Stil der Gründerzeit 1910 erbaut. In
vielen Zimmern hängen Kunstwerke aus
dem frühen 20. Jh. In der Laurinbar erzählen Fresken des Jugendstilmalers Bruno Goldschmitt die Sage des Königs
Laurin. Empfehlenswertes **Traditions-
restaurant**. Sehr beliebt ist das Mittagessen auf der Terrasse mit Blick in den
schönen Park.

❸ *Stadthotel* ⬤⬤
Waltherplatz 21
Tel. 0471 97 52 21
www.hotelcitta.info
Neue schöne Zimmer in gradliniger
Architektur.

❹ *Kohlern* ⬤⬤⬤
Kohlern 11

Tel. 0471 32 99 78
www.kohlern.com
Hotel in alpinem Jugendstil etwas außerhalb (Richtung Ritten, dann südlich der
A 22). Terrasse mit Blick auf Überetsch
und Eisacktal.

EINKAUFEN

Im **Erbhof Unterganzner Josephus
Mayr** im Ortsteil Kardaun gibt es ausgezeichnete Weine und Olivenöl. Empfehlenswert: der Lamarein oder die Compo-
sition Reif, eine Cuvée aus Cabernet mit
etwas Lagrein.
Hubert Gasser am Waltherplatz 23 offeriert Kollektionen aus feinsten Baum-
wollstoffen, Leinen, Seide oder Kaschmir
(www.hubertgasser.com).
Im **Rizzoli** gibt es Schuhe, Taschen und
Hüte. Spezialität: Südtiroler Filzpatschen
(Lauben 60).
Feinste Stoffe und Loden gibt es bei
Mössmer (Musterplatz 1, www.
moessmer.it).
Loden in großer Auswahl gibt es auch
bei **Oberrauch-Zitt** (Lauben 67, www.
oberrauch-zitt.com) oder in der firmen-
eigenen Lodenwelt in ▶Vintl.
Brot nach alten Rezepten offeriert die
Bäckerei Grandt in der Bindergasse 18.
Tipp: Nuss- und Olivenbrot.
Seibstock (Lauben 50) verkauft Gewür-
ze. Spezialität: seltene Pfefferarten.
Die Kunstszene Südtirols mit Werken
u. a. von Karl Plattner, Arnold Dall'o oder
Markus Vallazza gibt es in der **Goethe-
galerie** (Mustergasse 1, www.galleria-
goethe.it.).
Der Hauptsitz des Sportausstatters **Salewa Cube** mit öffentlicher Kletterhalle
und einem Bistro gegenüber befindet
sich in der Waltraud-Gerbert- Deeg-
Str. 4 (www.salewa.it, tägl. geöffnet).

Bozen

Sarntal
Burg Runkelstein

Schloss
Maretsch

Deutschorden-
Kirche

IV.-
November-
Platz

Petrarca-
park

Marien-
platz

Naturmuseum

Franziskaner-
kirche

Herz-Jesu-
Kirche

Sieges-
denkmal

Sieges-
platz

Talferbrücke

Stadt-
museum

Archäologie-
museum

Obst-
markt

Merkantil-
museum

Waag-
haus

Rathaus-
platz

Rathaus

Freie
Universi-
tät

Leonardo-da-Vinci-Str.

Musterpl.

Walther-
platz

Museion

Dominikaner-
kloster &
-kirche

Dominikaner-
platz

Haupt-
post

Dom

Bahnhofsallee

Busbahnhof

Bahnhof

Bahnhofs-
pl.

Spitalgasse

Postraße

Kapuziner-
kirche

Wolken-
steingasse

Rosegger-
park

Theater

Verdi-
platz

Sport-
platz

Talfer

Eisack

Meran, Überetsch
Bozner Messe

Drusus-
brücke

Museonbrücke

Essen
1 Rastbichler
2 Löwengrube
3 Vögele
4 Fischbänke
  – bei Cobo
5 Weißes Rössl
6 Würstlwagen

Ausgehen
7 Nadamas
8 Hopfen
9 Café Exil
10 Gelateria Avalon

Übernachten
1 Greif
2 Laurin
3 Stadthotel
4 Kohlern

Westlich des Waltherplatzes erreicht man ein trutzig wirkendes Ensemble aus Kirche und Kloster, das 1272 gegründet wurde. 1498 wurde die Kirche in eine dreischiffige Hallenkirche umgebaut. Das Klos-

***Dominika-
nerkloster
und -kirche**

ter musste 1785 auf Geheiß von Kaiser Josef II. schließen und diente dann als Militärmagazin. Erst bei der Restaurierung der völlig verwahrlosten Gebäude 1924 entdeckte man herrliche Fresken, die leider im Bombenhagel 1944 sehr gelitten haben. Im Klostergebäude sind heute ein Konservatorium und eine Kunstsammlung untergebracht. Die Fresken im ***Kreuzgang** malte Friedrich Pacher 1497; sie schildern Szenen aus dem Alten und Neuen Testament.

❶ Mo. – Sa. 9.30 – 17.00, So. 12.00 – 18.00 Uhr, Tel. 0471 94 57 02
Kreuzgang: Mo. – Sa. 9.30 – 17.30, So. nur bis 12.30 Uhr

**Johannes-kapelle

Die Wände und Decken der an den Chor der Klosterkirche angebauten Johanneskapelle sind überreich mit Fresken verziert, dem **bedeutendsten Zeugnis oberitalienischer Wandmalerei** in Südtirol. Schüler von Giotto di Bondone malten sie in der Mitte des 14. Jh.s und ihr Stil wurde wegweisend für die »Bozner Schule«. Die Figuren sind lebensnahe Individuen, die in perspektivisch dargestellten Räumen und Landschaften stehen. Die Farben erreichen eine bis dahin unbekannte Intensität. Auftraggeber war die wohlhabende Bozner Bankiersfamilie Rossi/Botsch: Sie nutzte die Kapelle als Familiengrabstätte. Die Fresken erzählen Szenen aus dem Marienleben – eine weist auf den Mäzen: Musiker des Hochzeitszugs tragen Kleider mit schwarzen Streifen, dem Wappen der Familie Botsch –, aus der Legende des hl. Nikolaus und dem Leben Johannes des Täufers. Eindrücklich ist auch der monumentale »Triumph des Todes«.

*Obstmarkt

Vom Dominikanerplatz führt die Goethestraße zum Obstmarkt, der von mittelalterlichen Häusern gesäumt wird. Montags bis samstags wird hier Obst und Gemüse aus dem Etschtal verkauft. Speck kauft man am besten bei Karl Peer (Stand 26) und Obst bei Lola gegenüber. Wo die Laubengasse beginnt, steht ein von einem Neptun mit Dreizack gezierter Brunnen. Die 1746 gegossene Skulptur heißt bei den Einheimischen »Gabelwirt«. Die »Fischbänke« gegenüber erinnern an den Fischmarkt, der einst hier abgehalten wurde. Heute sind sie im Sommer eine beliebte Freiluft-Bar.

Alles frisch: Obstmarkt in Bozen

Die ****»Lauben«**, eine schmale, teils noch von Häusern aus der späten Gotik gesäumte Gasse, ziehen sich vom Obstmarkt in Richtung Osten bis zum Rathausplatz. Seit dem Mittelalter wird hier ge- und verkauft. Auch heute beleben Geschäfte und Boutiquen ihre Arkaden. Nirgendwo ist aufdringliche Reklame gestattet. So können die Fassaden ihren mittelalterlichen Charme ausspielen und mit Fresken, Stuckverzierungen und Erkern auftrumpfen. Immer herrscht Leben in den Lauben, regelrecht eng wird es bei schlechtem Wetter. Ein typisches Laubenhaus ist an seiner Stirnseite sehr schmal, zieht sich aber über Treppen, Lichthöfe und Flure bis zur Nachbargasse. Dies ist gut zu sehen beim traditionellen **Geschäft Rizzoli** (Lauben 60), das mehrere Laubenhäuser einnimmt und für seine Filzpatschen berühmt ist. Viel von ihrer Vergangenheit mit Töpfen und Tiegeln hat die »Apotheke zur Madonna« (1443) in den Lauben 17 bewahrt. Die enge Waaggasse verbindet die Lauben mit dem ***Kornplatz,** dem ältesten Teil der Stadt. Hier wurde früher der Getreidemarkt abgehalten. In einem der schönsten Häuser der Altstadt, dem ***Waaghaus** mit freskengeschmückter Fassade und gotischen Doppelbogenfenstern, befand sich 1634 – 1780 die öffentliche Waage. Das Gebäude gehört heute der Stiftung Südtiroler Sparkassen. Im Osten öffnen sich die Lauben auf den von schmucken Häusern gesäumten Rathausplatz; das Rathaus entstand im 19. Jh. im historisierenden Barockstil.

In der Silbergasse, gleich neben den Lauben, steht der nach Plänen des Veroneser Architekten Francesco Perotti 1708 gebaute Merkantilpalast. Das Gebäude mit der schönen Barockfassade war ein Mittelpunkt der Bozner Kaufmannschaft. Hier verhandelte das Merkantilgericht über Streitigkeiten unter den Händlern oder entschied über die Regeln im Messebetrieb. Bis 1979 war es Sitz der Handelskammer, heute ist es ein Museum. Hier sind Exponate zur Handelsgeschichte, prächtiges Mobiliar und eine Bildersammlung zu sehen. Der Rundgang endet im Ehrensaal, wo das Handelsgericht tagte und wo heute noch etwas von der Atmosphäre des 18. Jh.s zu spüren ist. Eine gute Auswahl an Südtiroler Kunsthandwerk aus Holz, Textil oder Ton zeigen die **Südtiroler Werkstätten**, die ebenfalls hier untergebracht sind (www.werkstaetten.it).
❶ Silbergasse 16 und Lauben 39, Mo. – Sa. 10.00 – 12.30 Uhr, Eintritt 4 €

Merkantilmuseum

Über die Dr.-Streiter-Gasse erreicht man die gotische Franziskanerkirche in der Franziskanerstraße. Sie wurde 1291 nach einem Stadtbrand neu erbaut; 1348 entstand der langgestreckte hohe Chor mit Rippengewölbe, 1450 wurde das Langhaus in eine dreischiffige Halle mit Rautennetzgewölbe verwandelt. Der eindrucksvolle ***Flügelaltar** entstand 1500 im Atelier des Brixner Meisters Hans Klocker und ist neben dem Altar von St. Stephan in Pinzon dessen zweites erhaltenes Hauptwerk. Der geöffnete Schrein zeigt die Geburt Christi, im Hintergrund den Zug der Könige mit ihrem Gefolge, die Flügelinnensei-

***Franziskanerkirche**

ten behandeln Szenen aus dem Marienleben, die Flügelaußenseiten den Apostelabschied. Hinter dem Altar, der auch Weihnachtsaltar genannt wird, sind Reste spätgotischer Wandmalerei zu sehen. Der mit Fresken aus der Zeit um 1310 geschmückte **Kreuzgang** liegt zwischen Kirchen- und Klosterpforte. Beachtenswert ist das Mienenspiel der Beteiligten beim Kreuzigungsfresko.

❶ Mo. – Sa. 10.00 – 12.00, 14.30 – 18.00., So. 15.00 – 18.00 Uhr

*St. Johann im Dorf

In der St.-Johann-Gasse, versteckt zwischen Wohnhäusern, liegt das romanische Kirchlein St. Johann. Im 13. Jh. erhielt es in der Apsis ein Tonnengewölbe, über dem ein Kirchturm errichtet wurde. Im Innern wartet ein wahrer Schatz an **Fresken**, ein schönes Beispiel der »Bozner Schule«: Auf der linken Seite werden Szenen aus dem Leben von Johannes dem Evangelisten erzählt, rechts geht es um Johannes den Täufer. Das Wappen mit den markanten schwarz-weißen Querstreifen oberhalb der Zyklen deutet auf die Bankiersfamilie Bocci/Botsch hin: Sie dürfte die Ausmalung im 14. Jh. bezahlt haben.

❶ Mai – Sept. jeden letzten Fr. und Sa. im Monat 10.00 – 12.00 Uhr, www.dompfarre.bz.it

Natur- museum

Wo die Dr.-Streiter-Gasse in die Bindergasse mündet, stehen viele Gasthäuser aus der Zeit, als sich der gesamte Brenner-Verkehr durch diese Straße mühte. Im ehemaligen Amtshaus Kaiser Maximilians I. ist das Naturmuseum untergebracht. Die Dauerausstellung zeigt die Entstehung und die Vielseitigkeit der **Südtiroler Landschaft,** audiovisuell aufbereitet; es finden auch Sonderausstellungen statt.

❶ Di. – So. 10.00 – 18.00 Uhr, www.naturmuseum.it, Eintritt 5 €

**Archäolo- giemuseum

Durch die Lauben geht es am Obstmarkt vorbei und in die Museumstraße, die zur Talfer führt. An der Ecke zur Sparkassenstraße steht Südtirols wohl berühmtestes Museum mit dem legendären Ötzi (▶Baedeker Wissen S. 130). Die Gletscherleiche wird in einer Klimakammer aufbewahrt. Darüber hinaus wird die Siedlungsgeschichte Südtirols von der Steinzeit bis ins frühe Mittelalter erzählt, überdies gibt es immer wieder interessante Sonderausstellungen. In der Sommersaison ist das Museum sehr gut besucht, daher empfiehlt es sich, das Ticket online zu buchen.

❶ Museumstr. 43, Di. – So. 10.00 – 18.00 Uhr, www.iceman.it/de, Eintritt 9 €

Stadtmuseum

Das wegen Umbauarbeiten momentan nur im Rahmen von Sonderausstellungen geöffnete Museum besitzt einen beträchtlichen Fundus aus Mittelalter, Gotik und Barock sowie Kunstwerke von Michael Pacher, Paul Troger, Simon von Taisten, Hans Klocker, Franz von Defregger und Albin Egger-Lienz.

❶ Sparkassenstr. 14, Di. – Fr. 10.00 – 16.00, Sa., So., Fei. 10.00 – 18.00 Uhr, www.gemeinde.bozen.it/stadtmuseum

Wege zur Kunst: Brücke über die Talfer ins Museion

An der Freien Universität vorbei erreicht man das zwischen biederen Wohnhäusern wie ein Fremdkörper erscheinende Museum für moderne und zeitgenössische Kunst. Die Sammlung zeigt **Werke von 1990 bis heute**. Im Februar 2012 eröffnete im Erdgeschoss die von dem Südtiroler Designer Martino Gamper eingerichtete »Museion Passage«, Treffpunkt für Diskussionen, Weinverkostungen und Symposien. Nach dem Museumsbesuch locken der gut sortierte Buchladen und ein Café, das draußen einen schönen Blick über die Talferwiesen bietet. Vom Museion führt eine elegante Fußgängerbrücke über die Talfer. Besonders sehenswert ist das Ensemble am Abend, wenn Gebäude und Brücke in Neonfarben erstrahlen. ***Museion**

❶ Dantestr. 6, Di. – So. 10.00 – 18.00, Do. bis 22.00 (freier Eintritt: 18.00 – 22.00) Uhr, Eintritt: 6 €, www.museion.it

SEHENSWERTES AUSSERHALB DER ALTSTADT

Westlich der Talferbrücke beginnt **Nuovo Bolzano**, der italienische Teil der Stadt, der ab 1922 nach Plänen von Marcello Piacentini entstand. Das gewaltige Siegesdenkmal **Monumento alla Vittoria** in Form eines antiken römischen Triumphbogens verherrlicht den Sieg Italiens über die österreichische Monarchie: »Von hier brachten wir den anderen die Sprache, die Gesetze und die Künste« steht auf dem Tor (HINC CETEROS EXCOLUIMUS LINGUA, LEGIBUS, ARTIBUS). Die deutschsprachigen Südtiroler empfinden das steinerne Symbol faschistischen Größenwahns bis heute als Provokation. ***Neustadt**

Der Mann aus dem ewigen Eis

Die Entdeckung Ötzis im September 1991 war eine echte Sensation. Heute ist der besterforschte Tote der Welt die Hauptsehenswürdigkeit im eigens für ihn errichteten Bozener Archäologiemuseum, wo die Mumie bei exakt minus 6 Grad und 98 % Luftfeuchtigkeit ruht. 2011 gaben holländische Spezialisten Ötzi Gesicht und Körper: Aus Silikon und Plastilin entstand Ötzi 2.0.

Mütze
aus Bärenfellstücken
zusammengenäht mit zwei
Lederriemen zum Fixieren

Fellmantel
aus dunklen und hellen
Fellteilen der Hausziege

Köcher und Bogen
Der 182 cm lange Bogen aus
Eibenholz wurde gegen einen
Felsen gelehnt gefunden.

Beinkleider
aus Fellstücken der Hausziege und
am unteren Ende jeweils eine
Lasche aus Hirschfell, zusammengenäht mit Tiersehnen

Schuhe
Innenschuh aus Grasschnüren
mit Heu und Außenschuh aus
Hirschleder; Lederriemen hielten
den Schuh zusammen.

©BAEDEKER

▶ **Zahlen und Fakten**

Alter der Mumie	ca. 5250 Jahre
Lebensalter:	45–46 Jahre
Größe:	1,60 m (heute 1,54 m)
Gewicht:	50 kg (heute 15 kg)
Schuhgröße:	38
Haare:	gewellt, mittellang und dunkelbraun bis schwarz
Besondere Merkmale:	Drei Millimeter breite Lücke zwischen den beiden vorderen Schneide-zähnen; es fehlen alle vier Weisheits-zähne und das zwölfte Rippenpaar

▶ **Der Fund des Ötzi**

Erfrierungen

Tattoos

Darminhalt: Brei aus
Einkorn, Fleisch und Gemüse

Gebiss mit starken
Abnutzungsspuren

Weitere mitgeführte Werkzeuge

Beil
(60 cm)

Rückentrage

Dolch
mit Bastscheide

Köcher
samt Inhalt

Gürtel
mit Gürteltasche

Retuscheur

Birken-
rindengefäß

Netz

Kleine
Hausapotheke

Steinscheibe
& Quaste

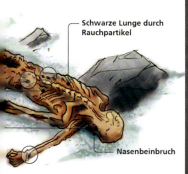

Schwarze Lunge durch
Rauchpartikel

Nasenbeinbruch

▶ **Fundort und Fundsituation**

Der Fundort in den Ötztaler Alpen auf dem Hauslabjoch-Gletscher auf 2310 m Höhe befindet sich 92,56 Meter von der Grenze entfernt auf Südtiroler Boden. Gefunden wurde die Mumie von einem deutschen Ehepaar aus Nürnberg.

ÖSTERREICH

▲ Wildspitze
3768 m

3210 m
✕

FUNDORT

Meran

VINSCHGAU

Bozen

ITALIEN

10 km

FUNDORT

Köcher

Mumie

Birkenrindgefäß ▪

Bogen

Beil

Rückentrage

▪ Birkenrindgefäß

2 m

▶ **Ötzis Tattoos**

Die Mumie weist über 50 Tätowierungen in Form von Strichbündeln und Kreuzen auf. Sie befinden sich an Körperstellen, an denen Ötzi Verschleißerscheinungen hatte. Es ist daher zu vermuten, dass sie aus therapeutischen Gründen unter die Haut gebracht wurden. Anders als bei modernen Tätowierungstechniken wurden die Zeichen nicht mit Nadeln, sondern durch feine Schnitte beigebracht, in die anschließend Holzkohle gerieben wurde.

Der römische Architekt **Marcello Piacentini** sollte aus Bozen eine italienische Stadt und ein Symbol für den Faschismus machen. Heute stehen die meisten Gebäude im Stil des Monumentalismus mit neoklassizistischen Elementen sowie einigen Anleihen aus der Bauhaus-Architektur unter Denkmalschutz.

Corso Libertà

Die Freiheitsstraße Corso Libertà entstand für die Beamten des neuen Staates und sollte an das antike Rom erinnern. Der pompöse Ziegelbau an der *Piazza IV Novembre an den Talferwiesen besteht aus zwei symmetrischen Gebäudeflügeln, die nur durch das imposante Eingangstor verbunden sind. Hier sind heute die Alpini, die Gebirgstruppen, stationiert. Jeden Samstag findet hier ein beliebter Obst-, Gemüse- und Käsemarkt statt.

Auf dem *Gerichtsplatz Piazza Tribunale reitet immer noch der Duce Benito Mussolini, den rechten Arm zum Faschistengruß erhoben, vor der Casa Littoria. Im ehemaligen Parteisitz der Faschisten ist das Finanzamt untergebracht.

Das architektonisch interessanteste Gebäude aus dieser Ära ist das ** GIL an der Drususbrücke über die Talfer. Entworfen 1934 von Gino Miozzo und Francesco Mansutti, war es Sitz der Jugendorganisation der Faschisten. Heute ist es Sitz der Europäischen Akademie (EURAC, www.eurac.edu), einer Einrichtung für Forschung und Weiterbildung. Das Gebäude wurde 2002 von dem österreichischen Architekten Klaus Kada mit Beton, Stahl und Glas erweitert. Auch das Schwimmbad *Lido an der Trieststraße stammt aus den 1930er-Jahren. Heute ist es, aufwendig restauriert, ein beliebter Treffpunkt der Bozner Wasserratten.

*Promenaden

An der Talferbrücke beginnt die Talfer- oder Wassermauer-Promenade, die Richtung Norden bis zum Schloss Klebenstein(17. Jh.) verläuft und schöne Ausblicke auf die Stadt, Schloss Maretsch und die Dolomiten bietet. Rechts davon schlängelt sich die St.-Oswald-Promenade die Weinhänge auf der Hügel von St. Magdalener hinauf. Hier wächst der beliebte »Speckwein«, ein idealer Begleiter zur Marende (▶Baedeker Wissen S. 65). Die kleine gotische Kirche am Ortsrand von St. Magdalena schmücken Fresken aus der Bozner Schule. Auf dem alten Rittner Weg geht es hinunter in den Bozner Vorort Rentsch (hier beginnt die Seilbahn auf den ▶Ritten).

Schloss Maretsch

Das an den Talferwiesen mitten in Weinbergen gelegene Schloss Maretsch ist ein bliebtes Ausflugsziel. Die ehemalige Wasserburg mit runden Ecktürmen und vierkantigem Bergfried entstand im späten 12. Jh., ihr heutiges Aussehen erhielt sie zwischen 1558 und 1570. Einige Innenräume sind mit sehenswerten Fresken verziert. Das Schloss gehört der Stadt und wird als Tagungszentrum genutzt. Eine Besichtigung ist nur nach Voranmeldung möglich.

❶ Claudia-di-Medici-Str.12, Tel. 0471 97 66 15, www.maretsch.info

Am Eingang des Sarntals erhebt sich über der Talfer Schloss Runkelstein. Es zeigt in mehreren Räumen Fresken, die zum bedeutendsten profanen Bilderzyklus der Gotik gehören, und wird daher auch »Bilderburg« genannt. 1385 erwarben die Brüder Franz und Niklaus Vintler das im 13. Jh. erbaute Anwesen. Die reichen Bozner Kaufleute gehörten zum engen Kreis der Tiroler Habsburger. Um sich dem Lebensstil der Adligen anzunähern, ließen sie die Burg mit den berühmten Fresken ausmalen; 1390 bauten sie innerhalb der Burg das ebenfalls erhaltene Sommerhaus. Die Wandbilder unbekannter Künstler zeigen den Hof bei der Jagd, beim Turnier u. Ä.; andere schildern Szenen zeitgenössischer **Heldenepen**, u. a. aus der Tafelrunde von König Arthur oder der Legende von Tristan und Isolde. Anfang des 16. Jh.s wurden die Fresken im Auftrag von Kaiser Maximilian im Stil der damaligen Mode »aufgefrischt«. Durch eine Explosion des Pulvermagazins 1520 erlitt die Burg schwere Schäden und verfiel immer mehr. Erst mit dem Aufkommen der Burgenromantik im 19. Jh. ging es wieder aufwärts. Der Publizist Joseph von Görres erkannte als Erster den hohen künstlerischen Wert der Fresken und machte König Ludwig I. von Bayern darauf aufmerksam. 1833 beauftragte dieser Architekten und Hofmaler mit ihrer Dokumentation. Unter Kaiser Franz Josef wurde das Schloss 1884–1888 gründlich restauriert und 1893 der Stadt Bozen übergeben. 1971 drehte Pier Paolo Pasolini mehrere Szenen für seinen »Decamerone« auf Runkelstein.

**Schloss Runkelstein

Burg Runkelstein

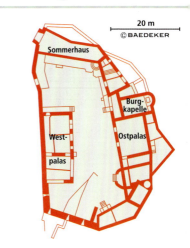

❶ St.-Anton-Str. 15 , Di. – So. 10.00 – 18.00 Uhr, Eintritt 8 €; von Bozens Altstadt zu Fuß in ca. 30 Min. erreichbar; www.runkelstein.info

Von der Talferbrücke führt die Freiheitsstraße in den Stadtteil **Gries,** einst ein blühender Kurort. Zwischen den beiden Weltkriegen entstand hier das »Neue Bozen«. Mittelpunkt ist der Marktplatz oder Grieser Platz. Hier steht auch die mächtige Benediktinerabtei, die Anfang des 15. Jh.s in eine ältere Burg hineingebaut wurde. Zugänglich ist nur die barocke ***Stiftskirche St. Augustinus**. Sie entstand 1769 – 1771 nach Plänen des lombardischen Baumeisters Antoni Giuseppe Sartori. Wandgemälde, Deckenfresko und Altarbilder stammen vom Südtiroler Martin Knoller (1725 – 1804). Im romani-

Abtei Muri-Gries

schen Turm der Abtei ist eine große Krippensammlung ausgestellt. Zum Besitz der Abtei gehören 52 ha Obstbau und der Bergbauernhof in Kampidell bei Jenesien. Doch bekannt ist Muri-Gries für seine **Weine**. Seit 1845 wird rundherum Wein angebaut und die ganze Aufmerksamkeit gehört der autochthonen Traube Lagrein. In guten Jahren wird der Klosterwein als »Riserva Abtei Muri« abgefüllt.

● Grieser Platz 21, Tel. 0471 28 22 87; **Vinothek:** Mo. – Fr. 8.00 – 12.00, 14.00 – 18.00 Uhr, www.muri-gries.com

Alte Grieser Pfarrkirche

Der größte Schatz befindet sich in der Alten Grieser Pfarrkirche etwas weiter nördlich am Fuß des Guntschnabergs. Der ****Schnitzaltar** mit einer Marienkrönung gehört zu den bedeutenden gotischen Kunstwerken Südtirols (Abb. S. 45) und stammt von dem Brunecker Meister Michael Pacher (1475). Leider fehlen Predella, Gesprenge, Schreinwächter und Flügel. Die Malerei auf der Schreinrückseite, Marienleben und Passion, stammt wahrscheinlich von dem Straubinger Conrad Waider, das romanische Kruzifix aus dem 13. Jh. vermutlich aus Nordfrankreich.

● Martin-Knoller-Str., April – Okt. 10.30 – 12.00, 14.30 – 16.00 Uhr

Guntschnapromenade

In der Nähe der Pfarrkirche beginnt die **Guntschnapromenade**, die durch mediterrane Vegetation zum 1910 erbauten Hotel Reichsrieglerhof hinaufführt, dessen Reste heute ein schickes Wohnhaus sind.

*Burg Sigmundskron

Ca. 3 km südlich von Bozen, nahe beim Zusammenfluss von Etsch und Eisack, steht auf einer Anhöhe die Ruine Sigmundskron, **einst die größte Festung Tirols**. Erstmals erwähnt um 945, wurde sie 1473 von Herzog Sigmund dem Münzreichen zu einem befestigten Adelssitz umgebaut. Nach mehrfachem Besitzerwechsel verfiel sie, bis 1996 die Südtiroler Landesregierung sie übernahm. 1957 versammelten sich hier über 30 000 Südtiroler, um ihren Forderungen »Los von Rom, los von Trient« Nachdruck zu verleihen, was schließlich zur Bildung der autonomen Region Trentino-Südtirol führte.

Seit 2006 beherbergt die in Teilen rekonstruierte Anlage das ***MMM Museum Firmian** von **Reinhold Messner**. Es erzählt die Geschichte des Alpinismus und führt in die Sagenwelt der Dolo-

Eingang in Burg Sigmundskron

miten ein. Die zeitgenössische Architektur stammt von dem Vinschgauer Architekten Werner Tscholl.

❶ Sigmundskroner Str. 53, 1. Märzsonntag – 3. Novembersonntag, Di. – So.
10.00 – 18.00 Uhr, Eintritt 9 €, www.messner-mountain-museum.it

Die kleine, zwischen Staatsstraße und Autobahn eingeklemmte Kirche außerhalb von Bozen in Richtung Kardaun/Cardano ist ein Juwel
für Freunde der Bozner Schule. Der heutige Bau mit auffälligem
Turm wurde 1303 geweiht und Anfang bis Mitte des 15. Jh.s innen
vollständig ausgemalt. Der oder die Künstler gehörten möglicherweise zum Umkreis von Hans Stotzinger, der in der Pfarrkirche von Terlan arbeitete (▶S. 316). An der Kirchendecke musizieren Engel; auf
der südlichen und im oberen Register der nördlichen Langhauswand
sind Passionsszenen, im unteren Register an der Nordwand die Anbetung der Heiligen Drei Könige zu sehen.

***St. Martin in
Kampill**

❶ Besichtigung bzw. den Schlüssel erhält man nach Anmeldung im
Restaurant Cascade, Innsbrucker Str. 11, Tel. 0471 97 05 93

UMGEBUNG VON BOZEN

Mitte des 19. Jh.s wurde es unter wohlhabenden Bozner Familien
Mode, die heißen Sommer nicht in der Stadt, sondern in den küh-
leren Bergen zu verbringen. Noch heute verbreiten auf dem ▶ ****Ritten** und Kohlerer Berg zahlreiche Villen mit ihrer Holzarchitektur
im Stil der Gründerzeit den Charme vergangener Zeiten. Mit Seilbahnen gelangt man mühelos vom Bozner Stadtgebiet auf die Ausflugsberge.

**Die Sommer-
frische**

Im Südosten von Bozen erreicht die 1908 in Betrieb genommene,
älteste Personenseilbahn der Welt in nur 10 Minuten die Bergstation des Kohlerer Bergs. Ihren Bau initiierte Josef Staffler,
Hotelier der Luxusherberge Laurin, um die Fahrzeit auf den Hausberg zu verkürzen. Der hübsche Ort Kohlern, da und dort ein Gasthaus und zahlreiche Wanderwege machen das Gebiet zum Ziel eines
idealen Tagesausflugs. Der hölzerne Aussichtsturm neben der Bergstation bietet grandiose Ausblicke.

Kohlern

❶ Seilbahn Kohlern, Kampiller Weg 7, Fahrzeiten: 8.00 – 19.30, Mittagspau-
se 12.00 – 13.30 Uhr, Hin- und Rückfahrt 6 €

Im Nordosten Bozens liegt die Talstation der Seilbahn ins Dorf Jenesien hinauf, das 10 km nordwestlich von Bozen auf dem Hochplateau des **Salten** liegt. Die 9-minütige Fahrt erspart einem eine vier-
telstündige kurvenreiche Pkw-Anreise und die – vor allem am
Wochenende – mühselige Parkplatzsuche. Die eher unter dem Namen **Tschögglberg** bekannte Hochebene lockt mit herrlichen Wan-

Jenesien

derwegen über Almen und durch Lärchenwälder, aber auch Radfahrer und Reiter.

❶ Rafensteiner Str. 15, Fahrzeiten: 8.30 – 12.00, 15.00 – 18.30 Uhr, Hin- und Rückfahrt 5 €, www.jenesien.net

Steinegg

Auf einem Hochplateau 12 km östlich von Bozen, zwischen Eggental und Tierser Tal, liegt das Dorf Steinegg. Das ***Heimatmuseum** in der einstigen Kirche widmet sich der bäuerlichen Kultur in Tirol. Man spaziert durch alte Stuben und Werkstätten und erfährt u. a. etwas über den Alltag der einstigen Bewohner und deren Umgang mit der Natur. Schön ist auch die Auferstehungskapelle mit wertvollen Statuen.

❶ Besichtigung nur mit Führung: Palmsonntag bis 31. Okt. Di. – Fr. 10.00, 11.00, Sa., So., Fei. 15.00 und16.00 Uhr

Sternwarte Max Valier

Die meisten Besucher zieht es in den Ortsteil Obergummer zur **einzigen Sternwarte Südtirols**. Benannt ist sie nach dem Bozner Astronom Max Valier (► Berühmte Persönlichkeiten). Der 9 km lange, familienfreundliche ***Planetenweg** (2 – 3 Std.) mit Nachbauten der Planeten im Maßstab 1:1 Milliarde beginnt am Parkplatz/Bushaltestelle Planetenweg an der Straße Steinegg-Gummer.

❶ Führungen Sternwarte: Do. bei klarem Himmel, Eintritt 5 €, Anmeldung Tel. 0471 36 13 14, www.sternwarte.it. Geführte Wanderungen auf dem Planetenweg nach Anmeldung, Tel. 0471 37 65 74, www.steinegg.com

✶✶ Brixen

 ✦ C 11

Italienisch: Bressanone
Höhe: 559 m ü. d. M.
Einwohner: 20 700

In Brixen ist die Kirche auf Schritt und Tritt präsent. Schon 970 wurde die Stadt am Zusammenfluss von Eisack und Rienz Bischofssitz, hier saßen knapp 1000 Jahre lang mächtige Kirchenfürsten.

Brixen ist eine charmante Kleinstadt in einem sonnigen Talkessel, eingerahmt von Weinhängen, an denen ein hervorragender Sylvaner gedeiht. An das Kirchenviertel mit dem markanten Dom und der bischöflichen Burg schließt die Altstadt an mit Laubengängen, verwinkelten Gassen, bürgerlichen Lokalen und angenehmen Hotels.

Stadt der Bischöfe

Die Ursprünge von Brixen liegen im Ortsteil Stufels. Vermutlich gab es hier eine befestigte rätische Siedlung. Erwähnt wird der Fleck jedoch erst 901 als ein Geschenk an den Bischof von Säben. Um 970 verlegte Bischof Albuin den Sitz des Bistums vom Burghügel Säben (▶Klausen) hierher. Um 990 entstand der erste Dom. 1027 übertrug der deutsche Kaiser Konrad II. dem Brixner Bischof die Grafschaften an Inn und Eisack, im Gegenzug bat er um den bischöflichen Schutz seines Krönungswegs nach Rom. Nun begann die Zeit der mächtigen Fürstbischöfe. Im 12. Jh. wurde die Stadtmauer gebaut und nördlich außerhalb das Kloster Neustift gegründet. Zu den berühmtesten Brixner Bischöfen gehört Nikolaus **Cusanus** (▶ Berühmte Persönlichkeiten). Der Zorn der Landbevölkerung auf die kirchliche Vormacht entlud sich im Bauernaufstand 1525/1526: sie plünderte die bischöfliche Burg. Aber erst die Kriege zwischen Frankreich/Bayern und Österreich und die Säkularisation 1803 beendeten die bischöfliche Macht. Damit verlor auch die Stadt an Bedeutung. Ein neuer Aufschwung setzte erst nach dem Zweiten Weltkrieg ein.

Mittlerweile ist Brixen die **drittgrößte Stadt** Südtirols. Zwar wurde der Bischofssitz 1964 nach Bozen verlegt, doch die Universität und viele kirchliche Ausbildungsstätten sind geblieben.

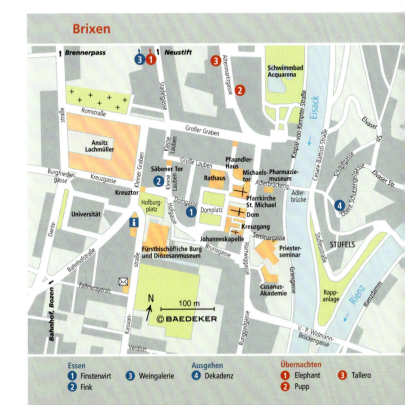

Brixen erleben

AUSKUNFT · VERKEHR
Brixen Tourismusverein
Regensburger Allee 9, 39042 Brixen
Tel. 0472 83 64 01
www.brixen.org
Die Altstadt ist für den Autoverkehr ge-
sperrt; Parkplätze und -häuser gibt es
rundherum, u. a. am Acquarena. Alle
Fernzüge vom/zum Brenner halten in
Brixen, außerdem Regionalzüge von/
nach Bozen, Trient und Sterzing. Vom
Busbahnhof am Rand der Altstadt fah-
ren Busse ins Eisacktal und
angrenzende Täler.

FESTE
Eisacktaler Kost: Jeden März servieren
die Restaurants in Brixen und im Eisacktal drei Wochen lang traditionelle Gerichte der Region (www.eisacktalerkost.
info).
Kuchkirchtig: Im Oktober werden kulinarische Wanderungen durch die Brixner
Berge organisiert, wo einheimische Spezialitäten aus Küche und Keller auf die
Ausflügler warten.

ESSEN
❶ *Finsterwirt* ⓔⓔ-ⓔⓔⓔ
Domgasse 2
Tel. 0472 83 53 43
So. abends, Mo. geschl.
www.finsterwirt.com
Drei historische Stuben: feine Südtiroler
Küche mit kräftigen italienischen Einflüs-
sen. In der Kapitelschenke gibt es lokale
Weine unter freiem Himmel.

❷ *Fink* ⓔ-ⓔⓔ
Kleine Lauben 4
Tel. 0472 83 48 83
Di. abends, Mi. geschl.

www.restaurant-fink.it
Hier wird deftige Eisacktaler Kost wie
Kalbskopf oder Wildhasenrücken ser-
viert. Tipp: Apfelstrudel und die
Schwarzplententorte aus Buchweizen
(Schwarzplenten) mit Preiselbeeren.

❸ *Weingalerie* ⓔ
Weißlahnstr. 10
Mo. – Mi. ab 16.00, Do. – Sa. auch
10.00 –13.00 Uhr, So. geschl.
www.weingalerie.it
In den alten Gemäuern der Weingalerie
wird ambitioniert gekocht; täglich 25
offene Weine zum Verkosten.

AUSGEHEN
❹ *Dekadenz*
Obere Schutzengelgasse 3/a
Tel. 0472 83 63 93
www.dekadenz.it
30 ehrenamtliche Mitglieder bestreiten
das Kleinkunst-Programm im historischen Anreitherkeller (eigene Inszenie-
rungen und Gastproduktionen).

ÜBERNACHTEN
❶ *Elephant* ⓔⓔⓔⓔ
Weißlahnstr. 4
Tel. 0472 83 27 50
www.hotelelephant.com
1551 lief ein Elefant durch Brixen, ein
Geschenk des portugiesischen Königs
Johann III. an seinen Neffen Maximilian
von Österreich. Ein gewaltiges Fresko an
der Hausfassade erinnert daran. Gespeist
wird in wundervoll getäfelten Stuben.

❷ *Pupp* ⓔⓔⓔ
Altenmarktgasse 36
Tel. 0472 26 83 55
www.small-luxury.it

Von der Dachterrasse des schicken Hotels – Südtiroler Architekturpreis 2011– genießt man einen grandiosen Blick über Brixen. Die gleichnamige Konditorei nebenan ist für ihre Schokoladenkipferln berühmt.

❸ *Tallero* ©©

Altenmarktgasse 35
Tel. 0472 83 05 77
www.tallero.it
Seit 1695 als Gasthaus unter dem Namen Thalerwirt bekannt, ist es nun ein apartes Stadthotel.

EINKAUFEN

Das winzige **Stiletto** (Altenmarktgasse 7) hat eine verblüffende Auswahl an Schuhen, auch italienische Nobelmarken. Der gelernte Tischler Norbert Öttl fertigt aus Holz und Leder außergewöhnliche Taschen an; **EMBAWO** bedeutet Holz (Köstlanstr. 119 c, www.embawo.com). Jede Menge Handtaschen offeriert **Profanter** (Große Lauben und Pfarrplatz, www.profanter1962.it)

Lanz ▶Baedeker Wissen S.78
Der Käseaffineur Hansi Baumgartner hat seinen Sitz in Vahrn bei Brixen. Seine Vorliebe gilt einheimischen Käsesorten (**Degust**, Bsackerau 1, www.degust. com).

SPORT

Möglichkeiten zum Schwimmen und Plantschen, Fitnessbereich und Wellness bietet **Acquarena** (Altenmarktgasse 28b, tägl. 9.00–22.00 Uhr, Eintritt 9,40 € für 2,5 Std.). Gute asiatische Küche im angeschlossenen Restaurant Grissino.

SEHENSWERTES IN BRIXEN

Brixens zauberhafte Altstadt beginnt hinter dem **Kreuz-** oder **Sonnentor** am Kleinen Graben, einst Teil der Stadtbefestigung. Vorbei an der Erhardskirche (17. Jh.) und dem Traditionsgasthaus Finsterwirt erreicht man den Domplatz.

Das klerikale Zentrum am östlichen Rand der Altstadt besteht aus mehreren Kirchen und Kapellen, Kreuzgang, Kapitelhaus und Altem Friedhof. Die beiden Kuppeltürme des Doms stehen noch auf romanischen Resten. Sein heutiges barockes Aussehen erhielt das Gotteshaus 1745–1754. Die klare flächige Fassade verrät lombardischen Einfluss, die klassizistische Vorhalle wurde 1785 angefügt. Das einschiffige, von einem Tonnengewölbe überspannte Innere wird beiderseits von Altarkapellen flankiert. Das gewaltige Fresko an der Langhausdecke und das Deckengemälde im Chor schuf Paul Troger (1750, ▶Berühmte Persönlichkeiten).

**Dom Maria Himmelfahrt

Von der Vorhalle geht es in den ****Kreuzgang,** dessen Bausubstanz aus der Romanik stammt. 15 der 20 Arkadenbögen sind mit Fresken in leuchtenden Farben ausgemalt. Die oft unterhaltsamen, zwischen 1390 und 1510 entstandenen Darstellungen zeigen Szenen aus der Passionsgeschichte oder Personen aus der Bibel und werden daher auch Armenbibel genannt. Im Mittelalter konnten nur wenige Men-

Brixen · Dom

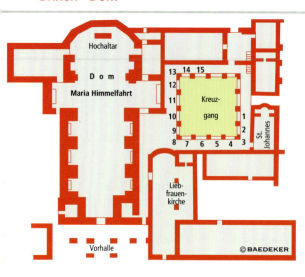

Hochaltar

D o m
Maria Himmelfahrt

13 14 15
12
11 Kreuz-
10 gang 1
9 2
8 7 6 5 4 3

St. Johannes

Lieb-
frauen-
kirche

Vorhalle

© BAEDEKER

schen lesen und schreiben, die Armen waren auf Bilder angewiesen. An den Kreuzgang schließt die romanische **Johanneskapelle** mit einem gotischen Gewölbe und Fresken an. Sie war die Palastkapelle der Brixner Bischöfe. Leider ist sie meist verschlossen.

❶ Dom und Kreuzgang: tägl. 7.00 – 18.00 Uhr; Jan. – Ostern 12.00 – 15.00 Uhr geschl.; Führungen 10.30 und 15.00 Uhr

Pfarrkirche St. Michael

Gegenüber dem Dom wirkt St. Michael sehr bescheiden. Die Kirche wurde um 1500 erbaut und 1757 im Inneren barockisiert. Die Deckengemälde stammen von Josef Hauzinger, einem Schüler von Paul Troger. Der weiße Kirchturm ist neben den beiden Türmen des Doms ein Wahrzeichen von Brixen. Im Kirchhof erinnert ein Gedenkstein an Oswald von Wolkenstein (▸Berühmte Persönlichkeiten).

Rathaus und Altstadt

Das Rathaus mit Fassadenturm, Treppen- und Zinnengiebeln nimmt die Nordseite des Domplatzes ein. In der Rathausgalerie finden Kunstausstellungen statt. Hier beginnt die Altstadt mit ihren Lauben, das geschäftige Zentrum von Brixen.

**Fürst-bischöfliche Burg

Der gewaltige Komplex südwestlich vom Domplatz diente ab 1260 den Bischöfen als Wohnsitz, heute beherbergt er das Diözesanmuseum. Ab 1595 wurde die Burg im Stil der Renaissance umgebaut. Die

Gold und dunkler Marmor dominieren im Brixner Dom.

Arbeiten zogen sich bis 1710 hin, daher zeigen die letzten Baustufen bereits barocke Elemente. Einige Zimmer sind geschmückt mit Deckenfresken und Seidentapeten aus Venedig.

Im eleganten Innenhof mit dreistöckigen Loggien in den Seitenflügeln (Abb. S. 33) stehen schwarze Terrakottafiguren von Mitgliedern des Hauses Habsburg (1600), Werke des Schongauer Meisters Hans Reichle, der 1642 in Brixen starb. Das *Diözesanmuseum zeigt in 70 Schauräumen den Domschatz, religiöse Kunst vom Mittelalter bis zur Neuzeit sowie eine berühmte Krippensammlung, die zum großen Teil aus dem 18. Jh. stammt.

❶ Hofburgplatz 2, 15. März – Okt. Di. – So. 10.00 – 17.00 Uhr, www.hofburg.it

Die Stadtapotheke zeigt im Obergeschoss 400 Jahre Arzneikunde! ***Pharmazie-museum** 1787 kaufte Peter Paul Peer, ein Vorfahre der heutigen Besitzer, das Haus und die 1602 gegründete Apotheke. Nach Plänen der Südtiroler Architekten Walter Angonese und Paul Senoner wurden die jüngsten Umbauten von Apotheke und Museum durchgeführt: Modern designte Schaukästen in alten Zirbelstuben zeigen alte Tiegel, Fachbücher mit Rezepturen und Reiseapotheken.

❶ Adlerbrückengasse 4, Di., Mi. 14.00 – 18.00, Sa. 11.00 – 16.00, im Juli, Aug. Mo. – Fr. 14.00 – 18.00, Sa. 11.00 – 16.00 Uhr, Eintritt 3,50 €, www.pharmaziemuseum.it

Stufels Auf der anderen Uferseite der Eisack liegt Stufels, der älteste Ortsteil von Brixen. Von den Rapp-Anlagen am Zusammenfluss von Eisack und Rienz hat man einen schönen Blick auf das Domviertel.

✶✶ KLOSTER NEUSTIFT · NOVACELLA

Kloster-geschichte Schon von der Brennerautobahn fällt der helle Gebäudekomplex ins Auge. Das Augustiner Chorherrenstift 3 km nördlich von Brixen wurde ab 1142 vom Brixner Bischof an der Schnittstelle zweier wichtiger Verkehrs- und Pilgerwege gegründet. Ab 1370 erfolgte die Gotisierung von Kreuzgang und Kirche. Aus Angst vor den Türken wurde 1476 die Anlage stark befestigt, dennoch gelang es 1525 aufständischen Bauern, das Kloster zu stürmen. Dabei zerstörten sie alle Zinsbücher, in denen ihre Schulden aufgelistet waren. Nach der Säkularisierung durch das Königreich Bayern 1807 wurden viele Kunstschätze nach Innsbruck und München verschleppt. Bereits 1816 wurde das Kloster wieder eingesetzt und blühte rasch erneut auf. Immer ein Zentrum für Ausbildung, Kunst und Kultur, unterhält es auch heute eine angesehene Klosterschule.

🛈 Klosterweg 1, 39040 Vahrn, Tel. 0472 83 61 89, www.kloster-neustift.it Stiftsbibliothek und Pinakothek nur mit Führung: Mo. – Sa. 10.00, 11.00, 14.00, 15.00, 16.00, Mitte Juli bis Mitte Sept. auch 12.00 und 13.00, im Winter 11.00 und 15.00 Uhr; Eintritt 6 €

Anlage Die Klosteranlage besteht aus mehreren Gebäuden um zwei große Innenhöfe. Der große Stiftsplatz entstand bis 2010 nach Plänen des Meraner Architekten Markus Scherer neu. Die Engelsburg am Eingang, auch Michaelskapelle genannt, ist ein zinnengekrönter Rund-

Die Stiftskirche mit prächtiger spätbarocker Ausstattung

Kloster Neustift

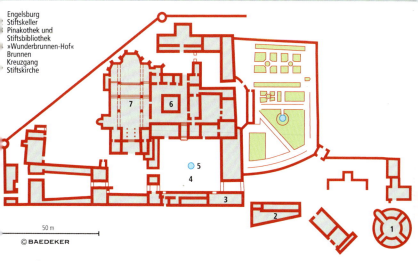

Engelsburg
Stiftskeller
Pinakothek und
Stiftsbibliothek
»Wunderbrunnen-Hof«
Brunnen
Kreuzgang
Stiftskirche

7   6

5
4

3

2

1

50 m

© BAEDEKER

bau aus romanischer Zeit und eine verkleinerte Ausgabe des römischen Originals. An Stiftsgarten und Stiftskeller vorbei gelangt man
in den »Wunderbrunnen-Hof«, dessen Gebäude ringsherum in der
Barockzeit entstanden. Der Wunderbrunnen stammt von 1508, sein
pagodenhafter Aufbau von 1669. Im Fries zeigen Gemälde die Sieben
Weltwunder und eine Klosteransicht von 1669.

Die Hauptmauern (Langhaus und Westturm) der dreischiffigen Ba-   **Stiftskirche**
silika Unsere Liebe Frau im zweiten Hof stammen aus dem späten 12.
Jh.; der gotische Hochchor entstand ab 1370. 1734 – 1737 wurde die
Kirche nach Plänen von Josef Delai im Barockstil umgestaltet und
gilt als schönstes Beispiel deutscher **Barockkunst südlich des Brenners. Für die spätbarocke Ausstattung ist der Stuckateur Anton Gigl
aus der »Wessobrunner Schule« verantwortlich. Die Deckenfresken
mit Szenen aus dem Leben des hl. Augustinus malte Matthäus Günther. Der ursprünglich hier stehende Kirchenväteraltar von Michael
Pacher gehört heute der Alten Pinakothek München.
Die Barockisierung »überlebt« hat eine geschnitzte spätgotische Madonna im Marmoraltar in der **Marienkapelle** an der Nordseite. Im
Gewölbe der alten Sakristei sind die vier Kirchenväter und im
Schlussstein ein schönes Madonnenbild dargestellt. Die Entwürfe
dürften von Michael Pacher stammen, die Ausführung erfolgte 1470
dagegen von Friedrich Pacher oder seiner Werkstatt.

*Kreuzgang Der Neustifter Kreuzgang gehört neben denen von Brixen und Bozen zu den schönsten freskierten Anlagen in Südtirol. Erbaut wurde er um 1200; 1370 erhielt er sein gotisches Kreuzrippengewölbe. Die heutigen Fresken sind aus dem 15. Jh., an ein paar Stellen sieht man noch Reste von älteren Wandermalereien. Beachtenswert ist u. a. die Szene des »reichen Prassers« von Friedrich Pacher (1490; 3. Arkade). Eine andere Darstellung wird mit Oswald von Wolkenstein in Verbindung gebracht, der im August 1445 hier begraben wurde. Beim Einbau der Kirchenheizung 1973 wurde ein Skelett aus dem 15. Jh. gefunden, vielleicht handelt es sich dabei um die sterblichen Überreste des Dichters und Sängers (►Berühmte Persönlichkeiten).

**Stifts-
bibliothek Die Stiftsbibliothek im Rokokostil des Trentiner Giuseppe Sartori mit mehrfarbigem Parkettboden, Rocailleschmuck und umlaufender Galerie enthält ca. 92 000 Bücher, Manuskripte und Karten.
In der ***Pinakothek** sind eine fotografische Kopie des Kirchenväteraltars aus der Stiftskirche, gotische Tafelbilder und Altäre von Friedrich Pacher und seiner Schule, Handschriften und andere Schätze aus der Zeit zwischen Frühgotik und Barock ausgestellt.

*Kloster-
kellerei
Neustift Die Weißweine der Klosterkellerei Neustift sind bekannt. Im nördlichsten Weinanbaugebiet werden Sylvaner, Grauburgunder, Kerner und Sauvignon zu preisgekrönten Weinen gekeltert. Der **Klosterladen** hat über 200 Produkte im Angebot, auch von anderen Klöstern.
Weinverkostung im Stiftskeller: Mo. – Sa. 10.00 – 19.00 Uhr, 7,50 €
Klosterladen: Mo. – Sa 9.15 – 12.00, 14.00 – 18.00 Uhr

UMGEBUNG VON BRIXEN

Vahrn 3 km nordwestlich von Brixen, am Eingang zum Schalderer Tal, liegt der kleine Luftkurort Vahrn. Der ***Vahrner See** war schon zu Zeiten der Habsburger Monarchie ein sehr beliebtes Ausflugsziel; im Nordteil des schön von Kastanien und Nadelbäumen eingerahmten Moorsees darf gebadet werden, die südliche Seehälfte steht unter Naturschutz. Am südlichen Dorfrand wird eine Kneipp-Wassertretanlage von dem eiskalten Schalderer Bach gespeist. In der Nähe gibt es einen Kinderspielplatz sowie Tische und Bänke unter großen Bäumen.

!
BAEDEKER TIPP

Keschtnweg

Vahrn liegt am 60 km langen Wanderweg von Bozen über Klausen und Ritten nach Brixen. Er führt in bequemen Etappen über Bergwiesen, durch Mischwälder und Kastanienhaine (Kastanien = Keschtn; Broschüre und Wegbeschreibung: http://tinyurl.com/keschtn).

Am nördlichen Rand des Brixner Beckens liegt der Ort Franzensfeste (ital. Fortezza), der erst während des Baus der Brenner-Eisenbahn entstand. Beherrscht wird die Talenge von der gleichnamigen Festung, die von den Habsburgern 1833 – 1839 errichtet wurde, um den Brennerpass vor Angreifern aus dem Süden zu schützen. Gegen Ende des Zweiten Weltkriegs lagerten hier die Goldreserven der Banca d'Italia, die Hälfte davon war bei Kriegsende verschwunden. Im Sommer kann die Festung besichtigt werden. Der schmale goldene **Handlauf**, der rund 450 Stufen entlang ins Innere der Festung führt, ist eine Arbeit des Vinschgers Manfred Mayr.

Franzensfeste

❶ Staatsstraße SS 12, nördlich von Brixen; Besichtigung nur mit Führung: 15. April – 31. Juli, 1. – 15. Sept. jeden Mi. um 15.30 Uhr, im Aug. tägl., Eintritt 6,50 €, www.franzensfeste-fortezza.it

Im Unterschied zur Franzensfeste ging die »Sachsenklemme« in die Geschichte ein. 1809 waren an der Engstelle nördlich von dem kleinen Ort Mittenwald 500 Sachsen, die aufseiten der Franzosen kämpften, in Gefangenschaft geraten. Ein Obelisk erinnert an das Ereignis. Der **Gasthof Sachsenklemme**, ein beeindruckender Granitbau direkt an der Straße, ist ein Hotel mit netten Zimmern. Der Eigentümer gründete zur Erinnerung an den 200. Todestag des Tiroler Freiheitshelden Andreas Hofer die **AH-Brauerei mit Gasthaus** und serviert in den verschiedenen Stuben und im Garten gutes Öko-Bier. Für gute Laune sorgen die Comics auf Bierkrügen und Speisekarten; sie stammen von dem Brixner Jochen Gasser, der auch ein vergnügliches Buch über Andreas Hofer verfasst hat.

Sachsenklemme

❶ Sackweg 1, Grasstein, Franzensfeste, Tel. 0472 83 78 37, tägl. 10.00 bis 24.00 Uhr, www.sachsenklemme.it

Erst seit 1972 führt eine ausgebaute Straße in das einsame Lüsener Tal (Val di Luson, 12 km nordöstlich von Brixen). So blieb dort das unverfälschte Bild eines Südtiroler Dorfs erhalten. Im Zentrum steht die ursprünglich gotische, später barockisierte Pfarrkirche St. Georg. Die kleine St. Kilianskapelle auf dem benachbarten Friedhof stammt aus dem 15. Jh.; im Innern ein Flügelaltar.

Lüsen

Tourismusverein Lüsen: Tel. 0472 41 37 50, www.luesen.com

Im Osten und Südosten erstreckt sich der bis zu 2504 m hohe Gebirgsstock Plose, der Hausberg von Brixen. Die Talstation der Plose-Seilbahn zur 2050 m hoch gelegenen Bergstation Kreuztal befindet sich in St. Andrä. Im Sommer kann man hier viele Stunden in schönster Umgebung wandern. Im Winter laden insgesamt 43 Pistenkilometer, Teil von Dolomiti Superski, zum Skifahren ein, darunter die 9 km lange Trametsch, die **längste Abfahrt Südtirols.**

Plose

❶ www.plose.org

✳ Bruneck

✦ C 12

Italienisch: Brunico
Höhe: 830 m ü. d. M.
Einwohner 15 500

Die putzmuntere Kleinstadt liegt in der Mitte des Pustertals, am Eingang vom Tauferer Ahrntal. Das weite Tal wird von den Bergen des Alpenhauptkamms und im Süden von den Ausläufern der Dolomiten begrenzt.

Bruneck gestern und heute

Bruneck ist nach dem Brixner Bischof Bruno benannt, der die Stadt 1250 gründete und befestigen ließ, um den Tiroler Fürsten im nahen St. Lorenzen Paroli zu bieten. Einen Aufschwung erlebte der Ort ab dem 15. Jh., auch weil der bedeutende Lorenzi-Markt hierher verlegt wurde. Seine Lage an der Handelsstraße zwischen Venedig und Süddeutschland sowie der ertragreiche Bergbau im Ahrntal begünstigten die Entwicklung. Während der napoleonischen Kriege war es heiß umkämpft, wobei die Brunecker die Franzosen unterstützten. 1870 kam die Eisenbahn und mit ihr die ersten Touristen ins Pustertal. Im Ersten Weltkrieg war die Stadt ein wichtiger Stützpunkt mit Lazarett.

Unter den vielen gotischen Bürgerhäusern in der Stadtgasse befindet sich auch das Geburtshaus des Bildhauers Michael Pacher.

Nach dem Zweiten Weltkrieg siedelten sich Industrie und Handels-
betriebe an. Heute ist Bruneck die viertgrößte Stadt Südtirols und das
Einkaufszentrum im Pustertal, hat aber viel **mittelalterlichen
Charme** bewahrt, belebte Gassen mit vielen Geschäften und ein über
die Ortsgrenzen hinaus bekanntes Nachtleben. Der Hausberg Kronplatz ist ein beliebtes Wintersportrevier. Zur Gemeinde gehören außerdem Reischach, St. Georgen, Aufhofen, Dietenheim und Stegen.

SEHENSWERTES IN BRUNECK

An der Stelle der mittelalterlichen Stadtbefestigung verläuft heute der ***Altstadt**
Graben, eine breite Promenade mit alten Kastanienbäumen und Ter-
rassencafés. Die ***Ursulinenkirche** wurde 1411 – 1427 wie alle Kirchen Brunecks außerhalb der Stadtmauer erbaut. Sie besitzt drei Reliefs eines frühen Flügelaltars, die aus der Werkstatt des Meisters von
St. Sigmund stammen dürften, der vierte Teil ist im Diözesanmuseum Brixen ausgestellt. Etwas weiter südlich gelangt man durch das
mit Fresken geschmückte **Ursulinentor** beim gleichnamigen Kloster
in die Altstadt. Hans von Bruneck malte die Kreuzigungsgruppe; neben den Heiligenfiguren sieht man das Wappen der Jöchl, einer
wohlhabenden Bergbaufamilie.

Die malerische Stadtgasse, Hauptachse des alten Ortskerns, verläuft ***Stadtgasse**
in einem leichten Bogen vom Ursulinentor bis zum Oberragen-Tor.
Hier stehen die schönsten Häuser von Bruneck. Im Doppelhaus mit
der Nr. 29 hatte der Maler und Bildschnitzer Michael Pacher (►Be-
rühmte Persönlichkeiten) ab 1435 seine Werkstatt.

Am Fuß des Burgbergs steht die um 1345 im gotischen Stil erbaute, **St.Katharina**
später barockisierte Kirche St. Katharina auf dem Rain, auch Rain- **am Rain**
kirche genannt. 1723 brannte sie ab. Beim Wiederaufbau 1724 erhielt
sie ihren Doppelzwiebelturm, heute ein Wahrzeichen der Stadt.

Ein Fußweg führt von der Katharinenkirche zum ***Schloss Bruneck** ***Schloss**
hinauf. Die 1250 erbaute ehemalige Bischofsburg und Sommerresi- **Bruneck**
denz steht mitten in einem Park. Hier ist das fünfte Messner-Muse- **– MMM Ripa**
um Ripa untergebracht. Ripa bedeutet Berg auf Tibetanisch. Mit
Filmen und Modellen werden Alltag, Kultur und Religion der Bergvölker aus Asien, Afrika, Südamerika und Europa vorgestellt. So sind
u. a. in einem Raum Modelle von Bauernhäusern aus den verschiedenen Bergregionen ausgestellt. Das Museum bietet viel Material,
aber wenig Erklärungen und keine Führungen. Sehenswert sind die
Fürstenzimmer im obersten Stock.
❶ Am Schlossweg 2, tägl. außer Di., 2. Mai-So. – 1. Nov., 8. Dez. – 4. So. im
März 10.00 – 18.00 Uhr, Eintritt 8 €, www.messner-mountain-museum.it

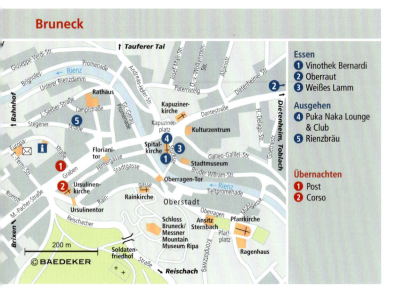

Bruneck

Essen
1 Vinothek Bernardi
2 Oberraut
3 Weißes Lamm

Ausgehen
4 Puka Naka Lounge & Club
5 Rienzbräu

Übernachten
1 Post
2 Corso

Oberragen-Tor

Hinter dem ebenfalls mit Fresken geschmückten Oberragen-Tor liegt der gleichnamige Stadtteil, wo im Mittelalter städtische Beamte, Handwerker und Bauern wohnten. Hinter dem Ansitz Sternbach und der Mariensäule (1716) steht die neuromanische Pfarrkirche (1855). Ihre Deckengemälde stammen von Josef Mader (1860), es gibt eine Pietà aus Steinguss (um 1400) und im rechten Seitenschiffaltar ein lebensgroßes Kruzifix aus der Schule von Michael Pacher (1500).

In der Nähe der Kirche folgen weitere Ansitze, darunter das bereits 1206 als bischöflicher Maierhof erwähnte ***Ragenhaus**. 1670 wurde es im Renaissancestil umgebaut, heute ist es Sitz der städtischen Musikschule. Im Arkadenhof finden im Sommer Konzerte statt.

Kapuziner-platz

Die spätbarocke Spitalkirche Zum Heiligen Geist in der Nähe des Kapuzinerplatzes stammt aus der Zeit um 1760; das Innere zeigt Altarbilder von Franz Unterberger. Das hier zur Zeit des Faschismus aufgestellte Denkmal eines »Alpini«, eines italienischen Gebirgsjägers, wird von den Einwohnern »Kapuzinerwastl« genannt. Als Symbol des italienischen Souveränitätsanspruchs war es bei den Pustertalern verhasst und mehrfach Ziel von Sprengstoffanschlägen. Seit einem Anschlag 1979 steht nur noch die Büste auf dem Sockel.

*Stadt-museum

Wo früher Pferde gefüttert wurden und Postkutschen bereitstanden, hat heute das Stadtmuseum seinen Sitz. Im Erdgeschoss sind Werke der spätgotischen »Pustertaler Schule« von Michael Pacher, seinem

Bruneck und Umgebung erleben

AUSKUNFT
Tourismusverein Bruneck
Rathausplatz 7, 39031 Bruneck
Tel. 0474 55 57 22
www.bruneck.com

ESSEN
❶ *Vinothek Bernardi* €-€€
Stuckstr. 6
Tel. 0474 41 11 76
Mo. – Sa. 8.00 – 24.00 Uhr, So. geschl.
www.bernardi-karl.it
Eine Mischung aus Enoteca und Bistro,
wunderschön an der Rienz gelegen mit
Blick auf die Altstadt. Entrecôte oder Fio-
rentina sind ausgezeichnet, dazu trinkt
man ein Glas Hauswein »02er«.

❷ *Oberraut* €-€€
Amaten 1
Tel. 0474 55 99 77, Do. geschl.
Hoch über Bruneck gelegen. Die defti-
gen Klassiker wie Bauerngröstl oder Gulasch mit Semmelknödel sind beliebt.
Die Tische in den holzgetäfelten Stuben
sind sehr beliebt; daher am Wochenende unbedingt reservieren.

❸ *Weißes Lamm* €
Stuckstr. 5
Tel. 0474 41 13 50, So. geschl.
Seit 1400. Die Bilder im Künstlerstübele
stammen u. a. von Franz von Defregger
und Albin Egger-Lienz. Auch der Schrift-
steller und Kommunist Norbert C. Kaser
(1947 – 1978) saß gerne und lange hier.
Serviert wird Südtiroler Küche wie
»Gröstl« oder »Nockentris«.

AUSGEHEN
❹ *Puka Naka Lounge & Club* €€
Kapuzinerplatz 1
www.pukanaka.net
Der von dem Innenarchitekten Alex Huber gegründete Club im 1960er-Styling
hat den Ruf Brunecks als Nachtschwär-
mer-Treffpunkt begründet, sein Fortbe-
stand ist wegen des Ärgers mit der
Nachbarschaft immer wieder infrage gestellt. Puka Naka heißt übrigens »Hucke-
pack« im Pustertaler Dialekt.

❺ *Rienzbräu* €-€€
Stegenerstr. 8
Tel. 0474 53 13 07
Mo., Mi., Do., Sa., So. 10.00 – 24.00, Fr.
10.00 – 1.00 Uhr; Di. geschl.
www.rienzbraeu.it
Der Gast kann die Gärung des Biers
durch eine Glasscheibe im Boden beobachten. Dazu gibt es deftige Gerichte
wie Ochsenschwanz oder Kaninchen-
ragout. Im Sommer lockt ein Biergarten.

ÜBERNACHTEN
❶ *Post* €€€€
Graben 9
Tel. 0474 55 51 27
www.hotelpost-bruneck.com
Schon in der fünften Generation wird
das eher nüchterne Hotel an der Brunecker Flaniermeile von der Familie von
Grebmer geführt. Die Terrasse ist ein
beliebter Treffpunkt.

❷ *Corso* €€
Graben 16
Tel. 0474 55 44 34
www.hotelcorso.com
Die Zimmer sind etwas verspielt, aber
sympathisch eingerichtet. In der Well-
ness-Oase wird man mit Produkten von
Vitalis Dr. Franz behandelt, die in
Bruneck hergestellt werden.

Alpine Wellness Resort Majestic
⬡⬡⬡⬡

Reischach, Im Gelände 20
Tel. 0474 41 09 93
www.hotel-majestic.it
Haus im Tiroler Stil mit allem Komfort
nahe dem Skigebiet Kronplatz.

San Lorenzo Mountain Lodge
⬡⬡⬡⬡

St. Lorenzen, Ellen 23
Tel. 0474 40 40 42
www.sanlorenzomountainlodge.it
Diese schicke Lodge gehört Georgia und
Stefano Barbini, die sich aus der Mode-
welt ins Pustertal zurückgezogen haben.

Klosterhotel Sonnenburg ⬡⬡⬡

St. Lorenzen
Tel. 0474 47 99 99
www.sonnenburg.com
Das Hotel nordwestlich von St. Lorenzen
war einst ein Kloster für adlige Frauen.
Man speist in der Wohnstube der Äbtis-
sin, schläft im Fürstenzimmer und genießt
Wellness in einem Gewölbe aus dem 13.
Jh.; sehenswert: die wiederhergestellten
Apothekergärten der Äbtissinnen.

EINKAUFEN

Die erste Filiale des **PUR** aus Meran
(▶Baedeker Wissen S. 78) mit Südtiroler
Produkten (Herzog-Sigmund-Str. 49,
www.pursuedtirol.com).

Auswahl und persönliche Beratung im
Lebensmittelgeschäft **Horvat** sind beeindruckend (Stadtgasse 5a,
www.horvatwilli.com). Im **Schondorf**
gibt es Weine, Liköre und Whiskys, Pasta, Marmeladen, Fruchtessig und Produkte von Ahrntal Natur (Stadtgasse
55a, www.schondorf.it). Der Südtiroler
Speck der **Metzgerei Karl Bernardi** gilt
als besonders aromatisch, als Reisesou-
venir empfiehlt sich das Gulasch in Do-
sen (Stadtgasse 36, www.bernardi-karl.
it). Einen Besuch lohnt auch der kleine
Buchladen am Rienztor (Groß-Ger-
au-Promenade 12, www.buch.it).

SPORT

In Reischach am Fuß des Kronplatzes
liegt der 9-Loch-**Golfplatz** Pustertal, seine Erweiterung auf 18 Löcher ist geplant
(www.golfpustertal.com).
Der **Pustertaler Radweg** führt vom Eisacktal über Bruneck, Toblach und Innichen bis nach Lienz. Die Route ist einfach und sehr beliebt, deshalb kann es
im August/September schon mal eng
werden. Leihräder gibt es unterwegs in
vielen Orten (www.pusterbike.com).
Cron 4 ist ein **Frei- und Hallenbad** mit
Saunawelt in auffälligem Gebäude: Hallenbad: tägl. 10.00 – 22.00, Saunen ab
12.00 Uhr; Eintritt: 7 € für 2,5 Std.; Freibad: Juni – Sept. 9.30 – 20.00 Uhr, Eintritt 6 €, www.cron4.it

Mitarbeiter Friedrich Pacher und dessen Schüler Simon und Veit von
Taisten ausgestellt, im ersten Stock zeitgenössische Grafiken aus aller
Welt. Etwas für Kenner sind die 7500 Exlibris, Bücherzeichen.
❶ Bruder Willram Str. 1, Di. – Fr. 15.00 – 18.00, Sa., So. 10.00 – 12.00,
Juli, Aug. 10.00 – 12.00, 15.00 – 18.00 Uhr, Mo. bis auf Aug. geschl.,
Eintritt 2,50 €, www.stadtmuseum-bruneck.it

*An der
Rienz entlang   Neue Stadtansichten ermöglicht ein Spaziergang entlang der Rienz,
des hellgrünen Gebirgsflusses, der Bruneck durchquert.

UMGEBUNG VON BRUNECK

In den Dörfern **Dietenheim** und **Aufhofen** nördlich von Bruneck stehen zahlreiche sehenswerte Ansitze. Das Ende des 17. Jh.s erbaute Haus Mair am Hof in Dietenheim ist Sitz des Südtiroler Volkskundemuseums. Die Räume geben Einblick in die Lebenswelt des Landadels. Die holzgetäfelte Stube zeigt barocke Stilelemente, Votivbilder, geflochtene Wachsstöcke und Hinterglasmalereien. In der Scheune sind verschiedene Werkstätten eingerichtet. Sehenswert sind Prunkgehänge für Kuhglocken – teils mit Federkielstickerei – und die Kutschen. Auf dem Freigelände stehen zwei Dutzend jahrhundertealte Bauernhäuser, Scheunen und Kornkästen aus allen Teilen Südtirols.
❶ Herzog-Diet-Str. 2, Dietenheim, Ostermontag – Okt. Di. – Sa. 10.00 bis 17.00, So., Fei. 14.00 – 18.00, Juli, Aug. Di. – Sa. bis 18.00 Uhr, Eintritt 6 €, www.volkskundemuseum.it

(Randspalte) ****Volkskundemuseum Dietenheim**

Der kleine Ort Percha liegt an der Straße nach Toblach, 5 km östlich von Dietenheim. Ein Christophorus-Fresko von Simon von Taisten ziert die Außenwand der spätgotischen Kirche St. Kassian, das Innere ein dicht verzweigtes Netzgewölbe mit bemalten Schlusssteinen. Percha ist eine Station der Pustertaler Bahn und an das Wintersportrevier Kronplatz (▸unten) mit über 100 Pistenkilometern angebunden. Oberhalb des Orts steht eine Gruppe ***Erdpyramiden**, entstanden nach der Eiszeit aus Moränenschutt (▸S. 272).

(Randspalte) **Percha**

Der Kronplatz (2275 m) bietet über 100 km gepflegte Pisten. An guten Tagen sind hier bis zu 10 000 Skifahrer unterwegs. Sylvester und Herrnegg heißen die beiden schweren Talabfahrten, unten gehts zum Après-Ski: Beliebt sind das »K 1« an der Talstation in Reischach für alle, die aus dem Westen kommen, und »Gassl« in Olang für Feierlustige aus dem Osten. Der Kronplatz gehört zum Skiverbund Dolomiti Superski (www.kronplatz.com).

(Randspalte) ***Kronplatz**

Der Ferienort Reischach liegt 2 km südlich von Bruneck auf 935 m Höhe. Von hier führt eine Umlaufbahn auf den **Kronplatz** (▸oben). Die **Lamprechtsburg** erhebt sich auf einem Bergsporn (990 m), der auf drei Seiten steil in die Rienzschlucht abfällt. Um 1225 ließ Graf Albert von Tirol eine ältere Holzkonstruktion durch einen Steinbau ersetzen; heute umfasst die Anlage einen schlichten Palas, einen zinnengekrönten Bergfried, Wirtschaftsgebäude und eine schöne Burgkapelle aus dem 17. Jahrhundert.

(Randspalte) **Reischach (Riscone)**

St. Lorenzen (San Lorenzo di Sebato) liegt am Zusammenfluss von Gader und Rienz. Die Römer gründeten hier die befestigte Siedlung Sebatum, von der einige Grundmauern erhalten sind. Im **Antiquarium** im Gemeindehaus sind einige Fundstücke aus römischer Zeit

(Randspalte) **St. Lorenzen**

Hutterer

Die Ideen des Bauernkriegs und der Wiedertäuferbewegung fanden in St. Lorenzen viele Anhänger. **Jakob Hutter**, um 1500 hier geboren, forderte eine radikale Neuordnung der kirchlichen und gesellschaftlichen Verhältnisse. Viele seiner Anhänger wurden gefoltert und hingerichtet, Tausende flohen nach Mähren. Hutter kehrte nach Tirol zurück und wurde 1536 in Innsbruck verbrannt. Heute leben in den USA und in Kanada noch ca. 40 000 Hutterer streng nach der Bibel und ohne Privatbesitz.

ausgestellt. Als Missionsstation spielte St. Lorenzen für die Christianisierung des Pustertals eine wichtige Rolle; später wurde es von der Nachbarstadt Bruneck überflügelt. Die stattlichen alten Häuser im Zentrum zeugen von der früheren Bedeutung.

Die **Pfarrkirche zum hl. Laurentius** am Hauptplatz birgt die ***»Pustertaler Muttergottes mit Kind«,** auch **»Traubenmadonna«** genannt. Sie gehörte zu einem großen Flügelaltar von Michael Pacher (1462). Lebensgroße *Skulpturen von Jörg Stieger (1714) in der Egererkapelle stellen Szenen aus der Passion Christi dar.

Antiquarium St. Lorenzen: Mo. – Fr. 8.00 – 12.00 Uhr

Sonnenburg Die von Weitem zu sehende **Kloster- und Burganlage** der Sonnenburg beherbergt heute ein Hotel. Auf einem Hügel hinter der Sonnenburg liegt der **Ansitz Hebenstreit**, der auch von der Pustertaler Staatsstraße gut zu sehen ist. Das Anwesen besitzt schöne getäfelte gotische Stuben, darunter einen freskengeschmückten Raum mit Wappen und allegorischen Figuren von 1591.

❶ Tel. 0474 47 48 88, Mo. – Sa. 9.00 – 12.00, 14.00 – 18.30 Uhr

Burgeis

✦ C 4

Italienisch: Burgusio
Höhe: 1215 m ü. d. M.
Einwohner: 850

Das am Rand der Malser Heide im weiten Tal der oberen Etsch gelegene Burgeis hat sein schönes mittelalterliches Ortsbild mit verwinkelten Gassen, ineinander geschachtelten Häusern, schönen Erkern, Torbögen, Fresken und Freitreppen bewahrt.

Burgstädtchen Mittelpunkt des Burgstädtchens ist der hübsche Dorfplatz mit dem St. Michaelsbrunnen und alten Gasthäuern. Die romanische **Pfarrkirche St. Maria** mit ihrem schlanken Turm wurde 1480 gotisiert. Ihre Seitenportale sind noch romanisch, am kleineren befindet sich die eigenwillige Darstellung eines Mannes mit Blatthänden. Die barocke Orgel stammt aus der Marienberger Klosterkirche und wurde nach der Aufhebung des Klosters 1809 gekauft.

Am nördlichen Dorfrand, jenseits der Etsch, steht die romanische Kirche **St. Nikolaus.** Ihr Tonnengewölbe schmückt ein thronender Christus, darunter findet sich die Darstellung einer Meerjungfrau.

Die **Fürstenburg** wurde 1272 – 1282 von dem Churer Bischof Konrad erbaut. Während der religiösen Wirren im 16. Jh. diente sie als Zufluchtsort des Klerus. Im Burghof und in der Burgkapelle gibt es sehenswerte Fresken aus dem 16. und 17. Jh., in den Fürstenzimmern schöne Holztäfelungen und Kassettendecken. Heute ist hier die Landesfachschule für Landwirtschaft untergebracht, daher ist die Fürstenburg nur im Juli und August mit Führung zu besichtigen.

Fürstenburg: Juli, Aug. Mo. 14.00, Do. 10.00 Uhr; Treffpunkt vor der Fürstenburg, Eintritt 3 €, Info im Tourismusbüro Mals, Tel. 0473 83 11 90

! BAEDEKERTIPP

Beinhaus

Etwas oberhalb von Burgeis steht an der Reschenstraße seit 1939 ein gewaltiges **Beinhaus** mit den sterblichen Überresten gefallener Soldaten aus dem Ersten Weltkrieg. Das runde Oassarium wurde von Giovanni Greppi und Giannino Castiglioni entworfen.

✱✱ ABTEI MARIENBERG

Wie eine Ritterburg thront das weiß getünchte Kloster mit vielen Fenstern, Türmen und Zinnen über Burgeis. Man erreicht es zu Fuß auf einem alten Weg in etwa 30 Minuten oder mit dem Auto auf einer kleinen Straße. Da das Kloster von einer kleinen Benediktinergemeinschaft bewohnt wird, sind die Klausurgebäude nicht zu besichtigen.

❶ www.marienberg.it

Das Kloster ist eine Gründung der einflussreichen Familie der Herren von Tarasp aus Scuols im Unterengadin. Baubeginn war 1146, bereits 1150 zogen der erste Abt und Mönche aus dem süddeutschen Kloster Ottobeuren ein. Die Gemeinschaft musste sich lange gegen die Matscher Vögte behaupten. Immer wieder kam es zu Plünderungen, ein Abt wurde ermordet. Dann setzten die Reformation, Bauernaufstände und die Wiedertäuferbewegung dem Kloster sehr zu. Es stand kurz vor der Auflösung. Die Wende und Blütezeit von Marienberg brachte der neue Abt Matthias Lang aus Weingarten Anfang des 17. Jh.s. Das Kloster begann nun »mit aller Härte« den rätoromanischen Vinschgau für den katholischen Glauben und die deutsche Sprache zu gewinnen. Die Zahl der Mönche stieg kräftig an. 1724 wurde in Meran ein humanistisches Gymnasium gegründet, wenig später ein Knabenkonvikt. Nach den Tiroler Freiheitskriegen hob 1807 die bayerische Regierung das Kloster auf, die Möche wurden

Geschichte

Burgeis erleben

AUSKUNFT · VERKEHR
Tourismusbüro
Burgeis 77, 39024 Burgeis
Tel. 0473 83 14 22
www.ferienregion-obervinschgau.it
Busse von/nach Mals, Reschen, Reschen-
pass und Nauders

ÜBERNACHTEN
Hotel Weisses Kreuz ⓔ
Mals, Burgeis 82
Tel. 0473 83 13 07
www.weisseskreuz.it
Ein perfektes Ferienhotel: gute Anbin-
dung an die Skigebiete von Watles, Sul-
den, Schöneben, Ausgangspunkt vieler
Wander- und Radwege. Poollandschaft
mit Sauna.

Zum Mohren & Plavina ⓔⓔ
Mals, Burgeis 81
Tel. 0473 83 12 23

www.mohren-plavina.com
Eleganter Wellnessbereich. Gegessen
wird im Mohren am Hauptplatz: Südtiroler Schmankerln. Die Bilder stammen
von Karl Plattner, einem führenden
Künstler Südtirols in der Mitte des 20.
Jh.s, 1919 in Mals geboren und dort begraben.

ESSEN
Schlossbar ⓔ
Mals, Burgeis 183
Tel. 0473 83 15 59
www.garni-burgeis.com
Ein idealer Stopp für Wanderer und Radfahrer mit Terrasse. Besonders empfehlenswert sind Forellengerichte und haus-
gemachter Apfelstrudel.

EINKAUFEN
Hofkäserei Englhorn, Burgeis, Schleis 8,
▶ Baedeker Wissen S. 79

vertrieben. Doch 1816 wurde es auf Wunsch Kaiser Franz I. wieder
belebt und auch das Gymnasium weitergeführt. 1946 – 1986 gab es
auf Marienberg ein Privatgymnasium, das viele bedeutende Südtiroler besucht haben.

Besichtigung   Der Klosterhof ist sehr stimmungsvoll. Die **Klosterkirche** wurde
1201 geweiht. Ihr Säulenportal in der Vorhalle ist romanisch, die
Skulptur der »Schönen Madonna« mit Kind im Tympanon gotisch.
Die Kirche wurde 1643 – 1648 im Stil der Wessobrunner Schule ba-
rockisiert. Die Fresken im rechten Seitenschiff von 1650 zeigen die
Familie des Klosterstifters Ulrich von Tarasp.

**Krypta   Die Hauptsehenswürdigkeit von Marienberg ist die nur sehr eingeschränkt zugängliche, 1160 geweihte Krypta mit bestens erhaltenen
romanischen Fresken. Sie sind wohl 1167 – 1177 entstanden und
wurden 1887 wiederentdeckt: Die Krypta wurde nach dem Umbau
der Kirche Mitte des 17. Jh.s als Begräbnisstätte genutzt, und erst
nachdem die Grufteinbauten entfernt worden waren, kamen die
Fresken zum Vorschein. In der Hauptapsis ist Christus in der Man-

dorla dargestellt, daneben zwei sechsflügelige Seraphime, darunter zwei weitere Engel, die Apostel Petrus und Paulus sowie die nur noch teilweise erhaltenen Evangelistensymbole. Die Westwand zeigt das himmlische Jerusalem. Zur Schonung der Fresken ist die Krypta nur zur Vesper in den Sommermonaten zugänglich.

ⓘ Juni – Okt. Mo. – Sa. 17.30 Uhr

Der ehem. Wirtschaftstrakt ist heute Museum mit Dokumenten und Kunstschätzen, u. a. ein 800 Jahre altes Messgewand der Gemahlin des Klosterstifters Ulrich; die Fresken werden in einem Film gezeigt.   **Museum**

ⓘ Ostern – Okt. Mo. – Sa. 10.00 – 17.00, 27.12. – Ostern 13.00 – 16.00 Uhr, Eintritt 5 €; Museumsbesuche sonst auf Anfrage, Tel. 0473 84 39 80

Im Kloster gibt es neun schlichte Einzelzimmer für Menschen, die die Ruhe suchen und sich für das Klosterleben interessieren.   **Übernachten im Kloster**

ⓘ Schlinig 1, 39024 Mals, Tel. 0473 83 13 06, www.marienberg.it

✳ Cortina d'Ampezzo

✦ D 13

Region: Venetien, Provinz: Belluno
Ladinisch: Anpez, Anpezo
Höhe: 1211 m ü. d. M
Einwohner: 6100

Heimliche Hauptstadt der Dolomiten, »St. Moritz Italiens«: Der mondäne Ferienort am östlichen Ende der Dolomitenstraße verdankt seine Berühmtheit den legendären Gipfeln der ringsum aufragenden Ampezzaner-Dolomiten: Cristallo (3218 m), Pelmo (3168 m), Sorapis (3205 m) und die Tofane-Gruppe (über 3200 m).

Auf einen Schlag bekannt wurde Cortina als Austragungsort der **Olympischen Winterspiele 1956**, der ersten, die im Fernsehen übertragen wurden. Seither hat sich das ehemalige Holzarbeiter- und Hirtendorf zu einem der berühmtesten Ferienorte Italiens entwickelt. Während der Saison, vor allem im Winter, aber auch im Sommer, schwillt die Einwohnerzahl auf über 50 000 an, mit viel italienische Prominenz oder wer sich dafür hält. Die Ampezzaner gehören zur alteingesessenen Regole-Familie, die Cortinesen kamen später und können nur durch Heirat in die Regole-Familie »aufsteigen«.   **Hauptstadt der Dolomiten**

Das bis heute hoch geschätzte und vom italienischen Staat anerkannte System der **Regole** geht mindestens auf die Langobarden zurück: Damals schlossen sich die ortsansässigen Familien zusammen, um   **Geschichte** das kollektive Eigentum an Feldern, Wiesen und Wäldern im Ampezzaner-Tal zu wahren und zu nutzen. Bis heute versammeln sich einmal jährlich die 1300 Oberhäupter der Regole-Familien, um über den Grundbesitz zu entscheiden. Zu ihren Aufgaben gehören die Wahrung der Natur und Kultur der Region, u. a. die Pflege der Wald- und Wanderwege, aber auch die der Museen.

Das kleine Bergdorf gehörte zwischen 1420 und 1511 zu Venedig; anschließend teilte es die Geschichte Tirols und kam mit diesem 1919 zu Italien. Seine Blütezeit setzte mit dem Beginn des **Alpinismus im 19. Jh.** ein; zu Beginn des 20. Jh.s schossen Hotels wie Pilze aus der Erde, viele davon stehen heute noch. Inzwischen gehört Cortina zur Region Venetien. Es gab und gibt immer wieder Versuche, ein Teil der autonomen Provinz Bozen-Südtirol zu werden, die jedoch genauso regelmäßig von der Provinz Belluno und der Region Venetien abgelehnt werden. Sie wollen den bekannten Ferienort nicht verlieren, der an Weihnachten immer noch regelmäßig in die Schlagzeilen kommt, wenn sich die Prominenz aus Rom und der Lombardei auf der Flaniermeile Corso d'Italia sehen lässt.

Cortina d'Ampezzo erleben

AUSKUNFT
Via Marconi 15/B
32043 Cortina d'Ampezzo
Tel. 0436 86 62 52
www.cortina.dolomiti.org

Naturschutzpark der Ampezzaner Dolomiten
Via del Parco 1, Tel. 0436 22 06
www.dolomitiparco.com

ESSEN
Rifugio Averau ⊖-⊖⊖
Forcella Averau
Tel. 0436 46 60
Juni – Ende Sept., Dez. – 1. Aprilwoche
www.lagazuoi5torri.dolomiti.org
Hütte mit Sonnenterrasse und grandiosem Blick auf die Marmolata direkt an der Skipiste im Cinque-Torri-Gebiet. Tipp: Casunziei, gefüllt mit Sciopetì, einem wilden, nur hier wachsendem Kraut, und Wildgerichte.

Ristorante El Zoco ⊖-⊖⊖
Loc. Cademai 18
Tel. 0436 86 00 41
Di. geschl.
www.elzoco.it
Nicolò Zardini serviert traditionell herzhafte Küche mit Spezialitäten der Region. Sein Hobby: der Weinkeller.

Enoteca Cortina ⊖
Via del Mercato 5
Tel. 0436 86 20 40
So. geschl.
www.enotecacortina.com
Um die Mittagszeit und ab dem frühen Abend ist die Enoteca rappelvoll. Gute Auswahl an italienischen Weinen, verführerische Antipasti.

ÜBERNACHTEN
Hotel Menardi ⊖⊖⊖
Via Majon 110
Tel. 0436 24 00

www.hotelmenardi.it
Modernes 3-Sterne-Hotel mit 49 Zimmern und Wellness-Bereich in einem Privatpark.

Hotel de la Poste ⊚⊚
Piazza Roma 14
Tel. 0436 42 71
www.delaposte.it
Gediegene Zimmer, großer Speisesaal. Die Hotelgeschichte begann 1811; die Bar ist ein beliebter Treffpunkt zum Kaffee oder Aperitif.

EINKAUFEN
Die Familie **Rezzadori** offeriert Cortina-Speck, Rohschinken aus Venetien und Käse aus dem Ampezzaner Tal, ebenso hausgemachte Canederli, Casunziei und Spätzle (Via Majon 21).
In der **Latteria Cortina** gibt es 140 Käsesorten aus der Region und dem übrigen Italien, viele Senfsorten und Casunziei (Via Marangoi 2–4).
Bekannt für unwiderstehliches Brot, verführerische Törtchen und andere süße Leckereien ist die **Pasticceria Alvera** (Corso Italia 191).

SPORT
Die imposanten Berggruppen um Cortina bieten 400 km ausgeschilderte Wege zum **Wandern, Trekking und Nordic Walking**.
29 gesicherte **Klettersteige**, »Vie Ferrate«, sind für trittsichere und schwindelfreie Berggeher ein einmalig schönes Erlebnis. Auf Freeclimber warten senkrechte Wände im Gebiet Cinque Torri und die neue Naturkletterwand Crepo Longo auf dem Faloria.
Über 1000 km markierte **Radwege** gibt es rund um Cortina, dazu auf Radfahrer spezialisierte Hotels sowie Möglichkeiten, Räder zu leihen. Cortina Bike Park: www.cortinabikepark.it
Radverleih: Bike Rental Cicli cortina
Via Majon 148, Tel. 0436 86 72 15
Auf vier imposanten **Skibergen** – Faloria, Monte Cristallo, Tofana und Lagazuoi/Falzarego – kann man endlos Ski fahren, für Langläufer gibt es 70 km gespurte Loipen. Dazu kommt eine Vielzahl an Berghütten mit exzellenter Küche. Cortina gehört zum Verbund Dolomiti Superski (www.cortina.dolomiti.org und www.dolomiti-superski.com).

Bergwelt rund um Cortina, hier die Selva di Cadore

SEHENSWERTES IN CORTINA D'AMPEZZO

*Pfarrkirche

Die Pfarrkirche St. Philipp und Jakob steht an der Hauptgeschäftsstraße Corso d'Italia. 1775 wurde sie anstelle eines Vorgängerbaus errichtet. Von der Fassade grüßen die beiden Statuen der Schutzpatrone von Cortina, Philippus und Jakobus. Der frei stehende, 71 m hohe Turm folgte Mitte des 19. Jh.s. Der von Petrus und Paulus eingerahmte Hochaltar (1773) und die beiden ersten Seitenaltare stammen von Johann Müssak, das Altarbild malte Giuseppe Zanchi. Der Altar mit der Gnadenreichen Madonna von Andrea Brustolon (1703) stand schon in der Vorgängerkirche. Das Gewölbe mit der Heiligen Dreifaltigkeit malte Giuseppe Ghedina, andere Malereien wie das »Martyrium des hl. Jakobus« und die 14 Kreuzwegstationen sind von Franz Anton Zeiler. Er malte auch die etwas südlich gelegene barocke Wallfahrtskirche **Madonna della Difesa** (1743) aus. Das 1976 vor der Kirche aufgestellte Denkmal erinnert an den legendären Ampezzaner Bergführer **Angelo Dibona** (1879 – 1956).

> **?** BAEDEKER WISSEN
>
> *James Bond was here*
>
> Zu den Olympischen Spielen 1956 entstanden zahlreiche Bauten wie das Eisstadion, die Bobbahn Monti und die Sprungschanze Italia. Berühmtheit erlangte das Eisstadion durch den James-Bond-Film »In tödlicher Mission« Anfang der 1980er-Jahre mit Roger Moore.

Museum für Moderne Kunst Mario Rimoldi

Die Ciasa de ra Regoles neben der Kirche, einst Sitz der genossenschaftlichen Verwaltung, beherbergt heute die Sammlung Mario Rimoldi, die der ehemalige Bürgermeister zur Zeit der Olympischen Spiele 1956 der Regole-Familie übergeben hatte. Ausgestellt sind 800 Gemälde italienischer Künstler des 20. Jh.s, u. a. von De Chirico, Morandi, Depero, Carrà, Sironi und Renato Guttuso.

🛈 Corso Italia 69, 7. Dez. – 15. April Di. – So. 10.00 – 12.30, 15.30 – 19.30 Uhr, Eintritt 8 €, www.regole.it

*San Nicolò

Das älteste Gebäude im Tal ist San Nicolò (1226) an der Staatsstraße von Cortina nach Toblach. Schon im 11. Jh. gab es hier ein Hospiz für Wanderer und Pilger. Bis auf den Anbau einer Apsis im 16. Jh. blieb die Architektur der Kirche unverändert. Sehenswert sind die Fresken mit Szenen der Nikolaus-Legende eines lokalen Künstlers (15. Jh.), die von außen nach innen verlegt wurden. Im Gewölbe sind die Wappen der Regola Alta di Laureto und vom Herrn der einstigen Burg von Botestagno zu sehen.

Regole-Museen im Kongress-zentrum

Im nach dem Ampezzaner Volksschauspieler Alexander Girardi Hall benannten Kongresszentrum sind zwei weitere Regole-Museen untergebracht. Im **Völkerkundlichen Museum** werden Geschichte, Tradition und das Handwerk der Region dokumentiert. Im ersten

Stock erfährt man die Geschichte der Regole-Familien und der Genossenschaft, die heute noch kollektiv das Tal verwalten.
Im **Paläontologischen Museum Rinaldo Zardini** ist die umfangreichste Fossiliensammlung aus den Dolomiten ausgestellt. Dazu gehören 230 Millionen Jahre alte Muscheln, Algen, Korallen und Schwämme, die der Ampezzaner Wissenschaftler Rinaldo Zardini zusammengetragen hat.
❶ Via Marangoi 1, Ortsteil Pontechiesa, 7. Dez. – 15. April Di. – So. 10.00 bis 12.30 Uhr, 15.30 – 19.30 Uhr, Eintritt je 8 €, www.regole.it

Außerhalb von Cortina gibt es zwei Freilichtmuseen und ein Festungsmuseum zum Thema »Dolomitenfront« im Ersten Weltkrieg (▶S. 160). Die Freilichtmuseen umfassen den Falzarego, den Lagazuoi und die Cinque Torri. Zu sehen sind restaurierte und rekonstruierte Schützengräben, Stollen und Unterstände. Die beste Besuchszeit ist Mai bis Oktober. Gute Wanderschuhe, Taschenlampe und Helm (Letztere können ausgeliehen werden) sind empfehlenswert. Eine Seilbahn führt zu den Stellungen (Talstation an der Straße zum Falzarego Pass). Am Falzarego-Pass beginnen die leichten bis mittelschweren und gekennzeichneten Besichtigungsstrecken. Die Besichtigung ist kostenlos, ein Audioguide mit deutschen Erläuterungen kann ausgeliehen werden.
❶ www.dolomiti.org

Freilicht-museen

Die Festung Tre Sassi am Valparola-Pass ist eines der besten Zeugnisse der Dolomitenfront. Sie wurde 1897 zur Verteidigung der südlichen Grenze des habsburgischen Reiches errichtet und 1910 modernisiert. Gegen die modernen Artilleriewaffen erwies sie sich im Ersten Weltkrieg jedoch als nutzlos. Nach wenigen Kriegswochen wurde die Festung von Bomben getroffen, die Mauern brachen und die Soldaten wurden evakuiert. In der restaurierten Sperre ist heute das Museum über den »Großen Krieg« untergebracht, neben Waffen sieht man auch allerlei alltägliche Gebrauchsgegenstände.
❶ Passo di Valparola, Eintritt 7, www.dolomiti.org

Festungs-museum Tre Sassi

Von Cortina aus gelangt man mit Seilbahnen, Sessel- und Skiliften auf die umgebenden Gipfel der Ampezzaner-Dolomiten mit ihren unendlichen Wander- und Skifahrtsmöglichkeiten. Sehr empfehlenswert sind eine Fahrt über den 1809 m hohen Pass Tre Croci zum 20 km entfernten **Misurina-See** (1745 m) und ein Ausflug ins *Cadore Tal. In **Pieve di Cadore** (30 km südöstlich) kam 1477 Tizian zur Welt. Sein Geburtshaus birgt eine kleine Ausstellung, in der Pfarrkirche hängt ein Bild von ihm. Einen sensationellen Dolomitenblick, die Erschließungsgeschichte der Dolomiten und Dolomitenbilder vermittelt das **MMM Gipfelmuseum Dolomites** von Reinhold Messner auf dem 2181 m hohen Monte Rite zwischen Cortina und Pieve di Cadore. Ein Tipp für Radfahrer ist die 32 km lange Tour von Toblach auf

Ausflüge

Berge in Flammen

Am 23. Mai 1915 trat Italien mit der Kriegserklärung an Österreich-Ungarn in den Ersten Weltkrieg ein. Im Gegensatz zu den Massenschlachten an der Isonzo-Front herrschten im Hochgebirge Gruppen- und Einzelkämpfe, sodass es in Tirol zum größten Gebirgskrieg der Geschichte kam.

An der Dolomitenfront und im Ortlermassiv lagen Deutsches Alpenkorps, »Leiber«, österreichische Kaiserjäger und -schützen den an Zahl und Ausrüstung weit überlegenen italienischen Alpini und Bersaglieri gegenüber. **Gebirgstruppen** beider Seiten haben hier alpine Höchstleistungen vollbracht, die in Friedenszeiten aufsehenerregende Einzelaktionen gewesen wären. Trotz der Härte der Kämpfe waren bis Kriegsende kaum nennenswerte Gebietsgewinne oder -verluste zu verzeichnen und die Lebensfeindlichkeit der Bergwelt forderte doppelt so viele Opfer wie die Kampfhandlungen.
Auf österreichischer Seite spielten Freiwilligenverbände eine wichtige Rolle, vor allem die **Standschützen**, bergerfahrene Männer, die noch nicht oder nicht mehr der aktiven Truppe angehörten und ihre Hauptleute selbst wählten. Im Sturmangriff waren die Gipfelstellungen nur schwer zu attackieren. Deshalb verfiel man auf die Methode, Stollen durch Gletschereis oder Fels unter die feindlichen Stellungen zu treiben, so am Col di Lana und Lagazuoi in den Dolomiten, wo ganze Gipfel und Bergflanken samt Besatzung weggesprengt wurden.
Auch die Logistik erwies sich als außerordentlich schwierig. Waffen und Gerät mussten in Einzelteile zerlegt und zu Fuß an die Einsatzorte gebracht werden, meist auf extrem ausgesetzten und einsehbaren Klettersteigen, die nur bei Nacht einigermaßen sicher zu begehen waren (Abb. S. 30). Entsprechend schwer waren die Verluste bei den Trägerkolonnen.
Im Ortlergebiet, auf der Rotwandspitze und am Karnischen Kamm werden immer mal wieder Ausrüstungsgegenstände und Waffen aus dem Ersten Weltkrieg entdeckt.
Zahlreiche Buch- und Filmproduktionen setzten sich mit dem blutigen Kapitel des Ersten Weltkriegs auseinander. Freilichtmuseen bei Cortina und das Museum »Bellum Aquilarum« in Sexten vermitteln einen Einblick in das Geschehen an der »Dolomitenfront«.

Österreichischer Posten in den Dolomiten während des Ersten Weltkriegs

der Trasse der ehemaligen Bahnstrecke durch das Höhlensteintal über den Passo Cimabanche nach Cortina (www.cortina.dolomiti.org).

MMM Museum Dolomites: Juli – Mitte Sept. tägl. 10.00 – 18.00, Juni bis 17.00 Uhr, www.messner-mountain-museum.it; Shuttlebus vom Parkplatz am Passo Cibiana oder zu Fuß in 2 Std.; das Gipfelrestaurant bietet auch Übernachtungsplätze, Tel. 0435 313 15.

** Dolomiten

✦ D 15 – E 10

Italienisch: Dolomiti
Höchste Erhebung: Marmolata (3342 m ü. d. M.)

Die Landschaft ist einzigartig: Die Dolomiten, auch »Bleiche Berge« genannt, sind durch Täler getrennte Bergstöcke mit beinahe farblosen, wild zerklüfteten und teils nadelscharfen Felsen. Darunter breiten sich grüne Almen und Wiesen, ausgedehnte Wälder und Geröllfelder aus. Bei Sonnenschein entfaltet das Gestein ein spektakuläres Farbenspiel.

Die Dolomiten waren jahrtausendelang eine Region der Hungerleider, heute gehören sie zu den beliebtesten Ferienzielen Italiens. Geologisch sind sie ein Teil der südlichen Kalkalpen. Ihre Gipfel reichen vom Südosten Südtirols bis in die Provinz Belluno und ins Trentino hinein. Seit 2009 gehören Teile zum UNESCO-Weltnaturerbe. Die bekanntesten Gipfel sind neben Marmolata (Marmolada ital., ladinisch) die Drei Zinnen, Sella, Rosengarten, Schlern, Geisler und Langkofel.

Bleiche Berge

Naturfreunde, Wanderer, Radfahrer, Kletterer und Skifahrer finden hier viele Möglichkeiten. Die bekanntesten Tourismuszentren sind ▶Grödner Tal, ▶Gadertal, ▶Rosengarten und Latemar, Seiser Alm und Völs, Seis und Kastelruth zu Füßen des ▶Schlernmassivs.
Wirtschaftlich sind Land- und Viehwirtschaft sowie ganzjährig der Tourismus am wichtigsten. Touristisch ist dieses Gebiet zwischen ▶Sexten und ▶Villnösser Tal und vom Sassóngher bis zu den Drei Zinnen sehr gut erschlossen: Hotels und Gasthöfe, Bergbahnen und Lifte, Wanderwege und Kletterrouten sowie Hunderte von Kilometern präparierter Skipisten. Der bekannteste Skizirkus Europas ist die Sella Ronda rund um den Sellastock (▶Gadertal).

Die rund 110 km lange Panoramastraße führt von ▶Bozen über drei Pässe nach ▶Cortina d'Ampezzo. Sie war ein Geschenk der Bewohner zum 50. Regierungsjubiläum von Kaiser Franz Joseph, wurde allerdings erst 1909, mit elfjähriger Verspätung, eingeweiht. Heute ist sie vermutlich die berühmteste von allen Alpenstraßen. Höchster Punkt: das 2239 m hohe Pordoijoch.

**Dolomitenstraße

Dolomiten

Die Dolomiten ragen im Südosten der Region Trentino-Alto Adige auf und greifen bis in die Provinz Belluno in der Region Venetien aus. Ihren Namen haben sie vom Dolomitgestein, das der französische Mineraloge Déodat de Dolomieu (1750–1801) als Erster beschrieb. Charakteristisch ist der plötzliche Wechsel zwischen sanften Almen und den aus ihnen herausragenden steilen Felsklippen.

Fanes-Alm
1800 m

Krummholzzone

Wald

Weide

Waldgrenze

▶ Terassenbildung
Mit dem Aufsteigen der Riffe aus dem Meer entstanden so genannte Stromatolithen: Ablagerungen von bis zu 1000 m gleichartiger Sedimente, die horizontal geschichtet sind.

▶ UNESCO-Weltnaturerbe
Im Jahr 2009 wurden neun Einzelregionen der Dolomiten mit insgesamt 1400 km² Fläche wegen ihrer einzigartigen Schönheit von der Unesco zum Weltnaturerbe erklärt.

1 Dolomiti di Brenta

2 Bletterbach/Rio delle Foglie

3 Schlern-Rosengarten-Latemar/
Sciliar-Catinaccio

4 Puez-Geisler/Puez-Odle/
Pöz-Odles

5 Marmolata

6 Pale di San Martino, San Lucano
Dolomiti Bellunesi, Vette Feltrin

7 Pelmo - Croda da Lago

8 Nördliche Dolomiten/
Dolomiti Settentrionali

9 Dolomiti Friulane/Dolomitis
Furlanis e d'Oltre Piave

Marmolata
3343 m

Drei Zinnen
2999 m

Schneefeld

Nackter Fels

Schutthalde

Alpine Rasen

▶ **Landschaftliche Struktur der Dolomiten**

Steil aufragende, hohe Felswände aus Kalk und Dolomit

Ausgedehnte Hochflächen unterbrechen die Ketten der Felswände

Mächtige Schutthalden am Fuß der Gebirgswände

Sanft gewellte Sockel in verschiedenen Ausprägungen

Rosen-
gartenspitze
2981 m

Drei Zinnen
2999 m

Furchetta
3025 m

Sass Rigais
3025 m

Zehner
(Wengen)
3026 m

Piz Boe
3152 m

Langkofel
3181 m

Tofana
3244 m

Antelao
3264 m

Marmolata
3343 m

www.bletterbach.info

Aufriss der Bletterbachschlucht
Am Fuß des 2317 m hohen Weißhorns bildet der Bletterbach den »Grand Canyon Südtirols«. Vor 15000 Jahren entstanden, 8 km lang und bis zu 400 m tief, bietet er einen Einblick in die Erdgeschichte zwischen Perm und Trias.

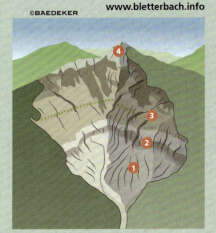

©BAEDEKER

① **Fossilreiche Bellerophon-Schichten**

② **Schicht mit Nachweisen des Artensterbens vor 252 Mio. Jahren im Tethys-Meer**

③ **Ton-, Mergel-, Sand- und Kalkgestein**

④ **Gipfel des Weißhorns aus hellem Anis-Dolomit**

Dorf Tirol

✦ C 7/8

Italienisch: Tirolo
Höhe 594 m ü. d. M.
Einwohner: 2350

Oberhalb von Meran liegt auf einer eiszeitlichen Moränenterrasse Dorf Tirol, bestehend aus den beiden Orten Dorf Tirol und St. Peter. Als Solitär erhebt sich das imposante Schloss Tirol, die einstige Heimat der Grafen von Tirol.

SEHENSWERTES IN UND UM DORF TIROL

Dorf Tirol

Dorf Tirol ist eine **Hochburg des Tourismus** in Südtirol und besteht vor allem aus Hotels. Kein Wunder bei dem herrlichen Panorama mit der Texelgruppe im Vordergrund; Richtung Tal bestimmen Weinberge und Obstgärten das Bild. Im Dorfzentrum steht die Pfarrkirche **Zum hl. Johannes** aus dem 14. Jh.; sie birgt einen gotischen Taufstein aus Laaser Marmor und ein Paul Troger zugeschriebenes Himmelfahrtsbild. Am Ortseingang liegt der **Burglehenpark** mit einer Blumenwiese und einem Naturteich. Die Attraktion des Kinderspielplatzes ist das stählerne Pferd »Jakob«. Hier beginnt der 1 km lange **Schlossweg** durch das Knappenloch, einen 1682 angelegten Tunnel, und durch den Köstengraben – rechts oberhalb sind Erdpyramiden zu sehen – zum Schloss Tirol.

Keimzelle Südtirols: das Stammschloss der Grafen von Tirol

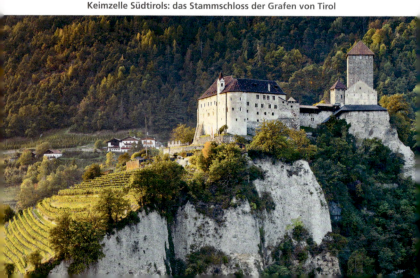

Die 2295 m hohe Mutspitze, einer der meist bestiegenen Gipfel der Texelgruppe, ist ein steiler, mit Wiesen und Wald überzogener Berg. Eine Seilbahn bringt Besucher zum Gasthaus Hochmut auf 1400 m Höhe. Die Muthöfe, uralte und nach wie vor bewohnte Bauernhäuser, liegen malerisch auf 1200 m Höhe.

Mutspitze

Schloss Tirol am nördlichen Ortsrand (um 1140) ist die Stammburg der mächtigen Grafen, die zu jener Zeit mit anderen Adelsgeschlechtern um die Macht kämpften. Als sie ihren Regierungssitz im 14. Jh. zunächst in die Zenoburg bei Meran und 1420 nach Innsbruck verlegten, begann der Verfall der mittelalterlichen Trutzburg. Um 1900 wurde es dann in romantisierenden Formen wieder aufgebaut.

**Schloss Tirol

Einmalig in Südtirol sind die ****Portale** des Palas und der zweigeschossigen Burgkapelle. Diese Überbleibsel aus der romanischen Bauphase zeigen kraftvolle Figuren, Fabelwesen, geometrische Ornamente und religiöse Motive. Die Kapelle ist mit gotischen Fresken ausgemalt und wird von einer überlebensgroßen Kreuzigungsgruppe (um 1300) dominiert. Der große Burgsaal besitzt drei romanische Rundbogenfenster. Heute logiert in Schloss Tirol auf vier Stockwerken das ***Landesmuseum für Kultur- und Landesgeschichte**. Auf vier Stockwerken wird die Geschichte Tirols mit vielen Dokumenten erzählt, dazu gibt es wechselnde Ausstellungen.

❶ Schlossweg 24, Mitte März–Anfang Dez. Di.–So. 10.00–17.00, Aug. bis 18.00 Uhr, Eintritt 7 €, www.schlosstirol.it

> ! **BAEDEKERTIPP**
>
> *Falknerei*
>
> Die Falknerei am Burghügel zeigt bei Flugvorführungen die Künste ihrer gefiederten Schützlinge (Ende März–Anfang Nov. Di.–So. 10.00–17.00, Vorführungen tägl. 11.15 und 15.15 Uhr, Eintritt 9 €, www.gufyland.com).

In der ersten Dezemberwoche findet auf Schloss Tirol die **Tiroler Schlossweihnacht** statt. Im Innenhof wird ein kleiner Markt aufgebaut (www.schlosstirol.it). Im Sommer werden **musikalische Werke** aus Mittelalter, Renaissance und Frühbarock aufgeführt. Dazu gibt es Kostproben der mittelalterlichen Küche (www.dorf-tirol.it).

Feste auf Schloss Tirol

Die Brunnenburg unterhalb von Schloss Tirol stammt ursprünglich aus dem 13. Jh., im 19. Jh. wurde sie im Stil des Historismus umgebaut. 1955 kaufte sie der Archäologe Boris de Rachewiltz, der Schwiegersohn des nordamerikanischen Dichters Ezra Pound. In jenen Jahren kam der Dichter gelegentlich zu Besuch und schrieb an seinen »Cantos«. Der Enkel, Siegfried von Rachewiltz, richtete 1974 in einem Teil der Burg ein Landwirtschaftsmuseum und eine Ezra-Pound-Gedächtnisstätte ein.

Brunnenburg

❶ Ezra-Pound-Weg 3, April–Okt. 10.00–17.00 Uhr, Fr., Sa. geschl., Eintritt 3 €

Dorf Tirol erleben

AUSKUNFT · VERKEHR
Tourismusverein Dorf Tirol
Hauptstr. 31, 39010 Dorf Tirol
Tel. 0473 92 33 14
www.dorf-tirol.it
Linienbusse von und nach Meran; am
südlichen Ortsrand gibt es einen Sessel-
lift nach Meran.

ESSEN
Trenkerstube im Hotel Castel
€€€–€€€€
Keschtngasse 18
Tel. 0473 92 36 93
www.hotel-castel.com
April – Mitte Nov.; Restaurant nur abends
geöffnet; So., Mo. geschl.
Der mit Michelin-Sternen ausgezeichne-
te Gerhard Wieser legt Wert auf lokale
Produkte, z. B. bei Maultaschen, gefüllt
mit Kaninchen auf flüssiger Brennnessel
und Limoncello.

Gasthof Talbauer €–€€
Muthöfe 3
Tel. 0473 22 99 41; Ende Apr. – Dez., Sa.
geschl. außer Aug. bis Okt.

www.talbauer.it
In exponierter Lage mit herrlicher Fern-
sicht liegt der Muthof im Naturpark
Texelgruppe. Saisonale Gerichte. Nur zu
Fuß über Dorf Tirol zu erreichen (Seil-
bahn zur Bergstation Hochmut). Die klei-
ne Straße ist nur für die Bewohner der
Muthöfe geöffnet.

ÜBERNACHTEN
Hotel Gartner €€€€
Hauptstr. 65
Tel. 0473 92 34 14
www.hotelgartner.it
Ende März – Mitte Nov.
Ungewöhnliche zeitgenössische Hotel-
fassade, viel Glas und Stahl. Stilvoller
Wellnessbereich.

Villa Maria €€
Schlossweg 7
Tel. 0473 92 33 06
www.villamariatirol.com
Apr. – Anfang Dez.
Romantische Jugendstilvilla, modern
eingerichtete Zimmer, schöner Garten
mit Pool.

Schloss Auer Das nördlich gelegene Schloss Auer war einst stattliche Residenz der
Herren von Auer. Der heutige Besitzer, ein Mitglied der Familie Khuen-Belasi, hat das Gebäude renoviert. Nun gibt es dort zwei Ferienwohnungen im Retro-Stil. Im 16. Jh. wurde ein Mittelsaal mit Balkendecke und Freskenschmuck eingefügt. Das Schloss kann nur von
Hausgästen besichtigt werden.
Seminarstr. 38, Tel. 0473 92 30 57

****Spronser
Seen** Eine besondere Attraktion sind die zehn Spronser Seen, die größte
hochalpine Seengruppe Südtirols inmitten einer einmaligen Landschaft, die man allerdings nur auf einer langen Bergtour erreicht. Von
Dorf Tirol geht es über das Tiroler Kreuz hinauf ins Spronser Tal. Auf
dem Rückweg kann mit der Seilbahn zu den Muthöfen die Strecke
etwas verkürzen.

In wilder Bergkulisse eingebettet: die Spronser Seen

Oberhalb des mittelalterlichen **Schlosses Thurnstein**, heute Gasthaus mit 12 Zimmern und einer schönen Terrasse, steht, eine Viertelstunde von Dorf Tirol entfernt, das **romanische Kirchlein** St. Peter ob Gratsch, dessen Ursprünge in die karolingische Zeit reichen. Die spätromanischen Außenfresken an der Südwand zeigen Christus zwischen den Aposteln Petrus und Paulus. Gotische Fresken in der Apsis stellen Christus in der Mandorla, eingerahmt von den Evangelistensymbolen, dar, darunter die 12 Apostel unter Baldachinen (um 1400). Ein Meisterwerk ist ein Brustbild des hl. Paulus aus dem 11. Jh. am südlichen Querarm. Die biblischen Szenen in den Fensterlaibungen werden der Meraner Schule zugeschrieben.

St. Peter ob Gratsch: April – Okt. 9.00 – 18.00, Führung Di. 10.00 Uhr

**St. Peter ob Gratsch

Eisacktal

Italienisch: Valle d'Isarco

 A – E 8 – 10

Das Tal entlang der Eisack zwischen Brenner und Bozen ist die wichtigste Transitroute über die Alpen, die stark befahrene Autobahn ein notwendiges Übel, bis andere Verkehrskonzepte gefunden werden. Leider bleibt die Schönheit des Eisacktals dabei auf der Strecke.

Stille Dörfer, Unterwegs führen jedoch immer wieder Seitentäler in die Dolomi-
schöne Täler ten, in die Ötztaler, Stubaier und Zillertaler Alpen. Die Städte im
Eisacktal sind mit dem Handelsweg und dem Bergbau in der Region
gewachsen. Von Norden kommend, lohnt ▶Sterzing einen Abstecher.
Seine zauberhafte Altstadt mit mittelalterlichen Bürgerhäusern erinnert an die Vergangenheit als wohlhabende Bergbaustadt. Weiter
südlich liegt von Weinbergen umgeben ▶Brixen. Die ehemalige Bi-
schofsstadt war das kirchliche und kulturelle Zentrum Südtirols. Wo
Kloster Säben alle Blicke auf sich zieht, führt die Autobahnbrücke
über das kleine Städtchen ▶Klausen. Albrecht Dürer hat die Kulisse
in vielen Zeichnungen festgehalten.

Eppan

✦— E 8

Italienisch: Appiano
Höhe: 416 m ü. d. M.
Einwohner: 14 250

**Vierzig Burgen, Schlösser und Edelsitze zeigen, dass hier zu
allen Zeiten wohlhabende und einflussreiche Menschen lebten – kein Wunder bei dieser lieblichen und fruchtbaren Landschaft und dem milden Klima.**

Eppan Die Gemeinde liegt wenige Kilometer südlich von Bozen auf einer
gestern und hügeligen grünen Terrasse über dem Etschtal, die im Westen zum
heute Mendelkamm und Gantkofel ansteigt. Ihre Geschichte ist untrennbar
mit den mächtigen gleichnamigen Grafen verbunden, die im Mittelalter mit den Grafen von Tirol um die Vorherrschaft kämpften.
Hauptort ist St. Michel, zur Gemeinde gehören außerdem die Dörfer St.
Pauls, St. Michael, Missian, Girlan, Frangart, Gaid, Perdonig, Unterrain
und Montiggl. Das Klima ist günstig und das Schwemmland der Etsch
fruchtbar, sodass Obst und Wein hervorragend gedeihen. Eppan ist Mittelpunkt des **größten Weinbaugebiets** des Landes. Auch der Tourismus trägt zum Wohlstand bei. Ein Teil der Weinstraße führt durch die
Gemeinde. Das Gebiet zwischen Eppan und Kaltern wird auch **Überetsch** genannt, die hier teils verspielte Architektur **Überetscher Stil**.
In Eppan lebte der 1934 in Bozen geborene Jurist und Schriftsteller
Herbert Rosendorfer bis zu seinem Tod 2012.

SEHENSWERTES IN EPPAN UND UMGEBUNG

*St. Pauls Von Bozen her erreicht man als Erstes den etwas höher gelegenen
Ort St. Pauls (S. Paolo). Die stattliche gotische **Pfarrkirche**, auch

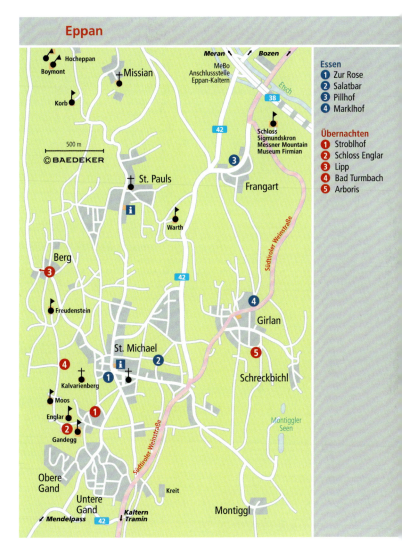

Eppan

Essen
1. Zur Rose
2. Salatbar
3. Pillhof
4. Marklhof

Übernachten
1. Stroblhof
2. Schloss Englar
3. Lipp
4. Bad Turmbach
5. Arboris

»Dom auf dem Land« genannt, entstand zwischen 1461 und 1552. Der 89 m hohe Kirchturm ist einer der höchsten in Südtirol und fast von ganz Überetsch zu sehen. Die imposante Fassade, 1541 nach Plänen des Augsburger Jakob Zwiesel erbaut, zeigt Einflüsse der süddeutschen Spätgotik, das Kreuzrippengewölbe (um 1550) dagegen

Eppan erleben

AUSKUNFT · VERKEHR

Tourismusverein Eppan
Rathausplatz 1, 39057 Eppan
Tel. 0471 66 22 06 Uhr
www.eppan.com
Linienbusse von/nach Bozen; zwei City-
buslinien verbinden die einzelnen Orte
der Gemeinde Eppan.

ESSEN

❶ *Zur Rose* ❸❸❸❸
St. Michael/Eppan
Josef-Innerhofer-Str. 2
Tel. 0471 66 22 49
www.zur-rose.com
Gastbetrieb seit 1585. Herbert und Mar-
got Hintner machten daraus das mit ei-
nem Michelin-Stern ausgezeichnete
Gourmetrestaurant.

❷ *Salatbar* ❸
St. Michael/Eppan, Krafußweg 21
Tel. 0471 66 23 49
tägl. außer Mo. 12.00 – 23.00 Uhr
www.christof.it.
Die Salatbar im Hotel Christof ist eine
gute Alternative zu Speckknödel und
Apfelstrudel.

❸ *Pillhof* ❸❸
Frangart/Eppan, Boznerstr. 8
Tel. 0471 63 31 00
Sa. abends und So. geschl.
www.pillhof.com
Der Ansitz Pillhof liegt etwas versteckt
am Kreisverkehr Richtung Südtiroler
Weinstraße. Mittelalterliche Gewölbe,
gute Südtiroler Küche. Reservierung not-
wendig.

❹ *Marklhof* ❸❸
Girlan/Eppan, Belvedere-Str. 14

Tel. 0471 66 24 07
So. abends und Mo. geschl.
Seit 1938 gehört das Juwel im Überetscher Stil den Chorherren von Neustift,
die hier Blauburgunder, Vernatsch und
Rosenmuskateller anbauen und Weißweine aus Neustift ausschenken. Das
Haus liegt mitten in Rebbergen. Vorzüg-
liche lokale und italienische Küche.
Besonders zu empfehlen: die selbst geräucherten Schinken und Würste sowie
die Pasta mit Wildschweinragout.

ÜBERNACHTEN

❶ *Stroblhof* ❸❸❸❸
St. Michael/Eppan, Pigenoer Weg 25
Tel. 0471 66 22 50
Ende März – Anf. Nov.
www.stroblhof.it
Ein 4-Sterne-Gasthof mit modern einge-
richteten Zimmern, Hallenbad, Sauna
und Gartenteich. Ein Schmankerl ist das
angeschlossene Weingut Stroblhof, das
mit Verkostungen seiner renommierten
Weine lockt. Schon seit dem 19. Jh. werden hier Weine produziert und unter der
Leitung von Andreas Nicolussi-Leck hat
der Blauburgunder schon zahlreiche
Auszeichnungen bekommen.

❷ *Schloss Englar garni* ❸❸
St. Michael/Eppan, Pigeno 42
Tel. 0471 66 26 28
www.schloss-englar.it
Hier erlebt man Tiroler Geschichte pur:
In den 11 Zimmern des gotischen
Schlosses fühlt man sich wie ein Adliger
im Mittelalter. Die Besitzerfamilie blickt
auf eine 1380 beginnende Familienge-
schichte zurück. Die heutige Gräfin Khuen-Belasi steht jedenfalls mit beiden Bei-
nen im Leben, macht das Frühstück für

ihre Gäste und kümmert sich um ihren schönen Garten.

❸ *Lipp* €–€€
St. Michael/Eppan, Perdonig 30
Tel. 0471 66 25 17
Ende März–Anfang Nov.
www.lipp.it
Ein hübscher Gasthof mit Zimmern und Appartements. Serviert wird solide Südtiroler Küche mit Käseknödel, Schlutzkrapfen und Kaiserschmarrn. Dazu gibt es einen großartigen Blick über das Etschtal bis zu den Dolomiten.

❹ *Bad Turmbach* €€
Berg/Eppan, Turmbachweg 4
Tel. 0471 662 339
März–Ende Dez. tägl. bis auf Do.
12.00–14.00, 18.30–21.00 Uhr
www.turmbach.com
Fangfrische Forellen und selbst gekelterte Weine gehören zum gastronomischen Aushängeschild des Gasthauses, das mitten in Weinbergen und Obstgärten liegt.

❺ *Arboris Appartement* €€
Girland/Eppan, Lammweg 18
Tel. 0471 66 10 18
www.arboris-appartement.com
In dem neu gebauten Haus gibt es vier schick in hellem Holz eingerichtete Ferienwohnungen. Es liegt in den Weinbergen mit einem wunderbaren Blick auf die Berge.

EINKAUFEN
Die Vinotheken der verschiedenen Kellereien präsentieren sich gerne in zeitgenössischer Architektur und legen viel Wert auf Design.

Genossenschaftskellerei St. Michael
Eppan, Umfahrungsstr. 17–19
Tel. 0471 66 44 66.
Mo.–Fr. 8.00–12.00, 15.00–18.30, Sa. 8.00–12.00, Mai–Okt auch Sa. 14.00–17.00 Uhr
www.stmichael.it
Eine höchst erfolgreiche Genossenschaftskellerei, die unter der Leitung von Hans Terzer seit Jahren zahllose Auszeichnungen für die Premiumlinie St. Valentin erhält.

Kellerei Schreckbichl
Girlan/Eppan, Weinstr. 8
Tel. 0471 66 42 46
Mo.–Fr. 8.00–12.00, 14.30–18.30, Sa. 9.00–12.30 Uhr
www.colterenzio.it
Sehr renommiert sind der Sauvignon Lafoà und der Merlot Siebeneich.

oberitalienische Vorbilder. Beachtenswert sind das Chorgestühl (um 1600), die Totenschilde der Familien Firmian und Khuen sowie Holzplastiken des 15. und 16. Jahrhunderts.

Von St. Pauls führt eine Nebenstraße nach Missian (Missiano), Ausgangspunkt für den **»3-Burgen-Weg«**. Erste Station ist Schloss Korb aus dem frühen 13. Jh., heute ein komfortables Hotel. Weiter geht es zur Ruine von Schloss Boymont (1230) hinauf. Es brannte 1426 ab und verfiel. Während der Saison ist die Burgschenke geöffnet. **Missian**
Burgschenke: Hocheppanerweg 5, Missian/Eppan, Tel. 0335 6 02 94 90, Anfang April–Mitte Nov. 11.00–18.00 Uhr

✦✦ Hocheppan

Hocheppan (633 m ü.d.M.) ist ab Missian auf einem promenadeartigen Fußweg erreichbar. Die Anfänge der Burg gehen auf das 12. Jh. zurück. Sie war einst Stammsitz der Grafen von Eppan, einer Seitenlinie der Welfen. Im 13. und 16. Jh. erfolgten Um- und Ausbauten der Wehranlage. Berühmteste Sehenswürdigkeit ist die Burgkapelle.

❶ Kunsthistorische Führungen durch die Burgkapelle tägl. 10.30 – 17.00 Uhr; www.hocheppan.com

❶ Kreidenturm

Talwärts steht der sogenannte Kreidenturm aus dem 12. Jh.; »Kreiden« bedeutete so viel wie »Rufen« oder »Schreien«, was auf seine einstige Bedeutung als Wachturm hinweist.

❷ Zugbrücke

Von der ehemaligen Zugbrücke sind nur noch die sogenannten Auflager erhalten.

❸ Rondell

Das vorgelagerte, offene Rondell ist eine Erweiterung aus dem 16. Jahrhundert.

Ein dreistündiger Rundwanderweg verbindet Schloss Korb, Hocheppan und die Burgruine Boymont.

❹ Vorburg

Zur gleichen Zeit wie das Rondell wurde auch die Vorburg mit Torzwinger und Batterietürmen als zusätzlicher Schutz angebaut.

❺ Bergfried

Der 30 m hohe Bergfried hat einen fünfeckigen Grundriss. Bei einer Belagerung sollten dadurch die Geschosse besser abprallen. Angeblich konnte man von hier aus 36 andere Burgen sehen.

❻ Burgkapelle

Die Entstehungszeit der Burgkapelle ist ungesichert und schwankt zwischen 1130 und 1300. Der einschiffige Raum hat drei Apsiden, was für seine Größe sehr ungewöhnlich ist. 1926 wurden hier die berühmten Fresken freigelegt.

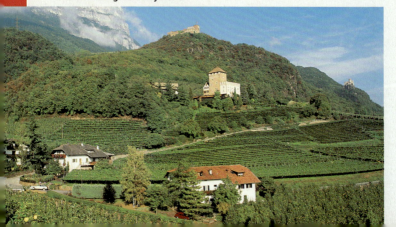

Der hervorragende Freskenzyklus in der Burgkapelle aus der Zeit um 1180 schildert in zwei übereinander angeordneten Bilderfriesen Leben und Passion Christi. Berühmt ist die Darstellung einer Knödel essenden Frau.

Die Burgschänke hat Südtiroler Spezialitäten und eine herrliche Aussicht auf das Überetsch im Angebot.

**Hocheppan
▶Baedeker
Wissen S. 172

Hocheppan, die dritte Burg, erreicht man nach etwa 30 Minuten auf einem schönen Fußweg. Noch heute beeindruckt die halb verfallene Anlage mit ihrer Größe und Lage. Der innere Burghof wird von einem fünfeckigen Bergfried, dem Palas und der etwas abseits stehenden Kapelle eingerahmt. Im 13. Jh. wurde der Palas erweitert, im 16. Jh. Batterietürme und Torzwinger eingebaut.

In der **Burgkapelle** sind romanische, byzantinisch beeinflusste **** Wandmalereien** zu sehen (um 1200). Die mittlere Apside zeigt Maria mit dem Kind, darunter die klugen und die törichten Jungfrauen. In der linken Apsis sieht man in der Wölbung das Lamm, darunter Johannes den Täufer mit den Evangelisten. In der rechten Apsis übergibt Christus die Schlüssel an Petrus und eine Schriftrolle an Paulus, darüber steht Christus als Weltenrichter zwischen den zwölf Aposteln. Auch die beiden Langhauswände sind vollständig bemalt. Am bekanntesten ist vielleicht das Bild der **»Knödelesserin«** im Stall von Bethlehem, die erste Dokumentation eines Tiroler Knödels!

❶ Hocheppanerweg 16, St. Pauls/Eppan, Mitte März – Anfang Nov. tägl. außer Mi. 10.00 – 18.00, Führungen durch die Burgkapelle 10.30 – 17.00 Uhr, www.hocheppan.com

Girlan

Girlan (Cornaiano), der östlichste und sonnigste Ort im Überetsch, ist für seine Weine u. a. der Genossenschaftskellereien Girlan und Schreckbichl und der privaten Kellerei Niedrist bekannt. Eine Attraktion ist der **Martinimarkt** am 11. November mit über 160 Marktständen. Zum Markttag wird der Martiniwein, ein fruchtiger Weißburgunder, abgefüllt und ausgeschenkt.

St. Michael

St. Michael (San Michele) ist der Hauptort der Gemeinde Eppan. Der historische Ortskern mit gepflasterten Gassen und hübschen Läden lädt zum Flanieren ein. Stattliche Bürgerhäuser und Ansitze aus der Renaissance besitzen Erker, Laubengänge und Innenhöfe im Überetscher Stil. Zu den schönsten Beispielen gehören das Wohlgemuth-Haus mit einer Loggia zwischen zwei Wohntrakten und der Ansitz Thalegg mit Erkern, Freitreppe und Innenhof. Ein Spazierweg führt den Kalvarienberg hinauf zur **Gleifkapelle** (1717); dank des milden Klimas wachsen hier außer Wein auch Zedern, Zypressen und Pinien.

Schloss Moos-
Schulthaus

Schloss Moos-Schulthaus außerhalb von St. Michael (13. Jh.) ist ein Paradebeispiel für den Überetscher Stil und heute Museum für mittelalterliche Wohnkultur mit Bildern von Tiroler Künstlern (20. Jh.).

❶ Eppan/Berg, Tel. 0471 66 22 06, nur mit Führung zu besichtigen: Ostern – Okt. Di. – Sa. 10.00, 11.00, 16.00 und 17.00 Uhr

Eppaner
Höhenweg

Beim Gasthof Steinegger, westlich von St. Michael, beginnt der Eppaner Höhenweg, der sich auf einer Höhe von 1000 Metern ohne allzu große Steigungen am Mendelkamm entlangzieht. Im Süden geht er in den Kalterer Höhenweg über. Vom Eppaner Höhenweg zweigt beim Gasthof Buchwald eine Bergroute (ca. 5 Std. für Auf- und Abstieg, 600 Höhenmeter) zum 1868 m hohen **Gantkofel** ab.

Von St. Michael führt eine Nebenstraße durch den Montiggler Wald in das gleichnamige Dorf. Der Große und der Kleine Montiggler See, von Kastanienbäumen und Föhren eingefasst, sind idyllische Ausflugsziele. Am Westufer des Großen Montiggler Sees steht das Seeschlössl von 1888. Die Seen sind sehr sauber und locken mit angenehmen Wassertemperaturen. ***Montiggler Seen**

Die Eppaner Eislöcher sind eine geologische Besonderheit. Am Fuß des Gandbergs, im Südwesten Eppans, liegen in einer 200 m langen und bis zu 50 m breiten Senke zahlreiche große Felstrümmer. Aus ihren Spalten weht eiskalte Luft aus einem im Berg verzweigten Röhrensystem, wo es selbst im Hochsommer zu Eisbildungen kommt. In diesem Mikroklima hat sich eine hochalpine Vegetation entwickelt. Hier blühen die Alpenrosen erst, wenn ringsum die Kirschen geerntet werden. Die Eislöcher sind auf einem gut markierten Wanderweg vom Hotel Stroblhof in einer halben Stunde zu erreichen und garantieren Spaß für die ganze Familie. ***Eislöcher**

Feldthurns

C – D 10

Italienisch: Velturno
Höhe: 851 m ü. d. M.
Einwohner: 2750

Der ruhige Erholungsort liegt zwischen Klausen und Brixen auf einer Bergterrasse oberhalb des Eisacktals, inmitten von Edelkastanienhainen. Im Herbst leuchten sie in den schönsten Farben und sind ein Markenzeichen dieser Region.

SEHENSWÜRDIGKEITEN IN FELDTHURNS

Reste eines Kultplatzes aus der Kupferzeit (3000 v. Chr.) und die Grundrisse eines römischen Hauses in Feldthurns sind Zeugnisse dafür, dass hier schon vor über 5000 Jahren Menschen lebten. **Archeoparc Tanzgasse**
❶ Simon-Rieder-Platz 2, Sommer 7.00 – 22.00, Winter bis 20.00 Uhr, Eintritt 3 €; Führung: Juni – Sept. Di. und 1. Sa. im Monat 17.00, Okt – Mai 16.00 Uhr nach Voranmeldung, www.feldthurns.info

Feldthurns erleben

*Schloss Velthurns Am Dorfeingang steht das außen eher schlichte Schloss Velthurns. Es geht auf den schon Anfang des 12. Jh.s belegten Sitz der Herren von Velthurns zurück. Da das milde Klima den Bischöfen von Brixen gefiel, baute Architekt Mattias Parlati im Auftrag des Kardinals Christoph von Madruz die Anlage zu einer Sommerresidenz um (1577 – 1587). Wände, Portale und Decken mit Intarsienarbeiten spiegeln die hohe Kunst der einheimischen Schreiner wider; die Wandmalereien in Tempera schufen italienische Künstler. Ganz im Geschmack jener Zeit sind die Kardinaltugenden, das Laster, die vier Jahreszeiten, die vier Erdteile und die fünf Sinne allegorisch dargestellt. Das ehemalige Gesindehaus beherbergt ein kleines Heimatmuseum.

❶ Nur mit Führung zu besichtigen: März – Nov. Di. – So. 10.00, 11.00, 14.30, 15.30, im Juli, Aug. auch 16.30 Uhr, Tel. 0472 85 55 25
Heimatmuseum: Ostern – 1. Nov. Di. – So. 11.30 – 12.30, 16.00 – 17.00 Uhr

St. Valentin Einen Katzensprung entfernt ist die gotische Kirche St. Valentin in Verdings. Ihr Innenraum ist mit Fresken aus dem 15. Jh. verziert, darunter die Marienkrönung, die zwölf Apostel, die Opfer Kains und Abels, gemalt in der Manier von Hans von Bruneck.

*Keschtnweg Feldthurns liegt am Eisacktaler Keschtnweg (▶ Brixen), ein 5 km langer, besonders schöner Abschnitt des Wegs führt von hier zum Kloster Säben. Der mit einer Kastanie gekennzeichnete Weg führt vorbei an alten Bauernhöfen, Ansitzen, Wegkreuzen, Kirchlein und natürlich Kastanienbäumen. Geröstet sind die Edelkastanien nach herbstlichen Wanderungen ein beliebter Begleiter zu neuem Wein und dürfen bei keinem »Törggelen« (▶ S. 207) fehlen.

✳ Gadertal · Abteital

✦ **C/D 12**

Italienisch: Val Badia
Ladinisch: Badia
Einwohner: 6000

Das Tal der Gader zieht sich von St. Lorenzen im Pustertal etwa 30 km weit in Richtung Süden bis zum Campolongo-Pass. Es ist eines der touristisch am besten erschlossenen Täler Südtirols und bei Wintersportlern, Wanderern und neuerdings auch bei Liebhabern der feinen Küche sehr beliebt.

Das Gadertal, eigentlich ein Talsystem mit mehreren Nebentälern, wird auch Abteital genannt, da es im Mittelalter zum Kloster Sonnenburg gehörte. Im unteren Teil ist es sehr eng und von steilen, waldreichen Bergflanken gesäumt. Kurz vor La Villa weitet es sich und gibt herrliche Ausblicke auf die **Dolomiten** frei. Am Talschluss bei Corvara gelangt man über das Grödner- und das Sella-Joch in die ladinischen Täler von Gröden und Fassa, über den Campolongo-Pass nach Arabba im Buchensteintal und im Osten über den Falzarego-Pass nach Cortina d'Ampezzo. Die Dörfer sind in die Gemeinden La Val, Badia und Corvara geordnet. Neben dem Grödner Tal ist es das zweite Tal, in dem **Sprache und Kultur der Ladiner** erhalten blieben. Die Sprachgrenze verläuft kurz vor La Villa beim Gasthof Palfrad, ab hier wird ladinisch gesprochen (▶Baedeker Wissen S. 178).

Bei Zwischenwasser (Longega) teilt sich das Gadertal. Richtung Südosten zweigt das Enneberger Tal (Val di Marebbe) ab. Hauptort ist St. Vigil (Al Plan de Mareo, San Vigilio). Das zauberhafte Bergdorf (1195 m) war schon vor über 100 Jahren eine gern besuchte Sommerfrische; einen richtigen Boom erlebte es nach dem Anschluss an die nahe gelegene Skiregion **Kronplatz** (▶Bruneck). Trotz vieler Hotels hat es eine gemütliche Atmosphäre bewahrt. Die **Pfarrkirche** mit ihren Giebeln und bemalten Fassaden entstand 1782 im Rokokostil nach Plänen von Giuseppe Costa. Die Stukkaturen schuf Franz Singer, die Malereien Matthäus Günther und Karl Henrici. Das **Naturparkhaus** des Naturparks **Fanes-Sennes-Prags** informiert über die Dolomi-

St. Vigil in Enneberg

! **BAEDEKER TIPP**

Ausgangsbasis und Wanderziel

Die Faneshütte ist ein beliebtes Ausflugsziel im Sommer und Stützpunkt für Skitouren auf die umliegenden Berge im Winter. Hüttenwirt Max Mutschlechner organisiert auch den Transport zur Hütte mit Jeep oder Pistenraupe (Tel. 0474 50 10 97). Anfahrt ab St. Vigil in Enneberg bis zum Talschluss von Pederü (Parkplatz). Die für den Verkehr gesperrte, ca. 7 km lange Schotterstraße kann man zu Fuß in gut 1,5 Stunden zurücklegen.

Südtiroler Sprachmix

*In den beiden Provinzen Südtirol/Alto Adige und Trentino/
Trient überschneiden sich die deutsch-österreichische, die
italienische und die ladinische Kultur. Die Menschen der
Provinz Trentino sprechen überwiegend Italienisch, die
der Provinz Südtirol Deutsch und die der Dolomitentäler um die Sella Ladinisch.*

▶ Sprachgruppen

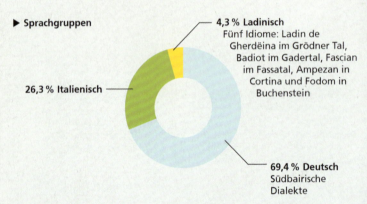

4,3 % Ladinisch
Fünf Idiome: Ladin de
Gherdëina im Grödner Tal,
Badiot im Gadertal, Fascian
im Fassatal, Ampezan in
Cortina und Fodom in
Buchenstein

26,3 % Italienisch

69,4 % Deutsch
Südbairische
Dialekte

▶ **Ladinisch**
Ladinisch entstand in den fünf Jahrhunderten römischer Herrschaft
aus dem Vulgär(Volks-)latein der römischen Beamten und Soldaten
und der Sprache der einheimischen Räter. Heute leben die Ladiner/
Rätoromanen in der Schweiz (Graubünden) und in Italien (Südtirol,
Trentino und Belluno) in einst unzugänglichen Tälern, wo sie ihre
Kultur und Sprache bis heute bewahren. Das Kulturinstitut Micurà
de Rü in St. Martin in Thurn im Gadertal fördert die Erhaltung der
ladinischen Sprache und Kultur.

Ladin P
»Gan

▶ **Mehrsprachigkeit in anderen Ländern**

Schweiz

6,5 %
Italienisch

8,9 %
Andere

20,4 %
Französisch

63,7 %
Deutsch

Belgien

40 %
Französisch

<1 %
Deutsch

60 %
Niederländisch

Finnland

5,5 %
Schwedisch

3,3 %
Andere

91,2 %
Finnisc

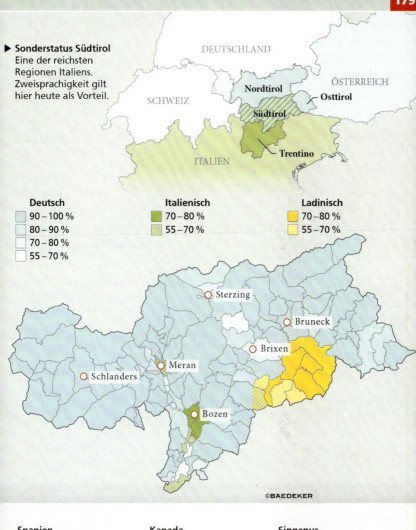

▶ **Sonderstatus Südtirol**
Eine der reichsten
Regionen Italiens.
Zweisprachigkeit gilt
hier heute als Vorteil.

DEUTSCHLAND

ÖSTERREICH

SCHWEIZ

Nordtirol

Osttirol

Südtirol

Trentino

ITALIEN

Deutsch
- 90–100 %
- 80–90 %
- 70–80 %
- 55–70 %

Italienisch
- 70–80 %
- 55–70 %

Ladinisch
- 70–80 %
- 55–70 %

Sterzing

Bruneck

Brixen

Meran

Schlanders

Bozen

©BAEDEKER

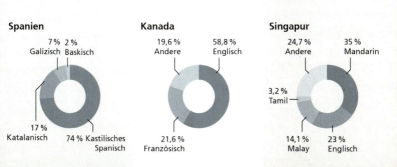

Spanien

7 %
Galizisch

2 %
Baskisch

17 %
Katalanisch

74 % Kastilisches
Spanisch

Kanada

19,6 %
Andere

58,8 %
Englisch

21,6 %
Französisch

Singapur

24,7 %
Andere

35 %
Mandarin

3,2 %
Tamil

14,1 %
Malay

23 %
Englisch

Wanderer im Naturpark Fanes-Sennes-Prags

ten, das Almwesen, über Fossilien und Höhlenbären: 1987 wurden in der 2800 m hoch gelegenen Conturines-Höhle die Überreste von 30 Höhlenbären gefunden. Eines dieser Skelette ist ausgestellt. Für Kinder gibt es ein Terrarium und eine Spielecke. Ein Abstecher führt von St. Vigil zum hübschen Dorf Enneberg Pfarre (La Pli, Pieve di Marebbe). Seine Wallfahrtskirche besitzt innen und außen prächtige Fresken, eine früher sehr verehrte Madonnenfigur (um 1430) und Votivbilder mit Pilgerprozessionen.

Naturparkhaus: Katharina-Lanz-Str. 96, Tel. 0474 50 61 20, Weihnachten bis Ende März, Anfang Mai bis Ende Okt. Di. – Sa. 9.30 – 12.30, 16.00 bis 18.00 Uhr, Juli, Aug. auch So.; Eintritt frei

*Naturpark Fanes-Sennes-Prags Von St. Vigil führt die Straße durch das vor allem von Ladinern bewohnte Rautal (Val dai Tamersc, Valle di Tamores) in den Naturpark Fanes-Sennes-Prags. Über das Fanes-Joch erreicht man die *Fanes-Alpe, eine von hohen Gipfeln gesäumte Hochfläche. Auf dem Gebiet des größten Naturparks Südtirols (rund 250 km²) liegen u. a. die Pragser Dolomiten, die Kreuzkofel-Gruppe, Dürrenstein, Plätzwiese und die Hochebenen von Fanes, Fosses und Sennes. Der weiße Dolomitkalk ist verkarstet, Wind und Wasser haben scharfkantige Furchen und Rippen ausgewaschen, in denen sich karge Vegetation festkrallt. Dazwischen liegen türkisfarbene Bergseen wie der Grünsee. Im Hochsommer ist die Fanes ein einziges Blütenmeer.

St. Martin in Thurn Auf der Hauptstraße durch das Gadertal folgt St. Martin in Thurn (San Martino in Badia). Oberhalb erhebt sich das 1290 erstmals erwähnte, von den Brixner Fürstbischöfen erweiterte **Schloss Thurn**.

Es ist Sitz des »Museums Ladin Ciastel de Thor«, das unterhaltsam über die ladinische Kultur, Sprache und Geschichte informiert. Das **Istitut Ladin »Micurà de Rü«** kümmert sich um die Bewahrung und Förderung der Sprache und Kultur der Ladiner.

Ladinisches Landesmuseum Schloss Thurn: Torstr. 72, Ostern – Okt. Di. – Sa. 10.00 – 18.00, So.14.00 – 18.00, Juli, Aug. auch Mo 10.00 – 18.00 Uhr, Eintritt 8 €, www.museumladin.it

Istitut Ladin: Stufles-Str. 20, Tel. 0474 52 40 22, www.micura.it

Westlich von St. Martin liegt am Ostabhang des 2874 m hohen Peit- **Untermoi** lerkofels (▶Klausen) das hübsche Bergdorf Untermoi (Antermoia). Von hier geht es auf der Brixner Dolomitenstraße zum 2006 m hohen Würzjoch (im Winter gesperrt). Die Passhöhe ist Ausgangspunkt für eine 1,5-stündige Wanderung zur Peitlerscharte auf 2361 m. Wer trittsicher und schwindelfrei ist, kann in weiteren 1,5 Stunden auf den Peitlerkofel (2874 m) steigen. Die sanften Kuppen im Nordwesten bieten sich für leichtere Wanderungen an.

Kurz vor Untermoi steht an der Straße das **Bad Valdander**, eines der wenigen erhaltenen Bauernbadl. Es besteht aus einem Gasthaus, einem alten (seit 1820) und einem neuen Badehaus. Eine kalkhaltige Quelle verspricht die Linderung von Rheuma, Gicht und anderen Krankheiten (▶S. 183).

Etwas südöstlich von St. Martin erreicht man das 1353 m hoch gele- **Wengen** gene Dorf Wengen (La Val, La Valle). Aufgrund seiner abgeschiedenen Lage sind schöne Beispiele für die rätoromanische Siedlungs- und Bauform erhalten. Die ***Viles**, ladinische Weiler, bestehen aus mehreren, dicht beieinander gebauten sogenannten Paarhöfen (d. h. ein Wohn- und ein Wirtschaftshaus). Das Zusammengehörigkeitsgefühl vermitteln auch die Innenhöfe mit häufig gemeinsam genutzten Backofen und Brunnen. Die Untergeschosse der Häuser sind aus Stein, darauf steht ein auskragender Holzbau. Mauern, Gesimse und Balkone sind mit Schnitzereien, Ornamenten und Fresken geschmückt. Zu den Viles gehörte oft auch eine Mühle zum Getreidemahlen, zum Wollestampfen für die Lodenherstellung oder – in jüngeren Zeiten – zum Antrieb kleiner E-Werke für die Materialseilbahn; besonders sehenswert sind Cians, Ciampei und Runch.

? BAEDEKER WISSEN

Micurà de Rü

Der ladinische Sprachwissenschaftler Micurà de Rü, Nikolaus Bacher, kam am 4. Dezember 1789 in Rü bei St. Kassian (Gadertal) zur Welt. 1814 wurde er in Salzburg zum Priester geweiht. Sein Interesse galt besonders seiner Muttersprache und seiner Kultur. Mit dem Titel »Versuch einer deutsch-ladinischen Sprachlehre – Erstmalige Planung einer gesamtdolomitenladinischen Schriftsprache« vermittelte er als Erster eine Grundlage der ladinischen Grammatik. Nach ihm ist das ladinische Kulturinstitut benannt.

Gadertal erleben

AUSKUNFT

Tourismusverein Corvara-Kolfuschg
Col-Alt-Str. 36, 39033 Corvara
Tel. 0471 83 61 76
www.altabadia.org

Tourismusverein La Villa
Colz-Str. 75, 39030 La Villa
Tel. 0471 84 70 37
www.altabadia.org

Tourismusverein St. Martin in Thurn
Tor 18/C, 39030 St. Martin in Thurn
Tel. 0474 52 31 75
www.sanmartin.it

Tourismusverein St. Vigil in Enneberg
Catarina-Lanz-Str. 14
39030 St. Vigil in Enneberg
Tel. 0474 50 10 37
www.sanvigilio.com

Tourismusverein Wengen
Dorf 215, 39030 Wengen
Tel. 0474 84 30 72
www.altabadia.org

ESSEN

Restaurant St. Hubertus ❸❸❸❸
Hotel Rosa Alpina
San Cassiano Dolomites, Strada Micura de Rue 20
Tel. 0471 84 95 00
Nur abends geöffnet; Di. und April bis Mitte Juni geschl.
www.rosalpina.it
Der Ahrntaler Norbert Niederkofler ist der strahlende Stern am Südtiroler Kochhimmel (2-Michelin-Sterne). Tipp: das Millefeuille vom Hirsch mit Polenta, Zander mit Schwarzwurzeln und Kren-Gnocchi und als Dessert eine Komposition aus grünen Äpfeln.

Restaurant La Gana ❸❸-❸❸❸
im Hotel Cristallo
La Villa, Verda Str. 3
Tel. 0471 84 77 62
nur abends, Mo. geschl.
www.restaurantlagana.com
Eine Leidenschaft des Bruneckers Ivo Rungger sind mit Aromen und Kräutern verfeinerte Wildgerichte.

Club Moritzino ❸❸-❸❸❸
Piz La Ila
Tel. 0474 84 74 03
www.moritzino.it
8.30 – 17.00, Restaurant 12.00 – 15.00 und drei Abende 20.00 – 1.00 Uhr; Ostern – Ende Juni geschl.
Seit 40 Jahren gibt es den Club Moritzino auf dem Piz La Ila Höhe. Die rustikale Hütte auf 2100 m ist beim Szenepublikum beliebt, gut in den Skizirkus der Sella Ronda eingebunden und mit der Seilbahn erreichbar. Gute Fischgerichte, interessante Weinkarte; abends werden die Gäste mit der Schneekatze ins Tal transportiert.

Restaurant Enoteca Tabarel ❸❸
St. Vigil in Enneberg, C.-Lanz-Str. 28
Tel. 0474 50 12 10
9.00 – 24.00 Uhr; warme Küche 12.00 – 14.30 Uhr
Mutter Patricia steht in der Küche, die Töchter Federica, Raffaella und Caroline leiten den Service und Vater Max ist der Sommelier. Mit Vorliebe werden ladinische Gerichte serviert.

Maso Runch ⊜⊜

Pedratsches, Runch 11

Tel. 0471 83 87 96

Abendessen nur auf Bestellung, das ganze Jahr geöffnet

Die ladinische Küche des Bergbauernhofs oberhalb von Pedratsches ist legendär. In der holzgetäfelten Stube gibt es u. a. Schlutzkrapfen oder Schweinshaxen.

La Sieia ⊜-⊜⊜

St. Kassian, Berto-Str. 61

Tel. 0471 84 95 17, www.lasieia.com

Bar: 8.00 – 1.00; DJ-Musik

16.00 – 18.30, 23.00 – 1.00, Restaurant 12.00 – 14.00, 19.00 – 22.30 Uhr

Schickes Restaurant in einem ehemaligen Sägewerk (Sieia = Sägewerk) und Loungebar.

ÜBERNACHTEN

Hotel Lagacio Mountain Residence ⊜⊜⊜⊜

St. Kassian, Micurá de Rü Str. 48

Tel.0471 84 95 03, www.lagacio.com

24 schicke Appartements; für die Einrichtung wurden heimische Hölzer, Stein, Leinen und Loden verwendet.

Las Vegas Lodge ⊜⊜⊜⊜

St. Kassian, Piz Sorega 15

Tel. 0471 84 01 38

www.lasvegasonline.it

Die »Skihütte« liegt auf einer Flanke des Piz Sorega in 2000 m Höhe. Das Restaurant im Stil einer modernen Hütte ist auf einfache ladinische Küche spezialisiert.

Hotel Pider ⊜⊜

Wengen, San-Senese-Str. 20

Tel. 0471 84 31 29, www.pider.info

Schickes, ruhig gelegenes Hotel mit modernen Zimmern und Sauna. Im Sommer Treffpunkt vieler Mountainbiker.

Hotel Melodia del Bosco ⊜⊜

Pedratsches, Runcac-Str. 8

Tel. 0471 83 96 20

www.melodiadelbosco.it

Sympathisches Hotel im ruhigen Pedratsches. Vor der Tür beginnen herrliche Radwege, im Winter reizt die schöne Kulisse der Heiligkreuzabfahrt. Treffpunkt von Mountainbike- und Radrennfahrer.

Gasthof Al Bagn Valdander ⊜

Untermoi

Tel. 0474 52 00 05

www.valdander.com

Der Name Valdander kommt von Val d'Anter, Höhlental. Angeblich wohnten die Patienten der Wasserkuren früher in Höhlen. Die Bäder dauern 30 Minuten und der Aufenthalt hier ist ein Ausflug in die Zeiten der Sommerfrische.

EINKAUFEN

Der **Bergbauernhof Lüch da Pecei** mit 60 Milchkühen verkauft seine Produkte vor Ort (St. Kassian, Peceistr. 17, www. badialat.it). Tipp: der Dolomitenkäse. Seit 1897 werden bei **Nagler** Stoffe gewebt und daraus Tischtücher, Handtücher und zauberhafte Gardinen hergestellt (Wengen, Handwerkerzone 13, www.tessituranagler.com).

SPORT

Auf einer Hochebene zwischen Corvara, La Villa und St. Kassian gibt es **FITNESS Movimënt,** ein Fitnessparcours für Nordic Walking, Jogging und Gerätetraining. Eine kleine Kneippkur durch kristallklares Gebirgswasser ist ein idealer Abschluss. Zu erreichen mit der Kabinenbahn oder über die Forststraßen (www. altabadia.org).

St. Vigil in Enneberg ist an das **Skirevier** Kronplatz (▶Bruneck) angeschlossen; es gehört wie die anderen Pisten, die von Corvara/Kolfuschg und Badia erreicht werden können, zum Skigebiet Dolomiti Superski (www.dolomitisuperski.com). Die **Sella Ronda** (▸Gadertal) umfasst 40 km Pisten, verbindet vier Dolomiten-Täler und bietet Ein- oder Ausstiegsmöglichkeiten an vielen Stationen. Die Pisten sind auch für durchschnittliche Skifahrer gut zu bewältigen. Ein Schmankerl für alle, die die Sella Ronda schon kennen, ist die Skirundtour des »1. Weltkriegs 1914 – 1918« entlang der Trasse der Dolomitenfront. Im Mittelpunkt steht der **Col di Lana**, der Blutberg, wo erbitterte Kämpfe zwischen Alpini und Kaiserjägern stattgefunden haben (▸Baedeker Wissen S. 160). Auch der Lagazuoi ist in die Geschichte dieses Krieges eingegangen: Ein guter Teil des Berges wurde weggesprengt. Ein Abstecher zur Marmolata, dem höchsten Berg der Dolomiten, ist ebenfalls möglich.

Der schlanke gotische Turm oberhalb von Wengen ist der Rest einer in den 1930er-Jahren abgerissenen Kirche. Das Kreuzigungsfresko an der Nordwand der benachbarten **Barbara-Kapelle** stammt wohl von einem Künstler der Pacher-Schule vom Ende des 15. Jahrhunderts.

Campill Bei St. Martin in Thurn zweigt südwestlich das Campill-(Longiarü-) Tal ab. An dessen Ende liegt der kleine Ort Campill. Zwischen den beiden sehenswerten Weilern Seres und Misci verläuft der **Mühlenweg**, an dem etliche restaurierte Wassermühlen liegen (Rundweg ca. 2 Std.; Anfahrt: zu Fuß über den Wanderweg 4 vom Parkplatz oberhalb der Kirche von Campill; mit dem Auto zum Parkplatz bei Seres, direkt bei der Mühle). Das Museum Ladin in St. Martin in Thurn organisiert jeden Mittwoch Führungen ins Mühlental (www.museum ladin.it).

*Alta Badia Das obere breite Gadertal, auf Ladinisch Alta Badia, auf Deutsch **Hochabteital**, ist ein sehr gut erschlossenes Feriengebiet. Im Winter ist es mit verschiedenen Lift- und Gondelanlagen an die Sella Ronda (▸Gadertal) angebunden, über die vier verschiedene Dolomitentäler verbunden sind. Im Sommer gibt es hier unzählige Wanderrouten, Klettersteige und Gipfeltouren.

Badia Im Osten des Dorfs Badia (Abtei) führt ein Sessellift zum **Heiligkreuz** (Santa Croce, 2045 m) hinauf. Auf einem Stationenweg erreicht man die Wallfahrtskapelle Heiligkreuz aus dem 15. Jh. und ein ehemaliges Pilgerhospiz, das 1718 um eine Gaststätte erweitert wurde. Heute genießt man hier in holzgetäfelten Stuben eine herzhafte Tiroler Küche; bei schönem Wetter sitzt man draußen mit Blick auf den mächtigen 2908 m hohen Heiligkreuzkofel (Monte Cavallo). Im Winter bieten bestens präparierte Pisten genussreiche Abfahrten. Hier geht es ruhiger zu als im Skirevier Sella Ronda. Im etwas oberhalb von Badia gelegenen **St. Leonhard** (San Linert, San Leonardo, 1371 m) steht zwischen verstreuten Höfen die gleichnamige Dorfkirche. Hier waren dieselben Künstler am Werk wie in St. Vigil in Enneberg: Franz Singer, Mattäus Günther und Karl Henrici. Am Erntedanksonntag findet ein großer Umzug zu Ehren des hl. Leonhard, Schutzpatron des Viehs, statt. In Oies steht das Geburtshaus von Pater **Josef Freinademetz** (►Berühmte Persönlichkeiten).

Stern (La Villa, La Ila), in der Mitte des Gadertals, ist ein moderner Ferienort mit vielen Hotels und sehr guten Restaurants. Blickfang ist das Schloss Ciastel Colz (Mitte des 16. Jh.s), das wie eine Trutzburg auf 1483 m Höhe liegt. Der Ansitz ist aktuell leider geschlossen. Eine Gondel fährt auf den 2077 m hohen Bergrücken des Piz la Ila mit Almen und Wäldern, wo sich ein schöner Blick in die Dolomiten bietet. Sportlicher Höhepunkt ist der alljährliche Slalom- und Riesenslalom-Ski-Weltcup auf der **Gran-Risa-Piste**.   **Stern**

In Stern gabelt sich das Gadertal. Der linke Arm führt südöstlich ins Kassian-Tal. Über den gleichnamigen Hauptort geht es weiter über Armentarola, den Valparola- und Falzarego-Pass hinunter nach ►Cortina d'Ampezzo, eine besonders eindrucksvolle Route durch die Dolomiten.   **Kassian-Tal**

St. Kassian (San Ciascian, San Cassiano), ein bei Skifahrern und Feinschmeckern beliebter Ort, ist über eine Gondel auf den 2003 m hohen Piz Surega an die Sella Ronda (►Gadertal) angebunden. In einem der ältesten Häuser am Dorfplatz zeigt das **»Pic' Museo Ladin«** neben volkskundlichen Exponaten schöne Fossilien aus der Region und das Skelett eines Höhlenbären aus der Conturines-Höhle. Der Pflanzenfresser »Ursus spelaeus« lebte zwischen 60 000 und 30 000 v. Chr. in dieser Gegend.
❶ Di.–Fr. 16.00–19.00, So. 16.30 bis 19.30 Uhr, Tel. 0471 84 95 05

BAEDEKER TIPP ❗

Musikalische Wasserhexen

Die drei »Wasserhexen« aus La Val singen über moderne Themen, aber in ihrer alten Sprache Ladinisch. Die jungen Sängerinnen schreiben ihre Lieder selber, die Musik wird von Jazz, Klassik und Popmusik beeinflusst (QR-Code ►S. 178). Benannt haben sie sich nach Wasserhexen aus der Mythologie ihrer Heimat, **Ganes** auf Ladinisch. Ihr Markenzeichen ist der dreistimmige glasklare Gesang, der in La Val gepflegt wird.

Von Stern Richtung Südwesten gelangt man nach Corvara und Kolfuschg, das touristische Zentrum des Gadertals. In Corvara (1580 m) wurde 1946 der **erste Skilift Italiens** in Betrieb genommen. Im Nordwesten dominiert der mächtige Sassongher (2665 m) das Ortsbild, im Südwesten der imposante Sellastock. Mit einem Netz von Liften und Seilbahnen geht es winters wie sommers in alle Richtungen in die Bergwelt. An der neuen Kirche (1959) vorbei und ein Stück bergauf erreicht man die **St.-Katharina-Kapelle**. Hier steht der   **Corvara** einzige Flügelaltar des Gadertals, ein spätgotisches Werk von Ruprecht Potsch und Michael Parth (um 1530). Die Flügelaußenseiten zeigen die Enthauptung der hl. Katharina. Der unbekannte Künstler wird der »Donauschule« zugerechnet.

Von hier führen zwei Panoramastraßen über das Grödner Joch und den Passo di Campolongo in die Dolomiten. Die **Sella-Umrundung** (Sella Ronda; www.sellaronda.info) ist für Auto-, Motorrad- und Radfahrer, Wanderer und Skifahrer eine sportliche Herausforderung, außer man unternimmt die Fahrt mit einem Linienbus. Höchster Gipfel der Sellagruppe ist der Piz Boè (3152 m).

** Glurns

———————————— ✦ C/D 4 ●

Italienisch: Glorenza
Höhe: 907 m ü. d. M.
Einwohner: 900

Glurns, die kleinste Stadt südlich der Alpen, liegt an der Etsch im oberen Vinschgau. Ihr malerisches Ortsbild wird vor allem durch die intakte, turmbewehrte Stadtmauer aus dem 16. Jh. geprägt. Besonders schön ist der Weihnachtsmarkt.

Glurns gestern und heute
Der 1163/64 erstmals erwähnte Ort erhielt früh Stadtrechte und konkurrierte mit dem nahen Mals, damals Gerichtssitz der Churer Bischöfe. Als Markt- und Umschlagplatz im Salzhandel zwischen dem süddeutschen Raum und der Lombardei blühte das Städtchen rasch auf. 1499 wurde es nach der verlorenen Calvenschlacht (Geschichte, ▶S. 34) von den Eidgenossen zerstört. Kurz darauf entstand es als kleine Festungsstadt neu. Sein Stadtbild ist fast unverändert erhalten.

SEHENSWERTES IN GLURNS UND UMGEBUNG

Glurns
Die Stadtmauer kann bequem in etwa 30 Minuten umwandert werden, Teile des hölzernen Wehrgangs sind begehbar. Drei mächtige Tortürme führen ins kleine Zentrum: das Schludernser Tor im Osten, das Tauferer Tor im Westen und das Malser Tor mit Hochwassermarken vom 16. Juni 1855 im Norden. Enge, kopfsteingepflasterte Gassen mit stattlichen Bürgerhäusern aus dem frühen 16. Jh. führen auf den hübschen Hauptplatz mit der neoromanischen Frauenkirche und, etwas weiter westlich, zum **Fuggerhaus**, heute Rathaus. Das Augsburger Handelsimperium war an der Erzausbeute in den Bergwerken Fuldera (Münstertal) und Scharl im Unterengadin beteiligt. Die niedrige **Laubengasse** ist hier eine reine Wohngasse.

Glurns erleben

AUSKUNFT
Tourismusverein Glurns
Rathausplatz 1, 39020 Glurns
Tel. 0473 83 10 97
www.ferienregion-obervinschgau.it

ESSEN
Restaurant Steinbock ⊝–⊝⊝
Florastr. 9
Tel. 0473 83 14 95; Mo. geschl.
Ein beliebter Treffpunkt der Einheimischen, was für die gute Tiroler Küche spricht: Knödel mit Speck oder Käse und herzhafte Schlutzkrapfen.

ÜBERNACHTEN · ESSEN
Gasthof Grüner Baum ⊝⊝
Stadtplatz 7, Tel. 0473 83 12 06
www.gasthofgruenerbaum.it
Das einstige Patrizierhaus am Stadtplatz (um 1500) wurde von jungen Vinschgauer Architekten in ein schickes Stadthotel umgebaut, ohne seinen mittelalterlichen Charme zu verlieren. Die Zimmer sind in zeitgenössischem Design eingerichtet, die Küche hat einen guten Ruf.

Gasthof zur Post ⊝
Flora-Str. 15
Tel. 0473 83 12 08
www.hotelpostglorenza.com

Das erste Haus am Platz ist bekannt für seine gotische Halle und die Zeichnungen von dem 1922 in Glurns geborenen Paul Flora. Hier gibt es eine gute traditionelle Südtiroler Küche.

Hotel Lamm ⊝⊝–⊝⊝⊝
Taufers im Münstertal, St.-Johann-Str.37
Tel. 0473 83 21 68
www.hotel-lamm.com
Moderne Zimmer, Fitness- und Saunaangebot, ein wunderbarer Ausgangspunkt zum Wandern und Radfahren; im Winter locken das Skigebiet in Sulden und auf der Schweizer Seite die Pisten von Minschuns, die vor dem Ofenpass liegen (www.minschuns.ch).

GENIESSEN
Whisky-Brennerei Puni
Am Mühlbach 2
Tel. 0473 83 55 00, www.puni.com
Die nach dem Flüsschen Puni benannte Destille ist die einzige in Italien. Der Bauunternehmer und Sommelier Albrecht Ebensperger wollte sein Lieblingsgetränk selbst produzieren. Ganz im Trend wurde die Brennerei von Stararchitekt Werner Tscholl in eine Art Röhre aus rotem Backstein gelegt.

Die 1481 erbaute gotische Pfarrkirche **St. Pankratius** steht etwas außerhalb der Stadtmauer auf einer kleinen Anhöhe. An ihrem Turm ist ein großes Fresko des Jüngsten Gerichts von 1496 zu sehen, den Abschluss schmücken die Wappen von Österreich, Tirol, Glurns und Trapp. Im Innern zeigt ein Wandgemälde die Heilige Sippe (um 1500). Überall in Glurns sieht man Hinweise auf den Zeichner und Karikaturisten **Paul Flora** (▶Berühmte Persönlichkeiten).

In Söles, südlich von Glurns, steht die Ende des 12./Anfang des 13. Jh.s erbaute älteste **Jakobskirche** Tirols. Nach der Schlacht von Cal- **Söles** ven wurde sie von den Schweizern angezündet, 1570 neu aufgebaut und 1799 von den Franzosen erneut niedergebrannt. Bei der Renovierung stieß man auf die Reste der romanisch-byzantinischen *Fresken, die in mühevoller Arbeit wieder zusammengesetzt wurden.

❶ 29. April – 21. Okt. Fr. 16.00 – 17.00, Fr. 15.00 Uhr bietet das Tourismusbüro Glurns nach vorheriger Anmeldung eine geführte Besichtigung für 6 €.

Münstertal

Von Glurns lohnt sich ein Abstecher Richtung Südwesten ins Münstertal (Val Monastero), das weit ins Schweizer Unterengadin hineinreicht. Wo bei Laatsch die Brücke über die Talenge Calven führt, fand 1499 die Schlacht zwischen Tirolern und Schweizern statt (▶ S. 34).

Taufers im Münstertal

Taufers, 15 km südwestlich von Glurns, ist der letzte Ort vor der Schweizer Grenze und die Sprachgrenze zum romanischen Graubünden. Zwei mächtige Burgruinen, Reichenberg (12. Jh.) und Rotund (12. und 16. Jh.), in denen einst die Bischöfe von Chur residierten, überragen den Ort. Am östlichen Ortsrand steht direkt an der Straße das um 1230 von Johannitern aus dem nahen St. Johann in Müstair erbaute **Pilgerhospiz St. Johann.** Die gleichnamige *Kirche, ein Juwel der Vinschgauer Kunstlandschaft, hat den Grundriss eines griechischen Kreuzes mit vier gleich langen Armen (einmalig in Südtirol), dessen Westarm um einen zweistöckigen Anbau »verlängert« wurde, wo heute der Eingang ist. Größter Schatz im Innern sind die *spätromanischen Fresken wegen der ausdrucksstarken Mimik und Gestik der dargestellten Äbte, Ritter, Märtyrerjungfrauen und Kirchenväter. Der riesige Christophorus auf der Nordwand der Kirche entstand wohl um 1220 und ist eine der größten und ältesten Darstellungen dieses Heiligen im Alpenraum. Im ehemaligen Schlafsaal der Pilger sind in der Sockelzone noch Reste romanischer Fresken erhalten, die übrigen entstanden um 1385, darunter die hl. Ursula mit ihren Gefährtinnen und die Enthauptung des Johannes des Täufers. Die kleine **St.-Nikolaus-Kirche** fast am Ortsende schmückt ein spätgotischer Altar mit Figuren (14./15. Jh.). Das **Pfarrmuseum** zeigt Heiligenstatuen von der Gotik bis zum Barock.

St. Johann: Juni – Okt. Mo., Di., Do. – Sa. 9.30 – 17.00, Mi nur bis 16.00, So. nur im Nov. – Mai 9.30 – 17.00 Uhr, Eintritt 1 €; Führung: Mi. 16.00 Uhr, 4 €
Pfarrmuseum Nikolauskirche: Di. 10.00 – 11.00, Sa. 16.00 – 17.00 Uhr, sonst auf Anfragen bei Pfarrer Albert Obexer, Tel. 0473 83 21 62

Stundenweg St. Johann

Zwischen Kloster Marienberg (▶Burgeis) und dem Schweizer Kloster St. Johann in Müstair verläuft der 17 km lange Stundenweg, der auch für Familien geeignet ist (www.suedtirol.com). Von Taufers ist es nur ein kurzer Abstecher über die Grenze zum Kloster St. Johann in Müstair. Die Kloster- und Wallfahrtskirche besitzt den umfangreichsten Freskenzyklus der Karolingerzeit und gehört zum UNESCO-Weltkulturerbe (www.mustair.ch).

* Gossensass

B 9

Italienisch: Colle Isarco
Höhe: 1098 m ü. d. M.
Einwohner: 1150

Gossensass liegt im Wipptal, ungefähr auf halber Strecke zwischen Brenner und Sterzing. Die stattlichen Bürgerhäuser aus dem 15./16. Jh. im Zentrum zeugen vom Wohlstand, den der Bergbau dem Marktflecken einst einbrachte.

Im ausgehenden 19. Jh. kam mit der Eisenbahn auch der Nobeltourismus über den Brenner nach Gossensass. Die Entdeckung von Thermalquellen im benachbarten Brennerbad führte zum Bau einiger Grandhotels. Berühmtester Kurgast war der norwegische Dichter und Dramatiker Henrik Ibsen, der hier mehrere Sommerurlaube verbrachte. Der Glanz der großen Zeiten ist verblasst, die meisten Nobelhotels gibt es nicht mehr. Ein kleines Skigebiet in Ladurns mit Rodelbahn und Loipen lockt Wintergäste an.

Ein wenig Geschichte

SEHENSWERTES IN UND UM GOSSENSASS

Die spätbarocke **Pfarrkirche Maria Empfängnis** (1750) besitzt Deckenfresken des Augsburgers Matthäus Günther. Sie zeigen die Marienkrönung und die Vertreibung der Händler aus dem Tempel.

Gossensass

Gossensass erleben

AUSKUNFT · VERKEHR
Tourismusverein Gossensass
Ibsenplatz 2, 39041 Gossensass
Tel. 0472 63 23 72
www.gossensass.org
Eurocity und Regionalzüge zum Brenner, nach Sterzing, Brixen, Bozen, Trient und Verona; Busse ins Pflerschtal.

ÜBERNACHTEN
Palast Hotel ⊖⊖
Färberstr. 1
Tel. 0472 63 24 33
www.palast.it

2004 nach langem Dornröschenschlaf wiedereröffnet, erinnert es an die Zeit der Sommerfrische. Zum Hotel gehört, wie damals üblich, ein großzügiger Park.

EINKAUFEN
Das **Designer Outlet Brennero AG** ist für Schnäppchenjäger ein Mekka, architektonisch zwar ein Graus, wegen übergroßer Reklame aber schon weithin sichtbar. Zahlreiche bekannte Modefirmen bieten Nachlässe bis zu 70 %; es gibt Restaurants und Cafés (Brenner, St. Valentinstr. 9A, www.dob-brennero.com)

Schutzpatronin der Bergleute

Die **Barbarakapelle** von 1510 haben die Bergleuten von Gossensass gestiftet. Daher sind zu beiden Seiten des gotischen Portals Wappenschilde mit ihren Werkzeugen abgebildet. Im Mittelschrein des spätgotischen Flügelaltars steht die hl. Barbara zwischen Laurentius und Daniel. Darstellungen aus dem Arbeitsleben der Bergleute finden sich an der Predella.

Gossensass war früher die letzte Raststätte vor dem steilsten Stück der Brennerauffahrt. **Henrik Ibsen** ist im Rathaus eine kleine Ausstellung gewidmet.

Ibsenmuseum: Ibsenplatz, Mo. – Fr. 8.30 – 12.30, Mi. auch 14.00 – 16.00 Uhr

Der **Brennerpass** (Passo del Brennero) ist der wichtigste Grenzübergang zwischen Nordtirol (Österreich) und Südtirol. Mit 1374 m Höhe ist er der niedrigste Alpenpass und daher vom Lastwagenverkehr bevorzugt. Seit 1998 die Kontrollen weggefallen sind, hat der Grenzort seine Bedeutung und fast alle Einwohner verloren. Zur Belebung der Wirtschaft wurde 2007 das »Designer Outlet Brennero« eröffnet (▶S. 189).

*Pflerschtal Westlich von Gossensass geht es ins romantische Pflerschtal, wo vom Mittelalter bis 1818 Silber- und Bleibergwerke den Wohlstand der Region begründeten. Innerpflersch ist der Ausgangspunkt für **Wanderungen** zur Magdeburger- und Tribulaunhütte, der Aufstieg dauert 3 Stunden. Von dort geht es weiter auf die 3000er-Gipfel Tribulaun und Schneespitze. In **Ladurns** führt ein Sessellift hinauf zur Ladurnser Alm (1724 m; schönes Wander- und kleines Skigebiet).

** Grödner Tal

✦ D 10 – 11

Italienisch: Val Gardena
Ladinisch: Val Gherdëina
Einwohner: 10 000

Das 25 km lange, auch nur Gröden genannte Tal zweigt bei Waidbruck vom Eisacktal nach Osten ab und führt mitten in die grandiose Landschaft der Dolomiten. Seine wichtigsten Orte sind St. Ulrich, St. Christina und Wolkenstein.

Das Tal ist keine Sackgasse, von hier führen Straßen über das Grödner- und Sellajoch weiter in die Dolomiten. Seine frühere Unzugänglichkeit hat dazu geführt, dass die Bevölkerung hier noch ladinisch spricht (▶Baedeker Wissen S. 179). Heute gehört es zu den meistbesuchten Urlaubsgebieten der Alpen.

Das Grödner Tal ist seit prähistorischer Zeit bewohnt. Sein Klima war rau. Erst im Mittelalter wurde das Tal weiträumig gerodet und Ackerbau und Viehzucht ermöglicht. Mit der Entdeckung des **Alpinismus** im 19. Jh. und dem Wintersport zu Beginn des 20. Jh.s hielt der Tourismus Einzug. Der Bau von Passstraßen und der Grödnerbahn für den Nachschub an der Dolomitenfront im Ersten Weltkrieg schuf die Voraussetzungen für den Tourismus im großen Stil. Heute ist er die Haupteinnahmequelle des Tals und viele Grödner sind wohlhabend geworden. Heute bestimmen Hotelbauten die Ortsbilder der ehemaligen Bergdörfer.

Grödner Tal gestern und heute

Die **Holzschnitzerei**, eine Arbeit für die langen Wintermonate, gibt es im Grödner Tal seit 1600. Es begann mit Löffeln, Geschirr und Spielzeug hauptsächlich für den eigenen Haushalt. Im Sommer verkauften Wanderhändler die Werke in den Tälern und sorgten für einen bescheidenen Wohlstand. Lukrativer waren Heiligenfiguren, Kruzifixe und Hausaltäre. Nach und nach spezialisierte sich das ganze Tal auf die Schnitzereien. Mit steigendem Absatz wurden Maschinen eingesetzt, es gibt aber immer noch die durch Zertifikat bestätigte Handfertigung.

Holzschnitzerei

Das Grödner Tal bietet unzählige **Wandermöglichkeiten**, von der leichten Almwanderung bis zur anstrengenden Klettertour. Im Sommer kann man die **Sella Ronda** (▶Gadertal) auch zu Fuß bewältigen. Geübte Bergwanderer schaffen die Strecke rund um den Sellastock

Zu Fuß unterwegs im Grödner Tal

In der Grödner Schnitzkunst paaren sich Tradition und Perfektion.

Gröden erleben

AUSKUNFT · VERKEHR

Tourismusverband Gröden

Dursanstr. 80/c, 39047 St. Christina
Tel. 0471 77 77 77
www.valgardena.it
Ein Bus verbindet alle Orte im Grödner
Tal; außerdem gibt es Busse nach Bozen,
Brixen, Seis, Corvara, zum Sella- und
Pordoi-Joch. Der Gardena-Ronda-Express
verbindet St. Ulrich und St. Christina.
Mit Val Gardena Card und Skipass kön-
nen alle Linienbusse benützt werden
(www.valgardenacard.it).

ESSEN

Restaurant Anna Stuben €€€€

St. Ulrich, Vidalong-Str. 3
Tel. 0471 79 63 15
Nur abends, Mo. geschl.
www.gardena.it
Elegantes Restaurant im Hotel Grödner
Hof mit wuchtigem Kachelofen. Im
Gourmetrestaurant bietet Reimund
Brunner lokale Küche, Südtiroler Weine;
für Liebhaber von Zigarren gibt es die
Habana Lounge.

Corso €

St. Ulrich, Reziastr. 74
Tel. 0471 79 62 69
Liebenswerte Bar im Ortszentrum, kleine
Speisen und Antipasti

Emilio-Comici-Hütte €€-€€€

Wolkenstein, Plan de Gralba 24
Tel. 0471 794121
Während der Hauptsaison geöffnet
www.rifugiocomici.com
Die nach dem Bergsteiger Emilio Comici
benannte Hütte ist eine der ersten Adressen im Gebiet der Sella Ronda, daher
in der Saison unbedingt reservieren.

ÜBERNACHTEN

Hotel Adler Balance Spa & Health

€€€€
St. Ulrich, Stufanstr. 5
Tel. 0471 77 50 02
www.adler-resorts.com
Ein Hotel mit Medical Spa: Ein Ärzte-
team stellt die Diagnose und schlägt die
Behandlungen vor. Sehr beliebt sind die
Detox-Kuren nach F. X. Mayr.

Hotel Panider Sattel €

St. Ulrich, St.-Michael-Weg 37
Tel. 0471 70 00 09
www.panidersattel.com
Wander- und Familienhotel, schöne Lage
zwischen Kastelruth und Seis, abseits
des Trubels. Begehrt sind die Panorama-
Zimmer mit Blick über das Grödner Tal.

Hotel Nives €€€€

Wolkenstein, Nives Str. 4
Tel. 0471 77 33 29
www.hotel-nives.com
Wolkenstein bietet eine große Hotelaus-
wahl, darunter auch das schicke Nives
mit viel hellem Holz und dezentem Tiroler Ambiente.

Chalet Gerard €€-€€€

Wolkenstein, Plan de Gralba 37
Tel. 00471 79 5274
www.chalet-gerard.com
Außerhalb von Wolkenstein auf dem
Weg zum Grödnerpass nahe der Sella
Ronda. Moderner alpiner Stil.

EINKAUFEN

Im Laden von Bruno und Sylvia **Avesani**
gibt es Obst und Gemüse in bester Qualität, frische Pasta, Speck und lokale Käsesorten (St. Ulrich, Reziastr. 106).

Für ihr Schüttelbrot hat die **Bäckerei Überbacher** schon viele Auszeichnungen gewonnen, auch die Mehlspeisen sind köstlich (St. Ulrich, Pedetliva-Str. 36). Neben traditionellen gibt es auch zeitgenössische **Holzkünstler**, u. a. den in St. Ulrich lebenden **Adolf Vallazza**, der für seine Skulpturen und Throne altes Holz verwendet (www.adolfvallazza.com), oder **Walter Moroder**, dessen Figuren von den Holzpuppen der Toraja auf Sulawesi inspiriert sind (Info u. a. über die Frankfurter Galerie Appel, www.galerie-appel.de).

SPORT

Einen der schönsten Blicke auf die Welt der Dolomiten hat man von einem **Gleitschirm** aus (www.fly2.info). Die grandiose Bergwelt ist im Sommer ein **Mekka der Mountainbiker**. Ende Juni findet der »Sellaronda Bike Day«

rund um den Sellastock statt (www.sella rondabikeday.com). Geführte Touren und Leihräder bieten u. a. Dolomiti Adventures, Mëisules-Str. 242, Wolkenstein, www.dolomiti-adventures.com. Von St. Christina führt eine Gondelbahn auf den 2106 m hohen Col Raiser mit einer Schutzhütte. Von hier gelangt man zu Fuß in 20 Min. zur Regensburger Hütte (2039 m), auch Geisler-Hütte genannt, Ausgangspunkt für viele **Wander- und Klettertouren** in die **Geisler-Gruppe**. Das gesamte Massiv vom Peitlerkofel im Norden bis zu den Flanken des Grödner- und Gadertals bildet den *Naturpark Puez-Geisler (▶Villnösser Tal).

Das Grödner Tal ist eines der Top-Wintersportgebiete des Alpenraums und gehört zum Skiverbund **Dolomiti Superski**. Die meisten Abfahrten haben Anschluss an die Sella Ronda (▶Gadertal).

in gut acht Stunden. Bequemer ist der Sellaronda-Bus (mit vielen Ein- und Aussteigemöglichkeiten unterwegs). Auf der Trasse der 1960 stillgelegten **Grödner Bahn** verläuft heute zwischen St. Ulrich und Wolkenstein ein leicht ansteigender Wanderweg. Der Abschnitt bei St. Christina ist als Planetenweg mit maßstabsgetreuer Darstellung des Sonnensystems gestaltet.

SEHENSWERTES IM GRÖDNER TAL

Der Tourismus hat das einstige Bergdorf St. Ulrich (Urtijëi, Ortisei;   **St. Ulrich**
5000 Einw.), den **Hauptort** des Grödner Tals sehr verändert. Nirgendwo in ganz Südtirol sind die Hotelbauten so aufdringlich wie hier. Die Berge ringsum, allen voran der dominante Langkofel und sein Nachbar Plattkofel, mildern den Eindruck etwas.

In der Ortsmitte steht die 1749 geweihte, üppig ausgestattete spätbarocke **Pfarrkirche St. Ulrich**. Das benachbarte Kongresshaus gibt mit der Ausstellung **»ART 52«** einen Überblick über das Grödner Kunsthandwerk. In der Cësa di Ladins, dem ladinischen Kulturzentrum, zeigt das *Museum de Gherdëina u. a. Werke einheimischer Holzschnitzerei und Kunstmalerei sowie Erinnerungsstücke von

Der 3181 m hohe steinerne Riese Langkofel wacht
über das Grödner Tal.

dem hier geborenen Luis Trenker (►Berühmte Persönlichkeiten).
Dort ist auch die Ladinische Bibliothek untergebracht.

»Art 52«: Reziastr. 1, tägl. 9.00 – 22.00 Uhr, Eintritt frei, www.art52.it
Museum de Gherdëina: Reziastr. 83, Jan. – März Di. – Fr. 10.00 – 12.00,
14.00 – 17.00, Mitte Mai – Ende Okt. Mo. – Fr. 10.00 – 12.00, 14.00 – 18.00
Uhr, Juli, Aug. auch Sa., Eintritt 7 €, www.museumgherdeina.it

Raschötz   Eine leichte Wanderung führt zur Raschötzer Hütte. Bequemer ist
der etwas altmodische Sessellift von St. Ulrich zur Anhöhe der
Raschötz (2107 m). Von hier geht ein einfacher Fußweg in einer
Stunde nach Außerraschötz mit großem Holzkruzifix (2283 m). Etwas unterhalb liegt das 1775 erbaute »Tschan-Kirchlein«. Zurück
geht es entweder auf direktem Weg nach St. Ulrich hinunter oder
noch ca. 1,5 Sunden weiter zur **Broglesalm**, wo die Brogleshütte
(2045 m) und ein herrlicher Blick auf die Geislerspitzen alle Mühen
belohnen.

*St. Jakob   Oberhalb von St. Ulrich steht die gotische Jakobskirche etwas außer-
halb von dem gleichnamigen Dorf (1566 m; zu Fuß ca. 1,5 Std.). Fresken aus dem 15. Jh. schmücken Außenwand und Chor; die Holzfigu-

ren des reich geschnitzten barocken Hochaltars sind Kopien, die Originale (18. Jh.) befinden sich im Grödner Heimatmuseum. Von hier oben hat man einen grandiosen Ausblick.

Ein Abstecher auf landschaftlich schöner Strecke führt von St. Ulrich über den Panider Sattel nach Kastelruth und ins Schlerngebiet, im Herbst mit zauberhafter Laubfärbung.

Abstecher ins Schlerngebiet

Das am Hang auf 1428 m Höhe gelegene St. Christina ist ein beliebter Ferienort, Ausgangspunkt für Wanderungen und Wintersport. Im Süden erheben sich die markanten Felszacken der Langkofelgruppe (3181 m), im Norden die Geislerspitzen.

St. Christina

Zwischen St. Christina und Wolkenstein, jenseits des Grödnerbachs, steht auf einer Anhöhe das vieltürmige **Castel Gardena.** Ihren deutschen Namen verdankt die Burg der hier einst betriebenen Fischzucht. Engelhard Dietrich von Wolkenstein-Trostburg erbaute sie im 17. Jh. als Sommersitz (Privatbesitz, nicht zu besichtigen). Die Weltcup-Abfahrtspiste **Saslong** führt unmittelbar an der Burg vorbei.

***Fischburg**

Wolkenstein (Sëlva, 2500 Einw.) ist der letzte Ort im Grödner Tal und fast mit St. Christina zusammengewachsen. Dank seiner Lage auf 1563 m Höhe zwischen Sella und Langkofel ist er ein hervorragender Tourenstützpunkt für Wanderer und einer der bedeutendsten Wintersportplätze in den Dolomiten (rund 1 Mio. Übernachtungen im Jahr), deren wilden, hochalpinen Teil man hier erreicht. Ein dichtes Netz von Bahnen und Liften erschließt die umliegenden Höhen. Im südöstlichen Ortsteil Plan de Gralba liegt die Talstation der Gondel auf den 2248 m hohen **Piz de Sella** (Emilio-Comici-Hütte). In nordöstlicher Richtung beginnt das wildromantische **Langental**, das in den **Naturpark Puez-Geisler** (▶Villnösser Tal) hineinführt, eines der schönsten Dolomitentäler. Im Winter verläuft hier eine beliebte Langlaufloipe und im Sommer ein schöner Wanderweg für die ganze Familie.

Wolkenstein

Am Eingang in das Langental »klebt« in 1600 m Höhe die Burgruine Wolkenstein wie ein Adlerhorst in der Felswand der Stevia, im 13. Jh. Stammschloss der Tiroler Adelsfamilie Wolkenstein, deren berühmter Vertreter der Minnesänger Oswald von Wolkenstein war (▶Berühmte Persönlichkeiten). Dank ihrer Lage kontrollierte sie den Weg vom Grödnerjoch in Richtung Gadertal. 1522 wurde sie von herunterstürzenden Felsblöcken zerstört.

Ruine Wolkenstein

Der Weg ins Langental führt an der über 300 Jahre alten Sylvesterkapelle mit schönen Fresken vorbei. Der hl. Sylvester ist der Patron der Bauern und schützt das Vieh auf den Almen.

Sylvesterkapelle

** **Innichen**

— C 14

Italienisch: San Candido
Höhe: 1175 m ü. d. M.
Einwohner: 3200

Der alte Klosterort im Pustertal, im Sommer und Winter ein beliebter Ferienort, wird im Süden von der zackigen Kette der Sextner Dolomiten überragt. Nur wenige Kilometer sind es von hier zur österreichischen Grenze.

Die Fahrt über die Pustertaler Straße verlangt viel Geduld, da man diese wichtige Verbindungsstraße nach Osttirol mit zahllosen Lastwagen teilen muss. Doch wenn das breite Hochpustertal erreicht ist, kommt die einmalige Kulisse der Sextner Dolomiten ins Blickfeld. Bei Innichen entspringen die fünf Quellen der Drau (Toblacher Feld) und hier verläuft eine **Wasserscheide**: die Drau fließt ganz in der Nähe auf österreichisches Gebiet und nach 749 km ins Schwarze Meer, die Rienz mündet dagegen ins Mittelmeer.

Innichen

Staatsgrenze

Toblach, Bahnhof

Pustertaler Straße

Drau →

Heim-Seilbahn

Heiliggrab-kapelle

Draustraße

In der Au

Herzog-Tassilo-Straße

Dolomythos

Drau

Peter-Paul-Rainer-Straße

Franziskaner-kloster

Rüdigerstraße

Stifts-museum

Attostraße

St. Michael

Stifts-kirche

Färberstraße

Pfleg-platz

Rathaus

Alter Markt

Sextner Straße

Josef-Walter-Straße

Färberstraße

Drau

Sexten

Sexten

200 m

© BAEDEKER

Essen
① Enoteca Kugler
② Kunstraum Café Mitterhofer

Übernachten
① Zin Senfter
② Grauer Bär
③ Sole Paradiso

Innichen war schon in prähistorischer und römischer Zeit besiedelt. Innichen gestern und heute
Die germanischen Bajuwaren lieferten sich hier im 6. und 7. Jh. mit
slawischen Völkern erbitterte Kämpfe, brannten alles nieder, holzten
die Wälder ab und hinterließen eine verwüstete Landschaft. Das 769
gegründete Kloster Innichen sollte die Germanisierung und Christianisierung des Pustertals vorantreiben. Lange Zeit gehörte das Pustertal zur Grafschaft Görz, deren politisches Zentrum in Friaul lag.
Heute ist Innichen ein geschäftiges Städtchen, dessen Skiabfahrten
von Haunold und Helm fast bis in die Stadt hinein reichen.

SEHENSWERTES IN INNICHEN UND UMGEBUNG

Mittelpunkt des Orts ist der von stattlichen Bürgerhäusern gesäumte   ****Stiftskirche**
Pflegplatz. Hier steht auch die mächtige Stiftskirche St. Candidus und
Korbinian; vom übrigen Klosterbau blieb nichts erhalten. Die **romanische Kirche** entstand Mitte des 13. Jh.s auf einem Vorgängerbau,
der Glockenturm folgte 1346, die
zweigeschossige Vorhalle 1468. Ab
1690 erfolgte die Barockisierung des
»Doms«, 1846 dann eine Moderni-
sierung im neoromanischen Stil.
Ende der 1960er-Jahre wurde er von
allen Ein- und Umbauten »befreit«
und vom romanischen Bestand wurde gerettet, was möglich war.
Besonders schön ist das Tympanon
des Südportals mit Christus als Weltenrichter, umgeben von den Evangelistensymbolen; darüber zeigt ein
Fresko von Michael Pacher (15. Jh.)
Kaiser Otto I. zwischen den hll. Korbinian und Candidus. Durch das
schlichte Westportal kommt man in

> **?** **BAEDEKER WISSEN**
>
> *Sagenhafter Bauarbeiter*
>
> Zur Baugeschichte der Stiftskirche
> gehört die Sage vom Riesen Hau-
> nold, den die Innichener zur Mit-
> hilfe überredeten. Als Lohn er-
> hielt er täglich ein Kalb und drei
> Scheffel Bohnen. Auch nach Fer-
> tigstellung des Baus bestand er
> auf seinem »Lohn«. Da bauten die
> Bürger eine Fallgrube, in der er zu
> Tode stürzte. Eine seiner Rippen
> wird heute in der Vorhalle der
> Kirche gezeigt, tatsächlich ist es
> eine Walrippe.

die Vorhalle, die Treppe rechts führt in die **Dorotheenkapelle** hinauf mit einem sehenswerten Kreuzigungsfresko von Leonhard von
Brixen.
Im dreischiffigen Innenraum fasziniert die **Kreuzigungsgruppe**
(1250; Abb. S. 40) im Altarraum. Die Gesichter ihrer Figuren sind
streng, einzig der Faltenwurf der Gewänder zeigt etwas Bewegung.
In der Kuppel der Vierung erzählen etwas verblasste Fresken (um
1280) die Schöpfungsgeschichte und die Vertreibung aus dem Paradies. Unter dem Chor liegt die dreischiffige, wieder freigelegte Krypta. Ihr Kreuzgewölbe wird von Granitsäulen mit unterschiedlichen
Kapitellen getragen. Es ist ziemlich düster, dennoch erkennt man die
Figur des hl. Candidus (2. Hälfte 13. Jh.).

Innichen erleben

AUSKUNFT · VERKEHR

Tourismusverein Innichen
Pflegplatz 1, 39038 Innichen
Tel. 0474 91 31 49
www.hochpustertal.info
Regionalzüge durch das Pustertal und
nach Lienz, Osttirol. Busse bedienen die
Orte im Tal und fahren ins Sextental bis
zum Kreuzbergpass.

ESSEN

❶ *Enoteca Kugler* ⊜
Herzog-Tassilo-Str. 5
Tel. 0474 91 33 69, So. geschl.
Heinz Krautgasser ist der Herr über 3000
Etiketten, darunter viele Südtiroler Wei-
ne. Je 10 Rot- und Weißweine werden
glasweise ausgeschenkt, dazu gibt es
Speck und Käse.

❷ *Kunstraum Café Mitterhofer*
⊜ – ⊜⊜
Rainerstr. 4, Tel. 0474 91 32 59
Mo. – Sa. 7.00 – 20.00 Uhr
Das Café veranstaltet regelmäßig Foto-
ausstellungen.

ÜBERNACHTEN

❷ *Grauer Bär* ⊜⊜⊜
Rainerstr. 2
Tel. 0474 91 31 15, www.orsohotel.it
Das um 1300 erstmals erwähnte Hotel
gehört seit 250 Jahren der Familie Ladin-
ser. Gelungene Verbindung von Geschichte und neuzeitlichem Komfort.

❶ *Zin Senfter* ⊜⊜-⊜⊜⊜
Alter Markt 2
Tel. 0474 91 61 60, www.zinsenfter.com
21 schick eingerichtete Wohnungen.
Entspannen kann man sich im Haunold
Spa mit Saunen und Ruheterrasse.

❸ *Sole Paradiso* ⊜⊜
Haunoldweg 8
Tel. 0474 91 31 20
www.sole-paradiso.com
Das Hotel wurde 1882 mit der Eisen-
bahnlinie von Wien über Innichen nach
Meran eröffnet. Gepflegte Zimmer.

EINKAUFEN

Seit 1560 betreibt Familie **Zacher** die
Filzherstellung. In ihrem Hutfachgeschäft
gibt es auch viele andere Dinge aus Filz
(Burgweg 2, www.haunold.info).
Barbara Webhöfer führt im **B Beauty**
ausgefallene Kosmetik- und Parfümmar-
ken und bietet Gesichtsbehandlungen
an (Alter Markt 2, www.bbeauty.bz).

SPORT

In Innichen beginnt der **Drau-Radweg,**
der den Fluss über 366 km bis nach Ma-
ribor in Slowenien begleitet. Die 44 km
von Innichen nach Lienz mit einem Ge-
fälle von 500 Höhenmetern schaffen
selbst Ungeübte in 3 bis 4 Stunden. Der
Radweg ist sehr beliebt, im Sommer
kann es eng werden (www.drauradweg.
com). Von Innichen nach Bruneck führt
der 33 km lange **Pustertaler Radweg**
an der Rienz entlang und meist bergab.
Bis Mühlbach sind es weitere 25 km
(www.pustertal.org).
Hausberg von Innichen ist der **Haunold**
(2905 m). Das kleine **Skigebiet** eignet
sich gut für Familien. Von Vierschach
oder Sexten gelangt man auf den **Helm**
(2205 m), der zum Skikarussell Sextner
Dolomiten-Hochpustertal gehört und
ebenfalls familienfreundlich ist (beide Re-
viere gehören zu Dolomiti Superski). Zwischen Juni und September gibt es eine
Sommerrodelbahn (www.funbob.info).

In der Friedhofsmauer neben dem westlichen Ausgang befindet sich eine Grabnische mit weiteren Fresken von **Leonhard von Brixen**.
❶ Tägl. 8.00 – 18.00 Uhr

Das **Stiftsmuseum** neben der Kirche ist im ehemaligen Kapitelhaus, einem der ältesten Häuser Innichens, untergebracht. Neben dem Domschatz werden Bilder, Skulpturen, Handschriften und frühe Dokumente zur Geschichte des Stifts Innichen ausgestellt.
❶ Juni – Mitte Okt. Do. – Sa. 10.00 – 12.00, 16.00 – 18.00, Mitte Juli bis Ende Aug. Di. – Sa. 10.00 – 12.00, Di., Mi. auch 16.00 – 18.00 Uhr, Eintritt 4 €

Stiftsmuseum

Die Pfarrkirche St. Michael westlich der Stiftskirche wurde 1760 errichtet, vom romanischen Vorgängerbau stammt der runde Turm. Hinter der reich gegliederten Fassade öffnet sich ein schöner Innenraum, der von Rudolf Schraffl entworfen wurde. Die Fresken schuf der Nordtiroler Rokokomaler Christoph Anton Mayr.
❶ Tägl. 8.00 – 18.00 Uhr

St. Michael

Das Privatmuseum DoloMythos in der stattlichen Wachtler-Villa vermittelt mit Filmen und Schaustücken einen auch für Kinder geeigneten Eindruck von den Dolomiten als Lebens- und Kulturraum.
❶ Rainerstr. 11, Mo. – Sa. 9.00 – 12.00, 15.00 – 19.00 Uhr, in der Hochsaison tägl. geöffnet, Eintritt 8 €, www.dolomythos.com

DoloMythos

Am westlichen Rand des Stadtkerns liegen die **Altöttinger- und Heiliggrabkapelle.** Drei ineinander verschachtelte Kapellen, u. a. Nachbildungen der Gnadenkapelle im bayerischen Altötting und der Grabeskirche in Jerusalem, wurden im 17. Jh. von dem lokalen Gastwirt und Jerusalem-Pilger Georg Paprion erbaut (Besichtigung auf Anfrage beim Tourismusamt Innichen).

Außerkirchl

Die schroff aufragenden, markanten Drei Zinnen, 20 km südlich von Innichen, sind die wohl bekannteste Berggruppe in den Dolomiten. Der Weg führt über den Misurina-See und auf einer streckenweise mautpflichtigen Nebenstraße bis zum Parkplatz bei der Auronzo-Hütte. Die fünf Hauptgipfel sind: Westliche Zinne (2973 m), Große Zinne (2998 m), Kleine Zinne (2857 m), Punta di Frida (2792 m) und Kleinste Zinne (2700 m), auch Preußturm genannt. Hinzu kommen etliche Nebengipfel. Die Große Zinne wurde 1869 erstmals bestiegen; Erstbegehungen über schwierigere Routen haben die Bergsteiger noch bis in die 1960er-Jahre beschäftigt. Vom Misurina-See bringen Busse die Wanderer auf den **Monte Piana** (2324 m), ein im Ersten Weltkrieg stark umkämpftes Gipfelplateau mit restaurierten Kriegsstellungen (▶Baedeker Special S. 160). Die Aussicht ist wunderbar.

*Drei Zinnen

Lienz Ein Abstecher führt über die Grenze nach Lienz, die österreichische Bezirkshauptstadt Osttirols. Sehenswert sind hier u. a. Ausgrabungen des römischen Aguntum und von Schloss Bruck, einst Sitz der Görzer Grafen (Regionalzug; www.stadt-lienz.at).

✴ Kaltern

✴ E 8

Italienisch: Caldaro
Höhe: 425 m ü. d. M.
Einwohner: 7600

Der hübsche Ort an der Südtiroler Weinstraße ist Hauptort des fruchtbaren Überetsch, eines Bergplateaus über dem rechten Ufer der Etsch. So weit das Auge reicht, breiten sich Weinlagen aus; die mittelalterlichen Ansitze sind heute Kellereien. Der Kalterer See ist im Sommer ein perfektes Badeziel.

Der Ort ist für sein mildes Klima bekannt: im Westen wird er von den Steilhängen Penegal und Mendel, im Osten vom Kalvarienberg und den bewaldeten Höhen um Montiggl geschützt. Gegen Süden senkt sich das Gebiet zum Kalterer See und zum Etschtal ab.
Wie in den Ortsteilen Mitterdorf, St. Anton, St. Nikolaus, Altenburg, St. Josef am See und Planitzing gibt es auch in Kaltern zahlreiche Häuser aus dem 16. und 17. Jh. im **»Überetscher Stil«** mit Doppelbogenfenstern, Erkern, Türmchen und Loggien. Die Tafeln an den Hauswänden erzählen aus ihrer Vergangenheit.

SEHENSWERTES IN KALTERN

Pfarrkirche Maria Himmelfahrt Ortsmittelpunkt ist der Marktplatz mit dem barocken Marienbrunnen. Hier steht die um 1790 erbaute klassizistische Pfarrkirche mit klarem Innenraum, eher kühler Atmosphäre und linearer Dekorationsmalerei., der frei stehende Turm stammt vom gotischen Vorgängerbau. Die Deckenfresken malte Josef Schöpf, ein Schüler von Martin Knoller, 1792/93; der spätbarocke Hochaltar besitzt den höchsten Tabernakelaufbau Südtirols.

Südtiroler Weinmuseum Ganz in der Nähe erklärt das in einem Gewölbekeller untergebrachte Weinmuseum die Weinherstellung seit der Römerzeit; gezeigt werden eine Fassbinderwerkstatt, verschiedene Torggeln (Spindelweinpressen), Fuhrwerke und wertvolle Trinkbecher.
❶ Goldgasse 1, April – Mitte Nov. Di. – Sa. 10.00 – 17.00, So. 10.00 – 12.00 Uhr, Eintritt 4 €, www.weinmuseum.it, Verkostung nach Voranmeldung

Das 1639 gegründete Franziskanerkloster öffnet sich heute für Menschen auf der Suche nach Spiritualität. Angeboten werden Urlaub für die Seele, Kurse und Seminare.
❶ Rottenburgerplatz 3, Mo. – Fr. 8.30 – 12.00 Uhr, www.zentrum-tau.it

Zentrum Tau

Wie kein anderer Ort in Südtirol hat sich Kaltern der zeitgenössischen Architektur verschrieben: Der auffällige Kubus am nördlichen Ortseingang harmoniert mit den übrigen Gebäuden von 1911. Der Verkaufs- und Verkostungsraum der Genossenschaftskellerei Kaltern, das **»Winecenter«**, entstand nach Plänen der Wiener Architektengruppe feld72. Das **Weinhaus Punkt** am Marktplatz, ein gotisches Laubenhaus, wurde innen von Hermann Czech grundlegend umgebaut. In den Gewölben mit einigen alten Fresken stehen einfache Holztische und eine lang gestreckte Bar. Die Bar **»Zum lustigen Krokodil«** in der Goldgasse wartet mit einer gelungenen Mischung aus 1950er-Jahre-Stil und Gegenwart auf. Der Natursteinboden kontrastiert nun mit farbigen Wänden des Südtiroler Künstlers Manfred Mayr und der gradlinigen Architektur des aus Kaltern stammenden Walter Angonese. Letzterer ist auch für die **Orangerie** des Restaurants Drescherkeller am Maria-Buol-Platz verantwortlich: ein rechteckiger, mit Stahlstreben versehener Glaskasten. Das Bürogebäude der Softwarefirma **Pro Data** auf der Gand 14 ist mit einem Gitterornament überzogen, als Hinweis auf die digitalen Netze unserer Zeit.

Moderne Architektur

Surf-Spaß auf dem Kalterer See

Kaltern erleben

AUSKUNFT · VERKEHR
Tourismusverein Kaltern
Marktplatz 8, 39052 Kaltern
Tel. 0471 96 31 69
www.kaltern.com
Busse von/nach Bozen, Tramin, Auer und
Neumarkt; See-Wanderbus zum Kalterer
See

ESSEN
Castel Ringberg ⓔⓔⓔ
St. Josef am See 1
Tel. 0471 96 00 10
Di. geschl.
www.castel-ringberg.com
Der Ansitz war einst Jagdschloss der
Grafen von Tirol, heute gehört er zum
Weingut Elena Walch. Serviert wird me-
diterrane Küche, dazu trinkt man bevor-
zugt die guten Weine von Elena Walch.

Gretl am See ⓔⓔ
Kalterer See
Tel. 0471 96 02 73
Ostern bis Okt. tägl. außer Mo.
8.00–24.00 Uhr
www.gretlamsee.com

Das gute Lokal lebt v. a. von den Bade-
gästen und dem nahen Campingplatz.

Restaurant Drescherkeller ⓔⓔ
Maria-von-Buol-Platz 3
Tel. 0471 96 31 19
10.00–22.00 Uhr, Di. geschl.
Eine Südtiroler Marende mit hauseige-
nem Wein und Blick auf den Kalterer
See gefällig?

Weinhaus Punkt ⓔ
Marktplatz 3
Tel. 0471 96 49 65
8.00–23.00 Uhr, So. geschl.
Hier trifft sich Kaltern zum ersten Espres-
so, auf eine schnelle Pasta und zum
Aperitif; beliebt sind die Tische auf dem
Marktplatz.

Siegi's ⓔ–ⓔⓔ
Oberplanitzing 56
Tel. 0471 66 57 21, www.siegis.it
17.00–24.00 Uhr, Mo. geschl.
Kleine Südtiroler Gerichte aus einheimi-
schen Produkten und Weine aus der
Region Kaltern.

Wein aus Kaltern
An den Hängen um Kaltern wachsen zu rund 50 Prozent Vernatsch-
Reben (Trollinger). Aus der ältesten einheimischen Rotweinsorte
wird »Kalterersee« gemacht, der bekannteste Südtiroler Wein. Er ist
leicht, frisch-fruchtig und ein idealer Begleiter zur typischen Tiroler
Marende (▶S. 65). Andere Sorten sind Lagrein, Blauburgunder sowie
die Weißweinreben Müller-Thurgau und Gewürztraminer. Zur bes-
seren Vermarktung wurde die Marke **»wein.kaltern«** ins Leben ge-
rufen. Ihr Schriftzug mit dem roten Punkt weist überall im Dorf auf
Partnerbetriebe, Weinwege, Führungen und Veranstaltungen hin.

**Kalterer See
Der fischreiche Kalterer See (216 m ü. d. M.) liegt ca. 4 km südlich
von Kaltern in einer von Wein- und Obstkulturen bedeckten Senke.
Er ist der größte natürliche See Südtirols, der wärmste Alpensee und
Namensgeber für die Weinlage. Im Sommer herrscht am Westufer

ÜBERNACHTEN

Gius la Residenza ⓔⓔⓔⓔ

Trutsch 1
Tel. 0471 96 32 95
www.designhotel-kaltern.com
Mitten in den Weinhängen bietet das
Garni-Hotel zeitgenössisches Ambiente
und Farbideen des Vinschgauer Künstlers Manfred Mayr. Allerdings ist der Verkehr der viel befahrenen Südtiroler
Weinstraße zu hören.

Schlosshotel Ährental ⓔⓔⓔⓔ

Goldgasse 19
Tel. 0471 96 22 22
Mitte März – Mitte Nov.
www.schlosshotel.it
Geschmackvoll restaurierter Ansitz im ty-
pischen Überetscher Stil des 17. Jh.s; mit
Privatstrand.

Seehotel Ambach ⓔⓔ

Klughammer 3
Tel. 0471 96 00 98
www.seehotel-ambach.com
Gelungener Bau im Stil der 1960er-Jahre
mit 60 Zimmern an der ruhigen Seite
des Kalterer Sees mit in der Überetscher
Landschaft.

EINKAUFEN

In der Goldgasse 7 in Kaltern findet man
rare Jahrgänge, spezielle Schnäpse und
ausgefallene Pasta (Vinothek/Feinkost
Battisti Matscher, im Feb. geschl.).
Mit 1,7 Mio. Flaschen pro Jahr gehört
die Kellerei **Kaltern** zu den großen Pro-
duzenten in Südtirol. Herausragend sind
der Dessertwein »Serenade« und der
Weißwein »Solos« aus biodynamischem
Anbau (Kellereistr. 12, www.kellerei
kaltern.com).
Die **Erste & Neue Kellerei**, der älteste
Genossenschaftsbetrieb Südtirols, produ-
ziert gut 1 Mio. Flaschen pro Jahr. Spezialität: die Premiumlinie »Puntay« mit
Sauvignon Blanc und Weißburgunder
(Kellereistr. 5–10, www.erste-neue.it).
Das kleine Weingut **Schloss Sallegg**
offeriert insbesondere feine Rotweine.
Tipp: der Dessertwein Moscato rosa
(Unterwinkel 15, www.castelsallegg.it).
Schon die Architektur der Kellerei **Mani-
cor** (Walter Angonese) ist einen Besuch
wert. Bemerkenswert ist der rote »Cassi-
ano« aus Merlot, Cabernet Franc, etwas
Syrah und Verdot. Alle Weine werden
biodynamisch angebaut (St. Josef am
See 4, www.manincor.com).

---

ein lebhafter Badebetrieb. Vom Ostufer führt ein Waldweg hinauf zur
Ruine Leuchtenburg (575 m; 12. Jh.) mit Fresken (15. Jh.).
Das **Freibad Lido** in den Weinhängen entstand nach Plänen der Wiener Architektengruppe ENTERprise und des Künstlers Ernst Fuchs.
1972 erhielt das Traditionshaus **Gretl am See** von dem Architekt
Othmar Barth aus Brixen ein modernes Gesicht. Aus derselben Zeit
und vom gleichen Architekt ist auch das **Seehotel Ambach**. Das
moderne **Privathaus Maran** an der Malga 15, ein Kubus mit Sattel-
dach, viel Glas und Stahl stammt ebenfalls von Othmar Barth.

Vor den Montiggler Höhen, jenseits der Weinstraße, liegt der Kalvarienberg mit der Heiligkreuzkirche. Sie wurde um 1720 nach Plänen
des Bozner Baumeisters Giuseppe Delai errichtet. Die Fresken werden Paul Troger zugeschrieben.

**Kalvarien-
berg**

Weitere Sehenswürdigkeiten Die gotische **Katharinenkirche** (15./16. Jh.) in Mitterndorf zeigt Wandbilder der »Bozner Schule«. Am Weg nach Oberdorf liegt das gotische **Schloss Kampan**, eines der schönsten Beispiele für den Überetscher Stil (Privatbesitz, nicht zu besichtigen).

Schon von Weitem ist die Kirche **St. Nikolaus** im gleichnamigen Dorf zu sehen; 1521 bekam sie ein Netzrippengewölbe mit Wappenschlusssteinen, wenig später schmückte Bartlmä Dill Riemenschneider, Sohn des Holzschnitzers Tilman Riemenschneider, die Kirche mit dekorativen Blumen- und Tiermalereien. Auch die **Kirche St. Anton** im gleichnamigen Ortsteil besitzt Fresken, die Bozner Malern zugeschrieben werden.

Mendel Von St. Anton fährt auf 4,5 km langer, abenteuerlicher Trasse die 1903 eingeweihte und wohl steilste Standseilbahn Europas auf den Mendel (1363 m; www.sii.bz.it). Der **Hausberg** von Kaltern, auf dem die Provinzgrenze zwischen Südtirol und Trentino verläuft, war ein beliebtes Ziel prominenter Sommerfrischler, u. a. von Kaiserin Sisi, Karl May oder dem Nobelpreisträger Wilhelm Röntgen. Von hier gelangt man auf einer kurzen Stichstraße oder zu Fuß auf den *Penegal (1737 m; Hotel mit hübschen Zimmern und gutem Essen, www.penegal.com). Auf der Passhöhe beginnt auch eine dreistündige Wanderung auf den 2116 m hohen **Roen**, der höchsten Erhebung des Mendelkamms; unterwegs locken Hütten zur Einkehr.

*Ruine St. Peter Am Sportplatz Kaltern beginnt ein ca. einstündiger Fußweg durch einen Buchenmischwald ins südwestlich auf aussichtsreichem Hügel gelegene **Altenburg** (615 m). Die etwas versteckt auf einer steil abfallenden Felskuppe gelegene Ruine St. Peter stammt aus dem 4. oder 6. Jh. und ist vermutlich der älteste Sakralbau Tirols. Daneben steht eine fast menschengroße Steinwanne; unklar ist, ob es sich hierbei um ein Taufbecken, ein Grab oder einen Opferplatz handelte.

Von Altenburg führt ein mit Stiegen und Leitern gesicherter Steig in einer Stunde durch die Rastenbachklamm zum Kalterer See; der Ausflug eignet sich auch für Kinder. Eine einfacher zu begehende Alternative ist der **Friedensweg**: Der rund dreistündige Wanderweg verläuft zwischen St. Anton und Altenburg und passiert unterwegs das Kardatschertal oder die Rastenbachklamm. An sieben »Besinnungspunkten« stehen Skulpturen von Südtiroler Künstlern (mehr Informationen beim Tourismusverein Kaltern).

? **BAEDEKER WISSEN**

Kalterer Plent

Nur etwa 300 Jahren wurde im Überetsch Mais, hier »Plent« genannt, angebaut, der später von Obst und Wein verdrängt wurde. Nun gibt es ihn wieder: Polenta passt gut zu Fleisch- und Fischgerichten. Kalterer Plent gibt es natürlich vor Ort, aber auch online (www.wein.kaltern.com).

Kiens

✴ C 12

Italienisch: Chienes
Höhe: 784 m ü. d. M.
Einwohner: 2700

Kiens liegt im Unteren Pustertal zu Füßen von Schloss Ehrenburg, malerisch eingerahmt von saftigen Weiden und schneebedeckten Gipfeln.

SEHENSWERTES IN KIENS UND UMGEBUNG

Am nördlichen Dorfrand von Kiens steht auf einer kleinen Anhöhe die 1838 umgebaute **Pfarrkirche St. Petrus und Paulus**; ihr Turm stammt noch aus dem 15. Jahrhundert. Sie übertrifft an Größe sogar den Brixner Dom. Interessant sind die Deckenfresken von Joseph Renzler mit der Darstellung der Erdteile. Die Altarbilder von A. Stadler zeigen bereits Einflüsse des aufkommenden Nazarenerstils. **Kiens**

Auf der gegenüber gelegenen Talseite liegt der Weiler Ehrenburg. Die 1698 – 1701 nach Plänen von Joseph Delai auf einer Anhöhe erbaute barocke ***Probsteikirche Maria Himmelfahrt** besitzt Deckenfresken des Wiener Theatermaler Josef Adam Mölk (um 1750). Verehrung genießt die »Kornmuttergottes«, eine auch Ährenmadonna genannte Skulptur (15. Jh.) auf dem Altar. Die an den Chor anstoßende Gruftkapelle entstand schon 1370. ***Schloss Ehrenburg** entstand zwischen dem 13. und 16. Jh. als Wehrburg; 1512 wurde der schöne Arkadenhof im Renaissancestil erbaut. Um 1730 ließen Graf Sebastian Künigl und sein Bruder, der Brixner Fürstbischof Caspar Ignaz, die Burg zu einem Barockschloss umbauen. Die Innenräume sind prächtig ausgestattet mit Deckenfresken und Holzvertäfelungen. **Ehrenburg**

❶ Schlossstr. 10, Besichtigung mit Führung April, Mai, Okt. Mi. 15.00, Juni bis Sept. Mo. – Sa. 11.00, 15.00, 16.00 Uhr, Eintritt 4 €

Die dem Ortsheiligen Sigmund geweihte Kirche im gleichnamigen Ortsteil nordwestlich von Ehrenburg wurde wohl Mitte des 15. Jh.s erbaut. Außenfresken im Renaissancestil (1517) zeigen einen riesigen Christophorus unter reich verziertem Rundbogen und neben dem Portal eine Pietà vor bewegter Landschaft. Der prachtvolle Flügelaltar von 1430 ist der **älteste vollständig erhaltene Flügelaltar** Südtirols. Die farbenfrohen Gemälde der Flügelinnenseiten zeigen Szenen aus dem Marienleben, die der Außenseiten den bethlehemitischen Kindermord und das Martyrium des hl. Sigmund. ***Pfarrkirche St. Sigmund**

Kiens erleben

AUSKUNFT

Tourismusverein Kiens
Kiener Dorfweg 4b, 39030 Kiens
Tel. 0474 56 52 45
www.kiens.info

ESSEN

Restaurant Schöneck ❸❸❸
Kiens-Mühlen, Schloss-Schöneck-Str. 11
Tel. 0474 56 55 50
Mo., Di. geschl.
www.schoeneck.it
Karl Baumgartner zaubert am Herd, sein
Bruder Siegfried kümmert sich um den
Wein. Auf die Teller kommt »viel Südti-
rol« z. B. Kalbskopfsülze oder Zicklein
mit Bärlauchfüllung.

Tanzer ❸❸-❸❸❸
Pfalzen-Issing, Dorfstr.1
Tel. 0474 56 53 66
Di., Mi. sowie Nov. und April geschl.
www.tanzer.it
Es gibt u. a. Tirtlan, mit Quark und Spi-
nat gefüllte Teigtaschen, und Lamm aus
dem Backofen sowie eine interessante
Weinkarte.

ÜBERNACHTEN

Taubers Vitalhotel ❸❸❸
St. Sigmund, Pustertalerstr. 7
Tel. 0474 56 95 00
www.taubers-vitalhotel.com
Das Hotel mit Schwerpunkt Gesundheit
ist ein idealer Ausgangspunkt für Wanderungen. Die Lebensmittel sind aus bio-
logisch kontrolliertem Anbau, das Fleisch
aus artgerechter Haltung.

EINKAUFEN

Seit 1912 stellt **Bergila** Kräutertees,
Tinkturen, Salben und ätherische Öle sowie seit ein paar Jahren Naturkosmetik
her. Es finden auch Führungen statt
(Pfalzen-Issing, Weiherplatz 8, www.
bergila.it).

SPORT

Der Issinger Weiher nahe Pfalzen ist ein
beliebter **Badesee** mit naturbelassenem
Ufer und Pizzeria direkt am See. Gleich
beim See kann man sich in Südtirols
größtem **Hochseilgarten** »kronaction«
austoben (www.kronaction.com).

---

*Terenten Am westlichen Rand des Gemeindegebiets liegt das Dorf Terenten
(Terento, 1210 m); am Dorfplatz beginnt ein Rundwanderweg zu den
Mühlen, in denen die Dorfbewohner einst ihr Korn mahlen ließen;
unterwegs passiert man die **Erdpyramiden** von Terenten. Diese Ero-
sionsformen entstanden bei der Verwitterung von lehmigen, schutt-
haltigen Moränenablagerungen der einstigen Gletscher.
❶ Gesamte Gehzeit: 1,5 Std., Schaubetrieb der Mühlen: Juni – Mitte Okt.
Mo. 10.00 – 15.00 Uhr

Pfalzen Östlich des Dorfs Pfalzen (Falzes, 1022 m) steht inmitten von Äckern
und Wiesen vor der Kulisse des Rieserferner die 1434 geweihte Kirche **St. Valentin**. Fresken von 1434 schmücken die Außenwände; die
von Friedrich Pacher 1487 geschaffenen Fresken zu den Zehn Geboten im Innern wurden erst 1980 wieder entdeckt.

* Klausen

✦ D 10

Italienisch: Chiusa
Höhe: 523 m ü. d. M.
Einwohner: 5100

Das hübsche Städtchen liegt im Eisacktal, etwas eingeklemmt zwischen Autobahn, Eisenbahn und Staatsstraße. Überragt wird es von der Klosterburg Säben. Dieser Anblick animierte Albrecht Dürer 1494 auf seiner ersten Italienreise zum Kupferstich »Das große Glück«.

Die Geschichte Klausens ist eng mit dem Bischofssitz verbunden, der sich bis zu seiner Verlegung nach Brixen 990 auf dem Säbener Felsen befand. Das 1027 erstmals erwähnte »Chiusa« war eine wichtige Zollstätte des Bistums an der viel genutzten Handelsroute über den Brenner. Um 1400 bekam es die Stadtrechte und ein Berggericht, das den Bergbau von Klausen bis Buchenstein kontrollierte. Auch der Erzabbau auf der Villanderer Alm und im nahen Thinnetal trug zum wirtschaftlichen Aufschwung bei. 1867 glaubte der Literaturwissenschaftler Vinzenz Zingerle, im Innervogelweider-Hof im benachbarten Lajener Ried die Heimat von Walther von der Vogelweide entdeckt zu haben. Verehrer des Schriftstellers und Minnesängers überschwemmten den Ort, darunter die Maler Spitzweg und Defregger; Klausen bekam den Ruf eines Künstlerstädtchens, von dem es heute noch zehrt. Wo Dürer einst das Panorama zeichnete, steht heute der **Dürerstein**, zu dem ein ausgeschilderter Weg führt. | **Klausen gestern und heute**

Klausen liegt in einer Weingegend und das Törggelen ist sehr beliebt: Im Herbst wird der neue Wein verkostet, dazu isst man Schlutzkrapfen oder eine Schlachtplatte und zum Dessert beispielsweise geröstete Kastanien. Gute Adressen sind die Törggelenstuben Hiang in Klausen, Huberhof in Pardell und Röck in St. Valentin. | **Törggelen**

SEHENSWERTES IN KLAUSEN

Durch das Säbener Tor gelangt man in die Altstadt, die im Wesentlichen aus der engen, mit Bürger- und Gasthäusern gesäumten Hauptstraße besteht. In der Ortsmitte erhebt sich die nach Plänen des Brixner Meisters Benedikt Weibhauser errichtete und 1494 geweihte Pfarrkirche **St. Andreas.** Das Südportal mit einem Relief des hl. Andreas im Thympanon stammt von 1469. Die Decke des Innenraums ist von einem reich verzweigten Netzrippengewölbe überzogen, in die Schlusssteine sind Heiligenfiguren gemalt. Die Kirche | **Pfarrkirche** birgt zahlreiche bedeutende Skulpturen aus anderen Kirchen, u. a. eine Grablegung von ca. 1600, ein Pfingstwunder, eine Gruppe von 12 Aposteln mit Maria in der Mitte (Brixner Schule, um 1500), eine Verkündigung und eine Marienkrönungsgruppe sowie Reste eines Flügelaltars von Meister Leonhard (um 1470). Die thronende Maria mit Zepter und Kind unter der Empore ist eine Arbeit des Brixner Meisters Ruprecht Potsch (um 1509).

*Loretoschatz im Stadtmuseum Das Stadtmuseum befindet sich im 1701 geweihten, Anfang der 1970er-Jahre aufgegebenen Kapuzinerkloster am Südende von Klausen. Das Kloster ist eine Stiftung des aus Klausen stammenden Paters Gabriel Pontifeser, der ab 1692 am Hof des spanischen Königs Karl II. lebte und Beichtvater der spanischen Königin Maria Anna war. Sie schenkte dem Kloster den Loretoschatz und ließ die Loretokapelle errichten, eine Nachbildung der Santa Casa in Loreto, Italien. Ausgestellt sind sakrale Gemälde, Goldschmiedearbeiten, Monstranzen und Messgarnituren. Ein Raum ist dem Tiroler Freiheitskämpfer und Kapuzinerpater Joachim Haspinger gewidmet, ein anderer den Malern, die Ende des 19., Anfang des 20. Jh.s Klausen für sich entdeckten und für seinen Ruf als Künstlerstädtchen sorgten.

❶ Ende März – Anfang Nov. Di. – Sa. 9.30 – 12.00, 15.30 – 18.00 Uhr, Eintritt 4 €, www.klausen.it

✱✱ KLOSTER SÄBEN

Beim Tinneplatz beginnt der 30-minütige Weg zum rund 200 m höher gelegenen, nur zu Fuß erreichbaren Säbener Klosterfelsen. Der erste Teil des Aufstiegs ist ein Treppenweg mit 155 Stufen. Danach kann man wählen zwischen einem sehr steilen Kreuzweg oder der bequemeren Säbener Promenade. Unterwegs passiert man die **Burg Branzoll** aus dem 13. Jh., die ihr heutiges Aussehen Ende des 19. Jh.s erhielt (Privatbesitz, nicht zugänglich).

Wo heute die Klosteranlage steht, befand sich vermutlich schon in rätischer und römischer Zeit ein Heiligtum. Im 4. Jh. entstand hier der Sitz des Bistums Sabiona mit Kirchen und Befestigungen, 990 wurde er ins wärmere Brixen verlegt. Danach wurde Säben zu einer das Tal beherrschenden Festung ausgebaut und war zwischen den Brixner Fürstbischöfen und den Grafen von Tirol heftig umkämpft. 1533 zerstörte ein Blitzschlag die Anlage weitgehend. Schließlich gründete 1681 der Klausener Pfarrer Matthias Jenner in den Ruinen ein heute noch bewohntes Benediktinerinnenkloster. Es besitzt vier Kirchen, die Konventsgebäude sind nicht zugänglich.

Kirchen Als Erstes erreicht man die barocke **Liebfrauenkirche**. Der achteckige Zentralbau entstand 1652 – 1658 nach Plänen von Jakob und Andrea Delai an der Stelle einer frühchristlichen Taufkirche aus dem 6. Jahrhundert. Die Kuppel ist mit schönen Stukkaturen eines unbekannten Meisters und Fresken des Brixner Hofmalers Stephan Kessler (1658) geschmückt, die Szenen aus dem Marienleben zeigen. Der Hauptaltar (1612) stammt aus einer älteren Kirche, die Seitenaltäre stiftete 1674 der Stadtpfarrer Jenner.

Die barocke **Marien- oder Gnadenkapelle** steht an der Stelle der ersten Säbener Kirche und ist eines der ältesten Pilgerziele Südtirols. Die verehrte spätgotische Madonna ist allerdings eine Kopie.

An der Ringmauer aus der Festungszeit vorbei erreicht man die schlichte **Klosterkirche**. Sie wurde 1691 – 1707 nach Plänen von Giovanni Battista Delai erbaut und ist bis auf den mit schmiedeeisernem Gitter abgetrennten Raum den Nonnen vorbehalten. Schließlich gelangt man zur im 17. Jh. an der Stelle einer sehr viel älteren Vorgängerkirche errichteten ***Heilig-Kreuz-Kirche** am höchsten Punkt des Säbener Felsen. Ihre farbenfrohen Wand- und Deckenfresken, vermutlich von Johann Baptist Hueber um 1679 angefertigt, erinnern an Theaterkulissen. Das Kruzifix am Hochaltar von Leonhard von Brixen (2. Hälfte 15. Jh.) ist alle drei Jahre das Ziel von Pilgern aus den ladinischen Dolomitentälern, die damit ihre Zugehörigkeit zum Bistum Brixen demonstrieren. Im Fußboden befindet sich das Grab des hl. Bischofs Ingenuin und in der rechten Langhauswand ein Sarkophag mit Reliquien einiger Säbener Bischöfe.

Liebfrauenkirche: Di., Fr., Sa. im Juli und Sept. 14.00 – 17.00, im Aug. 15.00 – 18.00 Uhr

Marienkapelle, Kloster- und Heilig-Kreuz-Kirche: tägl. 8.00 – 17.00 Uhr

Kloster Säben: besinnliche Einkehr 200 m oberhalb von Klausen

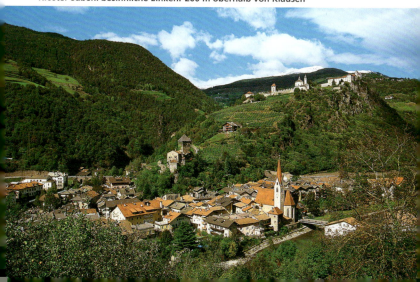

Klausen erleben

AUSKUNFT · VERKEHR
Tourismusverein Klausen
Thinneplatz 6, 39043 Klausen
Tel. 0472 84 74 24
www.klausen.it
Klausens Bahnhof liegt etwas außerhalb.
Regionalzüge fahren nach Bozen, Trient,
Brixen, Sterzing und zum Brenner, Busse
in die umliegenden Dörfer.

ESSEN
Restaurant Jasmin ©©©©
Griesbruck 4
Tel. 0472 84 74 48
Di., Mi. mittags geschl.
www.bischofhof.it
Martin Obermarzoners kreative Küche
schmücken zwei Michelin-Sterne.

Divino ©
Oberstadt 69
Tel. 0472 84 77 81; So. geschl.
Im Divino, ein Werk des Klausener Architekten Stefan Gamper, werden v. a. Südtiroler Weine ausgeschenkt und verkauft. Kleine Gerichte.

Turmwirt ©©–©©©
Gufidaun-Klausen, Gufidaun 50
Tel. 0472 84 40 01
www.turmwirt-gufidaun.com
Do., Fr. bis 17.30 Uhr geschl.
Das Haus wurde 1678 gebaut und 200
Jahre später Gasthof; seither ist es in Fa-
milienbesitz. Saisonale Küche.

Unterwirt ©©–©©©
Gufidaun-Klausen
Tel. 0472 84 40 00; So., Mo. geschl.
www.unterwirt-gufidaun.com
In dem gemütlichen Gasthof verfeinert

Thomas Haselwanter bäuerliche Küche,
etwa mit Gnocchi, gefüllt mit Ziegenkäse, oder Rinderlende auf Gröstl.

ÜBERNACHTEN
Gasthof Ansitz Fonteklaus ©
Freins 4
Tel. 0472 65 56 54; www.fonteklaus.it
1706 als Jagdschloss erbaut, heute Hotel. Es gibt gemütliche Zimmer, Südtiroler Küche wie z. B. Schwarzplentene
Kasnocken auf Lauch und einen grandiosen Blick ins Eisacktal.

Walther von der Vogelweide ©
Oberstadt 66
Tel. 0472 84 73 69
www.vogelweide.it; Mo. geschl.
Eines der ältesten Häuser in Klausen. Die
netten Zimmer erreicht man nur über
enge Treppen; von der schönen Terrasse
Blick auf die Eisack.

*Hotel & Restaurant Ansitz zum
Steinbock* ©©–©©©
Villanders, F.v. Defreggergasse 14
Tel. 0472 84 31 11
www.zumsteinbock.com
Außen eine Trutzburg, innen ein feines
Gasthaus in alten Stuben und gemütli-
che Zimmer im Tiroler Stil. Von der Ter-
rasse grandioser Ausblick über die Sarn-
taler Alpen und ins Eisacktal.

EINKAUFEN
Die **Eisacktaler Kellerei** überzeugt mit
Riesling und dem in Südtirol eher selte-
nen Veltliner; die modernen Kellereigebäude entwarf der Meraner Markus
Scherer (Leitach 50, www.eisacktaler
kellerei.it).

UMGEBUNG VON KLAUSEN

Vom Weiler Latzfons 7 km nördlich von Klausen hat man einen schönen Blick auf die Dolomiten. Die beiden Kirchen Unsere Liebe Frau im Dorf und St. Peter im Walde sind romanischen Ursprungs. Die Burg Garnstein im Osten (12. Jh.) wurde im 19. Jh. im historisierenden Stil umgebaut. Vom Ort führt eine dreistündige Wanderung zum *Latzfonser Kreuz, dem höchstgelegenen Wallfahrtsort Europas auf 2305 m. Übernachtungsmöglichkeiten bietet eine Schutzhütte. An schönen Tagen sind viele Wanderer auf diesem Weg unterwegs, aber für den Blick lohnt er sich allemal.

Latzfons

Das hübsche Dorf Gufidaun (Gudon) liegt gegenüber von Klausen, auf der östlichen Flanke des Eisacktals über dem Eingang ins Villnösser Tal. Neben der Pfarrkirche (15. Jh.) mit einigen schönen Fresken am Haupteingang steht der mächtige **Ansitz Hohenhaus**. Er geht auf ein romanisches Bauernhaus zurück, das im 18. Jh. zu einem neobarocken Palast umgebaut wurde und heute ein kleines Archäologiemuseum beherbergt. Die Koburg und Schloss Summersberg sind zwei weitere herrschaftliche Häuser (Privatbesitz, nicht zugänglich). Der Ansitz Hohenhaus aus dem 16. Jh. beherbergt das **Dorfmuseum**. Auf drei Etagen wird das bäuerliche Leben mit Arbeitsgeräten, religiöser Kunst und einigen Dokumenten zur Dorfgeschichte dargestellt.

Archäologisches Museum: Mitte Juni – Mitte Sept. Mi. 18.00 – 20.00, Fr. 9.00 – 11.00, Mitte Sept. – Mitte Juni Fr. auch 14.30 – 16.30 Uhr, Eintritt 4 €, www.klausen.it

Dorfmuseum: Ostern – Allerheiligen Mo., Do., Fr. 11.00 – 12.00, Aug. auch Mi. 20.00 – 22.00 Uhr, sonst nach Anmeldung, Tel. 0472 87 43 99, Eintritt 4 €, www.klausen.it

***Gufidaun**

Zwischen Villnösser und Grödner Tal erstreckt sich die Hochfläche von Lajen. Man passiert sie auf einer schönen Wanderung von Gufidaun über das Dorf Albions (857 m) zum Hauptort Lajen (1102 m). Unterwegs kommt man am Innervogelweider-Hof vorbei, in dem Walther von der Vogelweide um 1170 zur Welt gekommen sein soll.

Lajen

Südlich von Klausen wird das Eisacktal immer enger. Westlich der Eisack liegt auf 900 m Höhe die Gemeinde Villanders (Villandro). Den Ortsmittelpunkt bestimmen die spätgotische Pfarrkirche St. Stephan und der **Ansitz zum Steinbock** aus dem 16. Jh., heute ein Hotel mit prachtvoll getäfelter Stube.

Das **Grabungsfeld** auf dem Plunacker unterhalb von Villanders ist eine der wichtigsten archäologischen Fundstätten in Südtirol. Siedlungsreste reichen von der Steinzeit bis ins Frühmittelalter und zeugen davon, dass die Sonnenterrassen am Osthang der Sarntaler Alpen allemal beliebter waren als das Tal der wilden Eisack.

***Villanders**

Die **Villanderer Alm** erstreckt sich von Villanders bis zum ▶Ritten und ist im Winter ein beliebtes Langlaufgebiet.

Oberhalb des Dorfs, an der Straße zur Villanderer Alm, liegt das erst Anfang des 20. Jh.s stillgelegte **Silberbergwerk** am Pfunderer Berg, dem Klausen im Mittelalter einen Teil seines Wohlstands verdankte. Der feuchte und 8 °C kühle Elisabeth-Stollen wurde in ehrenamtlicher Tätigkeit restauriert und kann mit einer zweistündigen Führung besichtigt werden.

❶ April – Okt. Di. – Do., 10.30, 14.00, So. nur 10.00 Uhr, Eintritt 8 €, www.bergwerk.it

Kurtatsch

✦ F 8

Italienisch: Cortaccia
Höhe: 333 m ü. d. M.
Einwohner: 2250

Der kleine Ort an der Südtiroler Weinstraße südlich von Tramin ist deutlich weniger touristisch als sein berühmter Nachbarort. Zur Gemeinde gehören auch Entiklar, Penon, Hofstatt, Graun und Oberfennberg.

SEHENSWERTES IN UND UM KURTATSCH

Kurtatsch   Das Dorf liegt auf einer Sonnenterrasse 333 m über dem Etschtal. Aufgrund des angenehmen Klimas ließen sich hier schon in der Bronzezeit Menschen nieder. Die Einwohner leben vom Obstanbau im Tal, an den Hängen wird Wein angebaut. Interessantes über den Weinanbau erfährt man auf dem 1,5 km langen **Weinlehrpfad** nach Entiklar, den man am besten mit einer Verkostung abschließt, z. B. im Schloss Turmhof, einem schönen Ansitz mit mittelalterlichem Turm, heute Sitz des gleichnamigen Weinguts mit Jausenstation.

Der Dorfplatz ist umgeben von der St.-Vigilius-Kirche und Häusern im Überetscher Stil mit Erkern, schönen Innenhöfen und steingefassten Torbögen. Im Ansitz am Orth, dem ältesten Hof in Kurtatsch aus dem 15. Jh., ist ein privates **Museum Zeitreise Mensch** zur Geschichte des Südtiroler Unterlands untergebracht.

Tiefenbrunner Kellerei: Schlossweg 4, So. geschl., www.tiefenbrunner.com
Museum Zeitreise Mensch: Botengasse 2, Ostern – Allerheiligen nur mit Führung zu besichtigen: Fr. 10.00 Uhr, sonst nach Anmeldung Tel. 0471 88 02 67, www.museumzeitreisemensch.it, Eintritt 5,50 €

Kurtatsch erleben

AUSKUNFT
Tourismusverein Südtiroler Unterland
H.-Schweiggl-Platz 8, 39040 Kurtatsch
Tel. 0471 88 01 00
www.suedtiroler-unterland.it

ESSEN
Zur Rose ❸❸❸
Endergasse 2
Tel. 0471 88 01 16; So., Mo. geschl.
www.baldoarno.com
Das Restaurant in historischem Gebäude gehört zu den besten Adressen im Unterland. Klassische Südtiroler und mediterrane Küche.

Vinotèque im Paradeis ❸-❸❸
Margreid, St.-Gertraud-Platz 5
Tel. 0471 81 80 80; Mo. – Sa. 12.00 bis 16. 00, Do. bis 23.00 Uhr
www.aloislageder.eu
Im mittelalterlichen Ansitz Hirschprunn mit zauberhaftem Innenhof kann man die Weine von Tòr Löwengang und Cason Hirschprunn probieren. Täglich wechselnde Gerichte mit Zutaten möglichst aus ökologischem Anbau. Im Sommer gibts Konzerte im Innenhof.

ÜBERNACHTEN
Schwarzadler Turmhotel ❸❸
Kirchgasse 2
Tel. 0471 88 06 00, www.turmhotel.it
24 gemütliche Zimmer mitten im Dorf,

im Sommer lockt der Garten mit Schwimmbad, die Saunalandschaft bei jedem Wetter.

Hotel Teutschhaus ❸❸
Kurtinig, Martinsplatz 7
Tel. 0471 81 71 39; www.teutschhaus.it
70 moderne Zimmer, ein schöner Garten und ein interessanter Weinkeller. Für Radfahrer des Etschtal-Radwegs ein idealer Ausgangspunkt.

Laurin Suite@Paradeis ❸❸❸❸
Im Weingut Lageder
Margreid, St.-Gertraud-Platz 5
www.laurin.it
Die Außenfassade der Laurin Sluite im Garten des Paradeis hat die Münchner Künstlerin Claudia Barcheri gestaltet, Mobiliar von 1910 sorgt für nostalgisches Ambiente im Innern, die übrige Einrichtung ist modern.

EINKAUFEN
Die Vineria Paradeis offeriert alle Weine der Kellerei Lageder: die biodynamischen Weine der Tenuta Lageder und die klassischen Weine von Alois Lageder (Margreid, St.-Gertraud-Platz 5, www.aloislageder.eu).
Eine Spezialität der **Kellerei Peter Zemmer** ist der Sekt, sehr gelungen ist auch der »Cortinie Bianco«, eine Cuvée aus Chardonnay und Grauburgunder (Weinstr. 24, www.zemmer.com).

Letzter Ort der Weinstraße auf dieser Talseite ist Margreid (Margè; 243 m, 1300 Einw.). Etwas weiter südlich verengen sich die Berge zur Salurner Klause, die Grenze Südtirols und des deutschen Sprachraums. Lauschige Gassen, stattliche Ansitze, Zypressen, Feigen und Oliven bestimmen das Bild des alten Weindorfs und künden bereits den Süden an. In der Grafengasse wächst an der Fassade eines Ansit- ***Margreid**

Wein bestimmt das Bild: Kurtatsch an der Südtiroler Weinstraße

zes angeblich die älteste datierte Weinrebe. Laut Inschrift wurde sie 1601 gepflanzt und trägt bis heute jedes Jahr bis zu 80 kg Trauben. Etwas südlich von Margreid liegt das malerische **Kurtinig**, eine der kleinsten Gemeinden Südtirols und der einzige Ort, der mitten im Etschtal und nicht an seinem Rand gegründet wurde. Funde aus der Stein- bis zur Römerzeit belegen, dass die Region ein beliebtes Jagdrevier war. Vor der Regulierung der Etsch wurde Kurtinig regelmäßig überschwemmt, daher bekam es den Beinamen Klein-Venedig.

*Fennberg In Kurtatsch beginnt eine aussichtsreiche Straße nach Fennberg. Die beiden Weiler Ober- und Unterfennberg liegen auf einem großen Hochplateau zwischen Wald und Wiesen; der Fenner See (1034 m) lockt Blumenfreunde: hier wachsen verschiedene Orchideenarten, das schmalblättrige Wollgras und Ranunkeln in vielen Farben. Kunstfreunde besichtigen die gotischen Fresken in der Kirche St. Leonhard in Unterfennberg.

✴ Laas

D 5

Italienisch: Lasa
Höhe: 868 m ü. d. M.
Einwohner: 3900

Laas im Vinschgau ist für seinen feinkörnigen, reinweißen und besonders wetterbeständigen Marmor bekannt.

Schon die Römer nutzten ihn für ihre Meilensteine an der Via Claudia Augusta durch den Vinschgau. Auch bei den Habsburgern war der Laaser Marmor sehr beliebt. Im Zentrum von Laas sind sogar die Bürgersteige marmorgepflastert. Die kleinen Steine fielen bei der Herstellung von 84 000 Kreuzen für amerikanische Soldatenfriedhöfe auf der ganzen Welt an. Bis heute wird der Marmor in zwei Brüchen teils über, teils unter Tage abgebaut. Der höchste Stollen liegt auf 2228 m Höhe. Von hier werden die Blöcke mit einem Schrägaufzug ins Tal gebracht und dort in Platten geschnitten.

Laaser Marmor

SEHENSWERTES IN LAAS UND UMGEBUNG

Die **Pfarrkirche Johannes der Täufer** ist ebenfalls ein Aushängeschild für den Laaser Stein. Nach einem Brand wurde sie 1852 neu errichtet. Von der Schönheit des Vorgängerbaus aus dem 12. Jh. zeugt die mit Originalsteinen rekonstruierte Apsis aus weißem Marmor, auch im Turm sind noch Teile des romanischen Baus erhalten. Die Fenster schuf der Laaser Künstler **Jörg Hofer**.

Laas

Am westlichen Ortsausgang steht auf einem kleinen Hügel hinter einer Umfriedungsmauer die kleine ***Kirche St. Sisinius**. Sie wurde vermutlich im 8./9. Jh. an der Stelle einer heidnischen Kultstätte erbaut und dem Nonstaler Märtyrer Sisinius geweiht. Der steingedeckte Glockenturm wurde im 12. Jh. angefügt.

> **!** *Zeitgenössische Kunst*
>
> **BAEDEKER TIPP**
>
> Laas ist die Heimat von Jörg Hofer, einem der führenden Künstler Südtirols. Er arbeitet in einer von Werner Tscholl umgebauten Scheune, Ausstellungsort und Treffpunkt zugleich. Seine oft großformatigen Bilder, Visionen aus Farbe und Marmorstaub sind u. a. bei Ausstellungen im Kunsthaus Meran und auf Schloss Tirol zu sehen (www.joerg-hofer.it).

Der 50 km lange, zu den Ötztaler Alpen gehörende Bergrücken erstreckt sich von Mals nach Partschins. Mitten im üppigen Obstanbaugebiet gelegen, überrascht er mit Trockenheit und steppenartiger Vegetation, u. a. eine Folge der jahrhundertelangen Überweidung. Seit Langem betreibt man Wiederaufforstung, v. a. mit Schwarzkiefern. Am Sonnenberg findet man, in Südtirol eher selten, viele Schlangen und andere wärmeliebenden Tiere und Pflanzen. Die bewaldete düstere Südflanke des Tals wird Nördersberg genannt.

*Sonnenberg

Der kleine Ort Allitz liegt am Eingang des Gadriatals am Fuß des Sonnenbergs. Sehenswert sind hier die Kirche Maria Heimsuchung von 1640 und die Kapelle zur Heiligen Dreifaltigkeit beim Untertröghof. Letztere soll ein Laaser 1752 aus Dank dafür erbaut haben, dass sein verloren gegangenes Kind unversehrt wiedergefunden wurde.

Allitz

Laas erleben

AUSKUNFT
Tourismusverein Schlanders-Laas
Göflanerstr. 27, 39028 Schlanders
Tel. 0473 73 01 55
www.schlanders-laas.it

VERANSTALTUNGEN
Seit über 12 Jahren findet Anfang August das **Marmor & Marillen**-Fest statt, wo Marmor, Marillen und Menschen aufeinander treffen – mit viel Musik und gutem Essen (www.laas.info).

ESSEN
Gasthaus zur Krone ©
Hauptplatz 10
Tel. 0473 62 65 33

www.krone-laas.it
Dorfgasthof mit solider Südtiroler Küche, im Keller Kulturveranstaltungen.

ÜBERNACHTEN
Olinda Strimmer ©–©©
Vinschgaustr. 11
Tel. 0473 62 65 80
Sympathische Frühstückspension

EINKAUFEN
Der **Kandlwaalhof Luggin** offeriert speziellen Apfelsaft wie den Weirouge, Essigsorten und allerlei Senf; im Hofladen (Unterwaalweg 10, www.luggin.net) sowie bei PUR und LANZ (Baedeker Wissen S. 78).

Tannas Das romantische Dorf liegt idyllisch auf einer Sonnenterrasse über dem Tal. Von hier hat man einen Blick über den gesamten mittleren Vinschgau bis zur Ortlergruppe und zum Stilfser Joch.

*Tschengls Der kleine Ort liegt am Fuß der mächtigen Tschenglser Hochwand (3378 m) im Gebiet des Nationalparks Stilfser Joch. Der markante Edelsitz der Tschenglsburg, auch Fuchsburg genannt, wurde im 15. Jh. von den Herren von Lichtenstein erbaut. Heute befindet sich hier ein Restaurant. Ein schöner Spazierweg führt zur einsam am Hang in Dorfnähe gelegenen Kirche St. Ottila.

Lana

———————————— ✦ D 7/8

Höhe: 316 m ü. d. M.
Einwohner: 11 300

Lana ist der wichtigste Obstproduzent Südtirols, außerdem ist es ein beliebter Ferienort. Apfelplantagen, fast 40 Kirchen, Kapellen, Klöster und zahlreiche Burgen bestimmen das Bild.

Lana besteht aus den drei zusammengewachsenen Orten Niederlana, Mitterlana und Oberlana sowie Völlan, Tscherms, Burgstall und Gargazon. 990 wurde Lana das erste Mal erwähnt, da gab es die Kirche St. Margareth bereits über 100 Jahre. Die Burgen Braunsberg, Mayenburg, Lanaburg, Brandis und Werrenburg entstanden zu Beginn des 13. Jahrhunderts. In Lana mündet das **Ultental** (Val Ultimo) ins Etschtal, das sich rund 40 km lang bis zu den Dreitausendern der Ortlergruppe zieht und dabei alle Vegetationsstufen vom ewigen Eis der Gletscher bis zu den Wein- und Obstgärten der fruchtbaren Etschebene berührt.

SEHENSWERTES IN LANA UND UMGEBUNG

In Oberlana steht das schlichte **Schloss Braunsberg** zwischen Zypressen. Seit dem 15. Jh. gehört das Anwesen zum Besitz der Grafen Trapp und ist nicht zu besichtigen. An der Brücke über die aus dem Ultental kommende Falschauer beginnt ein lohnenswerter Weg, teils über hölzerne Stegen und schwankende Brücken, in die kurze, aber eindrucksvolle **Gaulschlucht**. *Oberlana*

Mitterlana hat drei Kirchen, darunter die 1306 erstmals erwähnte gotische St. Agatha auf der Wiese. In den 1990er-Jahren wurde bei Ausgrabungen eine romanische Apsis mit Bemalung entdeckt. Die Kirche ist in Privatbesitz, eine Besichtigung über den Tourismusverein möglich. Die Pfarrkirche wurde 1938 von dem Stuttgarter Architekten Otto Lindner erbaut; im Turm hängt die fünf Tonnen schwere, größte Glocke Südtirols. Die Kirche St. Peter stammt aus dem 15. und späten 17. Jh., der Hochaltar aus dem Spätbarock. *Mitterlana*

✯✯ ALTE PFARRKIRCHE IN NIEDERLANA

Kunsthistorisch ist vor allem **Niederlana** interessant: Die 1492 geweihte gotische Pfarrkirche Maria Himmelfahrt mit frei stehendem Turm besitzt ein Netzrippengewölbe; geringe Reste der gotischen Glasmalereien finden sich im südlichen Chorfenster. Etwa um 1500 entstanden Kanzel und Galerie mit Maßwerk. Höhepunkt ist der 14,10 m hohe und 7 m breite **größte gotische Schnitzaltar** des Alpenraums von Hans Schnatterpeck dem Jüngeren, einem Sohn des gleichnamigen Malers aus Kaufbeuren.
Der geöffnete Altar beeindruckt durch seine überbordende Fülle an plastischen Details, besonders bei den fünf törichten und den fünf klugen Jungfrauen in der äußeren Schreinumrahmung. Der Mittelschrein umfasst 24 der insgesamt 33 erhaltenen Plastiken. Im Zentrum steht der Gnadenstuhl mit Gottvater, der den Leichnam Christi hält, über dem der Heilige Geist schwebt, flankiert von den Heiligen Petrus mit dem Schlüssel zum Paradies und Paulus mit dem Schwert.

Dieses gotische Meisterwerk stammt von Hans Schnatterpeck.

Darüber findet sich die Marienkrönung sowie seitlich die hl. Anna und die hl. Katharina mit Schwert und Rad.

Die Innenflächen der Seitenflügel zeigen links die Verkündigung Mariä und die Beschneidung Jesu, rechts die Geburt Jesu und die Anbetung der Könige. Die Außenflächen der Schreinflügel tragen um 1510 gemalte Tafelbilder des Dürer-Schülers Hans Leonhard Schäufelein – seine Signatur in Form einer Schaufel befindet sich am Bild der Geißelung. Dargestellt ist die Passion Christi: Christus am Ölberg, vor Pilatus, Kreuztragung und Geißelung.

❶ Schnatterpeckstr., nur mit Führung zu besichtigen, April – Aug. Mo. – Sa. 11.00, 15.00, 16.00, Sept., Okt. 10.30, 11.30, 15.00, 16.00, 17.00 Uhr, Eintritt 2 €, www.lana.info

Bei Beerdigungen können die Führungen am Nachmittag ausfallen.

WEITERE SEHENSWÜRDIGKEITEN

Niederlana Auf dem Friedhof sieht man eine frei stehende Lichtsäule aus dem 16. Jh. und die spätgotische **Michaelskapelle** mit barockem Altarbild und Gewölbefresken. Der mittelalterliche Ansitz Larchgut wenige Meter hinter der Alten Pfarrkirche ist Sitz des ***Südtiroler Obstbaumuseums** mit der »Braunsberger Torggl« von 1570, der vielleicht ältesten Presse Südtirols.

Die große romanische Kapelle **St. Margareth** westlich der Alten Pfarrkirche (1215) ist eine Schenkung des Stauferkaisers Friedrich II. an den Deutschen Ritterorden. Die Fresken im Innern aus dem frühen 13. Jh. wurden 1896 stark verändert. 1983 versuchte man den Originalzustand so weit wie möglich wieder herzustellen. Im Gewölbe der Hauptapsis ist Christus als Weltherrscher mit den vier Evangelistensymbolen dargestellt. Die linke Apsis zeigt in der Wölbung Maria mit Jesus und zwei Engeln, außerdem, wie die rechte Apsis, Szenen aus dem Leben der hl. Margareth. Die Sockel sind mit Bestiendarstellungen verziert.

Obstbaumuseum: Brandis-Waalweg 4, April – Okt. Mo. – Sa. 10.00 – 17.00 Uhr; Führungen: Mo., Do. 10.30 Uhr, im Juni u. Juli keine Führungen und samstags geschl., Eintritt 4 €, www.obstbaumuseum.it
St. Margareth: April – Nov. Mi. 10.00 – 13.00, 14.00 – 17.00 Uhr, www.lana.info

Leonburg

Die Leonburg am Eingang zum Gampenpass ist eine trutzige Festung mit zwei imposanten Bergfrieden. Zu Beginn des 13. Jh.s erbaut, war sie von großer militärischer Bedeutung. Seit der Mitte des 15. Jh.s gehört sie den Grafen von Brandis (keine Besichtigung). **Burg Brandis** beim Golfplatz ist heute eine Ruine, kann jedoch mit Erlaubnis der Grafen Brandis besichtigt werden.

Der gemütliche Spaziergang (5 km) auf dem **Brandis-Waalweg**, entlang eines alten Bewässerungsgrabens, bietet einen Abstecher hinunter zur Kapelle St. Margareth. Am Ende rauscht ein kleiner Wasserfall oberhalb des Golfplatzes von Lana (hin und zurück knapp 1,5 Std.).

Burgstall

Der kleine Ort (ital. Postal) liegt gegenüber von Niederlana zwischen Obstplantagen und Weinbergen. In der Pfarrkirche hängt eine »Anbetung der Könige« von 1541; die übrige Ausstattung zeigt den Stil des Historismus. Von hier kommt man bequem mit der Kabinenbahn nach ***Vöran** und auf den **Tschögglberg**. Die reizvolle Almenlandschaft wird von vielen Wanderwegen erschlossen. Etwas Besonderes ist das **»Knottenkino«** (Knotten = Felsen) auf dem 1465 m hohen Rotstein-Kogel vom Bozner Künstler Franz Messner, der seine Heimat zum Kunstobjekt erklärte. Gezeigt wird immer derselbe »Film«: der durch Tageszeit und Wetter wechselnde Blick über das Etschtal zu den Ultner Bergen und zum Ortler; der Fußweg ab der Straße Vöran-Mölten dauert 40 Minuten.

Gargazon

Im Südosten des Meraner Talkessels lehnt sich das Dorf Gargazon an den Berghang; überragt wird es von der restaurierten Ruine des **Köllturms**, der im 13. Jahrhundert von der Adelsfamilie Trautson errichtet wurde und den Weg ins Etschtal sicherte. Das attraktive **Naturbad** ist ideal für alle, die in ungechlortem Wasser schwimmen möchten.

Lana erleben

AUSKUNFT · VERKEHR

Tourismusverein Lana
Andreas-Hofer-Str. 9/1
39011 Lana
Tel. 0473 56 17 70
www.lana.info
Busse von/nach Meran, Völlan, Tisens,
Nonsberg und ins Ultental

ESSEN

Kirchsteiger ❸❸❸
Völlan, Probst-Wieser-Weg 5
Tel. 0473 56 80 44
www.kirchsteiger.com, Do. geschl.
Edelprodukte wie Trüffel oder Hummer
werden mit Kräutern aus Südtirol zu
neuen Geschmackserlebnissen kombiniert. Große Weinauswahl.

Hidalgo ❸❸– ❸❸❸
Burgstall, Romstr. 7
Tel. 0473 29 22 92
www.restaurant-hidalgo.it
So., Mo. mittags geschl.
Am schönsten sitzt man auf der verglas-
ten Terrasse; serviert wird feine italieni-
sche Küche.

Miil ❸❸-❸❸❸
Tscherms, Gampenstr. 1
Tel. 0473 56 37 33
www.miil.info, So., Mo. geschl.
Neue Adresse für eine innovative Küche.

ÜBERNACHTEN

Vigilius Mountain Resort ❸❸❸❸
Vigiljoch, Lana
Tel. 0473 55 66 00
www.vigilius.it
Die Lage des Hotels ist hinreißend und
die Architektur des in Bozen geborenen
Architekten Matteo Thun ein Augenfän-
ger. Schöner Innenpool und Sauna mit
Blick auf die Almen des Vigiljochs.

Unterstein ❸❸–❸❸❸
Tscherms, St. Anna-Weg 7
Tel. 0473 56 17 30
www.unterstein.com
21 Zimmer und 4 Suiten im rustikalen
Tiroler Stil; das großzügige Schwimmbad
liegt mitten in den Äpfelgärten.

EINKAUFEN

Graf Pfeil baut auf dem **Weingut Kränz-
zelhof** Biowein an. Herausragend: der
Weißburgunder »Helios« und der rote
»Sagittarius«, ein Cabernet Sauvignon
und Merlot. Es gibt regelmäßige Kunstausstellungen und einen *Labyrinth-
garten (Tscherms, Gampenstr. 1, www.
kraenzelhof.it).

---

*St. Hippolyt
An der Straße zum Gampenjoch, ein wenig südlich von Lana, steht
auf einem Hügel bei Naraun das 1286 geweihte Kirchlein St. Hippolyt. Der Hügel war schon in prähistorischer Zeit besiedelt, das belegen Funde aus der Steinzeit. Vom Parkplatz erreicht man den von
vielen als »Kraftort« empfundenen Hügel in 20 Minuten zu Fuß.

***Schloss
Lebenberg**
Zwischen Meran und Lana liegt in einem fruchtbaren Obst- und
Weinbaugebiet das Dorf **Tscherms** (Cermes). Über dem Dorf thront
Schloss Lebenberg, 1260 von den Herren von Marling errichtet. Das
Schloss ist bewohnt, ein Teil der Anlage kann jedoch besichtigt wer-

den. Sehenswert sind die Kapelle mit gotischen Fresken (14. Jh.), verschiedene Säle im Stil der Gotik bis Empire, u. a. der Waffensaal, der Spiegelsaal und der Rittersaal.

ⓘ Lebenbergstr. 15, Tscherms, April – Okt. Mo. – Sa. 10.30 – 12.30, 14.00 – 16.30 Uhr, Eintritt 6,50 €

Die Höhenterrasse am Vigiljoch (1486 m), dem **Hausberg von Lana** mit einer kleinen, fast autofreien Hotel- und Ferienkolonie, ist im Sommer ein beliebtes Wandergebiet. Man erreicht sie mit einer schon 1912 installierten Seilbahn von Lana aus. Von der Bergstation geht es weiter mit einem Sessellift auf den Larchbühel (1824 m), ein schönes Wander- und im Winter kleines Skirevier für Kinder und Anfänger.   ***Vigiljoch**

Südlich von Lana liegt Völlan (Folana) auf einer Terrasse in 696 m Höhe. Der bekannteste Einwohner ist der Rennrodler Armin Zöggeler, der fünf Olympiamedaillen und zahlreiche Weltcupsiege errang. Am Ortsrand steht die Ruine der **Mayenburg** (12. Jh.) mit wuchtigem Bergfried und Ringmauer (Privatbesitz, nicht zu besichtigen). Wertvolle Fresken von 1433 sind in der Völlaner Pfarrkirche St. Severin zu sehen, im Chor zeigt eine Darstellung die unzerstörte Burg. Das 1816 eröffnete **Völlaner Badl**, ein in Südtirol häufiges Bauernbadl, wurde in den letzten Jahren wiederbelebt. Ein kleines Bauernmuseum gibt Einblicke in das bäuerliche Leben.   **Völlan**

Bauernmuseum: Badlweg 2, Mitte April – Okt. Di., Fr. 14.00 – 17.00, So. 15.00 – 17.00 Uhr

✴ Latsch

✴ D 6

Italienisch: Laces
Höhe: 639 m ü. d. M.
Einwohner: 5150

Bei Latsch im Untervinschgau mündet das Martelltal, das sich bis zu den Hochgebirgsgletschern von Ortler und Cevedale zieht, in das Etschtal.

Latsch war ein wichtiger Verkehrsknotenpunkt: Hier traf die beliebte Handelsroute vom Nonsberg über das Ultental auf die Römerstraße Via Claudia Augusta im Vinschgau. Heute leben die Bewohner von Obstanbau, einer Gewerbezone im Westen des Orts und vom Tourismus. Zur Gemeinde gehören außer Latsch die Dörfer Morter (►Martelltal), Tarsch und St. Martin im Kofel auf dem Sonnenberg.

SEHENSWERTES IN LATSCH

Pfarrkirche und Schloss
Im Zentrum steht die gotische Pfarrkirche **St. Peter und Paul**. Ihr Chor wurde um 1500 erbaut, das Langhaus besitzt noch Teile des Vorgängerbaus. Am Westportal ist ein Werk der Vinschgauer Steinmetzschule zu sehen: Heiligenfiguren mit viel zu großen Köpfen, darüber der hl. Michael mit der Seelenwaage. Innen wurde die Kirche 1860 neogotisch umgebaut. **Schloss Latsch** besitzt einen zinnenbekrönten, vierkantigen Wehrturm. Die einzige Wasserburg im Vinschgau entstand im 13. Jh. als Stammsitz der Herren von Annenberg (Privatbesitz, nicht zugänglich).
St. Peter und Paul: tagsüber tägl. geöffnet

Spitalkirche zum Hl. Geist
Die Kirche des ehemaligen Heiliggeistspitals wurde im 14. Jh. auf den Fundamenten eines älteren Gotteshauses erbaut und von den Annberger Grafen, die auf dem gegenüber liegenden Sonnenberg residierten, im 15./16. Jahrhundert umgestaltet. Sie ist fast vollständig ausgemalt; die Fresken (Ende 16./Anfang 17. Jahrhundert) zeigen u. a. die Stifterfamilie Heinrich von Annenberg mit zwei Ehefrauen und neun Kindern an der Westwand. Hauptsehenswürdigkeit ist der spätgotische ****Flügelaltar** des schwäbischen Meisters Jörg Lederer (um 1517).
❶ Spital- und Bichl-Kirche sind mit Führung nach Anmeldung zu besichtigen; Mitte April – Ende Okt. Treffpunkt Mo. 15.30 Uhr im Tourismusbüro Latsch; Ostern und Pfingsten Sa. 10.00 Uhr, 5 €, www.latsch-martell.it

Bichl-Kirche
Die Bichl-Kirche in der Bühelgasse wurde 1032 zum ersten Mal geweiht. Bei Restaurierungsarbeiten 1992 entdeckte man im Altar einen 5000 Jahre alten marmornen Menhir mit Ritzzeichnungen. Hinter dem Dorfplatz steht die kleine romanische Kirche **St. Nikolaus** aus der Zeit um 1200.

Ansitz Mühlrain
Wegen seiner Fassadenfarbe wird der westlich des Ortskerns an der Hauptstraße stehende Ansitz Mühlrain auch **»Rotes Schloss«** genannt. Der Barockbau mit zwei Erkertürmchen ist mit Fresken überzogen (Privatbesitz; nicht zugänglich). Die barocke Annakapelle daneben schmückt ein Relief der Unbefleckten Empfängnis.

UMGEBUNG VON LATSCH

Galsaun/ Tschars
Etwas talabwärts, abseits der Reschenstraße, liegen Galsaun mit einer Burgruine (13./14. Jh.) und Tschars mit der gotischen Martinskirche (16. Jh.). Tschars ist Endpunkt zweier schöner Waalwege: Der 5 km lange **Latschander Waalweg** (ab Schloss Kastelbell) führt über die Latschanderschlucht nach Latsch. Der 11 km lange, abwechslungs-

Latsch erleben

AUSKUNFT · VERKEHR

Tourismusverein Latsch-Martell
Hauptstr. 38/A, 39021 Latsch
Tel. 0473 62 31 09
www.latsch-martell.it
Vinschger Bahn von/nach Meran und
Mals, www.vinschgerbahn.it

ESSEN

Restaurant Kuppelrain ⊖⊖⊖-⊖⊖⊖⊖
Kastelbell, Bahnhofstr. 16
www.kuppelrain.com
So., Mo.mittag geschl.
Jörg Trafoier gehört zu den besten
Köchen Südtirols. Tipp: die mit Ochsen-
schwanz gefüllten Ravioli auf Trüffeljus.
Auch 4 Gästezimmer.

ÜBERNACHTEN

Hotel Paradies ⊖⊖⊖⊖
Latsch, Quellenweg 12
Tel. 0473 62 22 25
www.hotelparadies.com
Nov. bis Ende März geschl.
Komfortables Hotel, großzügige Bade-/
Saunalandschaft, großer Park.

Latscherhof ⊖⊖
Latsch, Valtneidweg 6
Tel. 0473 62 31 52
www.latscherhof.com
Sympathisches Familienhotel mit 26 Zim-
mern am Waldrand, Treffpunkt für
Mountainbiker

Turm-Chalet ⊖⊖⊖⊖
St. Martin im Kofel
Tel. 0335 8 18 55 10
www.turm-chalet.com
Das Turm-Chalet, von Werner Tscholl er-
baut, liegt am Sonnenberg auf 1730 m
Höhe. Mit Garten, Naturpool und Terras-
sen.

Falzrohr ⊖
Kastelbell Tscharts, Iostergasse 19
Tel. 0473 62 43 65, www.falzrohr.com
Ferienwohnung in einem Haus aus Holz
und Glas (Architekt: Werner Tscholl) mit
tollem Ausblick

EINKAUFEN

Annamaria und Urban Gluderer verkau-
fen im **Kräuterschlöss'l** Kräuter aller
Art, Lebensmittel und Kosmetik; auf der
Dachterrasse gibt es einen Liebesgarten
(Goldrain, Schanzenstr. 50, www.
kraeutergold.it).

SPORT

Auf 1700 Meter, im Hintermartell, liegt
das **Langlauf- und Biathlonzentrum
Martell** mit Schießplatz, Ausrüstung
(Langlaufski, Gewehr) kann geliehen
werden (St. Maria i.d. Schmelz 16).
Badespaß, u. a. ein Sportbecken für ambitionierte Schwimmer, eine große Rutsche
für die Kinder, Solebecken und Saunalandschaft, bietet das **Aquaforum Latsch**
(Marktstr. 48, www.aquaforum.it).

reiche und daher beliebte **Schnalswaal** führt vom Hotel Himmel-
reich (Tschars, Klostergasse) über Schloss Juval nach Neuratheis.

Knapp 3 km östlich thront am linken Etschufer das zinnenbekrönte   ***Kastelbell**
Schloss Kastelbell auf einem Felsen. Es wurde 1238 zum ersten Mal
erwähnt und im 19. Jh. gründlich restauriert. Über lange Zeit gehör-

te es den Grafen von Hendl, nun der Südtiroler Landesregierung. In den großzügigen Räumen mit ihrem mittelalterlichen Ambiente finden Ausstellungen und Veranstaltungen statt.

*St. Martin im Kofel

Von Latsch geht es mit einer Seilbahn zum Bergdorf St. Martin im Kofel auf 1740 m, Ausgangspunkt schöner Höhenwanderungen. Die namensgebende, Martin von Tours geweihte Kirche ist ein altes Pilgerziel; neben dem Chor steht in einer Felsnische die Statue des hl. Martin hoch zu Ross. Vom Ort hat man einen grandiosen Blick auf die Ortlergruppe. Mit der Sesselbahn geht es weiter zur bei Wanderern und Skifahrern beliebten **Tarscher Alm** (1940 m). Ein gemütlicher Wanderweg führt um den Tarscher See herum.

Tarsch

Südwestlich von Latsch liegt jenseits des Marienwaals der Ortsteil Tarsch. Die Fresken der Michaelskirche stammen aus dem 13. bis 15. Jh., der Hochaltar ist gotisch. Das nicht zugängliche Kirchlein des hl. Medardus hoch oberhalb des Etschtals ist romanischen Ursprungs.

Goldrain

Goldrain liegt 3 km westlich von Latsch am rechten Ufer der Etsch und der Einmündung des Martelltal. Namensgeber ist **Schloss Goldrain** mit markanten Ecktürmen und einer mächtigen Umfassungsmauer aus dem 12. Jh.; im 16. Jh. bauten es die Grafen von Hendl im Renaissancestil um. Das heutige Bildungszentrum des Vinschgaus kann nach Voranmeldung besichtigt werden. Südlich von Goldrain führt die Straße ins ▶Martelltal.

❶ www.schloss-goldrain.com

* **Mals**

C 4

Italienisch: Malles Venosta
Höhe: 1051 m ü. d. M.
Einwohner: 5100

Der von vier Kirch- und einem Burgturm beherrschte Hauptort des Obervinschgaus liegt an der Reschenstraße, am Südrand der Malser Haide, die einen Kontrast zur meist üppig grünen Landschaft des Unteren Vinschgaus bildet.

Das Dorf mit engen, steilen Gassen ist ein schöner Ausgangsort für Entdeckungsfahrten zum Reschenpass, ins Münstertal, zum Stilfser Joch und in den Untervinschgau. Bekannt ist es für die Sport-Oberschule, eine Kaderschmiede für Wintersportler. Auf dem Friedhof liegt der 1919 in Mals geborene Karl Plattner, einer der bedeutendsten Maler Südtirols im 20. Jh. († 1986 in Mailand). Von ihm stammen das Fresko »Grablegung Christi« (1950) in der Kapelle für die Gefallenen sowie die Familiengruft (1966).

Im Mittelalter konkurrierten die beiden Orte Mals und Glurns miteinander. Während in Mals die Bischöfe von Chur das Sagen hatten, herrschten in Glurns die weltlichen Landesfürsten. Heute pocht das wirtschaftliche und verwaltungspolitische Herz des Obervinschgaus in Mals. Ganz wesentlich für diese Entwicklung war die 1906 eingeweihte Vinschger Bahn, die in Mals endete. Ursprünglich sollte sie über den Reschenpass bis nach Landeck verlängert werden, doch der Erste Weltkrieg machte diese Pläne zunichte. 1990 wurde die Bahn stillgelegt. Seit Mai 2005 fährt die bunte **Vinschger Bahn** zur Freude der Einheimischen und Besucher wieder nach Meran; im Sommer wird sie gerne von Radlern benutzt, die den populären Vinschger Radweg von Mals in Richtung Meran fahren.

Geschichte

SEHENSWERTES IN MALS

Der 33 m hohe runde Bergfried, Rest einer Burg aus dem 12. Jh., erhebt sich mitten in Mals (Privatbesitz). Wer die 164 Stufen hochsteigt, wird mit einem schönen Blick über Mals belohnt.
Turmbesteigung: Ende Juni – Anf. Sept. Di. – Do. 11.00 Uhr

*Fröhlichsburg

Weithin sichtbar: die Türme von Mals

Mals erleben

AUSKUNFT · VERKEHR

Tourismusverein Mals
St. Benedikt-Str. 1, 39024 Mals
Tel. 0473 83 11 90
www.ferienregion-obervinschgau.it
Vinschgerbahn von/nach Meran, www.
vinschgerbahn.it; Busse nach Nauders
(Österreich) und durch das Münstertal in
die Schweiz

ESSEN

Gasthof zum Gold'nen Adler ⊕-⊕⊕
Schleis 46
Tel. 0473 83 11 39
Do. nur abends geöffnet
www.zum-goldnen-adler.com
Holzgetäfelte Stuben im Gasthof 2 km
westlich von Mals; die Zutaten der Südtiroler Gerichte stammen v. a. aus der
eigenen Landwirtschaft.

ÜBERNACHTEN

Villa Waldkönigin ⊕⊕-⊕⊕⊕
St. Valentin, Waldweg 17

Tel. 0473 63 45 59
www.waldkoenigin.com
Traditionshotel (Anfang 20. Jh.) mit zwei
zeitgenössischen Gebäuden. Schöner
Wellnessbereich.

Hotel Greif ⊕⊕
Gen. Verdroßstr. 40a
Tel. 0473 83 14 29
www.hotel-greif.com
Das traditionelle Hotel im Malser Zentrum wird nach ökologischen Gesichts-
punkten geführt.

SPORT

Hallenbad, Erlebnisbad, Sauna, Kegel-
bahn und Tennisplätze bietet Fitness
Sportwell (Glurnser Str. 7, www.sport
well.it).
Von St. Valentin führt eine Gondelbahn
ins **Skigebiet** Haideralm auf 2060 m
Höhe, im Sommer ein Paradies für Wanderer (www.haideralm.it).

St. Benedikt Die kleine Benediktkirche (um 800) am Dorfrand gehört mit ihren Fresken und Stuckverzierungen aus karolingischer Zeit zu den kunsthistorischen Schätzen des Vinschgaus. Im 12. Jh. folgte der Kirchturm. 1786 wurde die Kirche profaniert und als Abstellraum verwendet. Erst um 1913 entdeckte man die **Fresken aus karolingischer Zeit sowie drei hufeisenförmige Nischen an der Ostwand wieder, wohl eine Variante der Dreiapsidenkirche. Neben den Malereien fand man auch die Reste von sechs Stucksäulen, die ursprünglich an den Nischen standen.

Einzigartig sind die Darstellungen des weltlichen Kirchenstifters, eines fränkischen Adligen in blauem Umhang, und eines geistlichen Würdenträgers mit dem Modell der Kirche. Beide Herren tragen rechteckige Nimben über ihren Köpfen, ein Zeichen dafür, dass sie noch lebten, als der Maler sie auf die Kirchenwand bannte. Sicher war die Kirche einst vollständig ausgemalt; heute sind nur an der Nordwand Reste der Gregorlegende und die damals sehr beliebten Paulusszenen erhalten, darunter das »Rutenmartyrium«, wobei Paulus und sein Begleiter Silas gut genährt und eher fröhlich aussehen.

❶ April – Okt. Mo. – Sa. 10.00 – 11.30, Juli, Aug. Di. – Do. 15.00 – 16.00 Uhr, Führungen: Mo. 16.30, Juli – Sept. Di., Do. 14.00 Uhr, Eintritt 1,80 €, mit Führung 3 €, www.stiegenzumhimmel.it

Hinter der Kirche **St. Martin** ist der romanische Pfarrbezirk mit Kirchenanger und Friedhof erhalten. Von der **St.-Johann-Kirche** (12. Jh.) ist nur der schöne romanische Turm übrig geblieben, der Rest wurde 1799 von französischen Truppen zerstört. Der »Tod des hl. Joseph« von Martin Knoller (1782) schmückt einen Seitenaltar. **Weitere Sehenswürdigkeiten**

Schöne Ausblicke auf die Ortlergipfel hat man von der zur Ortschaft Mals abfallenden, bis zu 2000 m hohen, von Waalen durchzogenen und von Lärchenwäldern gesäumten Malser Haide. Erreichbar ist sie mit einer modernen Gondelumlaufbahn von **St. Valentin**. Die rund 13 km² große Ebene auf einem gewaltigen Mur- und Schuttkegel entstand während der Eiszeit. Auf den südlichen Ausläufern gedeihen Apfelbäume auf immerhin 1000 m Höhe. Das alte **Bewässerungssystem der Waale** (▶Vinschgau) muss allerdings immer häufiger modernen ***Malser Haide**

> **! BAEDEKER TIPP**
>
> *Petri Heil*
>
> Hecht, Forelle, Barsch und vor allem die beliebten Renken locken zahlreiche **Angler** an den Haidersee nördlich von Mals (Auskunft: Fischereiaufseher Martin Stecher, Tel. 0335 8 00 85 00).

Sprinkleranlagen weichen. Die buckligen Wiesen werden für die maschinelle Bearbeitung eingeebnet, was das einmalige Landschaftsbild erheblich ändert. Für viel Diskussionsstoff sorgte auch das Windrad zur Energiegewinnung.

Am Nordostrand der Malser Haide liegt an den Berg geschmiegt der Weiler **Plawenn** auf 1700 m Höhe mit einem zinnengekrönten Ansitz. Auch **Monteplair**, ein Bauerndorf südlich von St. Valentin, in dem die Zeit scheinbar stehen geblieben ist, lohnt einen Abstecher.

UMGEBUNG VON MALS

Laatsch, ein typisches Vinschgauer Dorf etwa 1 km südwestlich von Mals am Eingang ins Münstertal, war 1499 Schauplatz der Calvenschlacht (▶Geschichte). In der Dorfmitte steht die zweigeschossige St.-Leonhard-Kirche, unter deren Chor die Dorfstraße durch einen Tunnel führt. Gotische Fresken schmücken die Innenwände, der Flügelaltar entstand vermutlich im 15. Jh. in der Werkstatt von Hans Schnatterpeck. **Laatsch**

❶ Auskunft im Tourismusverein Mals, Schlüssel auch bei Familie Hutter im Haus Nr. 30 oder im Pfarrhaus

Tartsch Das Dorf Tartsch liegt unweit südöstlich von Mals am Fuß des **Tart-scher Bühels**, eines Moränenhügels, der als Solitär aus der Malser Haide aufragt. Unter dem Hügel befindet sich ein Bunker, den Mussolini als Teil der Badoglio-Linie (Alpenwall) bauen ließ, da er seinem nationalsozialistischen Verbündeten nicht traute. Im Vinschgau gibt es einige solcher unvollendeter Anlagen, die heute oft als Reifekeller für Käse dienen.

Auf dem Tartscher Bühel steht die romanische ***Kirche St. Veit** (um 1200). Der Christus als Weltenherrscher ist das größte romanische Fresko von Christus in Südtirol. Im mittleren Register sind wohl die Apostel abgebildet. Der Hügel war bereits in vorchristlicher Zeit besiedelt. Bei Grabungen stieß man auf Fundamente von 80 rätischen Häusern (5. bis 3. Jh. v. Chr.). Am ersten Fastensonntag treffen sich hier die jungen Männer von Tartsch zum »Scheibenschlagen«.

Etwas südlich von Tartsch passiert man das 1949 gebaute Kavernenkraftwerk des Montecatini-Konzerns, rechts der Straße steht das bombastische Denkmal eines Rossbändigers (»Vereinte Kraft«).

St. Veit: Besichtigung nur mit Führung April – Sept. Di. 15.00 Uhr nach Anmeldung beim Tourismusverein Mals, Gebühr 2 €

* Martelltal

✦ D/E 5

Italienisch: Val Martello
Einwohner: 850

Das schmale Martelltal ist eines der schönsten Seitentäler des Vinschgaus. Es liegt im Nationalpark Stilfser Joch, erstreckt sich von Morter (967 m) bis zum Cevedale-Gletscher auf 3769 m Höhe und ist auch für seine zwischen 800 und 1700 m hoch gelegenen Erdbeerfelder bekannt.

Die Bewohner leben in verstreuten Siedlungen auf beiden Seiten des Wildbachs Plima, der immer wieder über die Ufer tritt. 1987 zerstörte eine Flutwelle weite Teile des Tals, 16 Häuser und viele Kilometer Straße, als am Zufrittstausee die Schleusen geöffnet wurden. Wie durch ein Wunder wurde niemand verletzt.

SEHENSWERTES IM MARTELLTAL

Montani in Morter Morter liegt am Eingang des Martelltals. Die südlich bergan führende Talstraße wurde im Ersten Weltkrieg für den Nachschub der Ortler-Cevedale-Front gebaut. An der Pfarrkirche St. Dionysius ist ein großes Christophorus-Fresko (um 1500) zu sehen. Etwas außerhalb

Martell erleben

AUSKUNFT · VERKEHR
Tourismusverein Martelltal
39021 Latsch
Tel. 0473 62 31 09
www.latsch-martell.it
Vinschgerbahn von/nach Meran und
Mals, www.vinschgerbahn.it; ins Mar-
telltal fahren Busse von Goldrain und
Morter.

ESSEN
Lyfi-Alm
Tel. 0473 74 47 08
www.lyfialm.it

Ende Mai – Anfang Nov. tägl.,
Jan. – Ende März Do. – So., April geschl.
Auf 2165 m mit herrlichem Blick auf
Ortler und Cevedale, 3 Gästezimmer

ÜBERNACHTEN
Hotel zum See
Hintermartell 207
Tel. 0473 744 668
www.hotelzumsee.com
Ruhiges Hotel, 1870 m hoch gelegen,
idealer Ausgangspunkt für die Zufalls-
spitze (um 3700 m)

---

steht zwischen Obstbäumen die romanische Dreiapsidenkirche **St. Vigilius.** Im Inneren des 1080 geweihten Sakralbaus ist ein schöner Mäanderfries erhalten. Eine kurze Wanderung führt zu den Burg-ruinen Unter- und Obermontani und zur Stephanskapelle hinauf.

Die **Burg Obermontani** wurde 1228 von Albert II. von Tirol als Trutz-burg gegen die Churer Bischöfe er-richtet. Sie beherbergte eine bedeu-tende Bibliothek mittelalterlicher Handschriften. 1837 fand man hier die **zweitälteste Handschrift des Nibelungenlieds** (1323, heute in den Sammlungen der Stiftung Preu-ßischer Kulturbesitz). Die **Burg Un-termontani** liegt nördlich und 30 m tiefer. Als Vorburg dürfte sie Anfang/Mitte des 13. Jh.s erbaut worden sein. Die einstige ***Schlosskapelle St. Stephan** ist vollständig mit goti-schen Fresken aus dem 15. Jahrhun-dert verziert: Die Bilder an der Ost- und Nordwand stammen von lombardischen Wandermalern, die anderen von schwäbischen Künstlern.

> **BAEDEKER TIPP**
>
> ⚠ *Hoher Hof*
>
> Hoch über dem Martelltal liegt auf fast 2000 m einer der höchs-ten bewirtschafteten Bauernhöfe Südtirols, der Stallwieser. Ange-schlossen ist ein kleiner, urgemüt-licher Berggasthof mit fünf Zim-mern, der sich als idealer Standort für Ausflüge in die umliegende imposante Bergwelt anbietet (© Waldberg 1, Tel. 0473 74 45 52, www.stallwies.com).

St. Vigilius: Schlüssel für Besichtigung im nahen Bauernhof, Platzergasse 30
St. Stefan: Führungen tägl. 11.00 und 15.00 Uhr nach Voranmeldung bei Familie Peer, Tel. 0473 74 23 44, Schlosshof Montani neben der Burganlage; um eine Spende wird gebeten.

Martell Hinter Morter überwindet die Talstraße in Serpentinen einen gewaltigen vorgeschichtlichen Bergsturz. Etwas abseits der Talstraße liegt Martell, der Hauptort der Gemeinde, auf 1312 m. Von hier erreicht man auf schönen Wegen den höchstgelegenen Marteller Hof, das Berggasthaus Stallwieser (▶Baedeker Tipp S. 229). Das Nationalparkhaus **Culturamartell**, ein auffälliger Holzbau in Trattla, ist ein modernes Heimatmuseum. Die Ausstellung »In Martell in mein Tol« erzählt vom Leben der Bergbauern, hinzu kommen Wechselausstellungen.
❶ Trattla 246, Anf. April – Mitte Okt. Di. – Fr. 9.00 – 12.00, 14.30 – 18.00, Sa., So. und Fei. 14.30 – 18.00 Uhr, Eintritt 3 €, www.culturamartell.com

Kapelle St. Maria in der Schmelz Im hinteren Martelltal liegt die Kapelle St. Maria in der Schmelz. Sie wurde 1711 für die Arbeiter erbaut, die hier seit Mitte des 15. Jh.s Kupfer, Eisen und etwas Silber schürften. Jeden ersten Julisonntag wird das Patrozinium bei dem hohen Felsblock gefeiert, der bei einem Felssturz die Kirche verschonte. Oberhalb des Zufrittsees (1850 m) folgt der Talschluss, Ausgangspunkt für Hochgebirgstouren in die Gletscherwelt von Ortler und Cevedale. Auf 2160 m liegt die rote Ruine des **einstigen Luxushotels Paradiso**, 1933 – 1935 erbaut, 1943 von der Wehrmacht besetzt und 1946 insolvent.

** Meran

✦ **C/D 7/8**

Italienisch: Merano
Höhe: 325 m ü. d. M.
Einwohner: 38 200

Meran lockt mit besonders mildem Klima, Zitronenbäumen, Weinbergen, Obstplantagen und Villen der K.-u.-k.-Zeit. Die Berge der Texelgruppe schützen die kleine Stadt am Zusammenfluss von Etsch und Passer vor den kalten Nordwinden.

Magnet am Alpenrand Kein Wunder, dass die Römer hier eine Siedlung gründeten, eine Art Vorposten vor dem Sprung über die Alpen. Für alle, die gerade den Reschenpass oder den Brenner überwunden haben, ist Meran ein erster Gruß des Südens. Verlockend sind auch die Gärten von Schloss Trauttmansdorff, die Thermenlandschaft, die Meraner Musikwochen oder das Weinfestival. Viel Laune macht das Flanieren unter den Lauben mit zahllosen Geschäften – an 300 Sonnentagen im Jahr.

Geschichte Als Ötzi vor etwa 5300 Jahren durch die Alpen streifte, waren die Anhöhen rund um den damals noch versumpften Talkessel von Ackerbauern bewohnt. Später siedelten hier die Räter, kurz vor der Zeitwende gründeten die Römer die Militärstation Castrum Mai-

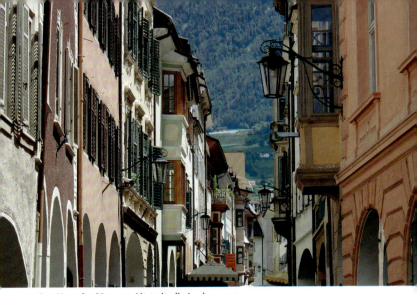

Das Herz der Meraner Altstadt: die Laubengasse

ense, woraus die 857 erstmals erwähnte Siedlung Mairania entstand. Ihre Blütezeit erlebte sie im Mittelalter als Hauptstadt der Grafen von Tirol. Die Laubenstraße wurde angelegt, die Stadt mit Mauern umgeben, eigene Münzen geschlagen. Rund um die Stadt entstanden zahlreiche Adelssitze, denn alle suchten die Nähe zur Macht. Hinzu kam, dass Meran auf dem Krönungsweg lag, über den die deutschen Kaiser nach Rom zogen. Als aber 1420 die landesfürstliche Residenz von Schloss Tirol nach Innsbruck verlegt wurde, versank Meran in Bedeutungslosigkeit. In den Lauben lungerten Kühe herum, wie die Chronik erzählt, und man sprach vom »Kuhstadtl«.

Der **zweite Aufstieg** Merans begann Anfang des 19. Jh.s Luise, die Witwe Napoleons I., pries 1818 die Schönheit Merans. 1836 veröffentlichte Dr. Joseph Huber in Wien einen Artikel, in dem er die heilenden Kräfte des Klimas und der herbstlichen Traubenkur in Meran hervorhob. 1838 reiste Kaiser Ferdinand I. mit Ehefrau an, gefolgt von den Königen von Württemberg und Preußen, und von nun an gab sich **Europas Hautevolee** hier die Klinke in die Hand. In Obermais entstanden feine Villen, die mittelalterlichen Ansitze wurden zu standesgemäßen Residenzen umgebaut. Dass **Kaiserin Sisi** 1870 bis 1872 die Wintermonate auf Schloss Trauttmansdorff verbrachte, mehrte den Ruhm von Meran. Im Schlepptau der Donaumonarchie ließen sich empfindsame Dichter, Komponisten und Maler in die Stadt an der Passer locken. So schrieb die Hoteliersgattin Olga Waissnix an den angehenden Dichter Arthur Schnitzler: »Ich wollte, ich könnte Ihnen etwas Meran senden, den goldenen Sonnenschein und diese müde duftende Luft.«

Meran erleben

AUSKUNFT · VERKEHR

Kurverwaltung Meran
Freiheitsstr. 45, 39012 Meran
Tel. 0473 27 20 00
www.meran.eu
Zentrales Parkhaus unter der Therme;
weitere Parkplätze am Praderplatz am
Bahnhof und bei der Meranarena. Die
Museumobil Card beinhaltet Fahrten
mit öffentlichen Verkehrsmitteln und
den Besuch von 78 Museen in Südtirol,
7 Tage kosten 25 €; erhältlich in Tourismusbüros, Bahnhöfen und zahlreichen
Museen.

FESTE, EVENTS

Die **Meraner Musikwochen** bieten
klassische Musik von Ende August bis
Ende September im Kurhaus; viele Konzerte sind schon Monate vorher ausgebucht (www.meranofestival.com).
Produzenten italienischer Weine treffen
sich Anfang November zum **Meraner
Weinfestival** (www.meranowine
festival.com).
Der **Adventsmarkt** von Ende November
bis 7. Januar versammelt 80 Aussteller
auf der Kurpromenade (www.meraner
advent.it).
Auf der 1896 erbauten, 1935 erweiter-
ten **Pferderennbahn** in Meran-Mais
werden von April bis Oktober Galopp-
und Hindernisrennen veranstaltet. Höhepunkte sind u. a. das traditionelle
Galopprennen für Haflinger am Ostermontag und der »Preis von Meran«
Ende September (www.meranomaia.it).

ESSEN

❶ Sissi €€€
Galileistr. 44
Tel. 0473 23 10 62

www.andreafenoglio.com
Mo. geschl.
Mit einem Michelin-Stern ausgezeichnet.

❷ Sieben €-€€
Lauben 232
Tel. 0473 21 06 36
www.bistrosieben.it
Di. geschl.
Traditioneller Treffpunkt zum Kaffee,
Lunch und Aperitif, Südtiroler Schman-
kerl und italienische Gerichte

❸ Forsterbräu €-€€
Freiheitsstr. 90
Tel. 0473 23 65 35
www.forsterbrau.it
10.00 – 22.00 Uhr
Einheimisches Bier der Brauerei Forst
und gute regionale Küche, Biergarten
im Innenhof

❹ Pizzeria Bruschetta €
Romstr. 144
Tel. 0473 23 32 90
So. geschl.
Treffpunkt aller Pizza-Liebhaber; Freitag
ist Fischtag, unbedingt reservieren.

❺ Vinothek Relax €
Cavourstr. 31
Tel. 0473 23 67 35
Mo. – Sa. 7.30 – 1.30 Uhr
www.weine-relax.it
Gute Pizzen, Speck- und Käseauswahl
zu 500 Weinen aus Italien, Frankreich,
Österreich und Spanien.

AUSGEHEN

❻ Clublounge Sketch
Passerpromenade 38
Tel. 0473 21 18 00

Meran

Essen
1 Sissi
2 Sieben
3 Forsterbräu
4 Pizzeria Bruschetta
5 Vinothek Relax

Ausgehen
6 Clublounge Sketch

Übernachten
1 Imperial
2 Pünthof
3 Pergola Residence
4 Schloss Pienzenau

www.sketch.bz
Di. – Do. 18.00 – 1.00, Fr. – Sa.
18.00 – 3.00, So. 18.00 – 24.00 Uhr
Aktuelle Topadresse für den After-Work-Drink, am Abend sorgt ein DJ für gute Stimmung.

ÜBERNACHTEN

❶ Imperial Art ⬤⬤⬤⬤
Freiheitsstr. 110
Tel. 0473 23 71 72
www.imperialart.it
Für Liebhaber zeitgenössischen Designs: Die 11 Zimmer des Imperial Art wurden von Künstlern der Meraner Gruppe eingerichtet.

❷ Pünthof ⬤⬤
Algund, Steinachstr. 25
Tel. 0473 44 85 53
www.puenthof.com
18 Zimmer, seit 1633 im Besitz der Familie Wolf. In der schönen Bauernstube gibt es ein reichliches Frühstück.

❸ Pergola Residence ⬤⬤⬤⬤
Algund, St.-Kassiansweg 40
Tel. 0473 20 14 35
www.pergola-residence.it
Mitte November bis Anfang März geschl.
Das Appartementhaus in den Weinbergen von Algund hat Matteo Thun entworfen.

❹ Schloss Pienzenau ⬤
Algund, Pienzenauweg 6
Tel. 0473 23 66 49
www.pienzenau.com
Drei Doppelzimmer im Schlossturm und ein Atelier mit acht Betten.

EINKAUFEN

PUR Südtirol ▶Baedeker Wissen S. 78
Das renommierte **Meraner Weinhaus** bietet mehrfach im Monat Verkostungen von Südtiroler Weinen an (Romstr. 76, www.meranerweinhaus.com).
Feinste Lebensmittel aus ganz Italien sowie eigene Produkte offeriert das Feinkosthaus **Seibstock Delikatessen**, im Bistro werden kleine Südtiroler Spezialitäten serviert (Lauben 227, www.seibstock.com).
Alexandra Stelzer und **De Call** sind feste Begriffe im Bereich hochwertige Mode und ein bliebtes Einkaufsziel (auch Online-Shop, Luis Zuegg-Str. 72a, www.decall.it).
Dimitri hat etliche Jahre bei Jil Sander, Hugo Boss und Vivienne Westwood gearbeitet, bevor er hier seinen Shop eröffnete (Sandplatz 2, www.bydimitri.com).
Seit 2008 besitzt die **Barbara von Pfoestl** ihr eigenes Atelier: Gefällige Mode mit kreativen Details ist ihr Stil (Algund, Mitterplars 2, www.atelier-vonpfoestl.it).

Bürgermeister und Kurärzte sorgten für die Organisation des Kurbetriebs: 1855 wurde die erste Kurordnung erlassen, 1874 das erste Kurhaus eröffnet. Eine wichtige Rolle beim Aufstieg als Kurstadt spielte auch der aus dem Vinschgau stammende Kurarzt Dr. Franz Tappeiner (1816 – 1902). 1914 wurden in Meran 1,2 Mio. Übernachtungen gezählt – diese Zahl wurde erst wieder 1966 erreicht.

Nach dem Ersten Weltkrieg gehörte Südtirol zu Italien und die Gäste blieben aus. Im Zweiten Weltkrieg diente die Stadt als Lazarettstandort und wurde von den Bomben verschont, weshalb die Villen im Stil der Gründerzeit beinahe unversehrt erhalten. Über die Jahre setzte sich viel Patina an, die der Stadt etwas Betuliches gab. Inzwischen spürt man aber den Zeitgeist, der sich aufs Schönste mit den bemerkenswerten Spuren der Vergangenheit verbindet.

SEHENSWERTES IN MERAN

Die Altstadt von Meran war einst von einer Stadtmauer mit vier **Stadttoren** umgeben, von denen drei erhalten sind: das Vinschger Tor im Westen, das Passeirer Tor im Osten – hier stehen noch Reste der Stadtmauer – und das Bozner Tor im Süden mit einem steilen Dach und Wappen von Österreich, Tirol und Meran.

**Stadttore und **Lauben

Der mittelalterliche Zauber Merans zeigt sich am unmittelbarsten bei einem Spaziergang durch die **Laubengasse**, die bereits Mitte des 13. Jahrhunderts entstand und den Kornplatz mit dem Pfarrplatz verbindet. Bis 1913 waren die Meraner Lauben die längsten in ganz Tirol. Erst die veränderte Verkehrsführung erzwang eine zweifache Unterbrechung der überdachten Flaniermeile. Bis heute spielt sich hier das Geschäftsleben ab. Zu allen Jahreszeiten kann man hier flanieren und sich vom Angebot in den Schaufenstern verführen lassen. Die Fassaden der Häuser tragen oft reiche Verzierungen und Erker. Die dem Küchelberg zugewandten Lauben sind die »Berglauben«, die gegenüberliegenden zur Passer hin die »Wasserlauben«.

Im Westen der Lauben, vor dem Kornplatz, hat das Ende der 1980er-Jahre von Evelyn Ortner gegründete Frauenmuseum eine Bleibe gefunden. In Schaukästen werden die Fragen der Emanzipation dargestellt, Mode und Alltagsgegenstände spiegeln die gesellschaftlichen Veränderungen der letzten 200 Jahre wider.
❶ Meinhardstr. 2, Mo. – Fr. 10.00 – 17.00, Sa. nur bis 12.30 Uhr, Eintritt 5 €, www.museia.it

****Frauen- museum**

Von den Lauben ist es nur einen Katzensprung zur Landesfürstlichen Burg, die Sigmund der Münzreiche 1470 als Stadtresidenz bauen ließ. Mit Schießscharten, Zinnen, Butzenscheiben und eisenbeschlagenen Toren besitzt es aber alle Details einer wehrhaften mittelalterlichen Burg. Die holzgetäfelten Räume sind Beispiele eleganter gotischer Wohnkultur. Kaiser Maximilian schätzte besonders das sogenannte Kaiserzimmer mit Zirbelholztäfelung. Auf den grünen Kacheln des Kachelofens sind die Wappen der Länder des Habsburger Reichs abgebildet. Nicht mehr alle Möbel sind original, aber traditionsbewusste Bürger haben fehlendes Inventar in ganz Tirol zusammengesucht. Heute sind auch Stücke aus der Spätgotik und Frührenaissance zu sehen. Gegenüber der Burg befindet sich die Station des Sessellifts

***Landesfürst- liche Burg**

zum Segenbühel auf dem Küchelberg, ein empfehlenswertes Verkehrsmittel nach Dorf Tirol (▶S. 232).

❶ Galileistraße, März – Anfang Dez. Di. – Sa. 10.00 – 17.00, So. bis 13.00 Uhr, Eintritt 2 €, www.burggrafenamt.com

**Kunst Meran

Wie gut sich Heutiges und Mittelalter ergänzen, zeigt das Museum »Kunst Meran« in einem Laubenhaus nahe dem Pfarrplatz mit ambitionierten Ausstellungen zeitgenössischer Kunst.

❶ Lauben 163, Di. – So. 10.00 – 18.00, Juli, Aug. 11.00 – 19.00 Uhr, Eintritt 5 €, www.kunstmeranoarte.org

*St. Nikolaus

Am Pfarrplatz, am Ostende der Lauben, steht die spätgotische Pfarrkirche St. Nikolaus. Ihr 83 m hoher Turm trägt eine 1617 aufgesetzte Renaissancehaube. In der Turmhalle sind Fresken aus dem 15. Jh. zu sehen (1415). Die südliche Langhauswand mit einer hervorragenden Steinskulptur des hl. Nikolaus (um 1350) erhielt in spätgotischer Zeit zwei elegante Portale. Das Innere entstand um 1350 – 1420, das Netzrippengewölbe um 1490, die Glasgemälde der südlichen Fensterfront, die Sandsteinkanzel und ein Flügelaltar an der Nordwand um 1500. Die Darstellung der »Maria Himmelfahrt« stammt vom Tiroler Barockmaler Martin Knoller (1788), der auch die Gemälde der Seitenaltäre schuf (um 1793). Die Statuen der Chorwände und der Flügelaltar an der Südwand sind neugotisch (1890).

Neben dem Chor der Pfarrkirche steht die zweigeschossige ***Barbarakapelle**, ein 1450 geweihter, achteckiger Zentralbau mit zwei Barockaltären und einem gotischen Flügelaltar.

Von hier führt die Passeirergasse durch **Steinach**, den einstigen Stadtkern Merans zur Zeit der Grafen von Tirol, zum Passeirer Tor.

Stadtmuseum (zzt. geschl.)

Derzeit wird der Ansitz Mamming (1675 – 1680) hinter der Pfarrkirche umgebaut. Hier wird das Stadtmuseum einziehen. Zu sehen sind Funde aus der Urgeschichte, Kunsthandwerk und Gemälde von Meraner Malern; der Kern der Sammlung, gotische Skulpturen und barocke Gemälde tirolischer Meister, geht auf den Meraner Arzt Franz Innerhofer (18471 – 1918) zurück.

Stadttheater

Ausgangspunkt zur Erkundung der **Kurstadt Meran** ist der Theaterplatz mit dem 1899/1900 im frühen Jugendstil erbauten Stadttheater, das ein vielseitiges Programm bietet. Die Pläne stammen von Martin Dülfner – entwarf auch die Theater in Dortmund, Lübeck und Sofia – und Wilhelm Kürschner. Innen finden sich rote Samtstühle, eingerahmt von viel Gold, Messing, Kristall und Marmor.

❶ Freiheitsstr. 29, Tel. 0473 21 23 70, www.kurhaus.it

**Promenaden

Nicht weit entfernt beginnt die berühmte ****Kurpromenade** mit Cafés und Blumenbeeten an der **Passer** entlang. Der kristallklare

Gebirgsbach entspringt am Timmelsjoch, durchquert Meran und mündet in die Etsch. Das *Kurhaus ist einer der schönsten Jugendstilbauten der Alpen. Es besteht aus dem älteren Kurhaus der Wiener Architekten C. F. L. Förster und Josef Czerny (Westflügel, 1874) und dem kuppelgekrönten Neuen Kursaal des Wiener Sezessionisten Friedrich Ohmann. Der Neue Kursaal bildet seit 1914 den eleganten Rahmen für die Meraner Musikwochen.

❶ Freiheitsstr. 33, Mo.–Do. 9.00–12.00, 15.00–17.00, Fr. nur bis 12.00 Uhr, www.kurhaus.it

25 Becken mit unterschiedlichen Wassertemperaturen, gespeist von radonhaltigen Quellen, bieten **Badespaß** und Linderung bei Gelenk-, Atemwegs- und Allergiebeschwerden. Das Gebäude entstand nach Plänen des Berliner Architekturbüros Baumann und Zillich, das minimalistische Design im Innern entwarf der in Bozen geborene Matteo Thun. Im Sommer ist der Thermenpark geöffnet, schön spazieren gehen kann man auch im Rosen- und Palmengarten.   ***Therme Meran**

❶ Thermenplatz 9, 9.00–22.00 Uhr, Eintritt (Pools): 2 Std. 12,50 €, Tageskarte 18,50 €, www.thermemeran.it

Die Kurpromenade führt zur *Postbrücke, einem Beispiel vollendeten Jugendstils von 1909. Im Anschluss daran führen die *Winter- und die Sommerpromenade an der Passer weiter flussaufwärts. An der Winterpromenade steht die **Wandelhalle** (1864), die mit ihrer Stahlkonstruktion die Architektur der Wiener Stadtbahnhaltestellen vorwegnahm und im 20. Jh. mit Wandbildern von Franz Lenhart dekoriert wurde. An der gegenüberliegenden Sommerpromenade erinnert eine Marmorstatue von 1903 an Kaiserin Sisi. Beide Promenaden treffen sich hinterm **Steinernen Steg**, der ältesten Passerbrücke in der Nähe des Passeirer Tors (17. Jh.). Hier beginnt die mit mediterraner Flora bepflanzte *Gilfpromenade, die über die **Zenoburg** (Ende 13. Jh.) in die ** Tappeiner-Promenade übergeht. Benannt ist der 4 km lange Weg nach dem Meraner Kurarzt Kurt Tappeiner, der 1893 den ersten Teil aus eigenen Mitteln finanzierte. Der Tappeiner-Weg führt 100 m oberhalb von Meran am Hang des Küchelbergs bis nach Gratsch.   **Postbrücke und weiter an der Passer entlang**

Denkmal der Kaiserin Sisi

WEITERE SEHENSWÜRDIGKEITEN

Sandplatz Der Sandplatz zwischen Bozner Tor und Passerufer ist mit seinen unlängst restaurierten Bauten ein schönes Beispiel für die Architektur zu Beginn des 19. Jahrhunderts.

*Spitalkirche zum Hl. Geist Über die Postbrücke geht es ans andere Passerufer, wo gegenüber der Hauptpost, umtost vom Straßenverkehr, noch einmal das Mittelalter grüßt: 1271 ließ Meinhard II. hier ein Armenspital mit Kirche bauen. Ein Hochwasser zerstörte 1419 den Komplex. Die neue Kirche wurde um 1450 vollendet. Ihr elegantes zweiteiliges Westportal zeigt im Bogenfeld über den gotischen Holztüren feine Steinmetzarbeiten, u. a. einen Gnadenstuhl: Der Heilige Geist schwebt über Gottvater, der den gekreuzigten Jesus hält. Zu beiden Seiten knien der Stifter Andre Hilprant, der damalige Bürgermeister, und seine Frau. Im Innern sind eine große **Kreuzigungsgruppe** über dem Nordportal (um 1270) und die acht Heiligenstatuen an den Chorpfeilern (1520) beachtenswert, ebenso zwei Flügel des ansonsten neogotischen Altars im linken Seitenschiff: Sie zeigen rechts Verkündigung und Anbetung, links Christi Geburt und die Beschneidung; die vier Reliefs schuf **Jörg Lederer** 1524 wohl für die Kirche in Partschins.

Jüdisches Museum Die 1901 vollendete Synagoge im Westen der Therme Meran beherbergt das jüdische Museum. Es unterrichtet über die im 19. Jh. sehr aktive jüdische Gemeinde in Meran; damals lebten und arbeiteten viele jüdische Ärzte in der Badestadt.
❶ Schillerstr. 14, Di., Mi. 15.00 – 18.00, Do. 9.00 – 12.00, Fr. 15.00 – 17.00 Uhr, Eintritt frei

Weitere Sehenswürdigkeiten im Stadtzentrum Die Bedeutung Merans als mondäne Kurstadt spiegelt sich auch im 100 m langen **Bahnhofsgebäude** (1906), das den Ideen des Wiener Stadtplaners Otto Wagner nachempfunden ist. Weitere Baudenkmäler sind das ehemalige Hotel »Emma« in Bahnhofsnähe (1908, Mazzini-Platz 1) und die **erste Therme**. Der dreistöckige Komplex von 1907 mit der mächtigen Kuppel wurde von Max Langheinrich entworfen. Sehen und gesehen werden galt auch in jenen Zeiten, und so betrat man die Thermenanlage durch eine mit Säulen versehene Vorhalle und blickte auf eine breite, reich verzierte Marmortreppe, die in den oberen Stock führte. Heute ist dort ein **Bürgersaal** eingerichtet, in dem Veranstaltungen stattfinden (Otto-Huber-Str. 8).

Schloss Trauttmansdorff Der 3 km lange »Sisi-Weg« führt in einer gemütlichen Stunde vom Zentrum Merans zu den 2001 neu angelegten ****Gärten von Schloss Trauttmansdorff**. Auf 12 Hektar werden 80 Gartenlandschaften bzw. Vegetationsformen gezeigt. Besonders sehenswert sind die einheimischen Kulturen wie Obstgärten, Weinberge mit verschiedenen

Rebsorten und Gemüsebeete. Ein 200 m langer Felsentunnel zeigt, was sich unter der Erde abspielt. Das 1347 erstmals erwähnte, 1850 zum heutigen Stand umgebaute Schloss Trauttmansdorff beherbergt das »Touriseum«: einige historische Wohnräume sowie eine Dokumentation über 200 Jahre Südtiroler Tourismusgeschichte.

❶ St.-Valentin-Str. 51a, April – Okt. 9.00 – 19.00, 1. – 15. Nov. bis 17.00 Uhr, Eintritt 10,80 €, www.trauttmansdorff.it

Im Stadtteil Untermais, an der Kreuzung von Rom- und Schafferstraße, liegt die kleine Kirche Maria Trost, die seit 1237 zur Stamser Zisterzienserabtei gehört. Von der romanischen Ausstattung blieb das große **Fresko mit dem Marientod** an der Nordostecke erhalten. Teile der Malerei erinnern an Hocheppan, die Starrheit der Figuren eher an byzantinische Malweise. Die barocke Umgestaltung im 17. Jh. wurde teilweise korrigiert: So sieht man noch das Deckenfresko Maria Himmelfahrt von Josef Anton Puellacher. Die schönen gotischen Fresken an der **südlichen Außenwand** wurden um 1372 von Künstlern der Bozner Schule angefertigt. In der Gruft unter dem Altar ist der Habsburger Erzherzog Ferdinand Karl begraben, der wegen seiner morganatischen Ehe mit Berta Czuber von der Thronfolge ausgeschlossen wurde. Bis 1911 war er Erzherzog von Österreich, danach nannte er sich Ferdinand Burg. Wegen eines Lungenleidens lebte er bis zu seinem Tod 1915 auf seinen Südtiroler Gütern.

**Kirche Maria Trost

❶ Mitte März – Ende Okt. Fr. 14.00 Uhr, Anfragen unter Tel. 0473 29 14 66 (Frau Dr. Dangl)

UMGEBUNG VON MERAN

Algund, 5 km nordwestlich von Meran, mit den Ortsteilen Dorf, Oberplars und Vellau, ist ein beliebter Ferienort für Sommertouristen, mit vielen kleinen Pensionen, die oft malerisch in den Weinbergen liegen und reizvolle Ausblicke auf Meran und das Etschtal bieten (www.algund.com). Von Plars geht es per Lift über das 900 m hoch gelegene Vellau bis zur Leiteralm auf 1512 m und ihrem ansprechenden Wandergebiet.

Algund

> **BAEDEKER TIPP** ❗
>
> ### Schnalshuberhof
>
> Der Biobauernhof und Buschenschank Schnalshuberhof in Oberplars ist für seine Käseknödel, Schupfnudeln, Bioweine und den Hausspeck bekannt (Do. – So. ab 17.00 Uhr, Tel. 0473 44 73 24).

*Hafling, 11 km südöstlich von Meran auf 1250 m Höhe, ist durch seine Pferdezucht bekannt. Die robusten **Pferde** mit der hellblonden Mähne wurden einst als Helfer im Gebirge und für den Kriegseinsatz gezüchtet, heute dienen sie v. a. als Reit- und Kutschpferde. Die charmante Landschaft um Hafling mit Almen, Lärchen- und Fichtenwäldern ist ein herrliches

Wandergebiet. Von der Haflinger Kirche St. Katharina aus dem 13. Jh. bietet sich ein herrlicher Blick auf Meran. Ganz in der Nähe steht ein Bildstock aus derselben Epoche. Von Hafling führt die Straße weiter nach Falzeben; hier besteht Anschluss an das Ski- und Wandergebiet Meran 2000 (▶unten).

Marling

Die 3 km südwestlich gelegene Gemeinde Marling ist schon fast mit Meran zusammengewachsen und liegt in einem intensiv genutzten Obstbaugebiet. Die heute neugotische Pfarrkirche Maria Himmelfahrt stammt aus dem 12. Jh.; ihr Geläut soll den Komponisten **Franz Liszt** bei einem Aufenthalt im Juli 1874 zu dem Lied »Ihr Glocken von Marling« inspiriert haben. Oberhalb des Marlinger Waalwegs steht die Wallfahrtskapelle St. Felix (1500). Noch etwas höher verläuft der Marlinger Höhenweg (www.marling.info).

**Waalwege

Waale, alte Bewässerungskanäle, wurden im Meraner Becken und dem gesamten Vinschgau angelegt. Der rund 12 km lange **Marlinger Waalweg** beginnt bei Töll in der Gemeinde Partschins und führt oberhalb von Forst, Marling und Tscherms nach Oberlana. In der Saison sind hier viele Wanderer unterwegs. Der **Algunder Waalweg** von Oberplars durch Kastanienwälder bis Gratsch, wo er in den Tappeiner Weg einmündet, ist gut 6 km lang. Unterwegs genießt man den Blick auf Dorf Tirol, das Etschtal und Meran. Besonders für Winterspaziergänge ist der **Schenner Waalweg** zu empfehlen, der in Verdins am Eingang des Passeier Tals beginnt und im Naiftal endet, oder der **Maiser Waalweg**, der durch schöne Natur und das Villenviertel von Meran über ca. 8,5 km von Saltaus im Passeiertal bis nach Obermais führt.

*Meran 2000

Fünf Kilometer von Meran entfernt liegt das **Skigebiet** Meran 2000 am Südfuß des Ifinger. Die Seilbahn bringt Skifahrer in 7 Minuten von Meran-Naif zum Piffing Köpfli. Hier gibt es 40 km Pisten (auch mit Flutlicht), eine Naturrodelbahn und Winterwanderwege (www.meran2000.net). In das Gebiet um die Kirsteiger Alm und Meraner Hütte (1930 m) gelangt man mit dem Sessellift von Falzeben.

Mühlbach

✳ C 10/11

Italienisch: Rio di Pusteria
Höhe: 777 m ü. d. M.
Einwohner: 2900

Mühlbach liegt am westlichen Eingang des Pustertals. Bereits im Mittelalter war es ein wichtiger Umschlagplatz für den Handel zwischen Venedig und dem süddeutschen Raum.

Mühlbach erleben

AUSKUNFT · VERKEHR

Tourismusverein
Mühlbach-Vals-Spinges
Katharina-Lanz-Str. 90
39037 Mühlbach
Tel. 0472 88 60 48
www.gitschberg-jochtal.com
Regionalzüge von/nach Brixen, Bruneck,
Innichen; Busse ins gesamte Pustertal

ESSEN

Wirtshaus Ansitz Strasshof ⊜
Springerstr. 2
Tel. 0472 88 61 42
Mi. geschl.
Historischer Ansitz oberhalb von Mühl-
bach mit bodenständiger Küche

ÜBERNACHTEN

Ansitz Kandelburg ⊜-⊜⊜
Richtergasse 4
Tel. 0472 84 97 92
www.ansitz-kandelburg.com

Stilvoll eingerichtete Zimmer, serviert
wird im ehemaligen Rittersaal.

Gasthof Seppi ⊜
Richtergasse 1
Tel. 0472 84 97 01
www.gasthof-seppi.it
Das Gasthaus ist auch bei den Einheimi-
schen beliebt, solide Küche.

EINKAUFEN

Die **Metzgerei Franz Pichler** ist für ihren Speck und die geräucherten Würste
weit über das Pustertal hinaus bekannt
(Katharina-Lanz-Str. 68).

SPORT

Die Region Jochtal und Gitschberg bietet
herrliche Landschaft voller Beschaulich-
keit, 44 km Piste, Langlaufloipen, Wanderwege und Mountainbike-Strecken
(www.gitschberg-jochtal.com).

SEHENSWERTES IN UND UM MÜHLBACH

Das Zentrum um den schönen Marktplatz prägen stattliche Bürgerhäuser und winklige Gassen. Fresken aus der Pacher-Schule (um 1500)
schmücken die 1227 erbaute, modern erweiterte Kirche *St. Helena;
eine Szene zeigt die Kreuzauffindung durch Helena, die Mutter des
römischen Kaisers Konstantin. Die doppelstöckige **Florianikapelle**
auf dem Friedhof wurde 1482 geweiht, die Fresken an der Außenwand
stammen aus der 2. Hälfte des 15. Jahrhunderts. Bei Aufräumarbeiten
stieß man auf römische Münzen, Dokumente und Statuen. Mehrere
Ansitze erinnern an die einstige Bedeutung Mühlbachs, wie der Ansitz
Kandelburg in der Richtergasse, ursprünglich Gerichtssitz und heute
Hotel; das ehemalige Verlies im Untergeschoss kann besichtigt werden.

Mühlbach

Herzog Sigmund der Münzreiche ließ die Burg in den 1450er-Jahren
erbauen. Sie war Zollstation an der Grenze zwischen den Grafschaften Tirol und Görz und zugleich Festung. Michael Gaismair, der Anführer des Bauernaufstands, belagerte das Bollwerk vergeblich. Auch

Mühlbacher
Klause

in den Tiroler Freiheitskriegen 1809 und 1813 lieferten sich Bayern und Franzosen hier heftige Gefechte. Später nutzten die Bauern die ausgebrannte Ruine als Steinbruch, der Rest verfiel. In den letzten Jahren wurde die Klause saniert.

❶ Juni – Sept. Do. 10.00 Uhr nur mit 45-minütiger Führung, Eintritt 1 €, Auskunft: Tourismusverein Natz-Schabs, Tel. 0472 41 50 20

Vals, Meransen-Gitschberg

Zur Gemeinde Mühlbach gehören auch die Skigebiete **Jochtal** oberhalb von Vals (1354 m) und **Gitschberg** oberhalb von Meransen (1414 m). Vals, 10 km nördlich von Mühlbach, ist Hauptort des **Valser Tals**, an dessen Talende die Alm Fane wartet: ein sehenswertes Ensemble bäuerlicher Architektur. Die mit Schindeln gedeckten Gebäude um ein Kirchlein werden als Berggasthof, Käserei, Stallungen und Scheunen genutzt. Im Sommer fährt ein Shuttlebus von Vals. Meransen erreicht man von Mühlbach entweder auf einer 8 km langen Panoramastraße oder mit einer ganzjährig betriebenen Seilbahn. Das sonnige Hochplateau ist ein herrliches Wandergebiet und im Winter ein schönes Skigebiet. Der 2125 m hohe **Gitschberg** ist durch eine Gondel mit dem Jochtal verbunden.

Natz, Schabs

Die Natzer Hochfläche ist bekannt für den Obstanbau, die sanft gewellte Gegend lädt zum Spazierengehen ein. In Natz zeigt ein Museum Werke des Holzschnitzers Rudolf Bacher (1903 – 1983); Schabs (Sciaves) liegt nördlich von Natz, nahe der Pustertaler Straße.

*Rodeneck (Rodegno)

Die imposante Burg Rodenegg südöstlich von Mühlbach an der Straße nach Rodeneck ist eine der größten Burganlagen Südtirols. Erbaut wurde sie im 12. Jh. auf einem Felssporn hoch über der Rienzschlucht. 1491 gelangte sie als Lehen an die Rodenegger Linie der Grafen von Wolkenstein, die sie im Renaissancestil mit Loggienfront umbauten und eine Gemäldesammlung sowie eine Bibliothek anlegten. Auch heute wird Rodenegg noch bewohnt, daher sind nur Teile zugänglich. Die 1972/73 zufällig entdeckten Fresken der Burgkapelle sind die **ältesten Zeugnisse ritterlich-höfischer Malerei.** Der Bilderzyklus aus dem frühen 13. Jh. zeigt zwölf Szenen aus dem Versepos »Iwein« (um 1190) des Minnesängers Hartmann von Aue.

❶ Besichtigung nur mit Führung und nach Anmeldung, Tel. 0472 45 40 56, 4 €, Mai – Mitte Okt. Di. – So. 11.00, 15.00, Mitte Juli, Aug. auch 16.00 Uhr

Spinges

Südwestlich von Mühlbach und über eine Serpentinenstraße zu erreichen, liegt der kleine Ort Spinges auf 1101 m Höhe. Bekannt wurde Spinges wegen der erbitterten Kämpfe zwischen napoleonischen und österreichischen Truppen 1797, als die Bauernmagd **Katharina Lanz** durch ihr beherztes Eingreifen den Tirolern zum Sieg verhalf. Mit einer Mistgabel verteidigte sie unerkannt die Kirche und verschwand dann. Erst kurz vor ihrem Tod, 50 Jahre später, bekannte sich Katharina Lanz zu ihrer Tat. In den Glasfenstern der spätgotischen Pfarrkirche zum hl. Rupert wird diese Szene dargestellt. Daneben steht die Heilig-Grab-Kapelle aus dem 17. Jh. mit großen Engeln aus Marmor und Passionsfiguren.

✳ Nals

✦ **D 8**

Italienisch: Nalles
Höhe: 331 m ü. d. M.
Einwohner: 1800

Der kleine Ort südlich von Meran inmitten von Weinbergen und Obstplantagen wird überragt von der Burgruine Payrsberg und dem Weingut Schwanburg.

Der Ort lag an der römischen Handelsstraße Via Claudia Augusta. 2005 wurden die Grundmauern eines römischen Hauses mit einer Badeanlage entdeckt, dazu das unversehrte Grab einer 20-jährigen Frau, Ohrringe und eine Glasperlenkette. Im Spätmittelalter wurde bei Nals in zwei Bergwerken Silber abgebaut. Heute lebt man vom Obst und vom Wein: Die Kellerei Schwanburg ist eine der ältesten privaten Kellereien Südtirols. Zur Gemeinde gehören Teile des Tisner Mittelgebirges und die Orte Prissian und Grissian.

Nals gestern und heute

Abrahams Opfergang über dem Apsisbogen im St.-Jakobs-Kirchlein

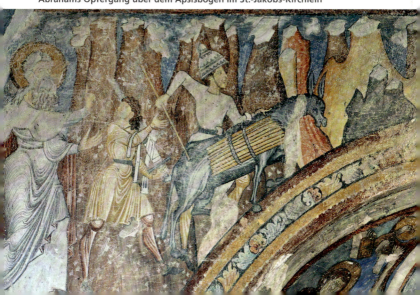

Nals erleben

AUSKUNFT · VERKEHR
Tourismusverein Nals
Rathausplatz 1/A, 39010 Nals
Tel. 0471 67 86 19
www.nals.info
Busse von/nach Lana, Meran, St. Felix
und Fondo im Trentino

ESSEN
Gasthof Unterkasatsch ❸
Tel. 0471 67 83 90
www.pfeffersburg.com
Di. und Mo. ab 15.00 Uhr geschl.
Landgasthof unterhalb der Burgruine
Kasatsch mit zwei gemütlichen Tiroler
Stuben und weitläufigem Garten. Gute
Südtiroler Küche.

Restaurant zum Löwen ❸❸-❸❸❸
Tisens, Hauptstr. 72
Tel. 0473 92 09 27, www.zumloewen.it
Mo., Di. und Mi. mittags geschl.
Anna Matscher ist die einzige Spitzen-
köchin in Südtirol. Schickes Lokal mit viel
Glas und Granit.

Gasthof Schmiedlhof ❸-❸❸
Tisens-Grissian, Grissian 6
Tel. 0473 92 09 93

Altes Tiroler Gasthaus mit herzhafter Küche, Blick auf Bozen und die Dolomiten

ÜBERNACHTEN
Gasthof zum Mohren ❸❸❸
Tisens-Prissian
Tel. 0473 92 09 23
www.mohren.it
Geschmackvolle Zimmer; besonders ge-
lungen sind die Mohrensuite, Mountain
Deluxe und Alpina Deluxe.

Schloss Wehrburg ❸❸
Tisens, Prissian 7
Tel. 0473 92 09 34
www.wehrburg.com
Ostern – Ende Okt. geöffnet
Das Schloss aus dem 13. Jh. kombiniert
modernen Komfort mit historischer At-
mosphäre.

EINKAUFEN
Zur **Genossenschaftskellerei Nals-
Margreid** gehören 140 Weinbauern.
Mit 3 Gläsern im Gambero rosso ausge-
zeichnet sind der Weißburgunder »Sir-
mian« und der Gewürztraminer »Baron
Salvadori« (Nals, Heiligenbergerstr. 2,
www.kellerei.it).

SEHENSWERTES IN NALS UND UMGEBUNG

Schwanburg　Mitte des 16. Jh.s ließ ein vermögender Abkömmling der Familie
Payrsberg-Boymont einen prächtigen Ansitz mit Weinhof und Keller
bauen. Der schöne Innenhof mit einer Sonnenuhr von 1560 ist von
Loggien umgeben. Später ging das Anwesen an die Grafen von
Trapp, schließlich an die Erben der Familie Carli, die das Weingut
heute führen.

**Burgruine
Kasatsch**　Auf einem Felsbuckel sitzt die Ruine der 1194 erbauten Burg Kasatsch; im Volksmund wird sie auch Pfeffersburg genannt. Im Sommer finden hier Freiluftkonzerte statt. Man erreicht Unterkasatsch

von Nals auf einem uralten gepflasterten Fußweg oder mit dem Auto über Prissian.

Die Häuser des kleinen Dorfs 4 km südlich von Nals liegen verstreut auf einem fruchtbaren Schwemmkegel. Im spätgotischen Chor der Pfarrkirche St. Valentin sind Fresken aus der Erbauungszeit zu sehen. Weiter talaufwärts wurde im 13. Jh. ***Burg Festenstein** erbaut. Die Halbruine thront auf einem Porphyrfelsen rund 450 m über der Gaider Schlucht und ist nur zu Fuß auf einem steilen Steig erreichbar (ca. 1 Std.). Sie gehört Meinhard Graf Khuen-Belasi und kann derzeit nicht besichtigt werden, ihre Restaurierung ist jedoch geplant.

Andrian

Eine recht steile Straße führt auf die Tisner Mittelgebirgsterrasse hinauf. Dort liegen Tisens und Prissian (Tesimo, Prissiano, 300 bis 350 m, www.tisensprissian.com) höchst malerisch zwischen Obstgärten und Kastanienhainen. Diese klimatisch begünstigte Region war schon früh besiedelt. Ritter und Grafen errichteten noble **Ansitze** wie die Fahlburg (heute Restaurant), die Wehrburg (heute Hotel) und Schloss Katzenzungen, wo Ausstellungen und Weinverkostungen stattfinden. Vor Schloss Katzenzungen wächst die angeblich größte Rebe Südtirols. Ihr Stamm ist mannsdick, ihr Blätterdach 300 m² groß.

*Tisens, Prissian

Die gotische **Pfarrkirche Maria Himmelfahrt** in Tisens mit einem Netzgewölbe und mit Wappen geschmückten Schlusssteinen geht auf Lutz von Schussenried zurück, den Baumeister der Bozner Pfarrkirche. Der **Naturlehrpfad Vorbichl** erklärt die Zusammenhänge der hiesigen Natur (Infos: Tourismusverein Tisens-Prissian).

Von Prissian führt eine Straße nach **Grissian** (950 m). Oberhalb des Weilers, auf einem Hügel über der Schlucht des Nalser Bachs, thront die 1142 geweihte Kapelle St. Jakob. Sie liegt auf dem Pilgerweg nach Santiago de Compostela vom Gampenpass durch das Nonstal nach Oberitalien. Der Bildstock mit einer Kreuzigungsgruppe vor der Kirche entstand um 1440, ebenso die Außenfresken an der Südmauer. In der Apsis und am Chorbogen verzaubern romanische Fresken, sie zeigen Kain und Abel beim Opferfeuer und die Opferung Isaaks (um 1210), die übrigen Fresken entstanden im 15. Jahrhundert.

*Kapelle St. Jakob

❶ Ganzjährig geöffnet 8.00 – 18.00 Uhr, Auskunft beim Tourismusverein Tisens-Prissian, Tel. 0473 92 08 88

Die zweistündige Wanderung beginnt in Naraun am Parkplatz. Auf dem Weg Nr. 7 geht es durch Laubwälder, hinter dem Obermoarhof folgt man dem Weg Nr. 8 nach **Völlan**. Auf dem Rückweg lohnt sich der kurze, steile Anstieg zum romanischen Kirchlein **St. Hippolyt**. Der Abstieg erfolgt in Richtung Tisens und auf dem Weg Nr. 5 bis zum Parkplatz in Naraun.

Zu Fuß von Naraun nach St. Hippolyt

Naturns

✦ **C/D 6/7**

Italienisch: Naturno
Höhe: 554 m ü. d. M.
Einwohner: 5550

Naturns, ein bedeutender Ferienort im Untervinschgau, liegt vor den Toren Merans. Hier enden das von Norden kommende Schnalstal und der Naturpark Texelgruppe.

SEHENSWERTES IN UND UM NATURNS

Naturns
In der 1475 geweihten, 1760 barockisierten Pfarrkirche **St. Zeno** sind Reste aus vorkarolingischer Zeit sowie Freskenfragmente aus dem 13. Jh. zu sehen. Die Malereien auf der Außenwand entstanden um 1500. Das **Naturparkhaus** am Rand von Naturns informiert über den rund 33 ha großen **Naturpark Texelgruppe**, der vom Etschtal bis zu den über 3000 m hohen Alpengipfeln reicht. Neben der Flora und Fauna werden auch die Waalwege, eine uralte Vinschgauer Tradition, erklärt. In der Saison gibt es geführte Wanderungen. Eine der schönsten Touren ist der Meraner Höhenweg (▶S. 248). Die zinnengekrönte kleine Burg oberhalb von Naturns, Schloss Naturns, ist Privatbesitz und nicht zugänglich.
Naturparkhaus: Feldgasse 3, Ostern – Okt. Di. – Sa. 9.30 – 12.30, 14.30 – 18.00 Uhr, Juli, Aug. auch So.

Tschirland, Tabland
In der Kirche St. Oswald im westlichen Ortsteil Tschirland hängen Gemälde des einheimischen Barockmalers Simon Ybertrachter aus der Zeit um 1749. In Tabland birgt die romanische, gotisierte Kirche St. Nikolaus einen Hans Schnatterpeck zugeschriebenen Flügelaltar.

Schloss Dornsberg
Jenseits der Etsch, zu Füßen des Nörderbergs, steht das um 1217 errichtete, im 16. Jh. im Renaissancestil umgebaute Schloss Dornsberg (Privatbesitz, nicht zugänglich).

★★ St. Prokulus
Die unscheinbare Kirche St. Prokulus östlich von Naturns wurde in **vorkarolingischer Zeit** erbaut. Ihre Fresken geben ein beredtes Zeugnis von der Kunstfertigkeit im 8. Jahrhundert. Bezaubernd sind die lachenden Kühe zu beiden Seiten der Eingangstür – der hl. Prokulus ist Viehpatron. Die bekannteste Szene ist »der Schaukler«: Vermutlich wird die Flucht des Veroneser Bischofs Prokulus dargestellt (▶S. 42). Andere Fresken stammen aus der Zeit um 1400. Einige wurden abgelöst und sind neben Grabfunden des spätantiken Friedhofs im unterirdischen Museum gegenüber der Kirche zu sehen.

Naturns erleben

AUSKUNFT · VERKEHR
Tourismusverein Naturns
Rathausstr. 1, 39025 Naturns
Tel. 0473 66 60 77
www.naturns.it
Naturns ist eine Station der Vinschger
Bahn (www.vinschgerbahn.it).

ESSEN
Gasthof Falkenstein ⓔ–ⓔⓔ
Schlossweg 15
Tel. 0473 66 73 21
www.gasthof-falkenstein.com
Mo. und 15.–26. Dez. geschl.
Typisches gutes Südtiroler Gasthaus,
eigene Weine, selbstgemachter Speck
mit Schüttelbrot. Auch 10 Zimmer.

Berggasthof Linthof ⓔ–ⓔⓔ
Sonnenberg 48
Tel. 0473 66 78 84
www.linthof.com
März–Nov., kein Ruhetag
Oberhalb von Naturns am Sonnenberg
gelegen, gute Jause und Südtiroler
Schmankerln

Oberortl Schlosswirt Juval ⓔ–ⓔⓔ
Juval 2
Tel. 0473 66 80 56
www.schlosswirtjuval.it
So.–Di. 10.00–19.00, Do.–Sa. bis
24.00 Uhr, Mi. geschl.
Besitzer ist Reinhold Messner. Hier genießt man in einer alten Stube die eigenen Weine und lokale Gerichte. 4 Ferienwohnungen (www.roterhahn.it)

ÜBERNACHTEN
Hotel Lindenhof ⓔⓔⓔⓔ
Kirchweg 2
Tel. 0473 66 62 42, www.lindenhof.it
Mitte Nov.–Anfang März geschl.
Sympathisches Hotel mit Schwerpunkt
auf Wellness: Pool im Garten, Hallenbad,
großzügiger Fitnessraum. Verleih von
Mountainbikes und Rennrädern; geführ-
te Wanderungen.

Goldene Rose ⓔ
Schlossweg 4
Tel. 0473 66 10 26
www.goldene-rose.info
Familienhotel mit traditionellem Gast-
haus, Tiere sind willkommen.

EINKAUFEN
Das ungewöhnliche Gebäude von **Mode
Alber** (Bahnhofstr. 22) stammt von Wal-
ter Dietl, einem der führenden Architek-
ten Südtirols. Gehobene italienische und
deutsche Mode (Bruno Cucinelli,
Strenesse), handgearbeitete Schuhe von
Reinhard Plank.
Gisela und Martin Aurich vom **Weingut
Unterortl** bewirtschaften 3,6 ha Rebfläche auf dem Juvaler Hügel. U. a. gibt es einen feinen Riesling und einen ebensolchen
Marillenbrand (Juval 1B, www.unterortl.it).
Der **Vinschger Bauernladen** der lokalen Genossenschaft offeriert die Produktion der angeschlossenen Bauern, aber
auch z. B. die des Weinguts Unterortl
(Hauptstr. 78, geschl. Jan.–Mitte März,
www.bauernladen.it).

Kirche: St. Prokulus-Str., nur mit Führung, in der Hauptsaison um 10.00 und
15.00 Uhr, www.prokulus.org
Museum: zwei Wochen vor Ostern bis Anfang Nov. Di.–So. 9.30–12.00,
14.30–17.30 Uhr, eine Spende ist willkommen

Plaus   Südöstlich von Naturns liegt das Örtchen Plaus. An der ***Friedhofs-mauer** der Kirche St. Ulrich schuf der Vinschger Künstler Stefan Stecher 2001 eine zeitgenössische Version des Totentanzes in 18 Szenen, unter jedem Bild steht ein Satz im Vinschgauer Dialekt.

MMM Juval   Schloss Juval, Wohnsitz und Museum R. Messners ▶Schnalstal

*Naturpark Texelgruppe   Von Meran und Dorf Tirol hat man die Texelgruppe mit der 2295 m hohen Mutspitze ständig vor Augen. Die Texelgruppe wird begrenzt vom ▶Passeiertal im Osten, dem Pfelderer Tal im Norden, dem Schnalstal im Westen und dem Untervinschgau im Süden. Am Hauslabjoch im äußersten Nordwesten wurde 1991 die berühmte Gletscherleiche Ötzi gefunden (▶Baedeker Wissen S. 130). Der 33 430 ha große Naturpark mit Vegetationsformen von der submediterranen Steppenlandschaft des Naturnser Sonnenbergs bis zu den Firnregionen bewahrt eine noch weitgehend intakte Tier- und Pflanzenwelt.

Naturnser Höfewanderung   Zur **Naturnser Höfewanderung** geht es mit dem Linienbus ins Schnalstal bis nach Katharinaberg, wo man zum Meraner Höhenweg aufsteigt. Vorbei an alten Höfen des Sonnenbergs wie Unterperfl, Wand, Kopfron und Innerunterstell erreicht man den Linthof. Für den Rückweg kann man auch die Seilbahn nach Unterstell nehmen.

Meraner Höhenweg   Der **bekannteste Wanderweg im Naturpark Texelgruppe ist der 100 km lange Meraner Höhenweg. In fünf Tagen umrundet man auf einem Panoramaweg die gesamte Texelgruppe. Unterwegs gibt es zahlreiche Einkehrmöglichkeiten. Einen guten Einstieg, auch für einzelne Etappen, bieten Naturns, Partschins, Dorf Tirol und Katharinaberg im Schnalstal. Vom Höhenweg zweigen hochalpine Touren zu den Gipfeln der Texelgruppe ab (www.hoehenweg.meran.info).

* Neumarkt

✦ F 8

Italienisch: Egna
Höhe: 214 m ü. d. M.
Einwohner: 1600

Das beschauliche Neumarkt liegt in der Mitte des Unterlands. Hier genießt man die Laubenhäuser mit ihren Innenhöfen, Torbögen, Erkern und freien Stiegenhäusern in aller Ruhe.

Neumarkt gestern und heute   Der 1189 als »Neuer Markt« vom Bischof von Trient gegründete Ort entwickelte sich dank seiner Lage an der römischen Handelsstraße Via Claudia Augusta und zahlreicher Privilegien zu einem wichtigen

Die Laubengassen: Mittelpunkt und historischer Kern von Neumarkt

Warenumschlagplatz, zumal die Etsch zu jener Zeit noch schiffbar war. Heute ist Neumarkt der Hauptort des Südtiroler Unterlands. Oberhalb von Neumarkt erstreckt sich der artenreiche Naturpark Trudner Horn ▶Aldein – Radein.

SEHENSWERTES IN NEUMARKT

Historischer Kern und Mittelpunkt des Geschäftslebens sind die Laubengasse und die Andreas-Hofer-Straße. Im Haus Nr. 20 verbrachte der Tiroler Freiheitsheld Andreas Hofer eine Nacht auf dem Weg nach Mantua, daran erinnert eine Gedenktafel. Die Pfarrkirche **St. Nikolaus** am Ende der Laubengasse wurde in romanischer Zeit gebaut, später gotisiert und barockisiert. Sie besitzt ein schönes Sterngewölbe (1475), die Kreuzwegstationen malte Anton Fasal 1938.

*Lauben-gasse

Das Museum in einem der letzten traditionellen Saalhäuser des Orts zeigt Alltagsgegenstände aus der Zeit von 1815 bis 1950, die Anna Grandi Müller u. a. auf Südtiroler Dachböden entdeckte.

Museum für Alltagskultur

❶ Andreas-Hofer-Str. 50, Osterdienstag – 1. Nov. So., Di. 10.00 – 12.00, Di. – Fr. 16.00 – 18.00 Uhr, freier Eintritt

Neumarkt erleben

AUSKUNFT
Feriendestination Castelfeder
Lauben 28, 39044 Neumarkt
Tel. 0471 81 02 31
www.castelfeder.info

ESSEN
Johnson & Dipoli ⓔ-ⓔⓔ
Andreas-Hofer-Str. 3
Tel. 0471 82 03 23
Hier wird man mit den interessanten
Weinen aus Südtirol und verführerischen
Antipasti verwöhnt.

ÜBERNACHTEN
Hotel Andreas Hofer ⓔ
Straße der Alten Gründungen 21-23
Tel. 0471 81 26 53
www.hotelandreashofer.com
Hier kann man im historischen Ambiente
der Lauben essen und übernachten. Das
Dorfgasthaus ist auch bei den Einheimi-
schen beliebt.

Gasthof Goldener Löwe ⓔ
Montan, Kirchplatz 11
Tel. 0471 81 98 44
www.goldenerloewe.it
Gasthof mit sehenswerten Deckenfres-
ken in der Gaststube; das römische
Schwert im Vorraum wurde beim Um-
bau des Hotels entdeckt.

EINKAUFEN
Das **Weingut Peter Dipoli** bietet hervorragende Weine an: den weißen
»Voglar«, den roten »Fihl«, ein reinsor-
tiger Merlot, und »Yugnum«, ein Ver-
schnitt aus Merlot und Cabernet Sauvignon (Villnerstr. 5, www.peterdipoli.com).
Zu den beliebtesten Tropfen des **Weinguts Franz Haas** gehört »Manna«, eine
Cuvée aus vier Weißweinen, und »Moscato giallo«, ein Süßwein mit dem feinen Bouquet der Muskatellertraube
(Montan, Dorfstr. 6, www.franz-haas.
com).

***Frauen-
kirche**   Die dreischiffige gotische Kirche Unsere liebe Frau (1412 – 1518) im
Ortsteil Vill gilt als ein Höhepunkt der Tiroler Hochgotik. Die Fresken aus dem frühen 16. Jh. zeigen Szenen des Jüngsten Gerichts und
Christus als Schmerzensmann, umgeben von Heiligen.

Burg Kaldiff   Burg Kaldiff am Rand einer Bergterrasse östlich von Neumarkt ist
seit einem Brand nur mehr Ruine. Sie stammt aus dem 12. Jh. und
wurde im 17. Jh. stark verändert, innen sind noch Reste aus der Renaissance erhalten. Zur Burg führt ein markierter Wandersteig.

Dürerweg   Als Albrecht Dürer 1494 nach Venedig reiste, war das Etschtal wieder
einmal überschwemmt, daher musste er auf Höhenwege ausweichen.
Dort entstanden Zeichnungen und Aquarelle wie »Wehlsch Pirg«,
das das Cembratal zeigt, und »Ain welsch schlos«. Auf Dürers Spuren
führt nun der mit seinen Initialen AD markierte »Dürerweg« vom
Klösterle in St. Florian, südlich von Neumarkt, zu den Erdpyramiden
bei Segonzano im Trentino. Die gesamte Gehzeit beträgt gute 8 Stunden (Wegbeschreibung, Einkehrmöglichkeiten: www.duererweg.it).

Niederdorf

✦ **C 13/14**

Italienisch: Villabassa
Höhe: 1158 m ü. d. M.
Einwohner: 1450

Schon seit 150 Jahren spielt der Tourismus in dem lebhaften Ort eine wichtige Rolle. Eine besondere Attraktion des Pustertals ist der nahe gelegene Pragser Wildsee.

Schon zu Zeiten der Römer lag hier eine wichtige Rast- und Zollstation auf der Handels- und Kriegsroute durch das Pustertal. 994 wurde der Ort erstmals erwähnt. Eine wichtige Rolle in der Entwicklung des Tourismus spielte die Einweihung der Ampezzaner Straße 1833, die Venedig mit Deutschland verband, und der Bau der Pustertaler Bahn 1871 von Lienz nach Franzensfeste, denn die feinen Sommergäste reisten gerne im reservierten Erste-Klasse-Coupé an.

Niederdorf gestern und heute

SEHENSWERTES IN UND UM NIEDERDORF

In der spätbarocken **Pfarrkirche zum hl. Stephan** von 1792 sind Fresken von Franz Altmutter, Skulpturen des Tirolers Franz Xaver Nißl und ein Altarbild von Martin Knoller, einem Schüler des Barockmalers Paul Troger, zu sehen. Am Friedhof steht eine gotische **Doppelkapelle** aus dem 15. Jahrhundert: Die Totenkapelle unten besitzt ein Fresko von Simon von Taisten, die Annakapelle darüber ein Sterngewölbe mit runden Schlusssteinen. Im Haus Wassermann, einem herrschaftlichen Ansitz, ist das **Fremdenverkehrsmuseum Hochpustertal** untergebracht. Hier wird die Geschichte des Tourismus von den Anfängen an erzählt. Der ehemalige Ansitz der Herren von Kurz zu Thurn erhielt um 1800 sein heutiges Ansehen mit bemerkenswertem Balkon und Dreiecksgiebeln an der Nordfassade. Einst Zollhaus und Kaserne, wurde es 1928 **Rathaus.**
Museum: Juni Fr., So. 16.00 – 19.00, Sa. 9.00 – 12.00, 16.00 – 19.00, Juli – Sept. Di. – So. 16.00 – 19.00 Uhr, Eintritt 3 €

Niederdorf

Die Kirche St. Magdalena in **Moos**, auch Mooskirche genannt, außerhalb von Niederdorf in Richtung Welsberg, wurde 1490 von Gräfin Paola de Gonzaga gestiftet. Sie stammte aus einer bekannten Familie in Mantua, war humanistisch gebildet und mit Leonhard, dem letzten Grafen Görz, verheiratet. In dem frühbarocken Hochaltar (um 1600) ist eine spätgotische Relieftafel der Heiligen Drei Könige (um 1520) von Michael Parth eingelassen.
❶ Mai – Ende Sept. So. 14.00 – 18.00 Uhr

St. Magdalena in Moos

*Prags   Kurz hinter ▶Welsberg zweigt die Straße nach Süden ins **Pragser Tal** (Val Braies, www.hochpustertal.info) ab und gabelt sich nach wenigen Kilometern. Eine Straße führt ins Innerpragser Tal, das am **** Pragser Wildsee** endet. Der tief dunkelgrüne, von Felswänden umgebene Pragser Wildsee wetteifert mit dem Karersee um das Prädikat »schönster See Südtirols«. Während der Hochsaison ist die Gegend hoffnungslos überlaufen, da hilft nur die Flucht in den Naturpark Fanes-Sennes-Prags. Oder man mietet am **Hotel Pragser Wildsee** ein Ruderboot und genießt die Stille auf dem See. Dieses Hotel wurde um 1900 von **Emma Hellensteiner** (1817 – 1904) gegründet, einer Pionierin in Sachen Tourismus, die als eine der Ersten dessen Chancen für den Ort erkannte. 1945 wurden hier 134 prominente KZ-Häftlinge als Faustpfand für Verhandlungen mit den Alliierten untergebracht. Die heutige Besitzerin des Hotels hat Zeugnisse dieser Tage in einem Archiv zusammengetragen.

Altprags, Plätzwiese   Eine andere Straße führt an der einstigen Hotelsiedlung Altprags vorbei ins Altpragser Tal und endet am Parkplatz vom Gasthof Brückele. Im Sommer fährt von hier ein Bus auf steilem Weg hinauf zur **Plätzwiese.** Die Hochebene auf knapp 2000 m bietet herrliche Almen, etliche Gasthäuser und einen grandiosen Blick auf die Ampezzaner Dolomiten, auf die Ostwand des Hohen Gaisl und auf den Dürrenstein (2839 m). Die Straße über einen Sattel nach Schluderbach ist für den Verkehr gesperrt. Am Scheitelpunkt liegt ein mächtiges Sperrfort aus dem Ersten Weltkrieg.

Meist sind die Ufer des Pragser Wildsees deutlich belebter.

Niederdorf erleben

AUSKUNFT · VERKEHR
Tourismusverein Niederdorf
Bahnhofstr. 3, 39039 Niederdorf
Tel. 0474 74 51 36
www.hochpustertal.info
Niederdorf wird von der Pustertaler Bahn
bedient; Busse verbinden mit der Umge-
bung.

ESSEN
Hotel Adler ❻-❻❻
Von-Kurz-Platz 3
Tel. 0474 745128, www.hoteladler.com
Di. und Nov.–Mitte Dez. geschl.
In der Küche wirkt Helene Markart, die
Räume sind mit Möbeln aus dem 17. Jh.
eingerichtet. Ein beliebter Treffpunkt ist
das Wintergarten-Café.

ÜBERNACHTEN
Hotel Emma ❻
Emma-Str. 5
Tel. 0474 74 51 22, www.hotel-emma.it
Die legendäre Emma Hellensteiner führ-
te dieses Haus einst unter dem Namen
Schwarzer Adler. Das grundsolide 3-Ster-
ne-Haus hat auch eine gute Küche.

Hotel Pragser Wildsee ❻❻❻
Prags, St. Veit 27
Tel. 0474 748602
www.pragserwildsee.it
Noch immer weht die Aura der großen
Zeit durch die Räume des Grandhotels.

Lechnerhof ❻
Prags, Lechnerhof 37
Tel. 0474 74 86 52
www.pragserkaese.com
Die Bergbauernfamilie Patzleiner lebt
v. a. von ihrem Ziegenkäse, der im ganzen Pustertal einen ausgezeichneten Ruf
genießt (Hofladen); 4 moderne Appartements.

EINKAUFEN
Während der Saison gibt es den Ziegen-
käse vom **Lechnerhof** auch auf dem
Brunecker Bauernmarkt und in der Sen-
nerei Drei Zinnen in Toblach.
Die rund um Außerprags wachsenden
Früchte landen in den exzellenten Säf-
ten, Chutneys und Aufstrichen von **Alpe
Pragas** (www.alpepragas.com).

Olang

✦ C 12/13

Italienisch: Valdaora
Höhe: 1048 m ü. d. M.
Einwohner: 3050

**Der Ferienort liegt hinter Bruneck am Südufer der Rienz. Von
hier zieht sich das Antholzer Tal nach Norden bis nach Österreich. Am seinem Ende liegt der romantische Antholzer See.**

Olang, bestehend aus Nieder-, Mitter-, Oberolang und Geiselsberg,
wurde um 990 erstmals erwähnt als Ôlaga. Der Tourismus begann
mit dem Bau der Pustertaler Bahn. Die Sommerfrischler kamen we-

**Olang
gestern
und heute**

Olang erleben

AUSKUNFT
Tourismusverein Olang
Floriaplatz 19
39039 Olang
Tel. 0474 49 62 77
www.olang.com

ESSEN
Gassl ⊙
St. Ägidiusweg 1
Tel. 0474 59 20 87
www.gassl.bz
In-Treffpunkt nach einem Skitag auf dem Kronplatz

Obereggger Alm ⊙
Im Winter kein Ruhetag, sonst Mo. geschl.
Tel. 0474 59 21 00
Mitten im Skigebiet; zu erreichen auf der Straße ab Geiselsberg, zu Fuß oder mit der Gondel Olang 1 & Lorenzi. Spezialität: Tris, also dreierlei Knödel.

ÜBERNACHTEN
Hotel Post Tolderhof ⊙⊙⊙
Kirchgasse 6
Tel. 0474 49 61 27
www.hotelresort-tolder.com
1868 gegründet, mit Wellnessbereich, ein Reiterhof gehört auch dazu.

Hotel Bad Bergfall ⊙⊙
Olang-Geiselsberg
Bergfallweg 5
Tel. 0474 59 20 84
www.badbergfall.com
Zwischen Wiesen in Waldnähe gelegen. Hier entspringt die heilkräftige Schwefelquelle von Bad Bergfall.

gen der Heilbäder Bergfall und Schartl, die Wintersportler mit der Eröffnung der ersten Skilifte 1966 am Kronplatz (►Bruneck). Seitdem hier Weltmeisterschaften stattfinden, ist die Gemeinde auch eine Hochburg der Rennrodler. 1980 wurde der Naturpark Fanes-Sennes-Prags eingerichtet, das größte Schutzgebiet Südtirols und ein beliebtes Wanderziel im Sommer (►S. 180).

SEHENSWERTES IN UND UM OLANG

Olang In Niederolang steht die ursprünglich gotische, 1712 barock erweiterte Pfarrkirche St. Petrus und Agnes. Kunsthistorisch bedeutender ist die 1138 erstmals erwähnte, im 15. und 18. Jh. umgebaute Kirche **St. Ägidius** in Mitterolang. Deren Westfassade schmückt ein großes Christophorus-Fresko (um 1500), im barocken Inneren findet sich ein Abendmahl von Simon von Taisten (1483). Das Hauptbild im Hochaltar von Friedrich Pacher stellt die Anbetung der Hl. Drei Könige dar (1480). Auf dem Seitenaltar steht der Reliquienschrein des hl. Aurelius, der 1848 aus den Katakomben von Rom nach Olang gebracht wurde. Dieser Heilige wurde oft bei Bittprozessionen um günstige Witterung vorangetragen.

Auf dem Weg von Mitterolang nach Geiselsberg kommt man am ***Geiselsberg**
Peststöckl (1460) vorbei, einem der schönsten Bildstöcke Südtirols
mit vier Passionsszenen. Um 1050
hieß der Ort am Osthang des Kronplatzes Gisilhartisperch, der Berg des
Giselhart. Für die Ladiner in Enneberg war es der Ort unter der Furkel
(Sorafurcia). Alljährlich am Samstag
nach Pfingsten ziehen die Olanger
und Geiselsberger über die Furkel
zur Gnadenmutter nach Enneberg.
Die Fassade der Geiselsberger Kirche
schmückt ein Christophorus-Fresko
von Simon von Taisten (1489). Von

> **BAEDEKER TIPP**
>
> ### ! *Nordic Walking im Süden*
>
> Der »Nature.Fitness.Park.Kron-
> platz-Dolomiti« reicht von Brun-
> eck über Olang bis Rasen im Ant-
> holzer Tal. Mit über 275 km
> beschilderten Touren bietet sich
> den Liebhabern dieser Sportart
> ein umfangreiches Wegenetz
> vor herrlicher Naturkulisse.

Geiselsberg fährt die Gondelbahn ins Skigebiet Kronplatz (▶Brun-
eck); Anschluss hat man auch von Reischach und Percha (▶Bruneck)
sowie St. Vigil in Enneberg (▶Gadertal).

Urnen, Schmuckstücke und Münzen aus der Zeit der Kaiser Vespasi-   **Bad Bergfall**
an und Titus belegen, dass schon die Römer die Schwefelquellen bei
Bad Bergfall, etwas südlich von Olang, nutzten. Die heutigen Bade-
häuser entstanden 1720 im Auftrag des Grafen Guidobald von Welsberg. Ihr Heilwasser verspricht Linderung bei Arthrose, Hautkrank-
heiten und Rheuma (www.badbergfall.com).

Partschins

C 7

Italienisch: Parcines
Höhe: 626 m ü. d. M.
Einwohner: 3350

**Partschins liegt am Ende des ▶Vinschgaus, bevor sich das Tal
zum Meraner Becken absenkt und öffnet. Die schroffen Berge
der Texelgruppe schützen vor den kalten Nordwinden, sodass
hier Obst, Gemüse und Wein besonders gut gedeihen.**

SEHENSWERTES IN UND UM PARTSCHINS

Das hübsche Dorf liegt etwas oberhalb der einst hier entlangführen-   **Partschins**
den römischen Handelsstraße Via Claudia Augusta, was römische
Meilensteine und ein Diana-Altar belegen. Die spätgotische Pfarrkirche **St. Peter und Paul** wurde 1502 geweiht. Sie besitzt unter anderem ein Fresko mit der Familie des Stifters Georg von Stachelburg.

Partschins erleben

AUSKUNFT · VERKEHR
Tourismusverein Partschins
Spaureggstr. 10
39020 Partschins
Tel. 0473 96 71 57
www.partschins.com
Partschins ist Station der Vinschger Bahn
zwischen Mals und Meran, www.vinsch
gerbahn.it; Busverbindung von/nach
Meran.

ESSEN
Onkel Taa ©©
Partschins-Töll, Bahnhofstr.17
Tel. 0473 96 73 42, Mo. geschl.
Tipp: Egarter Flusskrebse mit selbst
gemachtem Krebsöl, Spätzle mit Brenn-
nessel in Speckrahmsauce und zum
Abschluss z. B. Mohnkrapfen. Das dazu-
gehörige K.-u.-k.-Museum Bad Egart

zeigt viel Trödel und Tand aus Habsburger Zeiten.

ÜBERNACHTEN
Hotel an der Stachelburg ©
Wasserfallweg 7
Tel. 0473 96 73 10
www.hotel-stachelburg.com
Sympathisches Hotel mit Hallenbad und
Saunalandschaft; geführte Wanderun-
gen im Naturpark Texelgruppe

Hanswirt ©©©
Partschins-Rabland, Geroldplatz 3
Tel. 0473 96 71 48
www.hanswirt.com
Anfang Jan. – Mitte März geschl.
Hinter dem historischen Ansitz verbirgt
sich ein Neubau mit teils weitläufigen
Zimmern, kleiner Pool im Garten.

Hier geht's zum Partschinser Wasserfall.

Das ***Schreibmaschinenmuseum** am Kirchplatz, ein eigenwilliger Neubau, erinnert an den Partschinser Tüftler Peter Mitterhofer (1822 bis 1893), den Erfinder der Schreibmaschine. 2000 Exponate geben einen Einblick in deren 120-jährige Entwicklungsgeschichte. Das wertvollste Ausstellungsstück ist die dänische Schreibkugel »Malling Hansen«. Mitterhofer erlebte den Durchbruch seiner Erfindung nicht mehr. Erst die US-amerikanische Firma Remington verdiente sich damit eine goldene Nase.

❶ Kirchplatz 10, April – Okt. Mo., Fr. 15.00 – 18.00, Di. – Do. 10.00 – 12.00, 15.00 – 18.00, Sa. mittag geschl., Nov. – März Di. 10.00 – 12.00 Uhr, Eintritt 5 €, www.schreibmaschinenmuseum.com

Die Stachlburg nördlich des Ortskerns, eine typische Tiroler Dorfburg (13. Jh.), ist der einstige Stammsitz der Herren von Partschins. Als Ministerialsitz errichtet, wurde das Anwesen 1549 von Georg Stachl gekauft. Heute ist hier die Kellerei des Barons Sigmund von Kripp untergebracht. Das eigenwillige Vinschgauer Klima mit seiner Trockenheit und starken Winden formt charaktervolle Weine, vor allem Blau- und Weißburgunder. Im Rahmen von Kellerführungen und Weinverkostungen werden oft auch Teile der Burg gezeigt. **Stachlburg**

❶ Peter-Mitterhofer-Weg 2, www.stachlburg.com

Eine Attraktion ist der 97 m hohe Wasserfall am Eingang ins Zieltal, der **höchste Wasserfall Südtirols**. Während der Schneeschmelze schießen ungeheure Wassermassen zu Tal. Man erreicht ihn mit dem Gästebus oder auf einer 1,5-stündigen Wanderung. ***Partschinser Wasserfall**

Partschins ist ein guter Ausgangspunkt für Wanderungen. Eine rund 4-stündige Tour beginnt etwas nördlich des Partschinser Wasserfalls; von hier geht es über die Nassereith-Hütte zur Lodnerhütte (2259 m), Ausgangspunkt für Bergtouren in die Texelgruppe. Beliebt sind auch der Einstieg in den Meraner Höhenweg (▶S. 248) und der **Sonnenberger Panoramaweg** an der nördlichen Talflanke nach ▶Naturns, der Partschinser Waalweg und der Höhenweg, die beide im Ortsteil Vertigen beginnen: Der Waalweg folgt in etwa 700 m Höhe einem alten Bewässerungskanal, der Höhenweg verläuft auf knapp 1200 m. **Schöne Wanderwege**

Westlich unterhalb von Partschins liegt der Ortsteil Rabland an der Römerstraße Via Claudia Augusta. Die kleine gotische Kirche St. Jakob besitzt zwei Sonnenuhren an der Turmfassade aus dem 16. Jahrhundert; die erst 1963 geweihte Neue Pfarrkirche wird geschmückt von einem Kruzifix des Vinschgauer Bildhauers Friedrich Gurschler. Mit der Gondel gelangt man von Rabland in das Bergdorf Aschbach (1320 m). **Rabland**

Töll Wo die Etsch in eine Felsschlucht stürzt, liegt der Weiler Töll (550 m), ein idealer Ausgangspunkt für Wanderungen. Einen Abstecher lohnt das gotische Kirchlein St. Helena. 1326 wurde es das erste Mal erwähnt, vermutlich ist es jedoch viel älter.

Passeiertal

✳ C 8

Italienisch: Val Passiria

Das Passeiertal, oft auch nur Pseirer genannt, zieht sich rund 50 km lang von Meran bis zum 2509 m hohen Timmelsjoch, wo die Grenze zu Österreich verläuft und das Ötztal beginnt.

Vorder- und Hinterpasseier Die Bergmassive der Texelgruppe im Westen und der Sarntaler Alpen im Osten umrahmen das Tal. Die namensgebende Passer entspringt am Timmelsjoch und fließt hinter Meran in die Etsch. Das »Vorderpasseier«, der erste Abschnitt des hier noch breiten Tals bis St. Leonhard, ist eine liebliche Landschaft mit Weinbergen und mediterraner Vegetation. Das »Hinterpasseier«, wo die Schneeschmelze erst im späten Frühjahr beginnt, ist rau. Die Bewohner der hoch über dem Tal gelegenen Dörfer im Hinterpasseier leben von der Almwirtschaft, im Vorderpasseier ist der Tourismus bedeutend.

Geschichte Das Passeiertal ist ein uralter Fernhandelsweg über das Timmelsjoch ins obere Inntal und über den Jaufenpass nach Sterzing und Innsbruck. Erst 1968 wurde die Timmelsjochstraße asphaltiert; sie ist nur in den schneefreien Sommermonaten befahrbar. Eine Besonderheit sind die **Schildhöfe.** Im 13. und 14. Jh. konnten einige Bauern in den niederen Adel aufsteigen, wenn sie sich verpflichteten, für ihren Lehnsherrn in den Krieg zu ziehen. Als Gegenleistung wurden ihnen Steuern erlassen und besondere Rechte erteilt, u. a. das Recht, Waffen zu tragen. Elf dieser Schildhöfe sind noch erhalten, u. a. in Saltaus.

SEHENSWERTES IM PASSEIERTAL

Riffian Über **Kuens** am Eingang des Tals erreicht man nach wenigen Kilometern Riffian (Rifiano, 504 m), das noch ganz unter dem Einfluss von Meran steht. Der winzige Ort hat gleich zwei sehenswerte Sakralbauten. Die ursprünglich gotische **Wallfahrtskirche** »Zu den sieben Schmerzen Mariens« wurde im 17. Jh. von Franz und Anton Delai barockisiert und gehört zu den **schönsten Barockkirchen** Südtirols. Beachtenswert sind die elegante Kanzel und der farbenprächtige Hochaltar mit einer viel verehrten Muttergottes (1420); die

Passeiertal erleben

AUSKUNFT
Tourismusverein Passeiertal
Passeirerstr. 40, 39015 St. Leonhard
Tel. 0473 65 61 88, www.passeiertal.it

ESSEN
Restaurant Wezl ©©
Riffian, Jaufenstr. 37
Tel. 0473 24 10 75, www.wezl.it
In dem Passeirer Bauernhaus bereitet Jochen Kofler gute Tiroler Küche zu und stellt mit Karl Pichler vom Innerleiterhof in Schenna Obstbrände und Grappa her.

Gasthof Lamm · Mitterwirt ©©
St. Martin, Dorfstr. 36
Tel. 0473 64 12 40
So. abends und Mo. geschl.
www.gasthaus-lamm.it
Das Gasthaus am Dorfplatz gibt es seit 1777; während des Tiroler Aufstands führten die bayerischen Beamten Verhöre in der Wirtsstube durch. Deftige Südtiroler Küche.

ÜBERNACHTEN
Hotel Saltauser Hof ©©
Saltaus, Passeirerstr. 6
Tel. 0473 64 54 03
www.saltauserhof.com
Charmanter Schildhof. Die Zimmer sind im Tiroler Stil eingerichtet. Die Terrasse lockt mit grandiosem Blick ins Passeiertal.

Hotel Pfandleralm ©
St. Martin, Jaufenstr. 21
Tel. 0473 64 12 78
www.hotel-pfandleralm.it
Das 3-Sterne-Haus ist in aktuellem Design eingerichtet, ohne seine Tiroler Natur zu verleugnen; mit Sauna und Außenpool.

Hotel Andreus ©©©©
St. Leonhard, Kellerlahne 3 A
Tel. 0473 49 13 30
Modernes Hotel neben dem Golfclub Meran, Golfschule, Pferdestall mit Reitschule, großzügiges Spa mit Yoga und Pilates

Hotel Stullerhof ©
Stuls in Passeier
Tel. 0473 64 95 43, www.stullerhof.com
11 Zimmer, 2 gemütliche Ferienwohnungen, dazu gute Südtiroler Küche

SPORT
Der 18-Loch-**Golfplatz** bei St. Martin liegt auf 500 m Höhe vor der großartigen Bergkulisse des Passeiertals (Kellerlahne 3, St. Leonhard, www.golfclub passeier.com).
Das bis zu 2520 m hohe **Skigebiet** von Pfelders verfügt über 10 km präparierte Pisten, eine 3,5 km lange Rodelbahn und eine 11 km lange Langlaufloipe; es gehört zur Ortler Skiarena.

Altarfiguren schnitzte der bayrische Bildhauer Balthasar Horer. In der benachbarten *Friedhofskapelle schildern Fresken aus dem frühen 15. Jh. Ereignisse aus dem Alten Testament. Sie sind im »Höfischen Stil« gemalt, der von den Höfen Burgunds und Oberitaliens nach Südtirol gelangte. Typisch ist die idealisierte Darstellung der Personen in faltenreichen Gewändern oder prächtigen Rüstungen. Es ist nicht eindeutig geklärt, wer die Bilder malte.
❶ Täglich 8.00 – 18.00 Uhr

Saltaus   Hier beginnt das **Vorderpasseier**. Das Tal wird enger und die Menschen sprechen einen anderen Dialekt. Direkt an der Straße steht der zinnengeschmückte **Schildhof** Saltaus, heute ein Hotel. Mit der Seilbahn gelangt man auf das **Hirzer-Hochplateau** (1980 m), Ausgangspunkt einer 2,5-stündigen Bergtour auf den 2781 m hohen Hirzer, den höchsten Gipfel der Sarntaler Alpen.

*Passeirer   Kurz vor St. Martin geht es westlich zum Passeirer Wasserfall: Der
Wasserfall   Kalmbach fällt hier 48 m in die Tiefe.

St. Martin   St. Martin ist ein eher ruhiger, vor allem bei Wanderern beliebter Ferienort, da hier schöne Touren in die Berge beginnen. An den steilen Hängen fallen sieben Schildhöfe auf, darunter das ***Steinhaus**, ein Wahrzeichen von St. Martin. Der bereits 1285 erwähnte Hof besaß neben Grund und Boden im Passeiertal auch Rechte an der Saline von Hall im heutigen Nordtirol. Die barocke Pfarrkirche St. Martin ist dem Ortspatron gewidmet. Im Zentrum steht ferner das Turmhaus, dessen Erker mit Barockmalereien verziert ist. Bis 1845 trafen sich in St. Martin die Mitglieder der 1719 zur Pflege der Barockmalerei gegründeten **»Passeirer Malschule«**. Das Malerhaus mit schönen Außenfresken, der einstige Sitz der Schule, ist nicht zugänglich. Im Ort erinnern schön verzierte Häuser an ihr Wirken.
Von St. Martin führt eine 1,5-stündige Wanderung zur **Pfistrad Alm** (1350 m). Im Kaser, einem der ältesten Holzbauten Südtirols und heute eine Außenstelle des Museums Passeier, informiert eine Ausstellung über die Almwirtschaft und mittelalterliches Wohnen.
In der **Pfandler Alm** in Prantach oberhalb von St. Martin versteckte sich Andreas Hofer gut eineinhalb Monate vor den Franzosen, bis er verraten und gefangen genommen wurde. 1919 brannte die Hütte ab, wurde 1984 von Pseirer Schützen aber wieder aufgebaut.

St. Leonhard   Rund 3000 Einwohner zählt der **Hauptort des Passeiertals** an der Gabelung von Jaufenpass und Hinterpasseier, der Heimatort des Tiroler Freiheitskämpfers **Andreas Hofer** (▶Berühmte Persönlichkeiten). Sein Geburtshaus, der »Sandhof«, liegt kurz vor St. Leonhard. Dort beleuchtet im ****Museum Passeier – Andreas Hofer** eine Ausstellung die Rolle von Andreas Hofer im Tiroler Freiheitskampf. Außerdem ist eine volkskundliche Sammlung zu sehen. Auf dem Freigelände vor dem Museum stehen alte Passeirer Bergbauernhöfe aus dem ganzen Tal. Auch die **Hoferkapelle**, die Wandgemälde in der 1883 erbauten Herz-Jesu-Kapelle und der **Franzosenfriedhof** am westlichen Ende des Dorfs in der Nähe der Passer erinnern an Hofer und die Kämpfe von 1809. Die teilrestaurierte **Ruine Jaufenburg** (13. Jahrhundert) über dem Dorf sicherte einst den Talkessel. In ihrem fünfstöckigen Bergfried informiert eine Ausstellung über das Mittelalter im Passeiertal.

Museum Passeier: Passeirerstr. 72, April – Ende Okt. Di. – So. 10.00 – 18.00 Uhr, Eintritt 7 €, Führung tägl. 16.00 Uhr, www.museum.passeier.it
Ruine Jaufenburg: Mai – Mitte Okt. Di. 10.00 – 12.00, Do., So. 16.00 bis 18.00 Uhr, Eintritt 2 €, www.museum.passeier.it

In St. Leonhard teilt sich das Passeiertal. Richtung Osten geht es über den 2099 m hohen Jaufenpass nach Sterzing. Die 39 km lange, 1905 bis 1911 erbaute kurvenreiche Straße ist bei Motorradfahrern sehr beliebt. Seit einigen Jahren ist sie auch im Winter geöffnet, um die Wintersportgebiete von Ratschings zu erschließen.

*Jaufenpass (Passo del Monte Giovo)

Richtung Westen geht es auf der Timmelsjochstraße Richtung Österreich (▶S. 262). Moos (1007 m, 2000 Einw.), Hauptort im **Hinterpasseier,** liegt mitten im **Naturpark Texelgruppe** (▶Naturns). Die um 1402/03 erbaute spätgotische Pfarrkirche ist mit Gemälden der Passeirer Malschule geschmückt. Ein beliebtes Ziel ist der **Stieber Wasserfall.** Am westlichen Ortsrand stürzt der Pfelderer Bach in zwei Kaskaden 18 m tief in eine Schlucht und mündet dann in die Passer.

Moos (Moso)

St. Leonhard im Passeiertal, Heimatort von Andreas Hofer

Eine Brücke über den Wasserfall bringt die Besucher dicht heran. Bei Moos stößt das Pfelderer Tal südwestlich in die Texelgruppe vor. Der kleine Ort Pfelders in einem Talkessel, umgeben von gewaltigen Bergen, ist Mittelpunkt eines Wander- und Skigebiets.

An der Straße zum Timmelsjoch liegt das 2009 eröffnete *Bunker Mooseum. Benito Mussolini ließ 1942 den Bunker zur Verteidigung Italiens gegen Angriffe vom Timmelsjoch her erbauen. Er wurde aber nie genutzt. Heute werden dort geografische und historische Themen des Passeirtals, die Geschichte des Bergbaus am Schneeberg und Wissenswertes über den Naturpark Texelgruppe präsentiert. Ca. 7 km nördlich von Moos zweigt ein Wanderweg zur **Schneeberghütte** (2355 m) ab; die Gehzeit beträgt 2 bis 2,5 Stunden.

Bunker Mooseum: Dorf 29a, Moos in Passeier, April – Okt. Di. – So. 10.00 bis 18.00 Uhr, Eintritt 4,50 €, www.bunker-mooseum.it

Schneeberg In der Nähe der Schneeberghütte wurde auf über 2000 m im höchsten Bergwerk Europas vom 13. Jh. bis 1979 Silber- und Bleierz abgebaut. Reste der restaurierten Förderanlagen sind in das Landesbergbaumuseum Schneeberg integriert. Mit einer Grubenbahn geht es in die Stollen, danach kann man zum Knappendorf wandern.

❶ 15. Juni – 15. Okt., kleine Führung 9 €, große Führung 26 €. Es gibt auch einen Gästebus mit Haltestellen ab Riffian; www.bergbaumuseum.it

*Timmelsjoch (Passo del Rombo) Das Timmelsjoch verbindet das Passeiertal mit dem österreichischen Ötztal. Die 30 km lange, kurvenreiche Timmelsjochstraße überwindet von St. Leonhard bis zur Passhöhe (2509 m) einen Höhenunterschied von 1800 m. Eine Fahrt auf der 1968 fertiggestellten Straße beginnt am besten in Meran. Unterwegs lassen sich nahezu alle Vegetationsstufen erleben, von der mediterranen bis zur hochalpinen. Die Straße ist auf italienischer Seite für Wohnmobile gesperrt; auf der österreichischen Seite ist sie gebührenpflichtig.

Das neue ****Passmuseum Timmelsjoch** auf Südtiroler Seite ragt wie ein Findling in die Landschaft. Die »Eishöhle« erinnert an die Pioniere der Hochalpenstraße und informiert über Geschichte, Kultur und Natur der Region. Das Passmuseum ist eines von fünf Museen des Vinschgauer Architekten Werner Tscholl und ein grenzüberschreitendes Projekt von Südtirol und Österreich; je zwei weitere Museen liegen an der Straße in Südtirol und Österreich.

❶ Mai – Okt., Eintritt frei, www.timmelsjoch.com, Pkw-Maut 14 €, hin und zurück 18 €

Prad am Stilfser Joch

—————————— ✦ D 4

Italienisch: Prato allo Stélvio
Höhe: 915 m ü. d. M.
Einwohner: 3400

Prad liegt an der Passstraße vom Vinschgau zum Stilfser Joch. Dahinter ragen die fast 4000 m hohen Berge der Ortlergruppe auf. Aber auch der mittelalterliche Ortskern von Prad mit Häusern aus dem 16. Jh. ist sehenswert.

SEHENSWERTES IN PRAD UND UMGEBUNG

Am südlichen Ortsrand der Sommerfrische steht die romanische Kirche St. Johann (Ende 13. Jh.) mit Resten romanischer Fresken an der nördlichen Außenwand. Die Apsis schmücken Malereien der Vinschgauer Malerschule (um 1420). St. Johann, Maria Königin

Sehenswert sind die Seitenaltäre der **Pfarrkirche Maria Königin**, die in den 1950er-Jahren von dem Prader Künstler Hans Ebensperger gemalt wurden. Ebensperger (1929 – 1972) gehört neben Karl Plattner zu den wichtigsten Künstlern dieser Generation und war maßgeblich daran beteiligt, Südtirol aus dem traditionell eher konservativen Kunstklima herauszuführen.

Das **Nationalparkhaus aquaprad** widmet sich v. a. dem Thema Wasser, den heimischen Fischarten und ihrem Lebensraum.
❶ Kreuzweg 4/c, Di. – Fr. 9.00 – 12.00, 14.30 – 18.00, Sa., So. nur mittags, Juli, Aug. Di. – Fr. 9.00 – 18.00, Sa., So. 14.30 – 18.00 Uhr, Eintritt 6 €, www.stelviopark.bz.it

Die gotische Kirche St. Georg im benachbarten Ortsteil **Agums** war einst Pfarrkirche von Prad. Der Bau von 1303 wurde um 1500 im gotischen Stil verändert. Das überlebensgroße Kruzifix »Großer Herrgott« auf dem Altar stammt aus dem 14. Jahrhundert.

Blühende Alpenwiese nahe dem Stilfser Joch

Prad erleben

AUSKUNFT · VERKEHR
Tourismusgebiet Ortler
Hauptstr. 72, 39029 Sulden
Tel. 0473 73 70 60
www.ortlergebiet.it
Busse von/nach Mals, Glurns und Spondinig durch das Trafoier Tal und ins Suldental, im Sommer über das Stilfser Joch nach Bormio (Italien)

FESTE UND EVENTS
Stilfser Klos bzw. Klausen und Scheibenschlagen ▶S. 68

ESSEN
Yak & Yeti ©©©
Sulden, Forststr.55
Tel. 0473 61 32 66
Pfingsten – Mitte Okt., Dez. – 1. Mai
www.messner-mountain-museum.it
In einem Bauernhaus von 1600 hat Reinhold Messner ein kleines Restaurant eingerichtet. Spezialität: Yak.

Madritschhütte ©–©©
Die Berghütte auf 2600 m ähnelt mehr einem gepflegten Restaurant als einer urigen Berghütte.

ÜBERNACHTEN
Hotel Madatsch ©©©
Trafoi, Stilfserjochstr. 31
Tel. 0473 61 17 67, www.trafoi.it
Das schicke Hotel mit Blick zum Ortler hat schöne Zimmer, Empfehlung: die Turmsuite.

Hotel Bella Vista ©©
Trafoi
Tel. 0473 61 17 16, www.bella-vista.it
Das Hotel gehört der Familie Thöni. In einer Vitrine erinnern zahllose Pokale an die Erfolge von Gustav Thöni, Italiens Superstar auf Skiern in den 1970er-Jahren.

Belvita Hotel Post ©©©
Sulden, Hauptstr. 24
Tel. 0473 61 30 24
www.hotelpost.it
Mitten im Ort gelegen; Schwimmbad, Wellnessbereich und Beautyfarm

Hotel Julius Payer ©©
Sulden, Hauptstr. 21
Tel. 0473 61 30 30
www.hotel-juliuspayer.com
Benannt ist das Hotel nach dem österreichischen Erstbesteiger des Ortler, Julius Payer. Im Restaurant wird einheimische Küche serviert.

Alpengasthof Tibethütte ©
Stilfser Joch
Tel. 0342 90 33 60,
www.tibet-stelvio.com
Ende Mai – Anfang Okt.
Hotel und Gasthaus auf der Passhöhe (2800 m) gründete in den 1960er-Jahren der von Tibet begeisterte Hotelier Ernst Angerer.

EINKAUFEN
Das Lager des Sommeliers Walter Karner im Prader Industriegebiet umfasst rund 600 Weine (**Karner Wein Plus**, Prad, Kiefernhainweg 74, www.karner.it).

SPORT
Sulden ist ein Mekka für **Skifahrer** und **Snowboarder**. In der Nähe der Madritschhütte gibt es eine Halfpipe und einen Funpark für Freestyler. Ein Höhepunkt ist die Tiefschneeabfahrt von der

Schöntaufspitze (3200 m) zur Talstation; für Spezialisten im freien Gelände gibt es eine schmale Rinne in Form eines Ypsilons. Das Gebiet gehört zur Ortler Skiarena (www.ortlerskiarena.com). Bei der »Genuss-Skitourenwoche Vinschgau« geht es in die Hochtäler, dazu erfährt man viel über die Geschichte und Kultur des Vinschgaus; Höhepunkt ist die Besteigung des Cevedale oder der Suldenspitze (www.alpinschule-ortler.com).

Unvergessliche **Bergwanderungen** erlebt man in den »Ortler Traumwochen« von Juli bis Mitte September; u. a. werden die Gipfel vom Großen Angelus, der Suldenspitze, von Cevedale und Ortler bestiegen (www.alpinschule-ortler.com).

Nordwestlich überragt die gewaltige Burgruine Lichtenberg die gleichnamige Gemeinde. Im 13. Jh. erbaut, sollte sie Tirol gegen die streitbaren Schweizer schützen. Ihre Fresken wurden ins Tiroler Landesmuseum in Innsbruck verbracht. Etwas Wandmalerei ist noch in der Kapelle zu sehen. Die Ruine ist auf eigene Gefahr zugänglich.
❶ Auskunft über Führungen im Tourismusbüro Prad, Tel. 0473 73 70 62

Burgruine Lichtenberg

UMGEBUNG VON PRAD

Etwas talaufwärts (1311 m) und abseits der Passstraße liegt das Dorf Stilfs. Im Zentrum steht das 300 Jahre alte »Pfeiferhaus«, heute Ausstellungsraum und Atelier für einheimische Künstler. Noch vor wenigen Jahrzehnten war das Dorf besonders im Winter nur mühsam zu erreichen.

*Stilfs

Der ruhige Ort ist Ausgangspunkt schöner Bergwanderungen. Ein 1860 – 1862 erbautes Sperrfort aus K.-u.-k.-Zeiten sollte das Trafoier Tal vor Angriffen italienischer Truppen vom Stilfser Joch her schützen. Doch zu Beginn des Ersten Weltkriegs war die Anlage bereits völlig veraltet, zu Kampfhandlungen kam es nie.

Gomagoi

Bei Gomagoi zweigt eine Nebenstraße ins **Suldental** (Val di Solda) ab und endet in Sulden am Fuß der Ortlergruppe. Der Ort ist einer der bekanntesten **Wintersportorte** Südtirols, da bis in den Mai meist gute Schneebedingungen herrschen; im Sommer ist Sulden ein guter Ausgangsort für Bergtouren.
Der Bergsteiger Reinhold Messner betreibt in Sulden zwei seiner insgesamt fünf Museen: Das »Flohhäusl«, eine kleine Berghütte neben dem Hotel Post, beherbergt das **»Alpine Curiosa«**. Es zeigt alpine Kuriositäten von Bergsteigern, u. a. einen Bonatti-Rucksack, einen Comici-Meißel und einen Gipfelstein vom Mount Kailash.
Das Messner Mountain Museum Ortles oder **MMM Ortles** behandelt in seinen unterirdischen Räumen die Themen Gletscher, Erd-

*Sulden

! **Sommer-Skifahren**

Von Juni bis Oktober sind 30 km Pisten auf dem Stilfser Joch geöffnet; in der Nähe der Passhöhe gibt es mehrere Hotels (www.ortlergebiet.it).

pole, Schneemenschen und vor allem die großen Eisgebirge, darunter den Ortler, den höchsten Berg Südtirols.

Der familienfreundliche, rund 8 km lange **Panoramaweg**, die sogenannte Kulturpromenade, führt in 2,5 Stunden rund um Sulden. Ein Anziehungspunkt ist Messners Herde **tibetischer Yaks**, die den Sommer zwischen Schaubachhütte und Madritschhütte verbringt, zu erreichen in einer etwa 45-minütigen leichten Wanderung von der Bergstation der Seilbahn Sulden Schaubachhütte Richtung Madritschhütte.

Alpine Curiosa: tägl. 9.00 – 18.00 Uhr, freier Eintritt
MMM Ortles: Forststr. c/o Yak & Yeti, Mitte Dez. – Anf. Mai, Ende Mai – Mitte Okt. 14.00 – 18.00, Aug. 13.00 – 19.00 Uhr, Eintritt 6 €, www.messner.mountain-museum.it

Trafoi

Im **Trafoier Tal** herrschte noch Anfang des 20. Jh.s bittere Armut. Bis zum Ersten Weltkrieg mussten die **»Schwabenkinder«** im Alter zwischen 6 und 14 Jahren alljährlich im Frühjahr über die Alpen zu den Kindermärkten vor allem in Oberschwaben wandern, wo sie als Saisonarbeitskräfte, als Hütebuben, Knechte und Mägde an Bauern vermittelt wurden. Als Lohn erhielten sie ein Bett und Verpflegung, gelegentlich etwas Geld. Im Spätherbst kehrten sie in ihre Dörfer zurück (www.schwabenkinder.eu).

Einst besaß das kleine Trafoi (1543 m) ein Grandhotel, eine der **ersten Sommerfrischen** zu Beginn des alpinen Tourismus. Das Hotel brannte jedoch schon vor dem Ersten Weltkrieg ab und Trafoi wurde zunächst vergessen. Mittlerweile hat es sich zu einem beliebten Ferienort entwickelt. Im Sommer ist es ein guter Ausgangspunkt für Bergtouren ins Ortlergebiet. In dem kleinen **Skigebiet** um die Furkelhütte hat der mehrfache Weltmeister und Olympiasieger Gustav Thöni das Skifahren gelernt. Ein beliebtes Wanderziel zu Fuß oder mit Schneeschuhen ist der **Wallfahrtsort** Heilige Drei Brunnen am Ende des Tals. Das Quellheiligtum ist wohl schon in vorchristlicher Zeit verehrt worden. Die kleine Loreto-Kapelle stammt von 1645, die größere Wallfahrtskirche nebenan von 1701/02. Unterwegs kommt man an der K.-u.-k.-Kaserne vorbei, einem ehemaligen Erholungsheim für Offiziere. Hinter Trafoi beginnen die Kehren der berühmten Stilfser Jochstraße mit Blick auf die Trafoier Eiswand (3663 m).

Naturatrafoi

Hinter dem Hotel Bellavista an der ersten Kehre zum Stilfser Joch liegt das Nationalparkhaus Naturatrafoi. Seine Ausstellung widmet sich dem »Leben an der Grenze«, dem Überleben von Tieren und Pflanzen im Hochgebirge.

❶ Trafoi 57, Di. – So. 14.30 – 18.00 Uhr, Eintritt 3 €, www.naturatrafoi.com

Die **Stilfser Jochstraße ist eine Glanzleistung des alpinen Straßen-
baus. Mit insgesamt 83 scharfen Serpentinen führt sie auf 2757 m.
Gebaut wurde sie 1820 – 1825, um die Lombardei, die nach Napoleons Niederlage an Österreich gefallen war, mit dem Inntal und Wien
zu verbinden. Im Ersten Weltkrieg verlief die Italienfront über das
Stilfser Joch. Auf Südtiroler Seite bewältigt die Straße mit 48 Spitz-
kehren einen Höhenunterschied von 1870 m, die maximale Steigung
beträgt 15 %: ein Mekka für Motorradfahrer und Radsportler.
1935 wurde das Gelände um das Ortler-Cevedale-Massiv südlich des
Stilfser Jochs zum **Nationalpark** erklärt. Mit 1350 km^2 gehört er zu
den größten Schutzgebieten Europas und wird von der Schweiz, der
Lombardei und dem Trentino gemeinsam betreut. Hier leben u. a.
Gämsen, Murmeltiere, Steinböcke, Auerhähne, Alpenschneehühner
und Königsadler. Die Vegetation geht teilweise noch auf die Eiszeiten
zurück. Auf der Passhöhe (Passo dello Stelvio) steht der eigenwillige
Bau des Hotels Tibet. Seit Mai 2013 ist die zwischen Mitte/Ende Mai
und Anfang Oktober geöffnete Straße **mautpflichtig** (Wochenvignette: 10 €, Verkauf an Automaten; keine Einzelfahrten).

**Stilfser
Joch

Wenige Kilometer hinter dem Stilfser Joch führt die Straße über den
2503 m hohen Umbrailpass in die Schweiz nach Santa Maria im
Münstertal. Von hier bietet sich u. a. ein Ausflug zur sehenswerten
Klosterkirche St. Johann in Taufers an (▶S. 188) an.

*Umbrailpass

Pustertal

 C 11 – 14

Italienisch: Val Pusteria

**Das Pustertal zieht sich von Brixen über Bruneck parallel zum
Alpenhauptkamm bis zur österreichischen Grenze bei Sillian
und weiter bis nach Lienz. Es ist das einzige Tal in Südtirol, das
in West-Ost-Richtung verläuft.**

Die Rienz, der Talfluss, hat sich hier tief in den Fels gegraben. Im Tal
liegen stattliche Dörfer, auf der Sonnenseite ziehen sich Bauernhöfe
und Weiler bis knapp an die Baumgrenze hinauf; die schattige Südseite ist dicht bewaldet. Der erste größere Ort ist ▶Mühlbach. Bis
▶Vintl fühlen sich die Bewohner dem Brixner Raum zugehörig, dann
beginnt die Heimat der »**Pusterer**«. ▶Bruneck, in der Mitte des Tals,
ist der Hauptort. Etliche Kilometer dahinter beginnt das Hochpustertal mit den Orten ▶Olang, ▶Welsberg, ▶Niederdorf, ▶Toblach und
▶Innichen. Bei Toblach verläuft die Wasserscheide: Die Rienz mündet in die Adria, die Drau über die Donau in das Schwarze Meer. Auf
Südtiroler Seite endet das Pustertal an der österreichischen Grenze

Reiseziele
im Pustertal

zwischen Winnebach und Sillian, die Staatstraße SS 49 wird zur Bundesstraße 100 und führt bis Lienz, der Hauptstadt von Osttirol.

Seitentäler   Vom Pustertal zweigen mehrere Seitentäler ab, daher herrscht auf der Staatsstraße SS 49 meist Kolonnenverkehr. Im Norden bestimmen massive Gebirgsketten das Bild: Bei ▶Vintl geht es ins Pfunderer Tal, bei ▶Bruneck in das Tauferer Ahrntal, bei ▶Olang ins Antholzer Tal und bei ▶Welsberg in das Gsieser Tal. Die beliebte Abzweigung in Richtung Süden in St. Lorenzen führt über das ladinische ▶**Gadertal** in die Dolomiten; Richtung Süden verlaufen auch das Höhensteintal und das Sextner Tal mit den berühmten Drei Zinnen.

Reschen

✴ **C 4**

Italienisch: Resia
Höhe: 1504 m ü. d. M.

Der Reschenpass, oft auch nur Reschen genannt, ist ein ganzjährig geöffneter Übergang über den Alpenhauptkamm nach Südtirol. Er verbindet Tirol mit dem Vinschgau. Der höchste Punkt des Passes liegt im Ort Reschen.

Die Grenze zwischen Österreich und Italien verläuft ca. 2 km nördlich, auch die Schweizer Grenze ist ganz nah. Am Reschenpass entspringt die Etsch, der zweitlängste Fluss Italiens. Sie fließt durch den Reschensee und den Haidersee hinunter auf die Malser Haide und mündet nach 415 km bei Porto Fossone (Provinz Rovigo) in die Adria. Zur Region Reschenpass gehören außer Reschen noch Nauders (Österreich), Graun, Langtaufers und St. Valentin auf der Haide.

Geschichte   Seit jeher ist der Reschenpass eine wichtige Nord-Süd-Verbindung über die Alpen. Schon in vorrömischer Zeit verband ein Saumpfad das obere Inntal mit dem Vinschgau. Ab 15 v. Chr. verlief die Via Claudia Augusta, die römische Handelsstraße von Venedig nach Augsburg, über diesen Pass. Erst der Bau der Eisenbahn und später der Autobahn rückten den Brenner in den Mittelpunkt. Mussolini war überzeugter Anhänger der Idee eines **Alpenwalls** (ähnlich der französischen Maginot-Linie). Da der Reschenpass strategisch wichtig war, baute man auf dem sumpfigen Hochtal der Plamort-Ebene eine »Drachenzahn-Panzerabwehrsperre«. Allerdings wurden nur 17 der 34 geplanten Bunker fertiggestellt. Heute dienen manche davon als Weinkeller oder Käselager.

Eines der berühmtesten Fotomotive Südtirols: der Kirchturm von Graun

SEHENSWERTES IN RESCHEN UND UMGEBUNG

Von 1948 bis 1950 wurde der Reschensee aufgestaut, um die Turbinen eines Kraftwerks in Schluderns anzutreiben. Dafür mussten das malerische Graun und ein Teil vom Dorf Reschen geflutet werden. Häuser und Kirche wurden gesprengt, nur der Grauner **Kirchturm** aus dem 13. Jh. ragt als populäres Fotomotiv aus dem Reschensee. Das Dorf **Reschen** liegt an dessen Nordende auf 1497 m Höhe, **Graun** wurde 4 km südlich von Reschen an etwas höherer Stelle (1500 m) neu gegründet. Im Museum Vintschger Oberland im **Gemeindehaus** neben der Kirche wird diese Geschichte erzählt. Der Vinschger Oberwind ist ideal für Wassersport. Dank des Segelvereins **Reschensee** besteht eine gute Infrastruktur für Segler. Der See ist auch beliebt bei (Kite-)Surfern. Im Sommer startet die MS Hubertus gegenüber vom Grauen Turm zu Fahrten über den See. **Museum Vintscher Oberland**: Juni – Sept. Mi. – Do. 15.30 – 16.30 Uhr, Eintritt frei

*Reschensee

Von Reschen zweigt das kleine Rojental Richtung Schweizer Grenze ab. Rojen ist die höchste ganzjährig bewohnte Siedlung Südtirols (knapp 2000 m). Fresken im »Höfischen Stil« (um 1400) schmücken den Chor der **St.-Nikolaus-Kirche**. Zu sehen sind Episoden aus dem Leben Christi, die Marter des hl. Sebastian und die Nikolauslegende. ❶ Den Schlüssel zur Kirche gibt es im benachbarten Gasthof.

*Rojen

Das Hochtal im Osten des Oberen Vinschgaus reicht von Graun bis zum Alpenkamm. Am Ende des Tals liegt der Weiler Melag am Fuß der 3728 m hohen **Weißkugel**, des zweithöchsten Bergs der Ötztaler

Langtauferer Tal (Valle Lunga)

Reschen erleben

AUSKUNFT
Ferienregion Reschenpass
39027 Graun
Tel. 0473 63 46 03
www.reschenpass.it

ÜBERNACHTEN
Hotel Etschquelle ●●
Reschen, Neudorf 43
Tel. 0473 63 31 25
www.etschquelle.com
Liebenswertes Familienhotel und die
Umgebung ist nicht überlaufen.

Ferienwohnung im Strohhaus ●-●●
Richard Fliri & Yvonne Aschoff
Graun, Langtaufers 84 A
Tel. 0473 63 34 32
www.fliri.net
Hier wohnt man hinter meterdicken
Strohmauern, die perfekt isolieren und
ein angenehmes Raumklima schaffen.

SPORT
Auf dem See werden im Winter **Langlaufloipen** gespurt, die Kiter vergnügen sich auf Skiern. Das Vinschger
Oberland ist ein beliebtes **Wintersport-
gebiet** mit 115 km Piste in Reschen-
Schöneben, Haideralm-St. Valentin und
Langtauferertal-Maseben. Der Skibus
verkehrt zwischen Nauders (Österreich),
Reschen und St. Valentin. Das Skigebiet
gehört (außer Nauders) zur Ortler Skiarena (www.ortlerskiarena.com).
Rund um den Reschensee wurden **Radwege** angelegt. Eine schöne **Tages-
wanderung** beginnt an der Bergstation
Haider Alm (Kabinenbahn von St. Valentin). Der Weg Nr. 14 führt oberhalb
der Baumgrenze in 3 Std. nach Schöneben. Dort geht es entweder mit der
Gondel zurück ins Tal oder auf dem
Waldweg (Nr. 11) in 2 Std. nach St.
Valentin zurück.

Alpen. Das Langtauferer Tal besitzt ein kleines Skigebiet (Sesselbahn
zur Maseben-Alm) und ist der **ideale Ferienort für Allergiker**. Der
Sommer ist so kurz, dass fast keine Pollen fliegen, und die Haus-
staubmilbe kommt auch nicht mehr vor. Zahlreiche Unterkünfte bieten allergiegerechte Wohnräume.

✴ Ritten

✴ **D 9**

Italienisch: Renón
Höhe: 1220 m ü. d. M.
Einwohner: 7600

**Das sonnige Hochplateau oberhalb von Bozen mit ruhigen
Dörfern und Bauernhöfen, Wiesen und Lärchenwäldern ist
ein beliebter Ausflugsberg und Wanderrevier der Bozner
Stadtbewohner. Hier soll der Begriff Sommerfrische entstanden sein.**

Ritten erleben

AUSKUNFT · VERKEHR
Tourismusverein Ritten
Dorfstr. 5, 39054 Klobenstein
Tel. 0471 35 61 00
www.ritten.com
Auf den Ritten: Talstation im Bozner Vorort Rentsch, beim Bahnhof (Mo. – Sa. 6.30 – 21.00, So. 7.10 – 21.00 Uhr, Hin- und Rückfahrt 10 €). Auf dem Rittner verkehrt die alte **Rittner Bahn** ganzjährig im Stundentakt zwischen Oberbozen und Klobenstein.

ESSEN
Hotel Ansitz Kematen ⊖⊖
Klobenstein, Kematerstr. 29
Tel. 0471 35 63 56
Mo. geschl., www.kematen.it
Der 700 Jahre alte Gutshof liegt oberhalb von Klobenstein. Gute Südtiroler Küche und Desserts aus der eigenen Konditorei.

Rielinger Hof ⊖
Klobenstein
Siffianer Leitach 7
Tel. 0471 35 62 74
www.rielinger.it
Der schon Anfang des 13. Jh.s erwähnte Rielinger Hof hat auch 2 Ferienwohnungen und 2 Doppelzimmer; beliebter Buschenschank.

ÜBERNACHTEN
Parkhotel Holzner ⊖⊖⊖⊖
Oberbozen
Dorf 18
Tel. 0471 34 52 31
www.parkhotel-holzner.com
2011 erhielt das Hotel die Auszeichnung »historischer Gastbetrieb«. Authentischer kann man auf dem Ritten nicht wohnen.

Der Ritten erhebt sich zwischen Eisack- und Sarntal. Im Süden fällt er steil in den Bozner Talkessel ab, Richtung Norden geht er in sanften Hügeln ins Rittner Horn (2260 m) und in die Sarntaler Alpen über. Man erreicht ihn auf einer breiten Panoramastraße oder mit der Seilbahn. Erstmals erwähnt wurde der Ritten um 900 als Mons Ritus. Um 1200 wurde in Lengmoos ein Hospiz gegründet und dem Deutschen Orden übergeben. Im 17. Jh. »entdeckten« wohlhabende Bozner den Bergrücken, bauten sich prachtvolle Sommerhäuser, vorzugsweise in Maria Himmelfahrt südwestlich von Oberbozen, und verbrachten fortan die heißen Monate in angenehmer Höhenlage. Eine 1907 von Bozen über Oberbozen nach Klobenstein gebaute Zahnradbahn wurde in den 1960er-Jahren durch eine moderne Seilbahn abgelöst. Nur auf der 4,6 km langen Strecke von Oberbozen nach Klobenstein verkehrt noch die historische **Rittner Schmalspurbahn**. Bis 1965 war der Ritten autofrei, dann wurde eine Straße vom Bozner Vorort Rentsch nach Klobenstein gebaut. Sie verläuft teils auf der ehemaligen »Kaiserstraße«: Da das Eisacktal bis um 1500 oft unpassierbar war, mussten die deutschen Kaiser bei Überschwemmungen der Eisack den Umweg über den Ritten nehmen, um zur Krönung nach Rom zu gelangen.

Sommerdomizil Ritten

SEHENSWERTES AM RITTEN

*Oberbozen

Oberbozen (1221 m) war die traditionelle Sommerfrische der Bozner, daran erinnern heute noch die vielen bezaubernden Villen. Die **Kirche Maria Himmelfahrt** ist prunkvoll spätbarock ausgestattet, das Altarbild malte Christoph Unterberger 1794. Sehenswert ist auch die auf einem Hügel gelegene spätromanische Kirche **St. Georg und St. Jakob**. Schöne Fresken in der Apsis künden stilistisch bereits die Frühgotik an. Zwar thront Christus noch in der Mandorla, aber die Apostel begeistern mit ausdrucksvollen Gesten.

❶ Schlüssel beim Verkehrsamt Oberbozen, Tel. 0471 34 52 31

**Erdpyramiden

Die berühmten Erdpyramiden, schlanke, bis zu 30 m hohe, spitz zulaufende Türme mit steinernen »Hüten«, sind auf dem Ritten an mehreren Orten zu sehen, u. a. bei Oberbozen und Maria Saal. Sie entstanden dort, wo harte Granit- oder Porphyrbrocken im lockeren Moränenschutt aus der Eiszeit eingelagert sind. Während das weichere Material mit der Zeit abgetragen wird, bleiben unter den schützenden Decksteinen die Lehmpfeiler erhalten. Erst wenn sie herunterfallen, werden Regen und Schnee die Pyramiden zerstören. Bei Oberbozen kommt man auf dem zweistündigen **»Rittner Themenweg«** dieser geologischen Besonderheit sehr nahe.

Die Erdpyramiden am Ritten, eine geologische Besonderheit

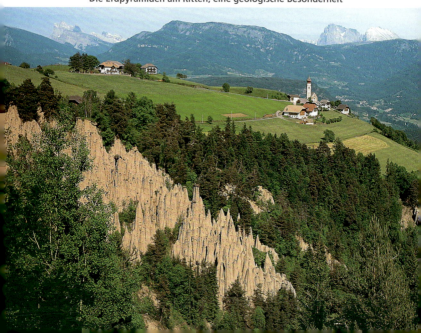

In Wolfsgruben, südöstlich von Oberbozen, liegt in der Nähe eines ***Bienen-museum** Badesees der **Plattnerhof,** einer der ältesten Bauernhöfe auf dem Ritten. Heute ist er Bienenmuseum und informiert über die Arbeit der Imker. Die historische Einrichtung zeigt den bäuerlichen Alltag.
❶ Ostern – Okt. tägl. 10.00 – 18.00 Uhr, Eintritt 6 €, www.ritten.com

Hauptort auf dem Ritten ist Klobenstein (Collabo) auf 1156 m Höhe, **Klobenstein** Ausgangsort für das **Rittner Horn** (2260 m) zu Fuß oder mit einer Gondel. Das Panorama vom Bozner Hausberg reicht von der Brenta bis zum Ortler, von den Dolomiten bis zu den Nordalpen.
Von **Pemmern** (1530 m, 8 km nördlich) erreicht man das Rittner Horn zu Fuß in rund 4 Stunden; kürzer ist die Fahrt mit der Gondel auf die 2070 m hohe Schwarzseespitze, von der man ca. 1 Stunde zum Rittner Horn benötigt. Die gleichnamige Schutzhütte ist im Sommer und Winter geöffnet, die Pisten gehören zur Ortler Skiarena.

In Lengmoos wurde 1211 ein Hospiz gegründet und kurz darauf dem **Lengmoos** Deutschherrenorden übergeben. Im 17. Jh. entstand der heutige **Kommendehof** im Barockstil mit einigen reich ausgestatteten Sälen. Im stimmungsvollen Innenhof finden alljährlich die »Rittner Sommerspiele« statt (www.rittnersommerspiele.com).
❶ Besichtigung nur mit Führung Mai – Anf. Nov. Fr. vormittags, Anmeldung beim Tourismusverein Ritten, Tel. 0471 35 61 00

✶✶ Rosengarten – Latemar

✦ E 10

Italienisch: Cima di Catinaccio & Latemar
Rosengartenspitze: 2981 m ü. d. M.
Latemar-Spitze: 2846 m ü. d. M.

Die beiden beeindruckenden Dolomiten-Bergmassive werden durch den Karerpass getrennt. Zu ihren Füßen liegen kleine Orte, eingebettet in Wiesenhänge.

Allein schon die Namen lassen die Herzen der Bergsteiger höher schlagen. In den Felsen der etwa 8 km langen Rosengartengruppe ist laut einer ladinischen Sage **König Laurin** zu Hause (►Baedeker Wissen S. 276). Höchste Erhebung ist der **Kesselkogel** (3002 m), Hauptgipfel die geringfügig niedrigere Rosengartenspitze, weitere bekannte Gipfel sind die **Vajolettürme** und die **Laurinswand.** Die höchste Spitze des Latemar-Massivs ist der **Westturm** (2842 m). Man erreicht die gigantischen Bergzwillinge auf der Großen Dolomitenstraße von Bozen aus. In Kardaun zweigt das Eggental ab. Durch die enge Eggenbachschlucht und über Welschnofen geht es zum Karerpass hoch.

Rosengarten & Latemar erleben

AUSKUNFT · VERKEHR

Tourismusverein Eggental
Dorf 9a
39050 Deutschnofen
Tel. 0471 61 65 67
www.eggental.com
Busse von/nach Bozen, zum Karersee
und Karerpass und nach Vigo im Fassatal

ESSEN

Tschamin Schwaige ⓔⓔⓔⓔ
Tiers, St. Zyprian 81
Tel. 0471 64 20 10
Mai – Anfang Nov.
www.tschaminschwaige.com
Deftige Südtiroler Küche: Knödel in allen
Variationen und verführerische Mehl-
speisen; Tipp: Forellen aus dem eigenen
Teich

Gourmet Restaurant Johannesstube
ⓔⓔⓔ
c/o Spa & Resort Engel
Welschnofen, Gummerer Str. 3
Tel. 0471 61 31 31
In der Johannesstube wird feine einheimische Küche serviert, die einen Michelin-Stern bekam.

Gasthof Gasserhof ⓔⓔ
Eggen, Dorf 6
Tel. 0471 61 58 82
www.gasserhof.it
In der Tiroler Gaststube kommt gute
regionale Küche auf den Tisch.

ÜBERNACHTEN

Cyrianerhof ⓔⓔ
Tiers
St. Zyprian 69
Tel. 0471 64 21 43
www.cyprianerhof.com
April – Mitte Nov., 26. Dez. – Mitte März
Das schicke Hotel mit Spa beim Rosen-
garten bietet Wanderungen, Klettertou-
ren und Mountainbike-Ausflüge, Lang-
lauf- und Schneeschuhwanderungen an.

Hotel Weißlahnbad ⓔ
Tiers
Weißlahn 21
Tel. 0471 64 21 26
Mai – Anfang Nov., Weihnachten bis
Anfang März
www.weisslahnbad.com
Schon 1779 soll hier eine Badeanstalt
existiert haben. Heute gibt es Bäder mit
Trester und Rosskastanie oder Molke.
Moderne Zimmer.

SPORT

Der traumhaft gelegene 18-Loch-**Golfclub Petersberg** wurde Ende der
1980er-Jahre als erster Club in Südtirol
eröffnet (Unterwinkl 5, Deutschnofen,
www.golfclubpetersberg.it).
Das Bergdorf **Obereggen** (Fiemme) unterhalb des Latemar hat sich zu einem
lebhaften **Wintersportort** entwickelt.
Das »Skicenter Latemar« bietet 40 Pistenkilometer (www.latemar.it).

Wanderer,
Bergsteiger,
Winter-
sportler

Rosengarten und Latemar bieten unzählige Routen für Wanderer,
Bergsteiger und Wintersportler an, Unterkünfte gibt es in Schutzhütten. Sehr beliebt ist z. B. der **Hirzlweg**, der ins Trentiner Fassatal oder
als Rundtour über den Grasleitenpass ins Tierser Tal erweitert werden kann. Die schönsten Touren im Latemar verlaufen an seinem
Fuß, u. a. eine ca. 3-stündige Wanderung zum Karersee.

Blick von St. Justina auf den Rosengarten

SEHENSWERTES UM ROSENGARTEN & LATEMAR

Die Beschreibung folgt der 1860 – 1909 erbauten **Großen Dolomitenstraße** von Bozen über den Karerpass und das Pordoijoch nach
▶Cortina d'Ampezzo.

Der Ort liegt nur einen Katzensprung von Bozen entfernt zwischen dem Etsch- und dem Eggental auf 1357 m. Im 12. Jh. wurde diese Region besiedelt und das Dorf gegründet. Das Gemeindehaus ist in **Schloss Thurn** (17. Jh.) untergebracht, wo früher das Gericht tagte. Im Turmgeschoss ist neben vorgeschichtlichen Funden eine **Sammlung sakraler Kunst** zu sehen, darunter zwei Altarblätter, Gemälde und frühbarocke Heiligenstatuen. Die Pfarrkirche **St. Ulrich** (15. Jh.) besitzt einen neogotischen Hochaltar mit vier älteren Holzreliefs, die Hans von Judenburg 1422 ursprünglich für die Pfarrkirche Bozen geschaffen hatte. 1724 wurde der Altar nach Deutschnofen verkauft. Auch die Heimsuchung am rechten Seitenaltar stammt aus Bozen.

Deutschnofen (Nova Ponente)

Museum Schloss Thurn: Schloss-Thurn-Str. 1, Jan. – Juni, Sept. – Dez.
Di. 9.00 – 12.00, Do. 14.30 – 17.00, Juli, Aug. Mo. – Fr. 9.00 – 12.00,
Do. 14.30 – 17.00 Uhr, Eintritt frei

Im Reich des Zwergenkönigs

Um die Dolomiten rankt sich ein Kranz von Sagen, die zum überwiegenden Teil dem ladinischen Sprachraum entstammen und in denen Riesen und Zwerge, Hexen und Geister, Prinzen und Helden eine bedeutende Rolle spielen.

Die bleichen Berge

Eine dieser Sagen erzählt, dass die Dolomiten einst aus düster-schwärzlichem Gestein bestanden haben sollen. Dort herrschte ein König, dessen Sohn von einer unstillbaren Sehnsucht nach dem Mond erfüllt war. Eines Tages verirrte er sich auf der Jagd und musste die Nacht in einem von Alpenrosen bewachsenen Hochtal verbringen. Dort erschien ihm im Traum ein schönes Mädchen – die **Tochter des Mondkönigs**. Als der Prinz erwachte, war die Nacht von Mondlicht durchflutet. Der Prinz pflückte einen Strauß Alpenrosen und wanderte zu den Felstürmen hinauf, wo er auf zwei uralte Männer traf. Er erfuhr, dass sie Mondbewohner seien, die sich hierher verirrt hätten, und erzählte ihnen von seinem großen Wunsch, zum Mond zu gelangen. Sie nahmen ihn mit. In der Hauptstadt der Mondbewohner fragte ihn ein Mann nach den Alpenrosen, die der Prinz bei sich trug: Die Mondprinzessin liebe schöne Blumen. Also machte der Königssohn sich auf und fand in der Mondprinzes-

Ein einsamer Prinz hat Sehnsucht nach dem Mond ...

sin wirklich das Mädchen aus seinem Traum. Die beiden verliebten sich. Doch bald merkte der Königssohn, dass er durch das gleißende Mondlicht zu erblinden drohte. So gewährte ihm der Mondkönig die Bitte, zusammen mit der Prinzessin zur Erde zurückzukehren.

Erst gefiel es der Mondtochter in der Heimat des Prinzen sehr. Doch bald erfasste sie Heimweh nach dem hellen Mondland, das so ganz anders war als die finsteren Dolomitenberge, und große Schwermut befiel sie. Der Mondkönig holte sie und den Prinzen zu sich zurück. Dieser litt jedoch mehr und mehr unter dem hellen Licht und musste den Mond wieder verlassen. So streifte er ziellos durch die Berge. Eines Tages begegnete er dem **Zwergenkönig** der Salwans, eines Volkes, das zaubern konnte. Der König versprach Abhilfe. Sieben Zwerge fingen das Mondlicht ein, und knüpften daraus ein Netz, das sie über die Felszinnen warfen. Am nächsten Morgen war das Gestein mit silbern-bleichem Glanz überzogen. Froh holte der Prinz seine Prinzessin zurück. Die Dolomiten aber werden seit jener Zeit auch die »bleichen Berge« (ladin. »Lis montes palyes«) genannt.

Die Enrosadüra

Auch zum Alpenglühen, ladinisch »Enrosadüra« genannt, gibt es eine Sage. In dieser Berggruppe herrschte einst der Zwergenkönig **Laurin** inmitten eines prächtigen Gartens voller Rosen. Dieser Garten war von einem goldenen Faden umzogen, den niemand zu zerreißen wagte. Eines Tages brach Dietrich von Bern in die friedliche Gegend ein, zerriss den goldenen Faden, verwüstete den Rosengarten und nahm Laurin gefangen. Doch dieser floh und kehrte in seine Heimat zurück. Als er die blühenden Rosen erblickte, sprach der Zwergenkönig zu sich: »Die Rosen mit ihrem Glanz haben Unglück über mein Reich gebracht. Hätten die fremden Kriegsmänner sie nicht gesehen, so wären sie nie in meine Berge gekommen.« Deshalb verzauberte er die Rosen, dass sie weder bei Tag noch bei Nacht sichtbar sein sollten. Doch in seinem Eifer vergaß er die Dämmerung. So werden noch heute im Zwielicht zwischen Tag und Nacht die Rosen wieder sichtbar und die Berge erstrahlen in rotem Glanz.

Die Rosen in Laurins Garten blühen nur noch in der Dämmerung.

*St. Helena   Das Kirchlein St. Helena steht auf einer Anhöhe mit schönem Blick auf Rosengarten und Latemar. 1410 wurde es von Künstlern der Bozner Schule ausgemalt. Schön sind die vier Evangelisten auf thronartigen Stühlen vor Schreibpulten mit vielen Einrichtungsdetails eines Schreibzimmers. Man erreicht St. Helena und den nahen Gasthof auf einem beliebten Wanderweg ab Deutschnofen.

❶ Kirchenschlüssel in der Jausenstation Kreuzhof, Tel. 0471 61 01 71

Maria Weißenstein   Maria Weißenstein, der **bekannteste Wallfahrtsort Südtirols, liegt auf einem Hochplateau 10 km südlich von Deutschnofen. Man erreicht ihn zu Fuß auf einem schönen Wanderweg in etwa 2 Stunden von Leifers aus. Von der Kirche hat man einen großartigen Blick auf den Rosengarten.

Der Legende nach beginnt die Geschichte der Wallfahrten mit der Auffindung einer Marienstatue aus Alabaster im Jahr 1553, die als wundertätiges Gnadenbild verehrt wird. In der barocken Kirche des Servitenklosters steht heute eine Kopie, das Original steht in der Pfarrkirche von Leifers. Der Komplex besteht aus Kirche und Kloster, einem Kongress- und Exerzitienhaus sowie einem Hotel mit Gasthaus. Kirche und Kloster entstanden 1753. Die Deckenfresken der Kirche malte der Wiener Theatermaler Adam Mölk. Sehenswert ist der reiche Sammlung von Votivbildern (17. u. 18. Jh.), die als Dank für erhörte Gebete gestiftet wurden. Unter der großen Freitreppe liegt die Krypta mit den Gräbern der Ordensgeistlichen.

Pilgerziel Maria Weißenstein

Südlich von Maria Weißenstein erstreckt sich der Höhenzug des Regglbergs, ein ausgezeichnetes Wandergebiet. Bei **Petersberg** liegt ein gut frequentierter 18-Loch-Golfplatz mit Restaurant.

Welschnofen (Nova Levante)   Welschnofen (1182 m, www.welschnofen.com), südöstlich von Bozen an der großen Dolomitenstraße gelegen, ist der Hauptort des **Eggentals**. Der vermutlich im 12. Jh. von Ladinern gegründete Ort gehörte bis ins 17. Jh. zum rätoromanischen Kulturkreis. Heute ist die Region beliebt bei Wanderern, aber auch als Ausgangspunkt für

Bergtouren in den Rosengarten und zum Latemar. Wintersportler können zwischen den familienfreundlichen Abfahrten am Karerpass oder den anspruchsvolleren Pisten in Obereggen wählen.

Kurz nach Welschnofen Richtung Karerpass führt die Straße am traumhaft schön gelegenen ****Karersee** vorbei, in dessen smaragdgrünem Wasser sich die wild zerklüfteten Gipfel des Latemar spiegeln. Da fast alle dieses Naturspektakel sehen wollen, ist von dem einsamen Bergsee nicht mehr viel übrig geblieben ...

Im Latemar-Forst wachsen Haselfichten, sog. **Klangfichten.** Aufgrund der Temperaturen, der Höhe und des speziellen Bodens wachsen sie besonders gerade und ihre Jahresringe haben weniger als 2 mm Abstand. Ihr Holz (»Klangholz«) ist bei Instrumentenbauern sehr begehrt. In der Unterführung zur Plattform des Karersees ist ein Klangholz des Vinschgauer Künstlers Manfred Mayr installiert.

Karerpass

Nach wenigen Minuten erreicht man den Karerpass (Passo di Costalunga, 1758 m), einen breiten Sattel mit satten Almwiesen zwischen Rosengarten im Norden und Latemar im Süden. Mittelpunkt der kleinen Hotelsiedlung unterhalb des Passes, die schon um die vorletzte Jahrhundertwende ein beliebtes Reiseziel war, ist das ehemalige **Grandhotel Karersee,** ein imposantes Gebäude im Stil der Belle Époque. Der Erste Weltkrieg sorgte für das Aus der Nobelherberge; das Grandhotel wurde in Appartements umgewandelt.

Hinter dem Karerpass beginnt das **Fassatal** (Val di Fassa), das größte Wintersport- und Wandergebiet des Trentino. Von Vigo di Fassa geht es mit der Kabinenbahn zum Hochplateau **Ciampedie** (2000 m) mit herrlichem Blick zur Rosengartengruppe; das **Museo Ladino de Fascia** beschäftigt sich mit der ladinischen Kultur (www.istladin.net). Wer auf die **Marmolata** will, die 3343 m hohe Königin der Dolomiten, fährt von **Canazei** im Fassatal östlich über den Passo Fedaia (2057 m) nach Malga Ciapela. Anschluss ans ▶Grödner Tal hat man von Canazei Richtung Norden über das Sellajoch. Auf der Dolomitenstraße geht es über das Pordoijoch (Passo di Pordoi, 2239 m) und den Falzaregopass (2105 m) nach ▶Cortina d'Ampezzo.

*Nigerpass

Zwischen Karersee und Karerpass zweigt eine Straße Richtung Norden mit grandiosen Blicken auf die Rosengartengruppe zum 1690 m hohen Nigerpass (Passo Nigra) ab.

*Tiers

In dem 1028 m hoch gelegenen Dolomitendorf (www.tiers-rosengarten.com), einem guten Ausgangspunkt für Touren in die Rosengartengruppe, geht es noch beschaulich zu. Es wird nördlich überragt von der Felskuppe des Tschafon (1737 m), unterhalb des Gipfels liegt die Tschafonhütte, die man von Tiers in 2 Stunden erreichen kann. Die gut erhaltenen Außenfresken der kleinen Kirche St. Katharina werden der Bozner Schule zugeschrieben.

Die **Kapelle St. Zyprian** im gleichnamigen Weiler hinter Tiers steht dekorativ vor den Felszacken des Rosengarten und ist ein bekanntes Fotomotiv in Südtirol, ein spätromanischer Bau (13. Jh.) mit Tonnengewölbe, Rundapsis und niedrigem Turm. Das Außenfresko erzählt die Geschichte der wundersamen Rettung der Platzliner Wiese: Gottvater schickte viele Blitze vom Himmel, aber Zyprian und Justina hielten schützend ihre Mäntel über die dort weidende Herde.

Die Straße führt weiter nach **Weißlahnbad**, das vor über 100 Jahren wegen seiner Heilquellen ein viel besuchter Badeort war. Gegenwärtig wird versucht, diese Tradition wieder zu beleben.

Tschamintal
Von Weißlahnbad erreicht man das noch sehr ursprüngliche Tschamintal, ein Teil des **Naturparks Schlern**. Die alte Stegermühle aus dem 16. Jh. am Taleingang ist die letzte von einst 23 wasserbetriebenen Sägemühlen im Tal. Das Gebäude beherbergt heute das **Naturparkhaus** Schlern. Zu Fuß kann man in 3 Stunden über das Bärenloch zur großartig gelegenen Grasleitenhütte wandern.

Naturparkhaus Schlern: Mitte Juni – Ende Sept. Di. – Sa. 9.30 – 13.00, 14.00 – 17.30 Uhr, Juli, Aug. auch So.; Mi. um 17.00 Uhr wird die Säge in Gang gesetzt

Salurn

✦ F 8

Italienisch: Salorno
Höhe: 224 m ü. d. M.
Einwohner: 3500

Das von Obstplantagen und Weinbergen eingerahmte Salurn ist das südlichste Dorf Südtirols und der letzte Ort an der Südtiroler Weinstraße. Das Zentrum bezaubert mit romantischen Gassen und Häusern im Renaissance- und Barockstil.

Salurner Klause
Südlich von Salurn bilden der Geisersberg (östlich) und der Fennberg (westlich) die **berühmte Engstelle** der Salurner Klause. Danach öffnet sich die Piana Rotaliana; die weite Ebene gehört zur Provinz Trient. In Salurn verläuft sowohl die Provinz- als auch die deutsch-italienische Sprachgrenze: Schon in Salurn wird vorwiegend italienisch gesprochen, eine Folge der Italienisierungspolitik, da es mit dem Bozner Unterland 1921 – 1948 zur Provinz Trient gehörte.

Geschichte
Vermutlich gab es an dieser Stelle schon eine rätische Siedlung, später ein römisches Kastell. Nach dem Zerfall des Römischen Reichs übernahmen die Langobarden das fruchtbare Gebiet an der Etsch. Dann drangen von Norden Franken und Bajuwaren ein. Die ent-

Salurn erleben

AUSKUNFT · VERKEHR
Tourismusverein Südtirols Süden
Hauptplatz 4, 39040 Auer
Tel. 0471 81 02 31
www.suedtirols-sueden.info
Regionalzüge von/nach Auer, Bozen,
Trient und Verona; Busse verkehren in-
nerhalb von Überetsch, Auer, Neumarkt
und Trento.

ESSEN
Burgschenke Haderburg ❻–❻❻
April – Mitte Okt. Mi. – So. 11.00 – 18.00
Uhr
www.haderburgschenke.com
In der Burgschenke gibt es eher herzhaf-
te Speisen wie Ripperln, Räucherbraten
und eine opulente Marende (▶S. 61).

Gasthaus Fichtenhof ❻
Gfrill bei Salurn, Fichtenhof 23
Tel. 0471 88 90 28
www.fichtenhof.it
In dem kleinen Gasthaus werden die
Südtiroler Spezialitäten mit großer Sorg-
falt zubereitet, Schlutzkrapfen mit Kräu-
tern frisch aus dem Garten oder lockere
Speckknödel ...

EINKAUFEN
Quasi in der letzten Ecke Südtirols produziert das **Weingut Haderburg** einen
erstklassigen, hochprämierten Schaum-
wein. Auch Chardonnay, Sauvignon
blanc und Blauburgunder sind hervorragend (Salurn, Buchholz 30, www.hader
burg.it).

scheidende Schlacht, die den Vorstoß der germanischen Völker nach
Süden stoppte und die heutige Südgrenze Südtirols festlegte, fand 590
bei Salurn statt. Schon im frühen Mittelalter war Salurn eine wohlhabende Gemeinde, da hier der wichtige Handelsweg über den
Sauchpass und durch das Trentiner Val di Cembra nach Süden führte. Der Weg war beschwerlich, aber sicherer als der direktere Weg
durch das malariaverseuchte Etschtal. Heute ist die historische Route ein beliebter Wanderweg. Unterwegs erinnern alte Pflastersteine
und Bogenbrücken an die Vergangenheit. Ein berühmter Wanderer
war Albrecht Dürer, woran der Dürerweg erinnert (▶Neumarkt).

Die 1964 gegründete Südtiroler Weinstraße (Strada del vino dell'Alto   **Südtiroler**
Adige) beginnt in Nals und zieht sich über Bozen durch das Über-   **Weinstraße**
etsch und das Unterland bis nach Salurn. An der Weinstraße liegen
u. a. ▶Nals, ▶Terlan, Andrian, ▶Eppan, ▶Kaltern, ▶Tramin, ▶Kur-
tatsch, Margreid, Kurtinig, Auer, Montan, ▶Neumarkt, Pfatten,
Salurn sowie die Landeshauptstadt ▶Bozen.

SEHENSWERTES IN SALURN UND UMGEBUNG

Die Pfarrkirche entstand 1628 – 1640 im Barockstil; der Turm schon   **Salurn**
im 15. Jahrhundert. Die Ruine der im 12. bis 16. Jh. erbauten *Ha-

derburg thront malerisch auf einem Felssporn über der Talenge von Salurn. Sie gehörte den Grafen von Eppan, später Meinhard II., Graf von Görz-Tirol. Im 16. Jh. war sie das geistige Zentrum der Wiedertäufer und Lutheraner. Einer der berühmtesten Besucher war Philipp Melanchthon; der Mitstreiter Martin Luthers weilte 1531 auf der Burg. Seit 1648 gehört sie den venezianischen Grafen Zenobio-Albricci. Die Haderburg ist Schauplatz der Sage »Der Weinkeller bei Salurn«, die zur Sammlung Deutscher Sagen der Brüder Grimm gehört. Man erreicht sie über den steilen Fußpfad »Weg der Visionen«. In den Sommermonaten finden oft musikalische Veranstaltungen statt und es gibt eine Burgschenke.

❶ April – Mitte Okt. Fr. – So. 10.00 – 20.00 Uhr, www.haderburgschenke.com

Buchholz Aus dem Tal windet sich eine 14 km lange Straße durch Weinberge und Obstplantagen nach Buchholz, das auf einer Bergterrasse liegt. Hinter dem Ort steigt die Straße erneut an bis zum verträumten Dorf **Gfrill** auf 1328 m, wo sich einige wenige Gebäude um die kleine Kirche und das Gasthaus Fichtenhof scharen.

✷ Sarntal

Italienisch: Val Sarentino
Höhe: 570 – 2781 m ü. d. M.
Einwohner: 6900

✶ C/D 9

Das Sarntal im Herzen Südtirols wird von einer hufeisenförmigen Bergkette eingerahmt, höchster Punkt ist der Hirzer. Im Tal fließt die Talfer. Stille Dörfer, satte Wiesen und eine unberührte Landschaft machen den Reiz des Tals aus.

Das Sarntal erstreckt sich von Bozen bis zum 2214 m hohen Penser Joch im Norden, das das Tal mit ▶Sterzing und dem ▶Eisacktal (▶Touren S. 103) verbindet, im Winter allerdings gesperrt ist.

Das Tal war lange Zeit aus dem Norden nur schwer erreichbar. Erst 1900 wurde eine Trasse für den Wagenverkehr nach Bozen gebaut. Heute führt eine 70 km lange Straße durch 24 Tunnel, entlang an roten Porphyrfelsen. Gleich mehrere Burgen bewachten einst den Taleingang, u. a. Schloss Klebenstein an der Talfer und die mächtige Burg

? BAEDEKER WISSEN

Latschenkiefernbad

In den Sarntaler Höhenlagen wächst die Sarner Latschenkiefer (Pinus sarentensis), eine alpine Krummkiefernart. Aus deren Nadeln gewinnt man das wohlriechende Latschenkiefernöl, das als Bade- und Saunazusatz genutzt wird.

Sarntal erleben

AUSKUNFT · VERKEHR
Tourismus Sarntal
Europastr. 15, 39058 Sarnthein
Tel. 0471 62 30 91
www.sarntal.com
Busse von/nach Bozen durch das Sarntal
bis Astfeld bzw. Durnholz/Reinswald

ESSEN
Hotel Restaurant
Auener Hof ❻❻❻❻-❻❻❻
Auen 21
Tel. 0471 62 30 55, www.auenerhof.it
Mo. geschl.
Seit Jahren eines der herausragenden
Restaurants in Südtirol mit Michelin-
Stern, und das auf 1620 m!

Restaurant Braunwirt ❻❻
Sarnthein, Kirchplatz
Tel. 0471 62 01 65, www.braunwirt.it
So. abend, Mo. geschl.
Tipp: Salat vom Meeresfisch, Steinbutt
mit lauwarmem Spargelsalat oder
Lammragout mit Shitake-Pilzen. Gutes
Preis-Leistungs-Verhältnis.

ÜBERNACHTEN
Hotel Bad Schörgau ❻❻❻
Sarnthein, Bad Schörgau-Str. 24
Tel. 0471 62 30 48
www.bad-schoergau.com
Im Badl stehen Zuber mit dem Sud aus
der Latschenkiefer. Die Zimmer sind
ganz in Holz eingerichtet. Tipp fürs Restaurant: die Sarntaler Speckplatte.

Bar Garni Reischnhitt ❻
Sarnthein, Unterreinswald 17
Tel. 0471 62 51 38
www.alpen-wellness.bz und
www.eschgfeller.com
Hier gibt es Wellness rund um die Latschenkiefer, Pflegeprodukte im Latschen-
laden und ein Gästehaus mit 5 komfor-
tablen Zimmern.

EINKAUFEN
Früher war es die Winterbeschäftigung
der Bauern, heute ist es ein Lehrberuf: Die
Federkielstickerei hat Eingang in die All-
tagsmode gefunden, auf Gürteln, Taschen
und Trachtenschuhen (**Federkielstickerei
Thaler**, Sarnthein, Rohrerstr. 41, www.fe-
derkielstickerei.com).
In der **Handweberei Unterweger** entstehen der bekannte »Sarner Jangger«,
die beliebten Filzpatschen, Wolldecken
und Teppiche (Sarntal, Steet 26 A, www.
handweberei.it).

SPORT
Der Auenerhof bietet schöne **Ausritte**
und Schnuppertouren auf Haflingern, die
meist aus der eigenen Zucht stammen,
auch für Tagesgäste (www.auenerhof.it).
Das **Skigebiet** Reinswald im Durnholzer
Tal ist bei den Einheimischen, die den
Rummel der großen Skigebiete wie Sella
Ronda oder Kronplatz meiden, sehr beliebt. Am Pichlberg gibt es eine Kabinenbahn und mehrere Lifte sowie gut gepflegte Pisten (www.reinswald.com).

Runkelstein (▶Bozen). Auf der westlichen Talseite folgen die Burgruine Rafenstein, etwas weiter hinten und östlich auf steilem Felsen
Schloss Wangen-Bellermont und am Ufer der Talfer die kleine Burg
Ried. Nahebei ist der mächtige **Johanneskofel** mit dem Johannes-
kirchlein ein Blickfang.

Das Sarntal ist ein schönes Wandergebiet. Empfehlenswert ist die **Hufeisen-Tour**, eine siebentägige Wanderung mit Übernachtung in Berghütten. Die Tour von Reinswald über die Heiligkreuzhütte zum Durnholzer See (www.sarntal.com) ist an einem Tag zu bewältigen.

SEHENSWERTES IM SARNTAL

Sarnthein

Sarnthein (Sarentino) ist der **Hauptort** des Sarntals und die größte Flächengemeinde Südtirols. Über dem Ort ragt die im 13. Jh. erstmals erwähnte **Burg Reinegg** auf (Privatbesitz, nicht zu besichtigen). Die romanische, im Stil der Gotik umgebaute *Kirche St. Cyprian** an der Talferbrücke hat innen wie außen schöne Fresken. Diejenigen an der nördlichen Langhauswand malten Vertreter der Bozner Schule Ende des 14. Jh.s, die anderen sind 100 Jahre jünger. Am ersten Septembersonntag, dem Schutzengelsonntag, findet eine große Prozession mit Trachtenumzug und Volksfest statt.
Im Ort gibt es stattliche alte Häuser. Das 1288 erstmals erwähnte **Rohrer Haus** beherbergt ein **Museum**, das die Erinnerung an die bäuerliche Welt des Sarntals wachhält.
❶ Ende Mai – Ende Sept. Do. 14.00 – 22.00, Fr. – So. 14.00 – 18.00 Uhr, www.rohrerhaus.it

Durnholz

Bei Astfeld, etwa 3 km nördlich von Sarnthein, gabelt sich die Straße. Geradeaus geht es zum Penser Joch, rechts zweigt die Straße ins **Durnholzer Tal** ab. In diesem schönen Wandergebiet liegt das kleine Dorf Durnholz 1558 m hoch am gleichnamigen See. Die gotische **Pfarrkirche** ist mit um 1420 entstandenen Fresken geschmückt. Am Gentersberg steht die kleine **Kirche St. Valentin** mit Außenfresken eines Bozner Meisters, im Innern sind Apsis und Chor bemalt.

* Schenna

C 8

Italienisch: Scena
Höhe: 600 m ü. d. M.
Einwohner: 2850

Schenna liegt auf einem Hügel nordöstlich von Meran zwischen Apfelgärten und Weinbergen. Der kleine Ort ist mit über einer Million Übernachtungen pro Jahr eines der touristischen Zentren Südtirols und besteht vor allem aus Hotels. Für Interessierte an der Geschichte Tirols ist Schloss Schenna ein großer Anziehungspunkt.

SEHENSWERTES IN SCHENNA

Schloss Schenna wurde um 1350 für Petermann von Schenna, einen ***Schloss** Gefolgsmann von Margarethe Maultasch, der letzten Gräfin von Ti- **Schenna** rol, erbaut. 1844 erwarb Erzherzog Johann von Österreich die Anla-ge und baute sie zum Familiensitz um. Er hatte durch seine Hochzeit mit der Ausseer Postmeistertochter Anna Plochl jeden Anspruch auf die Thronfolge verloren, allerdings stand er nur an achter Stelle. Sei-ne Nachkommen durften sich fortan Grafen von Meran nennen.
Der mächtige Bau, nach wie vor im Besitz der Grafen von Meran, ist teilweise noch von einem Burggraben umgeben. Über eine Brücke gelangt man in den Innenhof und ins Schlossinnere, das bis auf einen Flügel mit Privaträumen besichtigt werden kann. In den schönen **Renaissanceräumen** mit prachtvollen Täfelungen und Kassetten-decken sind Gemälde von Stephan Kessler und eine Waffensamm-lung zu sehen. In weiteren Räumen befinden sich Erinnerungsstücke an den Erzherzog und vor allem die größte private Dokumentation über den Freiheitshelden Andreas Hofer, darunter das einzige Bild, das vor seinem Tode von ihm gemalt wurde. Im Speisesaal steht ein imposanter Kachelofen aus Delfter Porzellan. Ein stimmungsvolles Ereignis ist der **Schlossadvent** am 2. Dezemberwochenende.
❶ Schlossweg 14, Besichtigung nur mit Führung, Karwoche – 1. Nov. Mo. – Sa. 10.30, 11.30, 14.00, 15.00 Uhr, Eintritt 8 €, Kombi-Karte Schloss/ Mausoleum 8,50 €, www.schloss-schenna.com

Ein beliebtes Reiseziel: Schenna vor herrlicher Bergkulisse

Pfarrbezirk Die neue Pfarrkirche entstand 1931. In der alten gotischen Pfarrkirche Maria Aufnahme sind Fresken aus dem 16. Jh. zu sehen. Südlich an den Hauptchor schließt die Johanneskapelle mit Bildern im »Höfischen Stil« (um 1400) an. Zu sehen sind u. a. Szenen aus der Legende des hl. Pankraz an den Wänden, die klugen und törichten Jungfrauen am Triumphbogen und in den Gewölbefeldern Kirchenväter und Evangelistensymbole. Die romanische Friedhofskapelle **St. Martin** (um 1200) am Friedhof besitzt mit zwei Schiffen und zwei Apsiden einen ungewöhnlichen Grundriss. Die neogotische **Begräbniskirche St. Johann** aus rotem Sandstein entstand 1869 nach Plänen von Moritz Wappler. Im Mausoleum stehen die Sarkophage von Erzherzog Johann und seiner Frau Anna Plochl.

❶ Schlossweg 14, Mitte März – Anf. Nov. Mo. – Sa. 10.00 – 11.30, 15.00 – 16.30 Uhr, Eintritt 2 €, www.schloss-schenna.com

---

! BAEDEKER TIPP

Plantschen mit Aussicht

Im Süden von Schenna liegt das schöne Panorama-Freibad. Kinder freuen sich über Sprudelbecken und Rutsche, Erwachsene über 2 Tennisplätze und 4 Bowlingbahnen (Alte Straße 12, Mitte Mai – Anfang Sept.).

Schenna erleben

AUSKUNFT · VERKEHR
Tourismusverein Schenna
Erzherzog Johann-Platz 1/D
39017 Schenna
Tel. 0473 94 56 69, www.schenna.com
Busse von/nach Meran und Verdins, Gästebusse nach St. Georgen und zum Schloss Trautmannsdorff; die »Buscard« für 7 € gilt sieben Tage. Die »Schennacard«, 7 Tage für 50 €, schließt alle Aufstiegsanlagen ein (www.schenna.com).

EVENTS
In der zweiten Juliwoche treffen sich die **Oldtimer** zur **Südtirol Classic** (bis Jahrgang 1975) in Schenna. Bei den Routen wird mehr Wert auf Fahrgenuss als auf Schnelligkeit gelegt.
Auf dem **Unkräutermarkt** Mitte April wird gezeigt, dass auch Unkräuter sehr schmackhafte Gerichte liefern können. Die Initiative geht auf die Kräuterbäuerin

Priska Weger zurück. Sehr begehrt sind ihre Führungen zu Wildkräutern (www.oberhaslerhof.com).
Sterne · Schlösser · Almen bedeutet: Hochgelobte Köche bitten in mittelalterlichen Gemäuern zu Tisch (www.sterneschloesser-almen.com).

ESSEN
Thurnerhof €€
Verdinserstr. 26, Tel. 0473 94 57 02
Mo. geschl.
Das Wirtshaus in dem schönen Bauernhaus (15. Jh.) gehört zum Schloss Schenna. Sehr begehrt sind die Tische in der Selchkuchl. Tipp: Schlutzkrapfen mit Lauch.

ÜBERNACHTEN
Hotel Hohenwart €€€-€€€€
Verdinserstr. 5
Tel. 0473 94 44 00
www.hohenwart.com
In einem schönen Garten gelegen. Das

Die romanische Rundkirche St. Georg im Oberdorf aus dem 12. Jh. ist die ehemalige Kapelle der alten Burg Schenna, an die noch der Stumpf eines Bergfrieds erinnert. Sie wurde um 1400 ausgemalt, die Fresken sind fast vollständig erhalten. Das Kuppelgewölbe wurde nach einem Blitzeinschlag mit einer Säule verstärkt. Ein Teil des Gewölbes zeigt das Jüngste Gericht in üppiger Scheinarchitektur, die Wände sind geschmückt mit Szenen aus dem Leben des hl. Georg und der Nikolauslegende. Zwei Flachreliefs auf den Flügelinnenseiten des spätgotischen Hauptaltars zeigen Papst Silvester und den hl. Antonius; der Schutzherr der Haustiere wird in Südtirol auch »Facken-Toni« genannt.

*St. Georg im Oberdorf

❶ April – Okt. Mo. – Sa. 10.00 – 12.00, 14.00 – 17.00 Uhr

Nördlich von Schenna liegt am Waalweg die Talstation der Seilbahn zum **Taser**, einem viel besuchten Wandergebiet. An einer Bergflanke entlang führt die Straße ins 4 km entfernte **Verdins**. Mit einer Schwebebahn kommt man weiter nach Oberkirn (1400 m) und mit einem Sessellift zur Grube (1801 m) und zu einer Schutzhütte. Auch hier gibt es zahlreiche Wandermöglichkeiten.

Taser und andere Ausflugsziele

Spa mit einem Solebad und der Dachsauna bietet einen grandiosem Blick über Meran, den Vinschgau, das Passeier- und das Etschtal. Was auf den Tisch kommt, stammt aus der eigenen Produktion.

Taser Familienalm ❸❸❸
Schennaberg 25
Tel. 0473 94 56 15
Ostern – Okt.
www.familienalm.com
Weiträumige Anlage mit Gasthof, Chalets, Hotel, Schwimmbad, Sauna und Hochseilgarten auf der 1450 m hohen Taser Alm

Hotel Weinmesser ❸❸❸
Schennastr. 41
Tel. 0471 94 56 60
www.weinmesser.com
Alle 29 Zimmer sind in den Farben des Weinlaubs und der Trauben gehalten, denn Inhaberin Doris Kohlgruber ist eine leidenschaftliche Sommelière. Wein- und Olivenölverkostungen.

Naturresidence Dahoam ❸❸
Pichlerstr. 26
Tel. 0473 42 10 63
www.dahoam.it
Das moderne Haus aus Lärchenholz hat 2 große Ferienwohnungen.

EINKAUFEN
Der **Innleitnerhof** (mit 15 Gastzimmern) produziert Vernatsch, Weißburgunder und Blauburgunder und verkauft ab Hof (Leiterweg 8, www.innerleiter hof.it). Schon das Gebäude fällt aus dem Rahmen und auch im Schmuck der Juweliersfamilie Gamper steckt viel Kreativität; wer Ausgefallenes sucht, ist hier richtig (**Tiroler Goldschmied**, Schennastr. 8, www.tirolergoldschmied.info).

SPORT
Der »Nature.Fitness.Park« bietet Anhängern von **Nordic Walking** 7 schöne Strecken mit ganz unterschiedlichen Anforderungen.

Wandern Von Schenna zieht sich ein Mittelgebirge bis zu den Zwillingsgipfeln der Sarntaler Alpen, Hirzer (2781 m) und Ifinger (2581 m). Ein dichtes Netz von Wanderwegen und diverse Seilbahnen erschließen die Umgebung. Der Tourismusverein informiert mit Broschüren und einer sehr guten Website.

Schlanders

 D 5

Italienisch: Silandro
Höhe: 721 m ü. d. M.
Einwohner: 5600

Der kleine Ort mit dem hohen Kirchturm zwischen Reschen und Meran ist der geschäftige Mittelpunkt des Vinschgaus.

SEHENSWERTES IN SCHLANDERS

Pfarrkirche Maria Himmelfahrt Das 1101 erstmals erwähnte Schlanders ist heute der Hauptort des Vinschgaus. Beliebter Mittelpunkt ist die einstige Hauptstraße, heute Fußgängerzone, zwischen der Spitalkirche und dem Plawennplatz mit Bars, Geschäften, Cafés und Restaurants. Die Pfarrkirche Maria Himmelfahrt mit ihrem roten, fast 100 m hohen Spitzhelm beherrscht das Ortsbild. Sie entstand Anfang des 16. Jh.s neu, da Schlanders, wie viele andere Orte im Vinschgau, nach dem 1499 verlorenen Krieg gegen die Engadiner marodierenden Schweizern in Schutt und Asche gelegt worden war. Die Fresken im Innern mit Szenen aus dem Leben Marias malte der Wiener Hof- und Theatermaler **Adam Mölk**. Vom ersten Geschoss der zweistöckigen Empore bekommt man den besten Eindruck vom Innenraum mit dem wuchtigen Barockaltar.

Westlich der Pfarrkirche folgt der Gebäudekomplex der Deutschordenskommende mit Wappentüren und Loggienhof.

Prächtige Prozessionen sind fester Bestandteil des Festkalenders.

Schlanders erleben

AUSKUNFT · VERKEHR
Tourismusverein Schlanders/Laas
Göflanerstr. 27, 39028 Schlanders
Tel. 0473 73 70 50
www.schlanders-laas.it
Schlanders und ▶Laas sind Stationen
der Vinschger Bahn zwischen Mals und
Meran (www.vinschgerbahn.it).

ESSEN
Gasthaus Sonneck ⊕-⊕⊕
Laas, Allitz 11
Tel. 0473 62 65 89
www.gasthaus-sonneck.it
Herbert Thanei liebt die regionale herz-
hafte Küche des Vinschgaus: Es gibt
Wildgerichte im Herbst und Hausmanns-
kost wie Schlachtplatte und Saure Supp'.

Eisdiele Ortler ⊕
Göflanerstr. 73
Di. geschl.
Ein bescheidener Laden, aber das aus
frischen Früchten zubereitete Eis ist im
ganzen Vinschgau bekannt.

ÜBERNACHTEN
Landhotel Anna ⊕⊕
Hauptstr. 27
Tel. 0473 73 03 14
www.vill.it
Erich Vill gehört zu den Pionieren des
Bioanbaus in Südtirol. Auf den Tisch
kommen Produkte vom eigenen Land
und aus geprüfter Herstellung. Kinder
können auf seinen Haflingern und Ponys
reiten lernen.

Der Ansitz Plawenn, auch Freienturm genannt, am Plawennplatz **Ansitz**
geht auf einen mittelalterlichen Wohnturm zurück, der 1729/30 aus- **Plawenn**
gebaut wurde. Heute ist hier das **Rathaus** untergebracht. Schön sind
das Portal mit einem Diamantenquadermuster, das Wappen der Grafen Hendl über dem Eingang und ein barockes Marmorrelief der
Muttergottes von Gregor Schwenzengast. Ganz in der Nähe liegt der
Ansitz Schlanderegg, erkennbar an seiner verspielten Fassadenmale-
rei aus dem 18. Jh., mit dem beliebten Café Stainer.

Die am nördlichen Ortsrand zwischen Obstgärten gelegene Schlan- **Schlanders-**
dersburg ist der schönste **Renaissancebau** im Vinschgau. Hier resi- **burg**
dierten von 1220 bis 1770 die Herren von Schlanders. Ihr aktuelles
Aussehen erhielt die Burg um 1600 im Auftrag der Grafen Hendl.
Der zweigeschossige Arkadenhof und das pilastergefasste Portal, die
Heiligenfresken und Wappendarstellungen wirken sehr harmonisch.
Heute sind hier Ämter und eine Bibliothek untergebracht.

In der kleinen **Spitalkirche** aus dem frühen 16. Jh. südöstlich der **Spitalkirche**
Schlandersburg sind neben gotischen Fresken an den Chorwänden
auch Malereien von Adam Mölk zu sehen (▶Pfarrkirche).

Am Ausgang des Schlandrauntals thront in 1100 m Höhe die Burg **Schlanders-**
Schlandersberg mit vierkantigem Bergfried (13. Jh., Privatbesitz). **berg**

UMGEBUNG VON SCHLANDERS

Kortsch Der Nachbarort Kortsch am Fuß des Sonnenbergs hat einen **schönen alten Dorfkern** und ein besonders mildes Klima: In der Umgebung stehen die nördlichsten Kastanienhaine. Man erreicht Kortsch auch auf einem schönen Wanderweg oberhalb von Schlanders durch Obstwiesen und Kastanienhaine entlang dem **Ilswaal,** über den das Wasser aus den Schandrauntal nach Kortsch geleitet wird. Er endet bei der ***Felsenkirche St. Ägidius** oberhalb von Kortsch. Ein Christophorus-Fresko schmückt die südliche Außenwand. Von hier geht es auf dem Rosenkranzweg in ca. 20 Minuten nach Kortsch hinab.
Der Sonnenberg war schon früh besiedelt, davon zeugen Mauerreste oberhalb von St. Ägidius und hier gefundene Bronzegegenstände.
Die **Pfarrkirche St. Johann der Täufer** im Zentrum von Kortsch schmückt ein kleiner *Flügelaltar (nach 1500); er wird der Brixner Werkstatt von Ruprecht Potsch zugeschrieben. Einst stand er in der Kirche St. Ägidius, daher findet sich neben Maria und der hl. Dorothea auch die Figur dieses Heiligen. Beachtenswert sind überdies eine Pietà (um 1400), etliche barocke Altäre und die Kanzel.

***Göflan** Das kleine Dorf am Fuß des Nördersbergs, etwa 1,5 km von Schlanders entfernt, ist für seine 2250 m hoch gelegenen Marmorbrüche bekannt. Die 1185 erstmals erwähnte *Kuratialkirche St. Martin besitzt drei Flügelaltäre, der linke Seitenaltar stammt von **Jörg Lederer**: Maria mit dem Kind und zwei weitere Heilige. Auf den Außenseiten sind Passionsszenen und eine großartige Kreuzigung dargestellt. Unmittelbar hinter der Kirche erreicht man über eine schmale Treppe die spätgotische *Kapelle St. Walpurgis, die mit viel Göflaner Marmor erbaut wurde und ein schönes Netzgewölbe besitzt.
❶ Besichtigung beider Kirchen nach Vereinbarung mit dem Tourismusverein Schlanders

Schlerngebiet

✦ **D 10**

Italienisch: Altipiano dello Sciliar
Höchster Punkt: Schlern, 2564 m ü. d. M.

Zwischen Bozen und Klausen erhebt sich südlich des Eisacktals und vor Schlernmassiv und Seiser Alm eine bis zu 1000 m hohe Mittelgebirgsstufe: Das Schlerngebiet mit seinen sanften Hügeln, Wiesen und Wäldern und die von hier aus zugängliche Seiser Alm sind mit über 1,2 Millionen Übernachtungen im Jahr das meistbesuchte Ferienziel Südtirols.

So geruhsam geht es am Völser Weiher nur außerhalb der Saison zu.

SEHENSWERTES IM SCHLERNGEBIET

Das Schlerngebiet erstreckt sich vom Grödner Tal im Norden bis **Kastelruth**
zum Tierser Tal im Süden. Kastelruth (Castelrotto, 1060 m, 6500
Einw.) ist das größte und nördlichste der drei Dörfer am Fuß des
Schlern und ein beliebter Urlaubsort. Der Kirchplatz im Zentrum
wird von alten Häusern mit Zinnengiebeln und blumengeschmück-
ten Erkern gesäumt. Hier steht auch die Pfarrkirche St. Peter und
Paul aus dem 19. Jh., deren mächtiger Zwiebelturm aus dem Spätbarock stammt. Der Ursprung des Orts liegt in einer langobardischen
oder gar rätischen Burg, die sich auf einem Hügel in der Nähe des
heutigen Zentrums befand. Der Ortsname ist bekannt dank der
»Kastelruther Spatzen«. Diese Volksmusikgruppe tourt regelmäßig
durch Europa und veranstaltet jeden Oktober das »Spatzenfest« in
ihrem Heimatort (www.kastelrutherspatzen.de). Frontmann Norbert
Rier lebt im Ort und zieht viele Verehrer an. In der Dolomitenstraße 3
betreibt der Spatzen-Trompeter Walter Mauroner einen Fan-Shop.

Völs (Fiè, 880 m, 6500 Einw.), das südlichste Dorf, hat im Ortskern **Völs**
mit Pfarrbezirk, Dorfplatz und verwinkelten Gassen viel von seinem
mittelalterlichen Charme bewahrt. Die große spätgotische Pfarrkirche mit ihrem Zwiebelturm erinnert an die einstige Bedeutung der
Pfarrei, die von den Herren von Völs sehr gefördert wurde. Die dreischiffige Halle mit klassischen Säulenformen und Gewölben stammt
aus der frühen Renaissance; nach einem Brand 1703 wurde sie baro-

Das Schlerngebiet erleben

AUSKUNFT · VERKEHR

Tourismusverband Seiser Alm
Dorfstr. 15, 39050 Völs
Tel. 0471 70 96 00
www.seiseralm.it
Zentrale Informationsstelle für alle Dörfer der Seiser Alm; lokale Infos gibt es auch in Kastelruth, Seis, Völs und Compatsch auf der Seiser Alm.
Vom großen Parkplatz in Seis, an der Talstation der Kabinenbahn zur Seiser Alm, kostenloser Shuttle-Service in alle Dörfer (www.seiseralmbahn.it). Die Straße zur Seiser Alm ist von 9.00 bis 17.00 Uhr gesperrt; Hotelgäste erhalten eine Sondererlaubnis. Die Dörfer im Schlerngebiet sind durch die Buslinie Bozen–Gröden verbunden.

FESTE, EVENTS

»Kuchlkastl« ▶ S. 62
(www.voelserkuchlkastl.com)

ESSEN

Gostner Schwaige ⊖⊖–⊖⊖⊖
Seiser Alm, 39040 Kastelruth
Tel. 0347 83 68 154
Winters und sommers geöffnet
Franz Mulser ist der Chef einer winzigen Almküche. Ins Restaurant passen gerade einmal 25 Personen. Der junge Seiser hat u. a. im Tantris bei Hans Haas gearbeitet. Empfehlung: Heusuppe mit Trüffel oder der einheimische Hirsch auf Kloatznschluzern.

Restaurant zum Turm ⊖⊖
Kastelruth, Kofelgasse 8
Tel. 0471 70 63 49
www.zumturm.it
Juni – Nov., Dez. – April, Mi. geschl.
Der Turmwirt wurde 1511 zum ersten Mal erwähnt. Heute laden gemütliche Stuben zu feiner Südtiroler Küche ein. Lecker: Steak vom Kastelruther Jungrind auf Blauburgundersauce mit Rösti.

ÜBERNACHTEN

Hotel Turm ⊖⊖⊖⊖
Völs
Tel. 0471 72 50 14
www.hotelturm.it
Für Kunstliebhaber ein wahres Mekka: Karl Pramstrahler, der einstige Chef, hat über 2000 Gemälde u. a. von Beuys, Kokoschka, Dix, Klee, Giorgio de Chirico und Renato Guttuso gesammelt. Komplex aus drei Häusern und mehreren Türmen.

Hotel Urthaler ⊖⊖⊖⊖
Seiser Alm, Compatsch 49
Tel. 0471 72 79 19
www.seiseralm.com
Das erste Designhotel Südtirols wurde aus Fichten und Lärchen gebaut, die in einer bestimmten Mondphase gefällt wurden, und man liegt auf Naturkautschukmatratzen. Unübertroffener Blick auf den Schlern.

Hotel Alpina Dolomites ⊖⊖⊖
Seiser Alm, Compatsch 62/3
Tel. 0471 79 60 04
www.alpinadolomites.it
Das aktuell wohl schickste Hotel auf der Seiser Alm; herrliche Pools und ein reiches Angebot in der Cigar Lounge.

Edelansitz Zimmerlehen ⊖
Völs, Kühbachweg 15
Tel. 0471 72 50 53
www.zimmerlehen.it
Der mittelalterliche Ansitz mit 3 Ferien-

wohnungen war einst ein bischöfliches Lehen. Eine halbe Stunde Gehzeit, oberhalb von Völs.

EINKAUFEN

Köstlichen Speck, Selchkarree und viele andere Wurst- und Schinkenprodukte hat die **Metzgerei Pramstrahler** im Angebot (Völs, Blumau 26).

Valentin Hofers Leidenschaft ist die **Kaffeerösterei Caroma**. Er ist der erste Kaffee-Sommelier Italiens und gibt sein Wissen auch in Lehrgängen weiter (Völs,

Handwerkerzone 92, www.caffe-caroma.com). Sein Sortiment führen auch PUR in Meran und Bruneck sowie die Backstuben von Profanter.

Anfang Juni bis Ende Okt. findet jeden Freitagvormittag auf dem Kastelruther Marktplatz ein **Bauernmarkt** statt.

Im **Sporthaus Trocker** finden Genussradler, ambitionierte Mountainbiker oder Skienthusiasten auf jeden Fall den richtigen Untersatz (Kastelruth, Wegscheid 10/A, Filiale auf der Seiser Alm, www.sporthaustrocker.it).

---

ckisiert und erhielt eine Rokokokanzel mit Posaunenengeln. In den mächtigen Flügelaltar von 1488 wurde ein neogotisches Tabernakel eingefügt. Dort steht an Feiertagen die kostbare Monstranz. Die benachbarte romanische Kapelle St. Michael am Friedhof ist heute **Pfarrmuseum**; zu sehen sind Kunstgegenstände aus aufgegebenen Kirchen der Umgebung. Die Kirche St. Peter am Bichel am westlichen Ortsrand (13. Jh.) ist das älteste Gotteshaus im Schlerngebiet.

Pfarrmuseum: Führungen Juni – Okt. Fr. 11.00 Uhr, Anmeldung im Tourismusbüro Völs

Da der romantische Völser Weiher im Sommer völlig überlaufen ist, kommt man am besten im Frühling oder Herbst her. Im Speisesaal des Alten Gasthauses hängen Jugendstilbilder zur Laurinsage von Ignaz Stolz (1868 – 1953). Im frühen 20. Jh. war das Gasthaus Treffpunkt von Literaten und Künstlern; Arthur Schnitzler verfasste hier große Teile seines Theaterstücks »Das weite Land«. ***Völser Weiher**

Das Renaissanceschloss südlich von Völs erhielt sein heutiges Aussehen um 1500 im Auftrag von Leonhard von Völs. Der mächtige Landeshauptmann von Tirol hielt auf einen standesgemäßen Auftritt. Im 19. Jh. verfiel die Burg und ihr Inventar wurde versteigert. Heute kann das Anwesen mit einer Führung besichtigt werden; in den historischen Räumen sind eine Waffensammlung, Bilder und antike Möbel zu sehen. Auf dem Schlossplatz finden Konzerte, Ausstellungen und Theateraufführungen statt. ***Schloss Prösels**

❶ Prösels 21, Mai – Okt. Führungen 11.00, 14.00, 15.00, 16.00 Uhr, Juli und Aug. auch 17.00 Uhr, Eintritt 7 €, www.schloss-proesels.it

Die kleine Kirche **St. Katharina** im Ortsteil Aicha ist außen und innen bemalt. Die Fresken eines unbekannten Malers der Bozner Schu- **Aicha** le (um 1420) zeigen u. a. Szenen aus dem Leben der hl. Katharina. Von hier gelangt man auf der Rosengartenstraße ins Tierser Tal und zur Rosengartengruppe (▶Rosengarten).

*Seis Das beliebte Touristenziel Seis (Siusi, 1004 m, 1700 Einw.) liegt unterhalb der Seiser Alm und vor dem Schlernmassiv mit den beiden »Zeigefingern« Santner- und Euringerspitze (2413 und 2394 m). Schon Ende des 19. Jh.s schätzten Gäste die Gegend; so verbrachte der norwegische Dramatiker Henrik Ibsen viele Sommerwochen in Seis, später baute sich sein Sohn hier ein Ferienhaus.
Oberhalb von Seis gibt das gotische Kirchlein ***St. Valentin** mit seinem barocken Turmhelm vor dem Schlernmassiv ein umwerfendes Fotomotiv ab. Seine schönen Fresken außen und innen stammen von von einem unbekannten Meister der Bozner Schule (Ende des 14., Anfang des 15. Jh.s). In seiner Darstellung der Heiligen Drei Könige bildet die heimische Landschaft den für damalige Zeiten ungewöhnlichen Hintergrund. In **St. Vigil** etwas östlich ist die bereits im 15. Jh. erwähnte **Malenger Kornmühle** noch immer in Betrieb. Sie wird durch das Wasser des Frötschbachs angetrieben.
❶ Auskunft über eine Besichtigung beim Tourismusbüro Seiser Alm

Ruine Hauenstein Südöstlich von Seis steht die Ruine Hauenstein unterhalb der Santner Spitze auf einem Felsen. Im 15. Jh. war sie Wohnsitz von **Oswald von Wolkenstein** (▶Berühmte Persönlichkeiten). Im ausgehenden Mittelalter kämpfte dieser auf der Seite des Tiroler Adels gegen den habsburgischen Landesfürsten Friedrich II., der den Adel entmachten und das Land zentral regieren wollte. Von Wolkenstein war Minnesänger, Literat und Politiker und hinterließ über 130 Texte. Seine Burg erreicht man von Seis auf einem Spazierweg.

Seiser Alm Zwischen Seis und Kastelruth zweigt die Straße zur Seiser Alm ab (Alpe di Siusi). Am bequemsten erreicht man die berühmte Hochalm mit der Alm-Bahn von Seis aus; die Bergstation liegt beim Hoteldorf **Compatsch. Auf der Alm selbst verkehren nur Pferdekutschen.
Die einzigartige Schönheit dieses 50 km² großen, zwischen 1680 m und 2518 m hoch gelegenen Hochtals vor den Dolomitengipfeln Schlern, Rosengarten- und Langkofelgruppe machte die Seiser Alm berühmt, doch die steigende Zahl von Hotels und Liftanlagen gefährdet die Idylle. Die Seiser Alm ist Ausgangspunkt herrlicher Wanderungen und großartiger Hochgebirgstouren, im Winter warten gespurte Loipen und leichte Skiabfahrten.

*Naturpark Schlern-Rosengarten Ein kleiner Teil der Seiser Alm und das Schlernmassiv wurden 1974 unter Schutz gestellt. Heute gehören sie zum 6800 ha großen, ersten Naturpark Südtirols (zum Naturpark gehört außerdem das bei Tiers abzweigende Tschamintal, ▶Rosengarten) und sind UNESCO-Weltnaturerbe. Der Buckel des 2564 m hohen **Schlern** mit den beiden Zacken Santner- und Euringerspitze ist eines der Wahrzeichen Südtirols. Der Bergstock hat einer geologischen Formation den Namen gegeben: dem Schlerndolomit. Die besonderen Witterungsverhältnisse und die Kalkböden sorgen für eine unglaubliche Blütenpracht. Auf einer Wanderung nach St. Oswald kommt man an der schön mit Efeu bewachsenen **Burgruine Aichach** oberhalb der Schlucht des Schwarzgriesbachs vorbei. Erbaut wurde sie von den Herren von Aichach, dann wurde sie von den Herren von Kastelruth erobert. Im Weiler **St. Oswald** steht eine Kirche, deren Chor mit gotischen Fresken von der Schule des Leonhard von Brixen ausgemalt wurde, vermutlich auf Veranlassung der Familie von Wolkenstein.

Schluderns

——— ☀ C/D 4

Italienisch: Sluderno
Höhe: 921 m ü. d. M.
Einwohner: 1800

Schluderns, mit Betonung auf der zweiten Silbe, liegt im Obervinschgau. Richtung Westen zweigt das Münstertal nach Taufers und zur Schweizer Grenze ab. Hier beginnt der raue Teil des Vinschgaus, der über Jahrhunderte bitterarm war.

SEHENSWERTES IN SCHLUDERNS

Schluderns hat sein ursprüngliches Ortsbild mit Pfarrbezirk bestehend aus Kirche, Friedhof und Umfassungsmauer bewahrt. Im Mittelpunkt steht die um 1500 errichtete gotische **Pfarrkirche St. Katharina** mit schlankem romanischem Turm. Das Seitenschiff wurde erst 1910 angebaut. Der spätbarocke Hochaltar besitzt einen mächtigen Tabernakelaufbau und Skulpturen von Balthasar Horer (1760), schön sind auch ein kleiner Säulenaltar im südlichen Seitenschiff (um 1600) mit dem vor 1530 gemalten Tafelbild der Anbetung der Heiligen Drei Könige und drei Renaissancegrabsteine der Grafen von Trapp.
Pfarrbezirk

Das Museum im Ortszentrum widmet sich dem Thema Wasser, u. a. wird das alte **Bewässerungssystem der Waale** vorgestellt. Unmittelbar oberhalb des Museums verläuft der Quairwaal, von dem ein Teilstück als Lehrpfad zur Ausstellung gehört.
In einer weiteren Abteilung sind Funde vom Ganglegg oberhalb von Schluderns zu sehen. Hier wurde eine befestigte **Höhensiedlung aus der Bronze- und Eisenzeit** freigelegt. Man vermutet einen Regie-
*Vintschger Museum

Schluderns erleben

AUSKUNFT
Tourismusverein Schluderns
St. Benedikt-Str. 1, 39024 Mals
Tel. 0473 61 52 58
www.ferienregion-obervinschgau.it

ESSEN
Gasthof Weißkugel €
Matsch, Hauptplatz 10
Tel. 0473 84 26 00
www.weisskugel-matsch.com
Typische Vinschgauer Küche, u. a.
Schwarzplenten (Buchweizen), Din-
kelteigtaschen und Kasnocken

ÜBERNACHTEN
Hotel Alte Mühle €€
Matscher Winkel 24
Tel. 0473 61 52 38
www.hotel-alte-muehle.com
Mo. geschl.
Bereits 1279 zum ersten Mal erwähnt,
seit 1492 im Besitz der Familie Pali, heute Gasthof mit 13 Zimmern. Spezialität:
selbst gebackenes Brot, Gemüse aus
dem eigenen Garten.

Burggasthof zum weißen Rössl
€–€€
Meranerstr. 3
Tel. 0473 61 53 00
www.burggasthof.com
Gepflegtes Haus mit geschmackvollen
Zimmern. Mittelpunkt ist die holz-
getäfelte Stube mit Kachelofen.

Aviunshof €-€€
Mals, Matsch 91
Tel. 0333 4 63 44 66
Zeitgenössische Architektur: Im Klima-
haus gibt es 4 schicke Ferienwohnun-
gen; Blick auf die Ortlergruppe.

EINKAUFEN
Regionale Lebensmittel bei Trafoier
▶Baedeker Wissen S. 79

rungssitz der rätischen Venosten, von denen sich der Name Vinschgau ableitet. Im archäologischen Park am Ganglegg sind Überreste
und zwei rekonstruierte Häuser zu sehen. Eine dritte Abteilung widmet sich dem Schicksal der »Schwabenkinder«, die zu oberschwä-
bischen Bauern zum Arbeiten geschickt wurden, weil ihre Eltern sie
nicht ernähren konnten (▶S. 266).
❶ Meraner Str. 11, Mitte März – Okt. Di. – So. 10.00 – 12.00, 15.00 – 18.00,
Juli, Aug. auch Mi. 20.30 – 22.00 Uhr, Eintritt 3,50 €. Der Tourismusverein
organisiert Ausflüge entlang des Quairwaals und zum Ganglegg.

✶✶ CHURBURG

Die hoch über Schluderns am Eingang zum Matscher Tal gelegene
Churburg ist einer der schönsten befestigten Adelssitze in Südtirol.
Erbaut wurde sie Mitte des 13. Jh.s vom Churer Bischof Heinrich von
Montfort zum Schutz vor den berüchtigten Matscher Vögten, denen
bereits 1297 die Hälfte der Churburg gehörte. Kurz darauf erhielten

Churburg

Eingang

8

2

6

7

5

1

3 4

Äußerer Burghof

Burggarten

© BAEDEKER

1 Arkadenhof
2 Landsknechtsstube
3 Jakobszimmer
  (1. Obergeschoss)
4 Bibliothek (1. Obergeschoss)
5 Wehrturm
6 Waffenkammer
7 Burgkapelle
8 Ehemalige Stallungen
  (Kiosk)

sie durch Verhandlungen die andere Hälfte als Lehen. Nach dem Aussterben dieses Geschlechts 1504 gelangte die Burg an die Grafen von Trapp, denen sie heute noch gehört. 1537 wurde sie zur prachtvollen Residenz im Stil der Renaissance umgebaut.

❶ Churburg 1, nur mit Führung zu besichtigen, Mitte März – Okt. 10.00 – 12.00, 14.00 – 16.30 Uhr, Eintritt 8 €, www.churburg.com

Augenfänger ist der dreistöckige Arkadenhof mit einem bemalten Gewölbe im ersten Stock. Es sitzt auf 16 mit romanischen und gotischen Details ganz unterschiedlich gestalteten Säulen aus Laaser Marmor. Die reiche Ausmalung von 1580 wurde erst ab 1910 freigelegt, zu sehen sind u. a. Blätter, Zweige und Früchte unf ein Lebensbaum, der 1504 mit Gaudenz von Matsch beginnt und 1650 mit Barbara von Trapp endet, weil es an der Decke keinen Platz mehr gab. Zum Schmunzeln ist die **Narrenszene** an einer Wand: Dort hat ein Narr viele Narreneier ausgebrütet; die geschlüpften Narrenkinder sind bald flügge und werden in Säcke gesteckt, damit jeder Adelshof seinen eigenen Narren bekommt.

Besichtigung

Vom Laubengang gelangt man durch schöne Intarsientüren hinein. Im **Jakobszimmer** mit einer prunkvollen Kassettendecke sind Erinnerungsstücke von Jakob VII. von Trapp (1529 – 1563) zu sehen, u. a. sein Pilgermantel mit Gralkreuz. Die Hausorgel von 1559 ist eines der wenigen erhaltenen Tasteninstrumente jener Zeit. Der älteste

Harnisch in der Rüstkammer wurde Ende des 14. Jh.s in Mailand gefertigt. Die Schlosskapelle besitzt ein Diptychon mit Passionsszenen (1415) und eine romanische Madonna aus Holz (um 1270).

Matsch und Matschertal

Das abgeschiedene Matschertal, die Heimat der gleichnamigen Vögte, zweigt von Schluderns in Richtung Nordosten ab und endet am Fuß der Ötztaler Alpen. Gleich am Eingang des Tals öffnet sich der Blick auf den Matscher Burghügel. Von den Stammburgen Ober- und Untermatsch sind nur Ruinen zu sehen, während die Burgkapelle St. Martin in Obermatsch (12. Jh., um 1650 umgebaut) noch vollständig erhalten ist. Das Gasthaus Glieshof im hinteren Matschertal ist ein guter Ausgangspunkt für **Wanderungen zur Oberretteshütte** und zum Gipfel der Weißkugel (3739 m). Gemütlich verläuft der rund 3,5-stündige Weg entlang des Leitenwaals ins Tal des Saldurbachs hinauf und entlang des Bergwaals wieder hinunter nach Schluderns.

Schnalstal

✦ **C 5 – D 6** ●

Italienisch: Val Senales
Einwohner: 1400

Das Schnalstal, oft auch nur Schnals genannt, ist ein Seitental des Vinschgaus. Es zweigt bei Naturns Richtung Nordwesten ab und zieht sich 22 km lang bis zu den Ötztaler Alpen. Im Osten wird es von der Texelgruppe begrenzt. Am Hauslabjoch wurde 1991 die berühmte Gletscherleiche Ötzi gefunden.

Das Hochtal wird vom Schnalser Bach durchflossen, der im oberen Teil des Tals zum **Vernagt-Stausee** aufgestaut wird. Hier findet man die höchstgelegenen Bauernhöfe Südtirols, wie z. B. den **Finailhof** auf 1953 m Höhe. Wie nur wenige Regionen Europas zeigt das Schnalstal innerhalb weniger Kilometer die Vegetationsunterschiede vom Weinanbau bis zum hochalpinen Gletscher. Der erste Fahrweg in die Schlucht wurde erst 1873 gebaut, vorher war die Region nur über Höhenwege und einen gefährlichen Steig zu erreichen. Mittlerweile ist das Hochtal touristisch bestens erschlossen: Architektur der 1970er-Jahre mischt sich mit jahrhundertealter Bergbauernkultur.

BAEDEKER TIPP

! *Almerlebnisweg*

Der Weg führt von Vorderkaser über Mitterkaser, Gamplhof, Rableid und Eishof. Die einst eigenständigen Höfe werden heute im Sommer als Almen bewirtschaftet. Schautafeln erläutern, wie hier früher Landwirtschaft auf kleinen Ackerterrassen und die Waalwege funktionierten.

SEHENSWERTES IM SCHNALSTAL

Über dem Eingang des Schnalstals thront Schloss Juval auf 927 m Höhe. Erbaut wurde die Burg 1278 von Hugo von Monfort. Nach mehreren Besitzerwechseln verfiel sie allmählich. 1983 kaufte sie der Bergsteiger **Reinhold Messner** und ließ sie vom Vinschgauer Architekten Werner Tscholl restaurieren. Im Juli und August lebt Messner mit seiner Familie hier. Im Frühjahr und Herbst sind etliche Räume und die Sammlung zu besichtigen. Ein Burgbesuch vermittelt einen Einblick in das Südtiroler Mittelalter und die Renaissance mit holzgetäfelten Burgzimmern und freskenverzierten Räumen. Die Sammlung, eine Abteilung des **Messner Mountain Museum**, ist eine bunte Mischung aus Tibetika, Bergbildern, Masken und Zeugnissen aus dem Bergsteigerleben Messners. Zum Schloss gehören auch der Biobergbauernhof Oberortl und die Buschenschänke Schlosswirt.

MMM Museum * Schloss Juval

❶ Schloss Juval 1, Kastelbell, nur mit Führung, Mitte April – Juni, Sept. bis Anf. Nov. 10.00 – 16.00 Uhr, Mi. geschl., Eintritt 9 €, Zugang nur zu Fuß oder mit dem Shuttlebus vom Parkplatz, www.messner-mountain-museum.it

Das Schnalstal beginnt als enge Schlucht, die sich erst bei Ratteis etwas öffnet. Auf steilem Fels und einem Geländevorsprung liegt das kleine Dorf Katharinaberg (1245 m). Hier zweigt die Straße ins Pfossental ab, das weit in den Naturpark der Texelgruppe reicht, und endet nach etwa 5 km bei Vorderkaser. Der 1290 erstmals erwähnte

Katharinaberg, Pfossental

Schloss Juval macht einen recht trutzigen Eindruck.

Schnalstal erleben

AUSKUNFT · VERKEHR
Tourismusbüro Schnalstal
Karthaus 42, 39020 Schnals
Tel. 0473 67 91 48
www.schnalstal.it
Busse von/nach Naturns

ESSEN
Restaurant Grüner €-€€
Karthaus 24
Tel. 0473 67 91 04
www.restaurant-gruener.com
Do. geschl.
Idealer Platz für ein gediegenes Mittag-
oder gemütliches Abendessen

ÜBERNACHTEN
Goldene Rose €€
Karthaus 29
Tel. 0473 67 91 30, www.goldenerose.it
Der gepflegte Gasthof im Tiroler Stil hat
einen beachtlichen Weinkeller und einen
schönen Wellnessbereich.

Panoramahotel Goldenes Kreuz
€–€€
Unser Frau 27
Tel. 0473 66 96 88
www.goldenes-kreuz.com

Liebenswertes Tiroler Hotel im ruhigen
Pilgerort, mit guter Küche, Whirlpool
und Sauna

Hotel Oberraindlhof €
Unser Frau, Raindl 49
Tel. 0473 67 91 31
www.oberraindlhof.com
Moderne Zimmer in hellem Lärchenholz

Schutzhütte Schöne Aussicht €
Kurzra, Tel. 0473 66 21 40
www.goldenerose.it
Die Schutzhütte von Paul Grüner ist
weithin bekannt, die Sauna ein Treffpunkt für die Hausgäste. Neuerdings
verkauft Grüner auch Naturkosmetik
(www.glacisse.it).

SPORT
Das Schnalstal ist ein Eldorado für **Skifahrer**, vor allem im Gletschergebiet auf
3200 m Höhe. Die Gegend gehört zum
Skiverbund Ortler Skiarena. In der Bergstation Grawand gibt es eine **Dauerausstellung zu Gletschern** und hochalpinen Bedingungen (geöffnet, wenn
die Seilbahnen fahren, freier Eintritt,
www.schnalstal.com).

Berggasthof ist der letzte Hof und liegt auf 2006 m Höhe unterhalb
der Texelspitze. Heute wird er nur noch als Alm bewirtschaftet und
ist ein wichtiger Stützpunkt für Bergsteiger. Hier beginnen lohnende
Routen wie der Übergang nach Pfelders über das 2895 m hohe Eis-
jöchl und die Stettiner Hütte. Weniger ambitioniert, aber ebenfalls
empfehlenswert ist die Wanderung zu den hoch gelegenen, uralten
Bergbauernhöfen, die das Bild des Schnalstals prägen. Den Talschluss krönt der Hohe Wilde (3480 m).

* Karthaus Etwas weiter nördlich, gegenüber der Mündung des Pfossentals, liegt
Karthaus auf 1327 m Höhe. Der Ortsname erinnert an das 1326 gegründete Karthäuserkloster Allerengelberg. Ganz nach der strengen

Ordensregel lebten die Mönche hier in völliger Isolation. Dann entwickelten sich Anfang des 17. Jh.s offenbar mehr als platonische Beziehungen zu den Dominikanerinnen des Klosters Steinach bei Meran. 1782 wurde das Karthäuserkloster aufgehoben, danach bezogen Bauern die verlassenen Gebäude. 1924 brannte Karthaus bis auf wenige Häuser nieder und wurde wieder aufgebaut. Noch heute entdeckt man an manchen Gebäuden gotische Spitzbogenportale. Reste der Mönchszellen und Teile des gewölbten Kreuzgangs sind erhalten. Zu erkennen ist außerdem der Verlauf der Wehrmauer. Sie entstand zum Schutz vor den Bauern, die sich öfter gegen die hohen klösterlichen Abgaben auflehnten.

Etwa in der Mitte des Tals liegt auf der westlichen Seite der Wallfahrtsort Unser Frau in Schnals. Die malerisch gelegene, 1307 errichtete und 1750 umgebaute Kirche ist seit dem 14. Jh. ein Wallfahrtsziel. Am Ortsrand, in Sichtweite des Hauslabjochs, wo die berühmte Gletscherleiche Ötzi gefunden wurde, zeigt das rekonstruierte steinzeitliche Dorf **Archeoparc**, wie Ötzi und seine Zeitgenossen vor rund 5000 Jahren möglicherweise gelebt haben. **Unser Frau in Schnals**

Archeoparc: Unser Frau 163, April – Okt. Di. – So. 10.00 – 18.00, Juli, Aug. tägl. 10.00 – 18.00 Uhr, Eintritt 8 €, www.archeoparc.it

In Serpentinen zieht sich die Straße nach Vernagt hinauf, wo 1956 bis 1962 der gleichnamige **See** gestaut wurde (▶Abb. S. 108). Am Ufer des bei Hochwasser recht reizvollen Sees entstand eine Siedlung aus Gasthäusern und Hotels. Vernagt ist Ausgangspunkt und Ziel des *Schaftriebs** zu bzw. von den Weiden des Ötztaler Rofanbergs. In Frühjahr werden Tausende Schafe über das oft tief verschneite, 3019 m hohe Niederjoch zu den Almen nach Österreich getrieben. Die Rückkehr der Tiere Mitte September wird groß gefeiert. Die genauen Termine nennt der Tourismusverband Schnalstal. **Vernagt**

Die Gehzeit der nicht besonders schwierigen Wanderung von hier zur Similaunhütte und zum Fundort des Ötzi am **Tisenjoch** beträgt gut 8 Stunden. Sie führt vom Vernagter Stausee am Tisenhof vorbei und entlang des Leiterbachs. Nach einer steilen Rinne folgt der Steig zur Similaunhütte am Niederjoch (3016 m). Mit herrlichem Blick auf den Gletscher geht es weiter auf einem Felspfad zum Tisenjoch. Eine Steinpyramide weist auf die Fundstelle hin, wo am 19. September 1991 die Gletschermumie entdeckt wurde (▶Baedeker Wissen S. 130). **Similaunhütte**

An einer großen Hotelanlage aus den 1970er-Jahren endet die Straße. Mit der **Schnalstaler Gletscherbahn** gelangen Skifahrer und Wanderer in 6 Minuten zur futuristischen Bergstation auf 3212 m Höhe. Hier findet man auf dem sich bis weit nach Österreich erstreckenden **Hochjochferner** ein Ganzjahresskigebiet mit 35 km Pisten. **Kurzras**

✶✶ Sextental

✦ **C 14/15**

Italienisch: Val di Sesto
Höhe: 1310 m ü. d. M.
Einwohner: 1950

Das Sextental, ein Seitental des Pustertals, führt von Innichen südwestlich in die Dolomiten hinein. Hier treffen die Gesteins-welten der Sextner Dolomiten mit der Sonnenuhr und die bis oben begrünten Ausläufer der Karnischen Alpen mit dem markanten Helm aufeinander.

Im Tal liegen die Orte Sexten, auch St. Veit genannt, und Moos, wo das berühmte Fischleintal Richtung Süden abzweigt, ein bequemer Zugang zu den Drei Zinnen. Über die Karnischen Alpen verläuft die Staatsgrenze zwischen Italien und Österreich, im Süden bildet der Berggrat die Grenze zwischen Südtirol und der italienischsprachigen Provinz Belluno.

Geschichte Schon im Mittelalter blühte der Handel im Sextental, auch Hutmacher- und Steinmetzhandwerk florierten. Die Sextner erkannten schon Mitte des 19. Jh.s die Vorteile des aufkeimenden Tourismus und so brachte die bekannte Bergführerdynastie Innerkofler schon bald Hobbybergsteiger auf die Dolomitengipfel. Dank des grandiosen Bergpanoramas wurde das Tal eine beliebte Sommerfrische und daran hat sich bis heute wenig geändert. Noch immer sind die Besucherzahlen im Sommer höher als während der Wintermonate.

✶✶Dolomiten-front Im Ersten Weltkrieg lag Sexten unmittelbar an der Dolomitenfront und war wegen der Nähe zur Pustertalbahn, der Nachschublinie für die Front, heiß umkämpft. Sexten und Moos wurden fast zur Gänze zerstört. Über zwei Jahre dauerte der Stellungskrieg zwischen den österreichischen Kaiserjägern und den italienischen Alpini. Noch heute findet man immer wieder Relikte aus dieser Zeit im Zinnengebiet auf der Rotwandspitze und am Karnischen Kamm (▶Baedeker Wissen S. 160).

Bereits 1889 wurde Mitterberg am Südhang des Sextentals errichtet, das zusammen mit der Festung Haideck die sogenannte Sextner Sperre bildete, die ein Vorrücken italienischer Truppen auf das Pustertal verhindern sollte. Heute finden hier geführte Wanderungen zu den Frontstellungen statt und das **Museum »Bellum Aquilarum«** in Sexten vermittelt einen Einblick in das Geschehen an der Kriegsfront.

Museum »Bellum Aquilarum«: Kirchweg 9, Sexten, geführte Wanderungen Mitte Juni–Ende Sept. jeden Do., freier Eintritt ins Museum, auch die Führungen kosten nichts, www.bellumaquilarum.it

Sexten erleben

AUSKUNFT · VERKEHR
Tourismusverein Sexten
Dolomitenstr. 45
39030 Sexten
Tel. 0474 71 03 10
www.hochpustertal.info
Busse von/nach Innichen, Toblach; im Tal von/nach Moos, Dolomitenhof und Kreuzbergpass

ESSEN
Mühle ●–●●
Bier- & Weinstube
Dolomitenstr. 20
Tel. 0474 71 00 16, www.muehle.it
Gemütliche Bar, zum Tiroler Imbiss gibt es süffigen Vernatsch oder ein kaltes Bier.

Talschlusshütte ●
Tel. 0474 71 06 06
www.talschlusshuette.com
Juni – Okt., Weihn. – Ostern, Do. geschl.
Bei einer herzhaften Marende oder bei Knödel genießt man den Blick auf das grandiose Panorama der Sextner Sonnenuhr. Nur zu Fuß (ab Bushaltestelle Dolomitenhof) oder mit der Pferdekutsche zu erreichen (mit rustikalen Betten).

ÜBERNACHTEN
Hotel Drei Zinnen ●●●
Moos, St. Josef-Str. 28
Tel. 0474 71 03 21
www.hotel-drei-zinnen.com
Mitte Juni – Sept., Mitte Dez. – März
Das Hotel wurde 1930 vom Wiener Architekten Claus Holzmeister entworfen und von Rudolf Stolz ausgemalt. Entstanden ist ein Meisterwerk der Tiroler Moderne. Der stilvolle Speisesaal besitzt schöne Fresken.

Hotel Kreuzbergpass ●●
Kreuzbergpass
Tel. 0474 71 03 28
www.kreuzbergpass.com
Ende Mai – Mitte Okt, Dez. – Ostern
Zum Haus gehören ein Skilift mit Skischule, Tennisplatz und Driving Range. Das Restaurant Zwergenstube serviert verfeinerte Südtiroler Gerichte.

Residence Königswarte ●●
St. Josefstr. 40
Tel. 0474 71 03 66
www.familyresort-rainer.com
Liebhaber zeitgenössischer Architektur begeistern sich für den 2007 fertiggestellten Komplex mit Ferienwohnungen. Der Entwurf stammt vom Londoner Architekturbüro Plasmastudio.

SPORT
In der Sportzone von Sexten steht eine der höchsten **Kletterhallen** Italiens; es werden Kletterkurse angeboten (Sonnwendweg 11, 9.00 – 23.00 Uhr, Tageskarte 9,50 €, www.sportsexten.com). Ein Traum für jeden **Mountainbiker** sind die Routen bei den Drei Zinnen. Empfehlenswerte Strecken: Rifugio Auronzo–Rifugio Lavaredo–Büllelejoch und Rifugio Auronzo–Rifugio Lavaredo–Paternsattel–Drei-Zinnen-Hütte. Eine Herausforderung ist auch der gut 120 km lange Stoneman-Trail mit über 4560 Höhenmetern in den Sextner Dolomiten (Juni – Anf. Okt., www.stoneman.it). Der Helm, Hausberg der Region Sexten, gehört zum **Skigebiet** Dolomiti Superski. Die Sextner Loipe führt am Sextenbach entlang und wendet im Fischleintal; das Gebiet gehört zu Dolomiti Nordicski (www.dolomitinordicski.com).

SEHENSWERTES IN UND UM SEXTEN

Sexten

Sexten, Hauptort des Tals, liegt 1316 m hoch in einem weiten Wiesental. Zum Wiederaufbau nach dem Ersten Weltkrieg lud man bekannte Architekten und Maler ein. In der **Pfarrkirche St. Peter und Paul** (1922/23 großenteils neu erbaut) haben die Altarbilder des Venezianers Cosroe Dusi (1808–1859) den Brand unbeschadet überstanden.

Das Deckengemälde und die Kreuzwegstationen sind von dem Bozner **Albert Stolz**. Sein ebenso bekannter Bruder **Rudolf** (1874–1960) malte den Freskenzyklus **»Totentanz«** in der Friedhofskapelle, der die Schrecken des Kriegs zeigt. Auf dem Friedhof sind viele namhafte Sextner Bergsteiger begraben und etliche Skulpturen Südtiroler Künstler zu sehen. Im **Rudolf-Stolz-Museum** am Sextner Hauptplatz sind rund 160 Werke des Malers ausgestellt.

Rudolf-Stolz-Museum: Dolomitenstr. 16b, Juli, Aug. Di.–So. 15.00–19.00, 20.00–22.00, Sa., So. auch 10.00–12.00, 6.5.–6.7. und Okt. Mi., Fr. 16.00 bis 18.00, 11.3.–8.4. und Sept. So., Mi., Fr. 16.00–18.00 Uhr, Eintritt frei

BAEDEKER TIPP

! **Wandern**

Eine grandiose Rundwanderung beginnt am Sextner Dolomitenhof (Bus-Endstation), führt über die Zsigmondy-Comici-Hütte zum Büllelejoch, zur Drei-Zinnen-Hütte und zurück durch das Altensteintal (rund 8 Std. Gehzeit). Weniger sportlich ist die viel begangene Umrundung des Drei-Zinnen-Massivs vom Parkplatz der Auronzo-Hütte, zu erreichen über die Mautstraße vom Misurina-See oder mit dem Bus von Sexten mit Umsteigen in Toblach. Der Rundweg über das Rifugio Lavaredo, den Paternsattel und das Zinnenplateau dauert ca. 3,5 Stunden.

*Helm

Der Hausberg von Sexten, der 2124 m hohe Helm, ist bequem zu besteigen. Von oben hat man eine **grandiose Aussicht** über das ganze obere Pustertal. An den Hängen liegen uralte Bergbauernhöfe, darüber ein mit Wanderwegen und Steigen erschlossener Lärchengürtel. In der 1717 erbauten Kirche St. Josef in **Moos** sind Fresken von Rudolf Stolz zu sehen. Die Schwefelquelle des nahe gelegenen ehemaligen Wildbads Moos dient heute im Sporthotel Moos der Therapie.

**Fischleintal

Bei Moos zweigt das umwerfend schöne Fischleintal ab. Es zieht sich an den mächtigen Felswänden Richtung Drei Zinnen entlang bis zur Talschlusshütte, einem stattlichen Gasthaus unterhalb des Einserkofls. Ab dem Fischleinboden ist das Tal für den Autoverkehr gesperrt. So hat man einen ungestörten Blick auf die berühmte Sextner Sonnenuhr, deren Berggipfel je nach Stand der Sonne die Uhrzeit anzeigen: Neuner, Zehner (= Rotwand), Elfer, Zwölfer und Einser, und die Gipfel Dreischusterspitze (3152 m) und Gsellknoten. Von Moos folgt man der mäßig ansteigenden Staatsstraße und erreicht den Kreuzbergsattel (1636 m). Er verbindet Südtirol mit der Nachbarprovinz Veneto. Rundherum gibt es **leichte Wanderwege** zu den blumenreichen Rotwandwiesen und auf die Nemes-, die Klammbach- und die Coltrondo-Alm.

Der größte Besuchermagnet ist der 1981 eingerichtete, ca. 116 km² große Naturpark Drei Zinnen – Sextner Dolomiten mit einer Felsenwelt aus Nadeln und Türmen. Die bekanntesten Erhebungen sind der Elfer (3092 m), die Hochbrunner Schneid (3046 m), der Zwölfer (3094 m), der Paternkofel (2744 m) und die **einzigartigen Drei Zinnen** (2999 m). Der Park deckt beinahe die gesamten Sextner Dolomiten auf Südtiroler Gebiet ab und reicht im Norden bis an das Pustertal, im Osten an das Sextental, im Süden an die Grenze zu Belluno und im Westen an das Höhlensteintal. Außer den gewaltigen Berggipfeln sind die langen, steilen Schuttfelder und die blumenreichen Lärchenwiesen am Eingang zum Innerfeld- und Fischleintal charakteristisch. Das Naturparkhaus im Grandhotel ►Toblach informiert über die Natur, Kultur und Geologie und bietet in den Sommermonaten geführte Wanderungen an.

**Naturpark Drei Zinnen – Sextner Dolomiten

** Sterzing

B 9

Italienisch: Vipiteno
Höhe: 948 m ü. d. M.
Einwohner: 6400

Schöne Bürgerhäuser mit reich geschmückten Fassaden, Lauben und elegante Geschäfte: Das kleine Sterzing bezaubert mit einem mittelalterlichen Stadtbild.

Sterzing ist der Hauptort des **Wipptals,** des oberen Eisacktals. Seine Lage in der Nähe wichtiger Handelswege wie Brennerpass im Norden, Jaufenpass im Westen und Penser Joch im Süden garantierte der Stadt schon früh hohe Einnahmen. Das meiste Geld kam letztlich aus dem Blei- und Silberbergbau. Eine Umlaufbahn am nördlichen Stadtrand führt auf den Hausberg **Rosskopf** (2176 m), ein schönes Wander- und Skigebiet.

Schon die Römer erkannten die strategisch günstige Lage und gründeten hier zum Schutz der Kriegs- und Handelsstraße Via Claudia Augusta das Kastell Vipitenum. Im Mittelalter war Sterzing eine aufstrebende Handelsstadt, die vom Durchgangsverkehr lebte und eine wichtige Rolle im Machtkampf zwischen den Grafen von Tirol und den Brixner Fürstbischöfen spielte. Dank der Einnahmen aus den Silberbergwerken im Ridnauntal im 14. und 15. Jh. wurde Sterzing

Geschichte

Sterzing erleben

AUSKUNFT · VERKEHR

Tourismusverein Sterzing
Stadtplatz 3, 39049 Sterzing
Tel. 0472 76 53 25
www.sterzing.com
Regionalzüge zum Brenner, nach Bozen, Trient und Verona. Linienbusse durch das Eisacktal und die Sterzinger Seitentäler; von den Parkplätzen im Norden und Süden kommt man bequem zu Fuß ins Stadtzentrum.

ESSEN

❶ *Kleine Flamme* ❸❸❸
Neustadt 31
Tel. 0472 76 60 65
So. abends, Mo. geschl.
www.kleineflamme.com
Das Restaurant liegt eher versteckt in einer Passage. Burkhard Bacher kombiniert europäische und asiatische Küche und wurde dafür mit einem Michelin-Stern belohnt. Tipp: Vitello tonnato mit Zitronengras oder Jakobsmuscheln mit Chili-Polenta.

❷ *Pretzhof* ❸❸
Wiesen/Pfitsch, Tulfer 259
Tel. 0472 76 44 55
Mo., Di. (außer im Aug.) geschl.
www.pretzhof.com
Der Bauernhof von 1249 am Eingang des Pfitschertals hat zwei schöne Tiroler Stuben, in denen eine herzhafte einheimische Küche serviert wird. Vieles kommt aus der eigenen Produktion (Hofladen).

ÜBERNACHTEN

❶ *Romantikhotel Stafler* ❸❸❸
Freienfeld/Sterzing, Mauls 10
Tel. 0472 77 11 36, www.stafler.com

Seit 1270 ist das Gasthaus Stafler ein Begriff, die Pferdeställe der einstigen Poststation sind noch erhalten. Großes Wellnessprogramm. In der Gourmetstube Einhorn wird die mit einem Michelin-Stern ausgezeichnete Küche von Peter Girtler serviert.

❷ *Hotel Lilie* ❸❸
Neustadt 49
Tel. 0472 76 00 63, www.hotellilie.it
4-Sterne-Hotel mit 15 Zimmern. Das Haus exisiert seit 1461. Die Konditorei im Erdgeschoss ist ein Treffpunkt der Einheimischen.

❸ *Hotel Lamm* ❸❸
Neustadt 16
Tel. 0472 76 68 60, www.hotellamm.it
Ein Stadthotel im besten Sinne, moderne, helle Zimmer, Wellnessbereich

SPORT

Der **Eisacktal-Radweg** ist eine Etappe des internationalen Radfernwegs München–Verona. Der Radweg von Sterzing zum Brenner wurde auf einer ehemaligen Bahntrasse neu angelegt. Bei der Route nach Franzensfeste fährt man durch kleine Dörfer.
Nur einen Katzensprung vom Stadtzentrum Sterzing entfernt liegt die Talstation der Rosskopfbahn. Oben wartet ein kleines **Skigebiet**.
Eine Attraktion für Winterurlauber ist die 10 km lange, mit Flutlicht ausgestattete **Rodelbahn** (www.rosskopf.com).
Das größte Skigebiet des oberen Eisacktals mit 25 km präparierter Piste und einer 16 km langen Höhenloipe auf 1800 m liegt bei Ratschings (www.ratschings-jaufen.it).

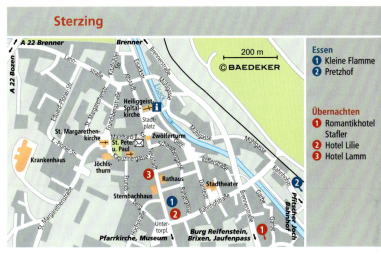

innerhalb kurzer Zeit eine der reichsten Städte in Tirol. Ihr Ruf lockte auch die Augsburger Handelsfamilie Fugger an, die große Besitztümer im Tiroler Bergbau hatte. Zur Blütezeit des Bergbaus lebten hier Tausende Bergknappen, die zum großen Teil aus anderen Ländern stammten. 1809 begann hier unter der Führung Andreas Hofers der Tiroler Freiheitskampf. Die 1867 eingeweihte Brenner-Eisenbahn brachte der Stadt und den Sterzinger Fuhrleuten zunächst nur Einbußen. Erst als die ersten Bergenthusiasten Anfang des 20. Jh.s mit dem Auto kamen, begann Sterzing vom Tourismus zu profitieren. Aus Tschöfs bei Sterzing stammte **Michael Gaismair**, der Führer des Bauernaufstands 1525 (►Berühmte Persönlichkeiten).

SEHENSWERTES IN STERZING

Sterzing ist eigentlich ein einziges Freilichtmuseum. Mittelpunkt ist die Hauptstraße, die von der **Altstadt** im Norden über den Stadtplatz und durch den mächtigen Zwölferturm in die **Neustadt** führt, die auch schon über 500 Jahre alt ist und nach einem Stadtbrand 1443 neu entstand. Sie wird von prächtigen Bürger-, Handwerker- und Gasthäusern gesäumt, deren Giebel, Zinnen, Fassaden, Wirtshausschilder, Toreinfassungen, Erker, Wappensteine und Innenhöfe von einer wohlhabenden Vergangenheit zeugen. Die lange gotische Fassade gleich am Eingang in die Altstadt gehörte zur ehemaligen Johanneskirche, die heute eine Gaststätte ist. Daneben folgt das alteingesessene **Gasthaus Krone**; der ehemalige landesfürstliche Ansitz ist schon seit dem 15. Jh. ein Treffpunkt der Sterzinger.

**Stadtbild

*Heiliggeist-Spitalkirche Die kleine Heiliggeist-Spitalkirche (oder Spitalkirche, 1380) gegenüber dem Zwölferturm am Stadtplatz gehörte einst zum Sterzinger Bürgerspital. Der Innenraum wurde 1400 – 1415 von **Hans von Bruneck** mit gotischen Fresken ausgemalt. Der für seine technische Fertigkeit und farbige Erzählkunst bekannte Künstler verband Stilelemente der norditalienischen Malerei mit dem aus Burgund und Böhmen stammenden »Höfischen Stil«. Das moderne Holzkruzifix vor dem Altar schuf der Sterzinger Künstler Hans von Harder.
❶ Mo. – Fr. 8.30 – 12.00, 14.30 – 18.00, Sa. 8.30 – 12.00 Uhr

Zwölferturm, Jöchlsthurn Der **Zwölferturm** mit Sonnen- und Zeigeruhr markiert den Beginn der Neustadt. Nicht weit entfernt steht der Ansitz **Jöchlsthurn** mit einem markanten Staffelgiebel. Im 15. Jh. war der ehemalige Stadtturm im Auftrag der Familie Jöchl zu einer Residenz umgebaut worden. Sie war durch Bergbau am Schneeberg reich geworden. Später waren in dem Gebäude das Bezirksgericht und das Gefängnis untergebracht. In den repräsentativen Räumen sind noch Holzdecken und Wandfresken aus dem 15./16. Jh. zu sehen. Heute gehört der Jöchlsthurn den Grafen von Enzenberg.

Rathaus Das stattliche Rathaus, etwa in der Mitte der Neustadt, wurde Ende des 15. Jh.s in der Übergangszeit zwischen Gotik und Renaissance gebaut. Im ersten Stock liegt der meisterhaft getäfelte Ratssaal mit schöner Balkendecke. In einem Innenhof stehen ein römischer Meilenstein und die Kopie des römischen Mithras-Altars, der 1589 bei Mauls südlich von Sterzing gefunden wurde. Römische Soldaten hatten den Kult um den persischen Sonnengott Mithras nach Südtirol gebracht. Das Original befindet sich im Bozner Archäologiemuseum. Die Statue des hl. Nepomuk steht seit 1739 vor dem Rathaus. Der Heilige soll vor Überschwemmungen schützen.
❶ Mo. – Do. 8.00 – 12.30, 17.00 – 18.00, Fr. nur vormittags; Innenhof Mo. bis Fr. 8.00 – 18.00 Uhr; Infos zu Führungen beim Tourismusbüro Sterzing

Pfarrkirche Die große Pfarrkirche aus dem 15. Jh. steht am südlichen Stadtrand an der Jaufenstraße. Für sie fertigte der damals bereits berühmte **Hans Multscher** einen schönen Flügelaltar. Ab 1753 wurde das Gotteshaus dem Zeitgeschmack entsprechend barockisiert. Dabei entstanden die großflächigen Deckenfresken des Theatermalers Adam Mölk, 1779 wurde der Multscher-Altar entfernt. Erst im Rahmen einer Regotisierung wurden Anfang des 20. Jh.s im neugotischen Hochaltar fünf Schreinfiguren Multschers wieder aufgestellt. Allerdings haben die weiblichen Heiligen unter ihrem Auf- und Abbau sehr gelitten. Doch noch immer berühren sie mit ihrem Naturalismus, besonders Maria mit dem Kind, die an eine Bürgersfrau auf dem Weg zur Kirche erinnert.
❶ Tägl. 9.00 – 19.00 Uhr

Das große Gebäude neben der Pfarrkirche war Pilgerhospiz, Spital und Sitz des Deutschen Ordens. Im barocken Ostflügel sind das Sterzinger Stadtmuseum und das ****Multscher Museum** untergebracht. Hauptsehenswürdigkeit sind die Reste des berühmten **Sterzinger Altars von Hans Multscher. Als der knapp 60-jährige Ulmer 1456 den Auftrag für den Flügelaltar erhielt, war er der führende Künstler der süddeutschen Gotik. Das 12 m hohe Kunstwerk hatte großen Einfluss auf die einheimischen Kunstschaffenden, u. a. auf Michael Pacher. Multschers berühmte acht **Altargemälde** zeigen Szenen aus dem Marienleben (Innenseiten) und der Passion (Außenseiten). Auf allen Gemälden sind die Innenräume und Landschaften sehr präzise dargestellt. Übrigens: Benito Mussolini schenkte die Bilder 1940 seinem Freund Hermann Göring, 1959 wurden sie zurückgegeben. Auch die beiden lebensgroßen **Schreinwächter Georg und Florian** in zeitgenössischen Rüstungen begeistern mit einem bis dahin in Südtirol nie gesehenen Naturalismus. Beachtenswert sind überdies die Räume der Kommende: Der Rittersaal zeigt spätbarocke Szenen aus der Geschichte des Ordens, das Fürstenzimmer Panoramabilder des Sterzinger Moos (um 1740).

Deutsch-ordens-kommende

Die barocke Elisabethkirche, einst Spitalkirche, entstand nach einem Entwurf des Bozners Guiseppe Delai. Das Deckenfresko und das Gemälde des Hochaltars stammen vom Augsburger Matthäus Günther.

Multscher Museum: Deutschhausstr. 11, April – Okt. Di. – Sa. 9.30 – 13.00, 13.30 – 17.00 Uhr, Eintritt 2,50 €

UMGEBUNG VON STERZING

Etwa 2 km südlich vom Deutschordenshaus, in der Nähe von Elzenbaum, thront Burg Reifenstein auf einem Felshügel über dem Sterzinger Moos. Die imposante Ritterburg mit dicken Mauern, Zinnen, Toren und Zugbrücken ist ein Aushängeschild mittelalterlicher Kultur. Sie wurde von Brixner Ministerialen um 1100 errichtet. Ihr heutiges Aussehen erhielt sie nach 1470 im Auftrag des Deutschen Ordens, der die Burg von Sigmund dem Münzreichen erworben hatte. Zehn Räume sind zu besichtigen, darunter der Grüne Saal, der 1499 vollständig mit grünem Laubwerk, Vögeln und kletternden Jünglingen ausgemalt wurde, ein Zauberwerk der illusionistischen Malerei. Die verschlossene Zenokapelle auf dem Burgfelsen ist wahrscheinlich noch älter als Reifenstein. Schalensteine aus der Nähe der Kapelle deuten auf eine prähistorische Kultstätte hin. Auf der anderen Talseite liegt Burg Sprechenstein (Privatbesitz; nicht zu besichtigen).

**Burg Reifenstein

Reifenstein: Ostern – 1. Nov., Besichtigung nur mit Führung Mo. – Do., So. 10.30, 14.00, 15.00, Mitte Juli – Mitte Sept. auch 16.00 Uhr, Eintritt 3,50 €

Am Eingang ins **Ratschingsertal** (Valle di Racines) südwestlich von Sterzing zwängt sich der Ratschingser Bach durch eine enge Schlucht:

*Gilfen-klamm

Die Gilfenklamm ist tief in weißen Marmor eingeschnitten, der durch die hohe Feuchtigkeit oft grünlich schimmert. Ein schöner Wanderweg beginnt beim Gasthaus Gilfenklamm. Über 175 Höhenmeter sind mit Stiegen und Leitern zu überwinden, doch das eindrucksvolle Naturschauspiel lohnt die Mühen (ca. 1,5 Std.). Seit dem 15. Jh. wird hier Marmor abgebaut.

Ridnauntal, Ratschingsertal

Das 16 km lange Ridnauntal (Val Ridanna) westlich von Sterzing ist ein ruhiges Ferienziel. Am Talanfang erhebt sich hinter der Ortschaft Stange oberhalb des Dorfs Mareit **Schloss Wolfsthurn**. Es wurde 1730 auf mittelalterlichen Grundmauern errichtet und gehört zu den schönsten barocken Profanbauten Südtirols. Das Anwesen gehört der Familie Sternbach. In eleganten Sälen ist das Südtiroler **Landesmuseum für Jagd und Fischerei** untergebracht.

Der Bildstock aus weißem Marmor vor Mareit wurde 1537 von Bergknappen gestiftet. An sie erinnert auch die 1482 geweihte Knappenkapelle St. Magdalena auf einer Anhöhe an der Straße von Mareit nach Gasse: Auf dem Flügelaltar (1509) des Sterzingers Mattheis Stöberl sieht man **Bergleute bei der Arbeit**.

Am Talende erhebt sich der Schneeberg. Ab dem 13. Jh. und vor allem im 15./16. Jh. sorgten seine Bodenschätze für den Reichtum Sterzings. Nach dem Ende des Abbaus 1979 wurde ein Besucherberg-

Am Ridnaunbach haben Granatsammler gelegentlich Glück.

werk eingerichtet. Das ***Südtiroler Bergbaumuseum Schneeberg**
in Meiern informiert mit einem Lehrpfad, dem 200 m langen Schau-
stollen und originalen Transportmitteln anschaulich über die lange
Geschichte des Bergbaus in Tirol. Zudem werden Exkursionen zu
den über 2000 m hoch gelegenen Abbaugebieten angeboten.

Landesmuseum Schloss Wolfsthurn: Kirchdorf 25, Ratschings/Mareit,
April–Mitte Nov. Di.–Sa. 10.00–17.00, So., Fei. 13.00–17.00 Uhr,
Eintritt 5 €, Tel. 0472 75 81 21, www.wolfsthurn.it
St. Magdalena: Mai–Okt. Mo. 16.00–17.00, Juli, Aug. auch Fr.
10.00–11.00 Uhr
Südtiroler Bergbaumuseum: April–Okt. Di.–So. 9.30–16.30 Uhr,
Eintritt 4 €, www.bergbaumuseum.it

Nordöstlich von Sterzing beginnt das Pfitscher Tal (Val di Vizze), das   **Pfitscher Tal**
sich nordöstlich bis zum Hochfeiler zieht, dem mit 3510 m höchsten
Gipfel der Zillertaler Alpen. Es ist ein beliebtes Skilanglauf- und
Wanderziel. Ein schöner Weg führt von St. Jakob am Ende des Tals
zum Weiler Stein und anschließend in 2 Stunden zum 2251 m hohen
Pfitscherjoch mit dem Pfitscherjoch-Haus. Es wurde 1888 erbaut und
ist die **älteste private Schutzhütte Südtirols** (www.pfitscherjoch
haus.com). Eine andere Tour geht von Stein in 5 Stunden zur 2710 m
hoch gelegenen Hochfeilerhütte am Fuß des Hochfeilers.

Auf dem Weg von Sterzing nach Brixen erreicht man nach 6 km   **Trens**
Trens mit der **Wallfahrtskirche Mariä Himmelfahrt.** Sie wurde
1498 erbaut und 1753 im Rokokostil verändert. Das Deckengemälde
malte Adam Mölk; das Gnadenbild, eine Maria mit Diadem und
blümchenverziertem Mantel (um 1470), steht in der Gnadenkapelle
(1726/27). In Mauls am Südende des Sterzinger Moos wurde der
Mithras-Stein gefunden, der heute im Bozner Archäologiemuseum
ausgestellt ist. Kurz nach Mauls erinnern die sog. Sachsenklemme
und ein Denkmal an die Niederlage der sächsischen Truppen im
Tiroler Freiheitskrieg 1809.

Tauferer Ahrntal
—————————————— ✦ B 12 – A 13 —
Italienisch: Valli di Tures e Aurina
Höhe: 942–3378 m ü. d. M.
Einwohner: 5900

**Bei Bruneck zweigt das Tauferer Tal aus dem Pustertal nach
Norden ab. Hinter Sand i. T. zieht es sich als Ahrntal bis zur
mächtigen Grenzkette der Zillertaler Alpen. Am Talschluss ist
nach über 40 km der nördlichste Zipfel Italiens erreicht.**

In dem anfangs weiten, dann enger werdenden und von 84 (!) Dreitausendern umschlossenen Tal gibt es noch 50 bewirtschaftete Almen. Abgeschiedenheit und Armut prägten die Region, die Erträge der Landwirtschaft sind nach wie vor mager und der seit dem Mittelalter betriebene Kupferbergbau musste wegen der ausländischen Konkurrenz aufgegeben werden. Lange Zeit sorgten Klöppelhandwerk und Holzschnitzkunst für ein Auskommen. Heute ist das Ahrntal ein Tipp für alle, die **unberührte Landschaften** schätzen.

SEHENSWERTES IM TAUFERER AHRNTAL

Gais Rund 6 km nördlich von Bruneck liegt das Örtchen Gais mit einer Pfarrkirche aus dem 12. Jh., die später barockisiert wurde. Das Pflegerhaus, ein barocker Ansitz (1752, Privatbesitz, nicht zu besichtigen) steht außerhalb des Dorfs in einem Barockgarten. Das oberhalb von Gais im 13. Jh. von den Edlen zu Taufers erbaute **Schloss Neuhaus** ist heute ein Hotel und Gasthaus (www.schloss.neuhaus.com). Man erreicht es vom Ortszentrum zu Fuß auf dem **Kulturweg:** Kunstobjekte entlang des Wegs erinnern an frühere Gäste, u. a. an den Minnesänger Oswald von Wolkenstein und an den amerikanischen Schriftsteller Ezra Pound (www.kulturweg-gais.it).

Uttenheim Die Deckenfresken der ursprünglich romanischen, später barockisierten Pfarrkirche St. Margareth malte Franz Anton Zeiller.
Von Uttenheim führt ein einstündiger steiler Anstieg zur Burgruine von Uttenheim, von den Einheimischen **Schlössl** genannt (um 1150). In der Apsis der Burgkapelle St. Valentin wurden romanische Fresken freigelegt. Zu den jüngeren Gebäuden gehört eine Burgschenke. Oberhalb geht es zu den 1560 m hoch gelegenen Höfen von Lanebach, die früher nur unter größten Mühen zu erreichen waren.

Mühlen, Mühlwald Bei Mühlen zweigt das Mühlwalder Tal mit den Ortschaften Mühlwald und Lappach ab. Am Ende des Tals auf fast 2000 m Höhe liegt der von Gletscherwasser gespeiste **Neves-Stausee.** Am Seeufer führt eine leichte Wanderung mit Jausenstationen entlang. Das Tal ist ein guter Ausgangsort für ausgedehnte Hochgebirgstouren.

Taufers Das Örtchen Taufers wartet mit einem schönen Beispiel der Pustertaler Spätgotik auf: Die 1527 geweihte **Pfarrkirche Mariä Himmelfahrt** besitzt ein Netzgewölbe mit wappenverzierten Schlusssteinen. Im Pfarrmuseum nebenan sind sakrale Kunstgegenstände aus anderen Kirchen ausgestellt. Das zweistöckige Gebäude war einst der Lagerraum für den Kornzehnt der Tauferer Untertanen.
❶ Juni – 15. Okt. Mi. – Sa. 16.00 – 18.00, So. 10.00 – 12.00 Uhr, Eintritt frei

Sand in Taufers, der Hauptort des Tals, wird von der imposanten ***Burg Taufers** (1320) beherrscht. Von hier kontrollierten die Herren zu Taufers den Eingang ins Ahrntal. Dann fiel die Burg an die Grafen von Tirol und war lange Gerichtssitz. Heute gehört sie dem Land Südtirol. Von den 64 Räumen sind zwei Dutzend holzgetäfelt und zu besichtigen, darunter der Bibliothekssaal mit einem großen Kachelofen, der Gerichts- und der Waffensaal. Im Rittersaal hängen 26 historische Porträts (1565). Wesentlich älter als die Burg ist die Kapelle mit einem romanischen Kruzifix; die Ostwand und Apsis sind mit Fresken aus der Schule von Michael Pacher verziert. Am südlichen Ortsrand steht der 1584 in elegantem Renaissancestil erbaute stattliche Ansitz Neumelans (Privatbesitz, nicht zu besichtigen). Im Rathaus ist das ***Naturparkhaus Rieserferner-Ahrn** untergebracht. Hier wird die Landschaft Rieserferner mithilfe multimedialer Technik auf informative Weise vorgestellt.

Sand in Taufers

Burg Taufers, umgeben von Wald

Burg Taufers: Tägl. außer Weihnachten und Neujahr, nur mit Führung zu besichtigen, in der Hauptsaison jede Stunde zwischen 10.00 und 17.00 Uhr, Eintritt 8 €, www.burgeninstitut.com
Naturparkhaus: Rathausplatz 9, Mai–Okt., Ende Dez.–März Di.–Sa. 9.30–12.00, 14.30–18.00 Uhr, im Juli, Aug. auch So. geöffnet

In Ahornach östlich von Sand in Taufers beginnt das Reintal. Wegen der starken Thermik ist die Gegend ein Eldorado für **Gleitschirm- und Drachenflieger**. In Ahornach kam 1956 **Hans Kammerlander** zur Welt, einer der besten Bergsteiger Südtirols. Für Interessierte veranstaltet er hier regelmäßig Touren (www.kammerlander.com).

Ahornach

Der 313 km² große Naturpark bildet mit dem Nationalpark Hohe Tauern und dem Naturpark Zillertaler Alpen das **größte zusammenhängende Schutzgebiet Europas** (2471 km²). Das Bergdorf Rein (knapp 1600 m) ist ein idealer Ausgangspunkt für Wanderungen in die einmalige Landschaft mit schneebedeckten Dreitausendern.

**Naturpark Rieserferner-Ahrn

Von Sand geht es ins Nachbartal Rein, vorbei an den ***Reinbachfällen**, deren Wasser tosend die Tobelschlucht hinunterstürzt, zum klei-

Rein in Taufers

Das Tauferer Ahrntal erleben

AUSKUNFT · VERKEHR

Tourismusverein Sand in Taufers
J.-Jungmann-Str. 8
39032 Sand in Taufers
Tel. 0474 67 80 76
www.taufers.com
Busse von/nach Bruneck durch das Ahrntal bis Kasern und in die Seitentäler bis Lappach, Ahornach, Rein und Weißenbach.

ESSEN

Restaurant Zum Turm €€
Sand in Taufers, Bayergasse 12
Tel. 0474 67 81 43
So. abends, Mo. geschl.
www.zumturm.org
Kreative Südtiroler Küche zu vernünftigen Preisen

Kräuterrestaurant Arcana €–€€
Sand in Taufers, Ahornach 44
Tel. 0474 67 80 46
Di. und Mi. mittags geschl.
www.arcana.it
Das Restaurant gehört zum Hotel Moosmair und bietet Südtiroler Gerichte mit Alpenkräutern.

ÜBERNACHTEN

Hotel Feldmilla €€€€
Sand in Taufers, Schlossweg 9
Tel. 0474 67 71 00, www.feldmilla.com
Schickes Hotel in klarem, reduziertem Stil.

Berghotel Kasern €–€€
Prettau, Kasern 10
Tel. 0474 65 41 85, www.kasern.com
Typisches Tiroler Gasthaus mit netten Zimmern und herzhafter Küche am Ende des Ahrntals in Kasern.

SPORT

Der zur Region Dolomiti Superski gehörende Kronplatz ist nicht weit (▶Bruneck). Hinzu kommen kleinere und ruhigere **Skigebiete** wie Speikboden (www.speikboden.it) und Klausberg (www.klausberg.it).
Das Team **River Tours Südtirol** zeigt, wie aufregend und unterhaltsam Wassersport auf der wilden Ahr und der Eisack sein kann; die Ausrüstung wird gestellt (Ahrntalerstr. Sportzone 1, Gais-Uttenheim, www.suedtirol-river-tours.com).

nen Bergdorf Rein auf knapp 1600 m. Entlang der Reinbachfälle führt ein zweistündiger »Besinnungsweg zum Sonnengesang« zur **Tobl-Kapelle.** Unterwegs passiert man zehn von einheimischen Holzschnitzern gefertigte Stationen. Sie beziehen sich auf den berühmten »Sonnengesang« von Franz von Assisi. Die Tobl-Kapelle ist den Heiligen Franziskus und Klara gewidmet.

Ahrntal Hinter Sand in Taufers beginnt das Ahrntal (Campo Tures). Auf der Höhe von **Luttach** zweigt eine Straße nach Westen ins Weißenbachtal ab. Im gleichnamigen Dorf lohnen die Kirche St. Jakob mit einem gotischen Sakramentshäuschen und einem schönen Flügelaltar von 1516 sowie das **Krippen- und Volkskundemuseum Maranatha** einen Besuch. Letzteres gibt einen Einblick in die Kunst der hiesigen

Holzschnitzer, die dank der Einnahmen aus diesem Handwerk über den Winter kamen.

Das Ahrntal wendet sich hinter Luttach Richtung Nordosten. In der spätbarocken Dorfkirche in **St. Johann** sind drei Altartafeln und barocke Gewölbefresken des begabten Nordtirolers Joseph Schöpf zu sehen. Zu den Hauptsehenswürdigkeiten des privaten **Mineralienmuseums Artur Kirchler** an der Straße von St. Johann nach Steinhaus gehören die größten Rauchquarze Südtirols und eines der schönsten Bergkristallgwindel der Welt aus dem Bergwerk Prettau. Im angeschlossenen Laden kann man Bergkristalle kaufen.

Krippen- und Volkskundemuseum: Weißenbachstr. 17, 20. Nov. – Ostern, 2. Mai – 5. Nov. Mo. – Fr. 9.00 – 12.00, 14.00 – 18.00, So. 14.00 – 17.00 Uhr, Eintritt 5 €, www.krippenmuseum.com

Mineralienmuseum: St. Johann 3, Ahrntal, tägl., April – Okt. 9.30 – 12.00, 15.00 – 18.00 Uhr, Nov. – März nur nachmittags, Eintritt 3 €, www.mineralienmuseum.com

> **BAEDEKER TIPP** !
>
> *Käsefestival*
>
> Das Tauferer Ahrntal ist die Heimat des **Ahrntaler Graukäses**, einer Spezialität aus saurer Magermilch. Diese bleibt übrig, wenn Süßmilch für die Herstellung von Sahne und Butter entrahmt wird. Mittlerweile findet man ihn auf den Speisekarten der Südtiroler Spitzengastronomie. Über 1000 Käsesorten werden beim Käsefestival Anfang März in Sand in Taufers vorgestellt (www.kaesefestival.com).

Steinhaus

Die stattlichen Häuser wie der Ansitz Gassegg, das Rathaus oder der Erzstadel erinnern an die guten Zeiten von Steinhaus, als der Kupfererzabbau für Wohlstand sorgte. Die Kupferqualität war so gut, dass der hiesige Bergbau zu einer ernsthaften Konkurrenz für die großen Minen im nordtirolischen Schwaz wurde. Nicht zu übersehen ist der **Kornkasten** von 1700, einst das Magazin des Prettauer Kupferbergwerks. Hier erhielten die Knappen ihren Lohn in sog. Pfennwerten wie Getreide, Salz, Käse und Schmalz ausgezahlt. Heute gehört das Gebäude zum **Bergbaumuseum**. Die Sammlung der Grafen Enzenberg, der Enkel des letzten Ahrntaler Montan-Unternehmers, informiert mithilfe moderner Technik über die Welt des Bergbaus.

❶ Steinhaus 99, Ahrntal, Ende Dez. – März. Di., Do. 9.00 – 12.00, 15.00 bis 18.00, Do. bis 22.00, Sa., So. 14.00 – 18.00, April – Okt. Di. – So. 9.30 – 16.30, Do. bis 22.00 Uhr, Eintritt 4 €, www.bergbaumuseum.it

Kasern

Je tiefer man ins Tal kommt, umso kleiner werden die Ortschaften. Unterwegs passiert man St. Jakob (1194 m) und St. Peter, dann erreicht man Prettau auf 1475 m Höhe, den Hauptort des hinteren Ahrntals. Nur wenige Minuten entfernt liegt Kasern, das Zentrum des Kupferbergbaus in den Jahren 1500 – 1971.

Der **Kaserer Kreuzweg** führt über 15 Stationen zur Heilig-Geist-Kirche. Sie diente den Knappen und Wanderern, die über die

Krimmler Tauern ins Pinzgau oder nach Salzburg marschierten. Die überdachten Holzsäulen schnitzten einheimische Jugendliche.

***Schauberg-
werk Prettau**

Das ehemalige Bergwerk gehört heute zu den Südtiroler Bergbaumuseen. Schon in der Bronzezeit wurde in der Nähe des Rötbachs Kupfererz abgebaut. Die erste urkundliche Erwähnung stammt von 1426. Im Mittelalter gehörte das Bergwerk den Freiherren von Welsberg; zu Beginn des 19. Jh.s fiel es an die Grafen Enzenberg. 1893 wurde der Bergbau vorübergehend, 1971 nach einer kurzen Wiederbelebung seit 1957 endgültig eingestellt. Die Fahrt mit der Grubenbahn in den Ignaz-Stollen ist ein eindrückliches Erlebnis. Beim Museum beginnt ein mehrstündiger Lehrpfad mit zehn Schautafeln, der bis auf knapp 2000 m führt. Geführte Wanderungen können beim Tourismusamt Sand in Taufers gebucht werden.

❶ Hörmanngasse 38/A, April – Okt. Di. – Sa. 9.30 – 16.30 Uhr, Eintritt 9 €, Kombikarte mit dem Bergbaumuseum Steinhaus 11 €, www.bergbau museum.it

* Terlan

Italienisch: Terlano
Höhe: 248 m ü. d. M.
Einwohner: 4100

✛ D 8

Der liebenswerte Ort liegt zwischen Meran und Bozen am Ufer der Etsch, im Schatten des Tschögglbergs. Er ist insbesondere für Spargel und Weißwein bekannt.

Geschichte

Der Ort wurde erstmals 970 als Torilan erwähnt. Im späten Mittelalter wurde in Terlan viel Geld mit dem Silberabbau verdient. In der Blütezeit schürften rund 1000 Knappen in 30 Gruben nach Silber, woran der Flurname Silberleiten erinnert, heute eine hervorragende Weinlage.

SEHENSWERTES IN TERLAN UND UMGEBUNG

Terlan

Im Zentrum steht die gotische ****Pfarrkirche Maria Himmelfahrt** (14. Jh.), ein Buntsandsteinbau mit einem Dach aus farbig glasierten Ziegeln. Der 75 m hohe Turm musste Ende des 19. Jh.s neu aufgebaut werden, da er sich auf dem feuchten Untergrund zu sehr geneigt hatte. Kostbar sind die Wandfresken, mit 1000 m² das **größte zusammenhängende Werk der Bozner Schule** (1380 – 1420). Sie zeigen vor allem Szenen aus dem Marienleben und aus der Kindheit

Terlan erleben

AUSKUNFT
Tourismusverein Terlan
Dr.-Weiser-Platz , 39018 Terlan
Tel. 0471 25 71 65
www.terlan.info

ESSEN
Restaurant Patauner ☻☻
Siebeneich, Boznerstr. 6
Tel. 0471 91 85 02, Do. geschl.
Das Restaurant war einst der Speisesaal
des Deutschen Ordens. In der Küche
wird vor allem Gemüse aus dem eigenen
Garten verarbeitet. Ab April kommt aus-
schließlich Terlaner Spargel auf den
Tisch.

Oberlegar ☻
Terlan, Möltnerstr. 2
Tel. 0334 3 18 95 20
Mitte März – Ende Mai, Mitte
Sept. – Weihnachten, Di. geschl.
Ein typischer Buschenschank mit erst-
klassigen Gerichten: u. a. Spargel, Ma-
rende und selbst gebackenes Brot.

ÜBERNACHTEN
Hotel Napura ☻☻☻☻
Siebeneich, Steurer Weg 7
Tel. 0471 1 95 60 56
www.napurahotel.it

Das erste Designhotel in dieser Ecke
Südtirols aus Holz, Stein und Stahl. Schi-
cker Wellnessbereich, Wine Bar.

Hotel Sparerhof ☻☻
Vilpian, Nalser Strasse 2
Tel. 0471 67 86 71
Mit der Spargel- beginnt der Besucher-
saison. Hübsche Zimmer mit gutem
Komfort, Pool, Fahrradverleih.

EINKAUFEN
Mit dem Kellermeister Rudi Kofler hat
sich die **Genossenschaftskellerei Terlan** zu einem Shootingstar der Südtiroler
Weinszene entwickelt. Grandios: der
Weißburgunder Vorberg und der Quarz,
ein Sauvignon (Silberleiten 7, www.
cantina-terlano.com).
In den Gebäuden des Deutschen Ordens
produziert das Weingut von Braunbach
u. a. Magdalener und Lagrein; mit Vinothek (Siebeneich, Pater Romediusweg 9,
www.braunbach.it).
Sekt nach der klassischen Methode stellt
die Familie Reiterer her (Mölten, www.
arundavivaldi.it).
Einkaufen wird in der Boutique Helma
zum Erlebnis – das lockt die Kundinnen
in das kleine Dorf (Vilpian, Nalser Str. 2,
www.boutiquehelma.it).

Christi, Apostel und Heilige. Die Fresken im Langhaus malten Hans
von Stockinger und Mitglieder seiner Werkstatt. Das Seitenschiff mit
Szenen aus der Legende des hl. Alexius wurde um 1420 ausgemalt,
an der Altarwand sieht man Szenen aus dem Leben Moses. Hinreißend schön ist auch die in Sandstein gemeißelte Gruppe der Marienkrönung von 1370 im Seitenschiff, ein Werk des Veronesers Giovanni di Rigino.
Im Süden von Terlan thront hoch über dem Tal die **Ruine Neuhaus**,
deren fünfeckiger Bergfried vollständig erhalten ist. Vom Palas stehen noch die Südwand und die Kellerräume mit einer Zisterne. Die

1226 erstmals erwähnte Burg diente den Grafen von Tirol als Grenzfestung gegen die Grafschaft Bozen. Angeblich war sie ein Lieblingssitz der Landesfürstin Margarethe Maultasch. Historisch belegt ist das zwar nicht, aber der Volksmund machte aus ihr **Burg Maultasch.** 1382 – 1559 gehörte sie den Herren von Niedertor, die durch den Erwerb den Aufstieg in den Landadel schafften. Später gehörte die Burg den Wolkensteinern, schließlich den Grafen Enzenberg.

Vilpian

Nordwestlich von Terlan liegt Vilpian zwischen Weinbergen und Obstplantagen am Fuß des Tschögglbergs (Monzoccolo, 2086 m), eines Bergrückens zwischen Meran und Bozen. Besonders das Hochplateau des **Salten** zeigt eine einmalige Kulturlandschaft: Mitten in den hoch gelegenen Weiden stehen Hunderte vereinzelter Lärchen, die dieser Gegend ein höchst eigenwilliges Aussehen geben.

*Mölten

Mölten (1200 m) ist Sitz der höchstgelegenen **Sektkellerei** Europas. Hier produziert die Familie Reiterer aus den Trauben der Weinberge rund um Terlan begehrte Schaumweine (www.arundavivaldi.it).

*Siebeneich

Südlich von Terlan liegt der Gemeindeteil Siebeneich. Die **Barockkirche zum hl. Antonius** am Ortsrand mitten in Weingärten gehörte einst dem Deutschen Orden. In den Konventgebäuden ist heute die Weinkellerei von Braunbach untergebracht.
Über Siebeneich thront die Ruine der um 1220 erbauten **Burg Greifenstein**, im Volksmund auch »Sauschloss« genannt. Der Legende nach hatten die Bewohner während einer Belagerung ihr letztes Schwein über die Burgmauer geworfen, um den Feinden vorzugaukeln, dass es Verpflegung in Hülle und Fülle gäbe. Auf Greifenstein soll sich 1420 ein Teil des Tiroler Adels gegen den habsburgischen Landesfürsten Friedrich verschworen haben.

✱ Toblach

✦ C 14

Italienisch: Dobbiaco
Höhe: 1256 m ü. d. M.
Einwohner: 3300

Der Ort, im Winter häufig als Kältepol Südtirols bezeichnet, ist dank seiner eindrucksvollen Bergwelt ein beliebter Treffpunkt von Wanderern und Bergsteigern.

Das Toblacher Feld (1222 m) ist der höchste Punkt des Pusterer Talbodens. Über den unscheinbaren Sattel verläuft die Grenze zwischen Italien und Österreich und die europäische Wasserscheide:

Die Rienz fließt nach Westen und über Eisack und Etsch ins Mittelmeer, die Drau, die im Osten des Toblacher Felds entspringt, über die Donau ins Schwarze Meer. Toblach, bestehend aus Alt- und Neu-Toblach, blickt auf eine über hundertjährige Tourismustradition zurück.

Dank seiner Lage an der »Strada d'Alemagna« machte Toblach schon im Mittelalter als »Duplago« gute Geschäfte. Die Handelsstraße verband die beiden Wirtschaftszentren Venedig und Augsburg und auch heute noch herrscht auf der Straße von Toblach durch das lang gezogene Höhlensteintal nach Cortina d'Ampezzo viel Verkehr.

Geschichte

Mit dem Bau der Brenner-Eisenbahn 1867 zwischen Innsbruck und Bozen und der Verbindung ins Pustertal 1871 begann die Blütezeit des Tourismus in den Dolomiten. Das Reisen wurde Mode und um 1900 war Toblach der Inbegriff eines noblen Erholungsorts für die Wiener Schickeria. Man residierte in feinen

> **?** **BAEDEKER WISSEN**
>
> *Langlaufmetropole*
>
> Toblach ist die Langlaufmetropole der Region, seine moderne Nordic Arena Schauplatz von Weltcuprennen und Ausgangsort des Pustertaler Marathons, eines traditionsreichen Volksrennens. Neben den Rennstrecken rund um die Arena lohnt sich u. a. die Loipe von Toblach durch das Höhlensteintal bis nach Cortina d'Ampezzo.

Hotels und baute schlossartige Villen, um den Sommer in den Bergen zu verbringen. Auch im 21. Jh. locken die nahen Sextner Dolomiten und die jährlichen Musikwochen zu Ehren von Gustav Mahler zahlreiche Gäste an.

SEHENSWERTES IN TOBLACH

Die spätbarocke ***Pfarrkirche St. Johann** im Zentrum fällt schon durch ihren grünen Kirchturm ins Auge. Ein Höhepunkt der Innenausstattung ist der Tabernakelaufbau des Altars mit einem Relief der Grablegung und schönen Engelstatuen von Johann Perger. Die Deckengemälde und das Altarblatt sind ein Werk von Franz Anton Zeiller (1769). Im Chor zeigen sie Zacharias im Tempel und in den Kuppeln des Langhauses Szenen aus dem Leben von Johannes dem Täufer. Erwähnenswert sind auch die reich verzierte Kanzel und der Taufstein aus der Renaissance.

Alt-Toblach

Am Südausgang des Friedhofs führt der älteste Kreuzweg Tirols vorbei an fünf bildstockartigen Kapellen zur auffälligen Rundkapelle **St. Joseph.** Das kleine Gotteshaus mit schönen Fresken im Gewölbe und einer Nachbildung des Heiligen Grabes soll Kaiser Maximilian 1512 gestiftet haben.

Ältester Kreuzweg

Toblach erleben

AUSKUNFT · VERKEHR
Tourismusverein Toblach
Dolomitenstr. 3
39034 Toblach
Tel. 0474 97 21 32
www.hochpustertal.info
Regionalzüge durch das Pustertal bis
nach Lienz in Osttirol; Busse von/nach
Prags, Cortina d'Ampezzo und zur
Auronzo-Hütte

ESSEN
Tilia ❸❸❸❸
Dolomitenstr. 31b
Tel. 0335 8 12 77 83
www.tilia.bz
Das Restaurant, ein ungewöhnlicher
Glaskasten, liegt auf dem Areal des
Grandhotels. Chris Oberhammer erhielt
2001 seinen ersten Michelin-Stern Seine
Gemälde und Skulpturen sind im Restau-
rant ausgestellt. Tipp: Gemüseeintopf
oder die Bohnensuppe mit Gamberoni.

Winkelkeller ❸-❸❸
Graf-Künigl-Str. 8
Tel. 0474 97 20 22
www.winkelkeller.it
Der Winkelkeller liegt in einem alten
Bauernhaus; einheimische Küche.

ÜBERNACHTEN
Hotel Santer ❸❸❸❸
Alemagnastr. 1
Tel. 0474 97 21 42
www.hotel-santer.com
Tiroler Gasthaus mit 60 Zimmern und
beachtlichem Wellnessbereich; der Haus-
herr ist auch im nahe gelegenen Nordic
Center engagiert.

Ariston ❸❸
Dolomiti Residence, Rathausplatz 2
Tel. 0474 97 33 19
www.ariston-dolomiti.it
Die Ferienwohnungen sind geschmack-
voll mit Holzböden und Lodenstoffen

Herbstenburg   Das mittelalterliche Ortsbild prägen etliche Ansitze wie die Herbstenburg mit Zinnenkranz und großen Erkern. Sie wurde 1500 von
Kaspar und Christoph Herbst zu Herbstenburg als Sitz der Vogtei
erworben und zur Festung umgebaut. In der Nähe steht der vierkantige **»Rote Turm«** (1430), nach seinem Erbauer auch »Hornberger
Turm« genannt (beides Privatbesitz und nicht zu besichtigen).

St. Silvester   Von den zahlreichen kleinen Kirchen rund um Alt-Toblach lohnt die
auf 1800 m einsam im hinteren Silvestertal gelegene St. Silvester einen Besuch. Sie ist mit **Fresken** (um 1500) eines Künstlers der Brixner Schule ausgemalt. Von hier genießt man einen schönen Blick auf
die Sextner Dolomiten.

Neu-Toblach   Der imposante Bau des **Grandhotels** erinnert an die große Zeit Tob-
lachs als Sommerfrische. Die 1878 eröffnete Nobelherberge liegt in
unmittelbarer Nähe des legendären Südbahnhofs. Hier stieg der
europäische Hochadel, Gäste des sogenannten Südbahnhofhotels,
aus, darunter der deutsche Kronprinz Friedrich Wilhelm und König

ausgestattet. Bar und Restaurant mit Südtiroler Küche.

Pichler Suite & Appartements
€–€€

Rote-Turm-Str. 25
Tel. 0474 97 29 72
www.app-pichler.com
Gemütliche Ferienwohnungen mit allem Komfort in einem Haus aus dem 17. Jahrhundert.

EINKAUFEN

Die Boutique von **Franz Kraler** gegenüber dem Grandhotel gehört zu den besten Modeläden in Italien (Dolomitenstr. 46, Outletstore: St.-Johannesstr. 35, www.franzkraler.it).
Die **Schaukäserei Drei Zinnen** zeigt in zahlreichen Stationen, wie Käse hergestellt wird. Anschließend kann man etliche Sorten verkosten und kaufen. Produziert werden auch Sahne, Butter, Joghurt und Ricotta. Die meistverkauften Käse sind der Toblacher Stangenkäse

und der würzige Bergkäse (Pustertaler-Str. 3c, www.3zinnen.it).

SPORT

Toblach ist Ausgangspunkt für zwei der schönsten **Radrouten** in den Alpen: Auf der alten Bahntrasse von Toblach nach Cortina wird im Sommer geradelt, im Winter ist dort eine **Loipe** gespurt; die Rückkehr ist per Shuttlebus möglich. Noch beliebter ist der Radweg entlang der Drau nach Lienz (Österreich); für den Heimweg kann man die Bahn nehmen. Zentrum des Langlaufsports mit Schule und Verleih ist die **Nordic Arena** (Seeweg 16, www.nordicarena-toblach.it), sie besitzt außerdem eine der höchsten Kletterwände Italiens. Von hier startet im Januar der *Pustertaler Skimarathon. Anfang Februar trifft man sich zum Pustertaler Volkslanglauf. Beide Rennen finden auf der stillgelegten Bahntrasse von Toblach nach Cortina statt. Die weltbesten Langläufer kommen zur Tour de Ski Mitte Januar nach Toblach.

Albert von Sachsen. Heute ist es Kultur- und Tagungszentrum. Im Gustav Mahler gewidmeten Konzertsaal finden seit 1981 von Mitte Juli bis Anfang August die **Gustav-Mahler-Musikwochen** statt.
❶ Dolomitenstr. 31, www.gustav-mahler.it

Im weitläufigen Komplex des Grandhotels sind auch die Jugendherberge und das Naturparkhaus Drei Zinnen untergebracht. Das Naturparkhaus zeigt die Schönheit der Dolomitenlandschaft auf anschauliche Weise.

Naturparkhaus Drei Zinnen

❶ Dolomitenstr. 31, Mai – Okt., Weihnachten – März Di. – Sa. 9.30 – 12.30, 14.00 – 18.00, Juli, Aug. auch So. und Do. bis 22.00 Uhr

Der berühmteste Feriengast in Toblach war **Gustav Mahler**. Er kam von 1908 bis 1910 zur Sommerfrische und wohnte im Trenkerhof im nahen Weiler Alt-Schluderbach. Dort ließ er sich ein kleines Holzhaus, das **»Komponierhäuschen«**, einrichten, um ungestört an seinen beiden (letzten) Sinfonien und dem »Lied von der Erde« zu arbeiten. Die von Gustav Mahler bewohnten Räume im ehemaligen

Gustav-Mahler-Haus

Trenkerhof und das Komponierhäuschen in einem Wildpark können besichtigt werden.

❶ Alt-Schluderbach 3, Okt. – Mai Fr. – Mi. 10.00 – 16.00, Juni – Sept. tägl. 9.00 – 17.00 Uhr

Wandern

Der ganze Stolz von Toblach sind die berühmten **Drei Zinnen**. Die fünf Gipfel – Westliche Zinne (2973 m), Große Zinne (2998 m), Kleine Zinne (2700 m), Punta di Frida (2792 m) und Kleinste Zinne (2700 m) – bieten eine markante Kulisse. Die Große Zinne wurde 1869 zum ersten Mal bestiegen. Man kann auch nur eine Jause in der **Auronzo-Hütte** genießen (Anfahrt mit dem Pkw über den Misurina-See und auf der mautpflichtigen Drei-Zinnen-Straße zum Parkplatz Auronzo-Hütte). Toblach bzw. Niederdorf sind die Ausgangspunkte des anspruchsvollen **Dolomiten-Höhenwegs** Nr. 3, der in 8 bis10 Etappen nach Longarone im Piavetal (Provinz Belluno) führt.

UMGEBUNG VON TOBLACH

Aufkirchen

Etwa 3 km nordwestlich von Toblach liegt der Wallfahrtsort Aufkirchen. Die Kuratiekirche zur Schmerzhaften Muttergottes besitzt eine große Figurengruppe zur Beweinung Christi von 1475 und außen ein Christophorus-Fresko von Simon von Taisten (16. Jh.).

Glasklar: der Toblacher See

Das landschaftlich außerordentlich schöne Höhlensteintal (Valle di Landro) beginnt am Toblacher See, der etwas oberhalb im Wald liegt und von steilen Felsen umgeben ist. Es gibt einen Seeuferweg, einen Ruderbootverleih und Jausenstationen. ***Höhlensteintal**

Im oberen Talabschnitt liegt der ***Dürensee**, einer der schönsten Dolomitenseen am Fuß des Monte Cristallo. Am Nordufer sind Reste des 1915 gesprengten Dorfs Höhlenstein zu entdecken. Der landschaftliche Höhepunkt sind zweifellos die **Drei Zinnen**.

In der Hotelsiedlung Schluderbach, südlich des Dürensees, gabelt sich die Straße. Die eine führt Richtung Misurina mit einem smaragdgrünen See und auf der mautpflichtigen **Drei-Zinnen-Straße** zu diesen Dolomitengipfeln, die andere nach Cortina d'Ampezzo, dem Nobelskiort der Römer und Mailänder. Bei der Gabelung hat man einen tollen Blick auf die westlich aufragende Hohe Gaisl (3139 m); im Osten ragen der Monte Piana (2324 m) und im Süden die zerklüftete Felswand des Monte Cristallo (3221 m) in den Himmel.

* Tramin

E 8

Italienisch: Termeno
Höhe: 276 m ü. d. M.
Einwohner: 3300

Nach diesem Weindorf ist der bukettreiche weiße Gewürztraminer benannt. Der Traube hat Oswald von Wolkenstein eines seiner bekanntesten Lieder gewidmet.

Trotz des boomenden Tourismus hat Tramin den Charme eines traditionellen Weindorfs bewahrt. Vom mit Bäumen bestandenen Hauptplatz ziehen sich kleine, von stattlichen Weinhöfen aus dem 16. und 17. Jh. gesäumte Gassen durch den Ort. Prächtige Ansitze sorgen für ein nobles Ambiente. Söll im Norden und Rungg im Süden gehören ebenfalls zur Gemeinde.

SEHENSWERTES IN UND UM TRAMIN

Das **Dorfmuseum** am Rathausplatz gibt einen guten Einblick in das Leben und den Alltag von Tramin. Vor allem geht es um den Traminer, der schon im 13. Jh. nach Süddeutschland verkauft wurde. Damals hießen alle Weine aus dem Ort Traminer, in der Hauptsache handelte es sich aber um Weine aus der heute nicht mehr vorhandenen weißen Lagrein-Rebe. Hochburg des Gewürztraminers ist inzwischen das Elsass. Der Museumskeller zeigt eine Sammlung Gewürz- **Tramin**

Tradition und Innovation

Das Weinland Südtirol zählt zu den ältesten Weinbaugebieten Mitteleuropas. Schon in vorrömischer Zeit wurden hier Reben angebaut. So prägen neben den zahlreichen Burgen und Schlössern vor allem Weinreben die Landschaft.

Dementsprechend groß ist auch die Vielfalt der Weine. Neben den international bekannten Traubensorten lohnen vor allem die waschechten Südtiroler Rebsorten eine Verkostung.

Lagrein

Lagrein ist die älteste Rebsorte Südtirols, der man aber lange Zeit keine große Aufmerksamkeit schenkte. Er war nur ein Zechwein, wurde als roter Lagrein oder als Lagrein Kretzer (Rosé) ausgeschenkt. Vor etlichen Jahren begannen einige Weinmacher, sich intensiver mit diesem heimischen

Bei der Traubenernte ist viel Sorgfalt erforderlich.

Produkt zu beschäftigen. Sie reduzierten die Erträge, bauten die Weine in Barriquefässern aus und ließen ihnen genügend Zeit, in der Flasche zu reifen. Mittlerweile haben sich viele Winzer wieder auf diese Tradition besonnen. Der Geschmack ist saftig und samtig zugleich. Aromen von dunklen Beeren und Gewürzen, Lakritz- und Tabaknoten prägen diesen Star am Südtiroler Weinhimmel.

Vernatsch

Eine populäre Sorte ist der Vernatsch, die man in Württemberg als **Trollinger** (von »Tirolinger«) kennt. Obwohl dessen Anbau abgenommen hat, sind immer noch 40 Prozent der Südtiroler Weinbaufläche damit bedeckt. Der Trend hin zu leichten, süffigen Weinen mit weniger Alkohol kommt dem fruchtbetonten, hellroten Wein mit den sanften Tanninen zugute. Je nach Boden, Klima und Landschaft präsentiert er sich immer wieder ein wenig anders und ist ein hervorragender Speisenbegleiter.

Blauburgunder

Der Blauburgunder kam in der zweiten Hälfte des 19. Jahrhunderts in die Alpenweinregion. Die launische Rebsorte braucht viel Aufmerksamkeit, im Weinberg wie im Keller. Nur leidenschaftliche

Eine Gewürztraminer-Traube im Gegenlicht – bei diesem Anblick spürt man den feinen Geschmack förmlich auf der Zunge.

Winzer mit persönlicher Liebe zu **Pinot Nero** wagen sich daran. Die Weine sind geprägt vom Terroir und duften nach roten Beeren und Kirschen.

Gewürztraminer

Rund um Tramin gedeihen elegante Gewürztraminer, die selbst diejenigen überzeugen, die intensiv duftende Weine normalerweise ablehnen. Ein paar Flaschen für zu Hause lohnen sich, ist er doch u. a. ein guter Begleiter asiatischer Gerichte. Südtiroler Gewürztraminer werden fast ausschließlich trocken ausgebaut. Zwei Ausnahmen gibt es allerdings: zum einen den autochthonen **Goldmuskateller** und zum anderen den ursprünglich aus Sizilien stammenden **Rosenmuskateller**. Diese äußerst aromatischen Tropfen harmonieren aufs Schönste mit den typischen Desserts der Region. Wie der Name schon verrät, duften und schmecken die Weine nach Muskat und der Rosenmuskateller verlockt zudem noch mit zartem Rosenduft. Unbedingt probieren!

Cuvées

Ihr Können stellen die Weinmacher auch bei wunderbaren **roten Cuvées**, einer klugen Mischung aus verschiedenen Traubensorten, unter Beweis. Der klassische Kombination aus Cabernet und Merlot ist in den letzten Jahren immer mehr durch Kreationen aus heimischen Rotweinen abgelöst worden. Durch die Auswahl der richtigen Sorten aus den richtigen Lagen wird die Vielschichtigkeit des Terroirs eindrucksvoll demonstriert. Was dann schon auf dem Etikett toll klingt – Cornelius, Corolle, Ygram oder Linticlarus – findet sich auch im Glas wieder: nämlich ein großartiges Weinerlebnis!

Tramin erleben

AUSKUNFT · VERKEHR

Tourismusverein Tramin
Mindelheimerstr. 10A
39040 Tramin
Tel. 0471 86 01 31
www.tramin.com
Busse von/nach Bozen, Kaltern, Eppan,
Auer, Neumarkt und Salurn

FESTE UND EVENTS

Alljährlich lockt der **Weinoktober** mit
Verkostungen, Weinwanderungen, Konzerten und Ausstellungen.
Im **Gewürztraminer-Symposium** stellen sich die Weine aus Tramin der internationalen Konkurrenz.
Sehenswert ist der Egetmann-Umzug
zur Fastnachtszeit, aber Obacht! ▶S. 68

ESSEN

Gasthof Goldene Traube ⦿-⦿⦿
Julius-von-Payer-Str. 2
Tel. 0471 86 01 64
Di. geschl.
www.goldene-traube.it
Gute mediterrane und Südtiroler Küche
zu vernünftigen Preisen. Im Sommer sind
die Tische auf der Terrasse sehr begehrt.

Enoteca Hofstätter ⦿-⦿⦿
Rathausplatz 7
Tel. 0471 09 00 03
www.hofstaetter.com
Di. – Sa. 10.00 – 15.00, 17.00 – 23.00,
So.10.00 – 15.00 Uhr
Die Enoteca im zeitgenössischen Design
liegt direkt neben der Kellerei Hofstätter.
Kleine Gerichte.

ÜBERNACHTEN

Traminer Hof ⦿⦿⦿
Weinstr. 43

Tel. 0471 86 03 84, www.traminerhof.it
Das moderne Hotel mit schicken
Zimmern ist eine gute Anlaufstelle für
Mountainbiker und Rennradfahrer; Ar-
min Pomella hat viele Routenvorschläge
für seine radelnden Gäste.

Ansitz Romani ⦿⦿⦿
Andreas-Hofer-Str. 23
Tel. 0471 86 00 10
Der trutzige Ansitz am Rand von Tramin
beherbergt ein Hotel mit Restaurant.
Schöne Gewölbe im Treppenhaus. Ge-
pflegte Südtiroler Gerichte.

EINKAUFEN

Mit über 700 000 Flaschen gehört **Hofstätter** zu den großen und traditions-
reichsten Produzenten in Südtirol. Ganz
oben in der Gunst stehen der Gewürztraminer »Kolbenhof« und »Steinraffler«
aus der Lagrein-Traube (Rathausplatz 7,
www.hofstaetter.com).
Das neue Kellereigebäude von Stararchitekt Tscholl ist nicht zu übersehen
und auch nicht unumstritten. Über die
Qualität der Weine gibt es jedoch keinen
Zweifel. 270 Weinbauern haben sich der
Kellereigenossenschaft Tramin angeschlossen. Viel Lob erhalten insbesondere der Gewürztraminer »Nussbaumer«
und die Spätlese »Terminus« (Weinstr.
144, www.cantinatramin.it).
Die ehemalige Architektin **Elena Walch**
ist die erste und bisher einzige Winzerin
Südtirols, die seit Jahren allerhöchste
Lorbeeren einheimst. Die gab es u. a. für
den weißen »Beyond the clouds«, den
»Gewürztraminer Kastelaz« oder den
»Kermesse«, eine Cuvée aus fünf Rotweinen (Andreas-Hofer-Str. 13, www.
elena walch.com).

traminer aus aller Welt, im Untergeschoss sind Werkzeuge und
Geräte für den Acker- und Weinbau ausgestellt. Eine Abteilung widmet sich der Traminer Fasnacht bzw. dem Egetmann-Umzug; ein
Egetmann-Standbild steht auf dem Platz vor der Sparkasse Tramin.
❶ Rathausplatz 6, Ostern–Okt. Di., Fr. 10.00–12.00, Mi. 16.00–18.00,
Führungen nach Anmeldung Mi., Fr. 10.00 und 11.00 Uhr, freier Eintritt,
www.dorfmuseum-tramin.com

Die Pfarrkirche am Hauptplatz ist der selten verehrten Patronin Ju-   ***Pfarrkirche**
litta und ihrem Sohn Quiricus gewidmet. Ihr auffälliger, 93 m hoher
Turm mit Wasserspeiern, Spitzbogenfenstern und Kreuzblumen ist
einer der schönsten gotischen Kirchtürme Südtirols. Das dreischiffige Gotteshaus wurde 1910 erbaut. Im 1400 geweihten Chor eines
Vorgängerbaus zeigen Fresken eines unbekannten Meisters der Bozner Schule (um 1400): neben Passionsszenen das Martyrium der Kir-
chenpatronin und ihres Sohns. Das Hochaltarbild stammt von Martin Knoller, einem der großen Malern des Tiroler Spätbarocks.

Das kunsthistorische Kleinod Tramins liegt oberhalb des Orts umge-   ****St. Jakob**
ben von Weingärten (15 Minuten zu Fuß). Die Kirche besteht aus   **in Kastelaz**
einem romanischen (12. Jh.) und einem gotischen Schiff mit Kreuz-

Die Fresken von St. Jakob erzählen viele Geschichten.

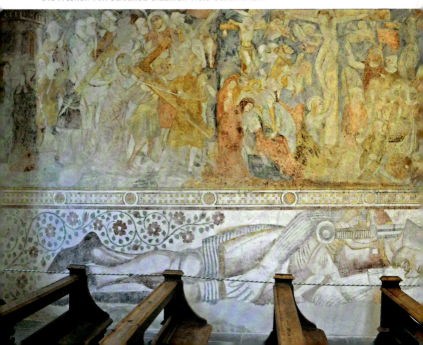

?

Die Hühnerlegende

Der Sohn eines Pilgerpaars wurde zu Unrecht des Diebstahls bezichtigt und gehängt. Als die Eltern an der Richtstätte vorbeikamen, lebte der Gehängte immer noch. Der Richter behauptete jedoch, er sei so tot wie die beiden gebratenen Hühner auf seinem Teller, worauf diese – davonflogen.

rippengewölbe, das Mitte des 14. Jh.s von Meister Ambrosius Gander ausgemalt wurde. Einmalig sind jedoch die romanischen Fresken (13. Jh.) eines unbekannten Künstlers: Die Sockelzone der Ostwand zeigt kämpfende **Tiermenschen** und andere Fabelwesen; wie ein Ruhepol wirken Christus in der Mandorla in der Apsis und die Apostel in stilisierten Arkadenbögen darunter. Beachtenswert ist an der Westwand die Legende vom erhängten Jüngling, auch Hühnerlegende genannt.

❶ Mitte März – Anfang Nov. 10.00 – 18.00 Uhr, Eintritt 2 €; Führungen jeden Fr. nach Anmeldung im Tourismusbüro Tramin, Tel. 0471 86 01 31

*St. Valentin am Friedhof

Die Kirche St. Valentin am Ortsrand von Tramin Richtung Kaltern wirkt von außen ein wenig verwahrlost. Ihr Innenraum ist vollständig mit gotischen Fresken ausgemalt. Das älteste Bild, eine Verkündigungsszene mit einer mädchenhaften Maria am Hauptpfeiler, stammt wohl von einem italienischen Künstler, die anderen Bilder von Meistern der Bozner Schule. Sie entstanden um 1400 und zeigen die Passion Christi in 23 Szenen. An der Südwand ist die Legende der hl. Ursula in einem Bild zusammengefasst; im Hintergrund sieht man zwei mittelalterliche Städte, von denen eine das von den Hunnen belagerte Köln sein dürfte.

❶ Kirchenschlüssel bei Familie Sinner, Weinstr. 4, letztes Haus beim Friedhof

Überetsch – Unterland

✛ E/F 8/9

Italienisch: Oltradige · Bassa Atesina
Einwohner: 63 000

Südwestlich von Bozen beginnt das »Überetsch«, eine sonnige Mittelgebirgsterrasse oberhalb des Flusses zwischen dem Mendelkamm und dem Mitterberg, der es von dem südlich anschließenden Unterland trennt. Den Abschluss bildet die Salurner Klause, hinter der das Trentino beginnt.

Überetsch

Ursprünglich war die Gegend versumpft und fieberverseucht, dann wurde sie trockengelegt und dank des angenehmen Klimas schon vor 7000 Jahren besiedelt. Seit 3000 Jahren wird hier **Wein** angebaut, neben dem **Obstanbau** einer der wichtigsten Wirtschaftsfaktoren. Für viele Besucher ist das Überetsch das **wahre Südtirol**. Die beiden wichtigsten Gemeinden sind ▶Eppan und ▶Kaltern, weitere Weinorte kommen hinzu, warme Badeseen, zahlreiche Burgen und spätmittelalterliche Ansitze im »Überetscher Stil«, wie die verspielte Architektur des 16./17. Jh.s mit Erkern, Laubengängen und lauschigen Innenhöfen genannt wird.

Im Süden geht das Überetsch sanft in das Unterland über. Auf beiden Uferseiten wachsen Wein und Obstbäume, im Frühjahr verzaubert die Blüte die gesamte Region. In der Gegend um Bozen wird der Fluss von roten Porphyrfelsen begleitet, weiter südlich folgt gelbweißes Kalkgestein. Bei Salurn, wo die Grenze zum Trentino verläuft und das Ende des deutschsprachigen Italiens erreicht ist, schließen steile Wände das Tal ab. Hauptort ist ▶Neumarkt, weitere bekannte Orte sind ▶Tramin, ▶Kurtatsch, Margreid, ▶Auer, ▶Castelfeder und ▶Aldein – Radein.

Unterland

* Ultental

⊹ D 6/7

Italienisch: Val d'Ultimo

Das Ultental, eine zauberhafte Landschaft mit Almen, Wäldern, Stauseen und hoch über dem Tal gelegenen Bergbauernhöfen, beginnt bei ▶Lana und zieht sich über 40 km bis zu den Gletschern der Ortlergruppe im Nationalpark Stilfser Joch.

Bis zum Ende des 19. Jh.s war diese Gegend nur mühsam zu erreichen. Die Bewohner lebten von der Holz- und Milchwirtschaft. Erst 1907 wurde der Saumweg durch eine schmale Straße ersetzt. Mit dem Bau von Wasserkraftanlagen und Stauseen wird heute der natürliche Wasserreichtum des Ultentals genutzt, außerdem entwickelte sich ein bescheidener Tourismus. Zur Gemeinde Ulten gehören die nach ihrem Schutzpatron benannten Orte St. Walburg, St. Nikolaus und St. Gertraud. St. Pankraz bildet eine eigene Gemeinde.

SEHENSWERTES IM ULTENTAL

Von Lana geht es in vielen Kehren, vorbei an der Schlossruine Eschenlohe (12. Jh.) und durch das schluchtartige Tal des Valschauer Bachs, nach St. Pankraz (San Pancrazio, 736 m), dem charmanten **Hauptort** des Tals. Früher litt das Dorf unter Überschwemmungen, daran erinnert das »Häusl am Stoan« auf einem Felsblock, das als einziges das Hochwasser 1882 überstand. Die gotische Pfarrkirche aus dem 14./15. Jh. mit Netzgewölbe besitzt eine neugotische Aus-

St. Pankraz

Ultental erleben

AUSKUNFT

Tourismusverein Ultental/
Deutschnonsberg
Hauptstr.104, 39016 St. Walburg
Tel. 0473 79 53 87
www.ultental.it

ESSEN

Gasthof Eggwirt ❷-❷❷
St. Walburg
Tel. 0473 79 53 19, www.eggwirt.it
Weihnachten – Ostern, Juni – Okt.,
Di. geschl.
Schon seit 1611 kehrt man in der »Eck-
stube« ein, serviert wird eine bodenstän-
dige Südtiroler Küche. Tipp: die Forellen.

Falschauer Hof ❷
Ulten, St. Gertraud 14
Tel. 0473 79 01 91
www.roterhahn.it
Im Januar und Mi., Do. geschl.
Unter dem Südtiroler Qualitätssiegel
»Roter Hahn« werden Ferien auf dem
Bauernhof angeboten; ein Buschen-
schank gehört dazu.

ÜBERNACHTEN

Life Balance Hotel Arosea ❷❷❷❷
Waldburg, Kuppelwies am See 355
Tel. 0473 78 50 51
www.arosea.it
Zum Bau des Hotels wurden fast nur ein-
heimische Materialien wie Zirbelholz und
Schiefer verwendet, heimische Schafwol-
le für innen. Großzügiges
Wellnesscenter.

Erlebnishotel Waltershof ❷❷❷❷
St. Nikolaus
Tel. 0473 79 01 44, www.waltershof.it
Charmantes Familienhotel

Wegleithof ❷
St. Pankraz, Mariolberg 29
Tel. 0473 78 70 79, www.wegleit.it
Den Bergbauernhof auf 1170 m Höhe
gibt es seit 1841; 2 Ferienwohnungen.
Spezialität: Ultner Mohnkrapfen.

EINKAUFEN

Handgefertigte Ski in limitierter Auflage
und Spezial-Rennräder offeriert **Black
Thunder** (Walburg, Schmiedhof 349/2,
www.black-thunder.it).
Der Erbhof der Familie Pöder in St. Pankraz, Gegend 64, ist eine der besten
Adressen für Südtiroler Speck

SPORT

25 km Piste bietet das **Skigebiet
Schwemmalm**. Von der Talstation bei
Kuppelwies auf 1150 m geht es bis auf
2650 m; von oben sieht man die Bergkulisse von Brenta-Adamello, Ortler und
Dolomiten (www.schwemmalm.info).
Die **Ultner Loipe** führt von St. Walburg
oder St. Nikolaus nach St. Gertraud und
ist je nach Schneelage 12 bis 25 km lang
(www.ultental.it).

stattung, die 1338 erstmals erwähnte Kapelle St. Helena oberhalb auf
einem Waldhügel einen neuromanischen Hochaltar mit Barocksta-
tuen der Heiligen Helena, Aloisius und Josef. Für den **Ultner Talweg**
von St. Pankraz nach St. Walburg und zurück, insgesamt 24 km, sollte man mit gut 8 Stunden Wanderzeit rechnen. Man kann von St.
Walburg auch mit dem Bus zurückfahren.

Mitterbad, 3 km hinter St. Pankraz, war ab Mitte des 19. Jh.s ein beliebtes Kurbad. Feine Gäste wie Otto von Bismarck, Kaiserin Sisi und die Brüder Thomas und Heinrich Mann badeten in den Marmorwannen. Thomas Mann soll hier seinen Roman »Buddenbrooks« beendet haben. 1971 wurde der Badebetrieb eingestellt. Heute liegt etwas Wehmut über den verlassenen Gebäuden.

Mitterbad

Die Straße führt durch mehrere Tunnel und am künstlich aufgestauten **Standachsee** vorbei nach St. Walburg auf 1190 m Höhe. Talaufwärts folgt der **Zoggler Stausee**, am oberen Ende liegt Kuppelwies, Ausgangspunkt für das beliebte Skigebiet **Schwemmalm**.

St. Walburg

Im kleinen Bergdorf lohnt das **Ultner Talmuseum** im ehemaligen Schulhaus einen Besuch; es zeigt bäuerliche Kultur und Ultner Volkskunst.
❶ St. Nikolaus 107, Mai–Okt. Di., Fr. 11.00–12.00, 15.00–17.00, März, April So. ab 10.00 Uhr, freier Eintritt

St. Nikolaus

Das letzte Dorf im Ultental ist St. Gertraud; die Straße endet beim **Weißbrunner Stausee** (1900 m). Von hier starten lohnende Hochgebirgstouren in die Ultner Berge, Ausläufer der Ortlergruppe im Nationalpark Stilfser Joch. Kurz vor St. Gertraud, am Rand eines Bannwalds, stehen drei ca. 2000 Jahre alte Lärchen. Die größte ist 28 m hoch, ihr Stamm misst 8 m. Man erreicht sie auf einem 20-minütigen Wanderweg von St. Gertraud aus.
Hinter St. Gertraud liegen an steilen Bergwiesen die *Pilshöfe, fünf seit 1430 bewirtschaftete Bauernhöfe. Heute leben dort nur noch wenige Menschen.

St. Gertraud

Die Ausstellung im Nationalparkhaus, einem von vier Südtiroler Besucherzentren des Nationalparks Stilfer Joch, informiert über »Wald und Holz«; in der Wassermühle nebenan wurde Holz gesägt.
❶ St. Gertraud 62, Ostern–Okt. Di.–Fr. 9.00–12.00, 14.30–18.00, Sa., So. nur nachmittags, www.parks.it

**Nationalpark-
haus
Lahner Säge**

✱✱ Villnösser Tal

✦ **D 10/11**

Italienisch: Val di Fúnes

Das Villnösser Tal beginnt bei Klausen und erstreckt sich 12 km lang Richtung Osten in die Dolomiten hinein. Wie alle Seitentäler des Eisack wird es im Verlauf immer enger, um sich dann ganz unerwartet als weites, sonniges Hochtal zu öffnen, überragt von Aferer und Villnösser Geisler.

Herbst im Villnösser Tal

Das Villnösser Tal ist wohl das **schönste Dolomitental,** zumal man sich zu einer moderaten Erschließung durchringen konnte. Hier ist die Kultur der Bergbauern noch recht lebendig, rätoromanische Hof- und Flurnamen erinnern an die Vergangenheit. Da sich die Villnösser erfolgreich gegen den Bau eines Skizirkus wehrten, blieb eine selbst für Südtirol **einzigartige intakte** Landschaft und Bergbauernwelt erhalten. Die gleichnamige Gemeinde besteht aus den Orten Teis, St. Peter, St. Valentin, St. Jakob und St. Magdalena. Über das Würzjoch geht es ins ▶Gadertal. Das Villnösser Tal ist ein hervorragendes Wander- und Klettergebiet, sehr gefördert durch den Bergsteiger Reinhold Messner, der hier geboren wurde.

SEHENSWERTES IM VILLNÖSSER TAL

Teis

Teis liegt am Eingang des Villnösser Tals oberhalb der Durchgangsstraße auf einem Sonnenplateau. Dort findet man die **Teiser Kugeln,** runde, oft hohle Gesteinskugeln, in denen verschiedene Kristalle wie Amethyst und Kalzit eingeschlossen sind. Sie stammen aus dem nahen Gostnergraben, einer Schnittstelle von vulkanischem Porphyr, dem anstehenden Dolomit und Brixner Quarzphylit.
Der Kristallsucher Paul Fischnaller präsentiert seine reiche Sammlung im **Mineralienmuseum,** darunter auch Teiser Kugeln.
❶ Vereinshaus Teis, April – 1. Nov. Di. – Fr. 10.00 – 12.00, 14.00 – 16.00, Sa., So. 14.00 – 17.00 Uhr, Eintritt 5 €, www.mineralienmuseum-teis.it

St. Peter ist der **Hauptort** der Gemeinde Villnöss. Mittelpunkt des
verstreuten Orts ist die Pfarrkirche St. Peter (Ende 18. Jh.) mit einem
frei stehenden Glockenturm (1897). Die Kuppelfresken im Innern
malte der Stubaier Joseph Schöpf 1789.
Auf einer schmalen Straße geht es weiter nach **St. Valentin in Par-
dell**. In dem 1303 geweihten, im 15. Jh. umgebauten Kirchlein steht
der erste Flügelaltar des Tals aus der Werkstatt von Hans Klocker
(um 1500), ein Meisterstück der Brixner Schule.
❶ Juni–Okt. Do. 16.00–18.00 Uhr

St. Peter

Ein zweiter sehenswerter gotischer Flügelaltar schmückt die Kirche
St. Jakob am Joch oberhalb von St. Valentin. Er wurde 1517 ebenfalls
in der Brixner Werkstatt gefertigt. Im Schrein sieht man Maria mit
dem Kind zwischen den Aposteln Jakob und Michael. Die Gemälde
an den Außenseiten der Altarflügel sind für die Südtiroler Kunstszene des 16. Jh.s sehr ungewöhnlich: Die Menschen in einer weitläufigen Landschaft künden schon den Übergang zur Renaissance an.
❶ Juni–Okt. Do., So. 17.30–18.00 Uhr

**St. Jakob
am Joch*

Im 1339 m hoch gelegenen St. Magdalena ist das eindrucksvolle
Talende erreicht. Hier ragen die mit dem Sass Rigais 3025 m hohen **Geislerspitzen** in den Himmel. Etwa 1,5 km weiter südlich
steht auf 1370 m mitten in einer Wiese die barocke **Kapelle St.
Johann in Ranui** vor dieser Kulis-
se. Sie gehört zum Hof Ranui
(1370), den Michael von Jenner
1744 zu einem Jagdsitz ausbauen
ließ. Die Altarbilder malte Franz
Unterberger aus Cavalese. Das **Naturparkhaus Villnöss**, ein modernes Gebäude aus papyrusfarbenem
Beton, ist die zentrale Informationsstelle für den Naturpark Puez-
Geisler und informiert über dessen
geologische, biologische und kulturelle Schätze.
Naturparkhaus Villnöss: St. Magdalena 114/a, Sept.–Juni Di.–Sa.
9.30–12.30, 16.00–19.00 Uhr, Juli,
Aug. auch So. geöffnet, Eintritt frei

*St. Mag-
dalena*

> **?** **BAEDEKER WISSEN**
>
> *Das Villnösser Brillenschaf*
>
> Im Naturpark Puez-Geisler wird
> das Villnösser Brillenschaf gezüch-
> tet, die älteste Schafrasse Südti-
> rols. Die schwarzen Ringe um die
> Augen gaben ihm seinen Namen.
> Bei Furchetta gibt es aus dem ge-
> schmackvollen Fleisch gekochten
> Lammschinken, Kaminwurzen
> und Lammsalami (Villnöss, St.
> Magdalena 89, www.furchetta.it),
> bei Naturwoll lustige, gesunde
> und nützliche Produkte aus der
> Wolle (Villnöss, St. Valentin 22,
> www.naturwoll.com).

Das Tal endet zwischen Peitlerkofel und Geislergruppe. Das Gebiet
steht bis zum Grödner Tal unter Naturschutz. Eine Straße führt bis
zur Zanser Alm (1689 m) mit Wildgehege und Naturpark-Informa-
tionsstelle. Der knapp 102 km² große Park, UNESCO-Weltnaturerbe,
bietet Schutz für Adler, Gämsen, Rehe und Murmeltiere, die man mit

**Naturpark
Puez-Geisler*

Villnösser Tal erleben

AUSKUNFT
Tourismusverein Villnöss
St. Peter 11, 39040 Villnösser Tal
Tel. 0472 84 01 80
www.villnoess.com

ESSEN
Restaurant Pitzock ⊖⊖-⊖⊖⊖
Villnöss, St. Peter 106
Tel. 0472 84 01 27, www.pitzock.com
Mi. und Do. mittags geschl.
Schickes Esslokal in einer alten Dorfkneipe. Traditionelle Gerichte gepaart mit Ausflügen in die italienische Genusswelt, u. a. Carpacciobeutel, gefüllt mit Artischocken, oder Gnocchi mit Lammragout vom Villnösser Brillenschaf.

ÜBERNACHTEN
Gasthof Stern ⊖⊖
Villnöss, Teis 7
Tel. 0472 84 45 55
www.gasthof-stern.com
Der Landgasthof am Eingang des Villnösstals hat 19 gemütliche Zimmer, ein idealer Ausgangspunkt für Wanderer.

Hotel Kabis ⊖⊖
Villnöss, St. Peter
Tel. 0472 84 01 26
www.hotel-kabis.com
Mai – Anfang Nov. geöffnet
So stellt man sich ein Tiroler Gasthaus vor. Die gemütliche Restaurantstube besitzt einen imposanten Kachelofen.

viel Glück beobachten kann. Auch seltene Pflanzen wie die in den Felsspalten blühende Teufelskralle oder der blaue Enzian fühlen sich in den extremen Lebensbedingungen der Bergwelt wohl.

Von der Zanser Alm gelangt man zur Peitlerkofel- oder Schlüterhütte. Von dort sind es etwa 2 Stunden über teils seilgesicherte Passagen bis zum 2874 m hohen *Peitlerkofe**l**. Am Fuß der Geislergruppe verbindet der schöne **Adolf-Munkel-Weg** Villnöss mit Gröden.

Vinschgau

✦ B 3 – D 7

Italienisch: Val Venosta

Vinschgau heißt das 75 km lange Tal der Etsch von ihrem Ursprung am Reschenpass bis nach Meran. Die Landschaft ist kontrastreich und reicht bei einem Höhenunterschied von 1000 m von trockenen, kahlen Hängen an der Nordseite des Sonnenbergs bis zu blühenden Obstplantagen im fruchtbaren Talboden und waldreichen Hängen auf der Südseite des Tals.

Tal der
Gegensätze

Die Römer nannten den hier verlaufenden Handelsweg Via Claudia Augusta. Von seiner Bedeutung zeugen die zahlreichen Burgen, Schlösser und Ruinen von Wehranlagen auf den Bergvorsprüngen.

Moderne Bewässerungsmethoden haben die Waale abgelöst.

Im äußersten Nordwesten Südtirols ragt aus dem Reschensee der Kirchturm des in den 1950er-Jahren gefluteten Dorfs Graun. Dann dominieren grüne Wiesen und Almen vor den eis- und firngekrönten Felsriesen der Ortlergruppe mit dem höchsten Berg Südtirols, dem 3905 m hohen Ortler, und den Ötztaler Alpen. Während im Oberen Vinschgau zwischen ▶Reschen und ▶Laas ein raues, alpines Klima herrscht, gedeihen im milden Klima des Unteren Vinschgaus zwischen ▶Schlanders und ▶Naturns Aprikosen und Feigen. Im Vinschgau reihen sich schöne alte Ortschaften aneinander, darunter ▶Mals am Fuß der Malser Haide, ▶Glurns und ▶Schluderns, der Hauptort des Vinschgaus.

Der Obere Vinschgau war das Armenhaus Südtirols. Seine Bewohner verdienten ihren Lebensunterhalt als »Karrner« und Tagelöhner; Kinder wurden aus purer Not als billige Saisonarbeitskräfte an reiche Bauern in Oberschwaben vermittelt (▶S. 266, www.schwabenkinder. eu). Das änderte sich mit dem Bau der Vinschger Bahn 1906, denn nun konnten der Marmor aus Laas und das Obst aus dem Unteren Vinschgau leichter transportiert werden. Die Felder mussten endlosen Obstplantagen Platz machen und die artenreiche Flusslandschaft der Etsch verschwand bis auf Reste zwischen Laas und Schlanders und dem Biotop »Prader Sand«.
Wegen der Wasserknappheit in der regenarmen Gegend entwickelten die Vinschgauer das **Bewässerungssystem der Waale**: Das

Armut und Wasser-mangel

Schmelzwasser der Gletscher wurde durch eigens angelegte Gräben zu den Feldern und Almen geleitet. Heute sind sie durch moderne Bewässerungsanlagen ersetzt und entlang der alten Waale verlaufen nun schöne Wanderwege.

Vintl

✳ C 11

Italienisch: Vandoies
Höhe: 750 m ü. d. M.
Einwohner: 3200

Vintl im Tal der Rienz gehört mit seinen Handwerksbetrieben zum geschäftigen Teil des Pustertals; das eher beschauliche Südtirol findet man im Pfunderer Tal etwas nördlich.

Obervintl In der Nähe von Obervintl und Niedervintl liegen zwei Wallburgen, Zeugen der vorgeschichtlichen Besiedlung des Pustertals. Die Tren-

Vintl erleben

AUSKUNFT
***Tourismusverein Vintl/
Pfunderer Tal***
Staatsstr. 15, 39030 Vintl
Tel. 0472 86 91 00, www.vintl.it

ESSEN
La Passion ●●●
Obervintl, Nikolausweg 5B
Tel. 0472 86 85 95, www.lapassion.it
Mo. geschl.
Das mit einem Michelin-Stern ausgezeichnete Restaurant hat nur fünf Tische.

Edelrauthütte ●
Tel. 0472 65 32 30
www.edelrauthuette.it
Mitte Juni – Anf. Okt.
Wer die Mühe eines 3,5-stündigen Aufstiegs vom Weiler Dun im Pfunderer Tal nicht scheut, wird mit herzhafter Küche belohnt. Einfache, aber heimelige Zimmer.

ÜBERNACHTEN
Lodenwirt ●●
Obervintl, Pustertaler Str. 1
Tel. 0472 86 70 00
www.lodenwirt.com
Lachsfarbenes Haus an der verkehrsreichen Pustertaler Straße, moderne Zimmer, gutes Wellnessangebot.

Duner Heuschupfe ●
Wegscheider Hof
Vintl-Pfunders, Duner Str. 12
Tel. 0472 54 92 46
www.duner-heuschupfe.com
2 schöne Ferienwohnungen

EINKAUFEN
Jedes Jahr werden in der Manufaktur der **Lodenwelt** 5000 Lodenmäntel von Hand gefertigt. Im Museum erfährt man alles über die Lodenherstellung (Vintl, Pustertaler Str. 1).

nung der beiden Orte ergab sich aus der Geschichte, da Obervintl zum Gericht Bruneck gehörte, während Niedervintl in der Hoheit der Fürstbischöfe von Brixen lag.

Der stattliche Ansitz Töpsl in **Obervintl** (16. Jh.) mit schönen Fresken und Holztäfelungen aus der Renaissance war auch Gerichtssitz. In unmittelbarer Nachbarschaft liegt der Ansitz Baumgarten aus dem 13. Jh., der 1938 abbrannte, aber mustergültig wieder aufgebaut wurde. In **Niedervintl** ist die um 1760 erbaute neue Pfarrkirche sehenswert. Den Barockbau schmücken schöne Stuckaturen und Fresken des Kärntners Josef Anton Zoller.

Vintl liegt am Eingang des noch recht einsamen Pfunderer Tals. Es erstreckt sich Richtung Norden und in den Orten Weitental und Pfunders gibt es noch bewirtschaftete hoch gelegene Bauernhöfe.

Pfunderer Tal

Waidbruck

⊹ D 10

Italienisch: Ponte Gardena
Höhe: 470 m ü. d. M.
Einwohner: 200

Waidbruck ist eine der kleinsten Gemeinden in Südtirol und liegt im ▶Eisacktal zwischen Brixen und Bozen am Eingang zum ▶Grödner Tal. Wahrzeichen ist die mächtige Trostburg.

In Waidbruck kreuzten sich fünf historische Wege, u. a. die alte Brennerstraße aus dem Norden, die bis zum 14. Jh. als sogenannte Kaiserstraße über den Ritten nach Bozen führte. Ein weiterer Weg führte von hier hinauf nach Kastelruth und Seis, einer kam aus dem Grödner Tal. Auch heute ist der Ort ein wichtiger Verkehrsknotenpunkt: Hier treffen sich Autobahn, Eisenbahn, Brennerstraße und die Zubringer nach Gröden und Kastelruth. In der Umgebung gibt es einige Sehenswürdigkeiten.

SEHENSWERTES IN UND UM WAIDBRUCK

Waidbrucks Ortsbild wird von behäbigen Bürgerhäusern geprägt. Die ursprünglich gotische Pfarrkirche St. Jodok wurde im Frühbarock und zuletzt Anfang der 1930er-Jahre umgestaltet.

Waidbruck

Die hoch gelegene Trostburg, eine der **schönsten Burgen Südtirols,** beherrscht noch heute den Eingang ins Grödner Tal. Schon 1173 stand hier eine Festung. Um 1243 bauten die Herren von Velthurns

*Trostburg

eine neue Burg, die 1382 an die **Grafen von Wolkenstein** gelangte. Um 1595 begann der Umbau zu einer Residenz im Renaissancestil. Nach Jahren des Verfalls ging die Trostburg 1967 an den Südtiroler Burgenverein. Sie wurde renoviert und ist nun Sitz des Südtiroler Burgeninstituts und des Südtiroler Burgenmuseums. Man erreicht die Burg nur zu Fuß in 20 Minuten auf einem gepflasterten Weg. Ein Höhepunkt ist der **Große Saal** mit einer kunstvoll geschnitzten Kassettendecke mit den Wappen der Wolkensteiner und ihrer angeheirateten Verwandten. In Nischen stehen acht lebensgroße Statuen einstiger Burgherren. Drei Räume informieren über die Entwicklung des Burgenbaus in Südtirol, u. a. mit 86 Holzmodellen. Der Innenhof besitzt eine zweigeschossige Arkadenfront.

❶ Burgfriedenweg 22, nur mit Führung zu besichtigen, Ostern – Okt. Di. bis So. 11.00, 14.00, 15.00, Juli, Aug. auch 10.00 und 16.00 Uhr, Eintritt 6 €

Barbian In weiten Serpentinen geht es von Waidbruck auf die westliche Talseite des Eisack. Hier liegt der kleine Ort Barbian (850 m). Weiter südlich führt bei Kollmann eine weitere Straße nach Barbian. Hier verlief die alte Brennerstraße, auch westlicher Höhenweg genannt, über den Ritten nach Bozen, um die bis zum Beginn der Neuzeit unüberwindliche Eisackschlucht zu umgehen. Jahrhundertelang nahm der gesamte Verkehr – Händler, Könige und Kaiser auf dem Weg zur Krönung nach Rom – diesen Weg.

Das Wahrzeichen von Barbian ist der **schiefe Turm** der Pfarrkirche St. Jakobus. Er stammt aus romanischer Zeit, die Kirche wurde in der Gotik und im späten 19. Jh. umgebaut. Das Altarbild (17. Jh.) stammt aus Norditalien. Im Zentrum hinter der Raiffeisenbank beginnt ein gut ausgeschilderter Waldsteig nach Bad Dreikirchen. Die Umgebung von Barbian ist bekannt für Esskastanien und gute Zwetschgen.

Saubach Die Straße von Waidbruck über Barbian führt weiter Richtung Süden in den Weiler Saubach. Die gotische Kirche St. Ingenuin und Albuin besitzt drei schöne **spätgotische Flügelaltäre** aus der Zeit um 1500.

Kollmann Zur unmittelbaren Nachbarschaft gehört auch Kollmann. Am Friedhof erinnert eine Gedenktafel an die Überschwemmung von 1891. Anziehungspunkt ist **Schloss Friedburg** mit einer rot-weißen Fassade. Die Ende des 15. Jh.s erbaute imposante Burg war bis 1829 Zollhaus für den Handelsverkehr auf der Brennerstraße.

*Bad Dreikirchen Bad Dreikirchen, 3 km nördlich von Barbian, erreicht man nur zu Fuß; die beim Palwitter-Hof in Barbian beginnende holprige Zufahrtsstraße ist Anliegern vorbehalten, Feriengäste werden in Barbian abgeholt. Der 1120 m hoch gelegene Weiler besteht aus drei kleinen Kirchen, zwei Gasthäusern und einer Handvoll Sommerhäuser. Die Ortsmitte bilden die drei ineinander geschachtelten Kirchen St.

Waidbruck erleben

AUSKUNFT
Tourismusverein Barbian
St. Jakob 41, 39040 Barbian
Tel. 0471 65 44 11, www.barbian.it

ESSEN
Gostnerhof ⊜
Barbian, Barbianerstr. 9
Tel. 0471 65 43 57
www.gostnerhof.com
Mitte Sept. – Anfang Dez. tägl.
16.00 – 24.00, Sa. und So. ab 12.00 Uhr

Deftige Südtiroler Gerichte. Es gibt auch
Zimmer und 2 Ferienwohnungen.

ÜBERNACHTEN
Gasthof Briol ⊜⊜
Barbian-Dreikirchen
Tel. 0471 65 01 25, www.briol.it
Mitte April – Mitte Okt.
Die Herberge ist ein Unikat: 1928 wurde
die einstige Schutzhütte nach Plänen des
Künstlers Hubert Lanzinger im Bauhaus-
Stil umgebaut.

Nikolaus, St. Gertraud und St. Magdalena mit markanten Schindel-
dächern. Der Altarraum von **St. Gertraud** ist mit gotischen Fresken
(um 1410) geschmückt. Gut zu erkennen sind Kreuzigung und
Jüngstes Gericht. **St. Nikolaus** wurde zehn Jahre später ausgemalt.
Im Triumphbogen sieht man das Opfer von Kain und Abel, an den
Chorwänden die Nikolauslegende und im Chorgewölbe die Kirchen-
väter mit den Evangelistensymbolen. Der spätgotische Altar mit dem
Kirchenpatron Nikolaus stammt von Künstlern im Dunstkreis von
Hans Klocker. Diese dürften auch in der Kirche **St. Magdalena** den
schönen Flügelaltar mit einer Marienkrönung angefertigt haben.
Vermutlich war Dreikirchen mit seinem leicht radioaktiven Wasser
schon in prähistorischer Zeit ein Quellheiligtum. Die Grundmauern
des Gasthofs Bad Dreikirchen stammen aus dem Jahr 1315. Im 19.
Jh. war das Gasthaus ein beliebtes Bauernbadl. Als die Sommerfrische in Mode kam, wurde Bad Dreikirchen ein Treffpunkt der Stadt-
gesellschaft. Heute ist es ein Zufluchtsort für alle, die das einfache
Leben und die Einsamkeit schätzen.
❶ Schlüssel für die Besichtigung der Kirchen im Gasthof Messnerhof

✶ Welsberg – Gsieser Tal

✦ C 13

Italienisch: Monguelfo – Val di Casies
Höhe: 1087 m ü. d. M. (max. 2837 m ü. d. M.)
Einwohner: 2800 (Welsberg), 2250 (Gsieser Tal)

**Welsberg ist ein geschäftiges Städtchen im Osten des ▶Puster-
tals. Hier zweigt das Gsieser Tal in Richtung Nordosten ab.**

Welsberg wurde von den Römern gegründet und liegt beiderseits der Rienz. Zur Gemeinde gehören auch die Orte Taisten und Wiesen am Eingang des Gsieser Tals sowie Ried am südlichen Talhang.

SEHENSWERTES IN WELSBERG UND UMGEBUNG

Welsberg
Welsberg ist der Geburtsort des Barockmalers **Paul Troger** (1698 bis 1762); sein Geburtshaus steht in der Paul-Troger-Str. 8. Trogers Hauptwerk in Südtirol sind die grandiosen Fresken im Brixner Dom. Für die 1738 geweihte barocke Pfarrkirche **St. Margareth** hat er drei *Altarbilder gemalt, darunter das Bild am Hauptaltar mit den Heiligen Margareth, Gregor, Ulrich, Peter und Paul. Barocke Prachtwerke sind auch die beiden Seitenaltäre: Links verteilt der hl. Nepomuk Almosen, rechts ist die »Anbetung der Könige« zu sehen. Die Fresken des Bildstocks in der Nähe der Kirche werden Michael Pacher zugeschrieben. Sie wurden durch eine Überschwemmung zerstört und nur leidlich restauriert. Auf einer Anhöhe am nordöstlichen Ortsrand steht die 1551 erbaute spätgotische Friedhofskirche **Unsere Liebe Frau auf dem Rain** mit einem vergoldeten Barockaltar unter einem spätgotischen Netzgewölbe.

Schloss Welsperg
Von der Rainkirche geht es über die Schlucht des Gsieser Bachs zum Schloss Welsperg mit einem ungewöhnlich hohen Bergfried aus dem Jahr 1140. Gut 800 Jahre war die Burg im Besitz der Welsperger, einer

Die »Anbetung der Könige« von Paul Troger

der bedeutendsten Adelsfamilien Tirols. Mit viel Geschick im Handel und entsprechender Heiratspolitik vergrößerten sie ihr Vermögen und ihre Bedeutung beträchtlich. 1359 kaufte Georg von Welsperg auch die gegenüberliegende Burg Thurn. Im 15. und 16. Jh. wurde der Stammsitz erheblich erweitert, ein Brand 1765 zerstörte den Palas und das Wirtschaftsgebäude. Zwar wurde die Burg oberflächlich renoviert, jedoch nicht mehr bewohnt. Im Sommer finden hier Konzerte und Ausstellungen statt. Auf der zweistündigen Erlebniswanderung »Großer Schlossweg«, die Schloss Welsperg und die Burgruine Thurn einschließt, werden geologische und botanische Besonderheiten erörtert. Ausgangspunkt ist das Dorfzentrum von Welsberg.

Schloss Welsperg: Juli – Anf. Sept. Mo. – Fr. 10.00 – 13.00, 15.00 – 18.00, So. nur nachmittags, 10. – 21. Sept. Mo. – Fr. 15.00 – 17.00 Uhr, www.schlosswelsperg.com

✳ GSIESER TAL

Das freundliche Gsieser Tal (Val di Casies), ein Seitental des Pustertals, zieht sich von Welsberg Richtung Norden und endet nach 22 km am Gsieser Törl. Wiesen und stattliche Bauernhöfe prägen das Landschaftsbild. Hier wird **sanfter Tourismus** angeboten; an den Rändern des Tals liegen ruhige, sommers wie winters bewirtschaftete Almen. Die meisten Hütten sind auf leichten Wanderungen zu erreichen, viele Wege sind auch im Winter geräumt.

1926 entstand Gsies durch die Zusammenlegung der drei Orte Pichl, St. Martin und St. Magdalena. Ähnlich wie über die Ostfriesen werden auch über die Gsieser Witze gemacht, diese lachen wiederum über die angeblich noch einfältigeren Villgratener in Osttirol.

Die Straße folgt dem Pidigbach aufwärts. Etwas abseits im Westen liegt das kleine *Taisten (Tesido) auf 1200 m Höhe. Es lockt mit einem prachtvollen Blick auf die Pragser Dolomiten und einem Einblick in das Kunstschaffen verschiedener Epochen. Das innen und außen bemalte *Georgskirchl aus romanischer Zeit bekam 1498 ein gotisches Netzrippengewölbe. Von dem hier geborenen **Simon von Taisten** (1450/55 – 1515) stammen wohl die Thronende Madonna an der Nord-

> **❗ BAEDEKER TIPP**
>
> *Für Sportsfreunde*
>
> Durch das ruhige Gsieser Tal führt eine wunderbare Radroute zum großen Teil auf Wald- und Wiesenwegen. Sie beginnt in Welsberg und führt 31 km durch sanft welliges Gelände. Die Fahrzeit beträgt ca. 4 Stunden; für den Hin- und Rückweg gibt es getrennte Routen. Auch Wanderer kommen auf ihre Kosten: Von St. Magdalena (1398 m) kann man zum Gsieser Törl (2205 m) wandern, auf dem einst viel genutzten – auch bei Schmugglern beliebten – Übergang ins Defreggental (Osttirol, Wanderzeit ca. 4 Std.).

Welsberg – Gsieser Tal erleben

AUSKUNFT · VERKEHR

Tourismusverein Welsberg
Pustertaler Str. 10, 39035 Welsberg
Tel. 0474 94 41 18
www.welsberg.com

*Tourismusverein Gsiesertal-
Welsberg-Taisten*
St. Martin 10a, 39030 Gsies
Tel. 0474 97 84 36
www.gsieser-tal.com
Werktags stündlich Busse von Welsberg
durch das Gsiesertal

ESSEN

Bergbauernhof Seppila ⊕-⊕⊕
Welsberg, Haspaberg 30
Tel. 0474 95 02 04
www.seppila.com
Eigenes Bier, eigener Likör, und der
Speck stammt von den Schweinen hinter
dem Haus.

Durnwald ⊕⊕
Gsies, Pichl
Tel. 0474 74 69 20; Mo. geschl.
Das Restaurant ist weit über das Gsieser
Tal für seine gute Tiroler Küche und die
interessante Weinkarte bekannt. Tipp:
das Hirschcarpaccio mit Zitronenöl mari-
niert oder das Tris aus Spinatknödel mit
Gorgonzolasauce, Schlutzkrapfen und
Kasnocken.

Mudlerhof ⊕
Taisten, Mudlerhof 45
Tel 0474 95 00 36
www.mudlerhof.com
Weihnachten – Ostern, Pfingsten – Ende
Okt. tägl. außer Mo. 9.00 – 20.30 Uhr
In dem Berggasthof, 5 km von Taisten
entfernt auf 1600 m Höhe, gibt es eine
zünftige Brettljause.

ÜBERNACHTEN

Goldene Rose ⊕⊕
Welsberg, Pustertaler Str. 5
Tel. 0474 94 41 13
www.hotel-goldenerose.com
Angenehmes Hotel mit 26 Zimmern,
gemütlichem Restaurant und kleinem
Garten.

Gasthof Kahnwirt ⊕-⊕⊕
Gsies, St. Martin 19
Tel. 0474 97 84 09
www.kahnwirt.it
Der gut geführte Tiroler Gasthof ist seit
1425 im Besitz der Familie. Einfache,
saubere Zimmer.

seite der Apsis und mehrere Fresken im Innenraum, darunter die
Kreuzigung und Kreuzauffindung links von der Apsis.
In der gotischen, 1770/1771 im Rokokostil umgebauten **Pfarrkirche
zu den hll. Ingenuin und Albuin** sind Fresken des Brixner Hofmalers Franz Anton Zeiller zu sehen. Vom Langhaus gelangt man in die
Erasmuskapelle, die Begräbnisstätte der Grafen von Welsperg mit
mannshohen Grabsteinen und Totenschilden mit gewappneten Rit-
tern. Das Marienmedaillon am Gewölbeschlussstein wird Michael
Pacher zugeschrieben. Die gotische Kapelle **St. Jakob** am Friedhof
hat Simon von Taisten um 1500 innen und außen mit Fresken bemalt. In der Dorfmitte steht einer der schönsten ****Tabernakelbild-**

stöcke Südtirols. Die Bilder zeigen Szenen aus dem Alten Testament und stammen wohl von Leonhard von Brixen (Ende 15. Jh.).

Über Pichl erreicht man St. Martin, den **Hauptort des Gsieser Tals**   St. Martin auf 1319 m Höhe. Ein Denkmal auf dem Dorfplatz erinnert an den 1776 hier geborenen Kapuzinerpater Joachim Haspinger, der im Tiroler Freiheitskrieg an der Seite von Andreas Hofer kämpfte. Nach dem Frieden von Schönbrunn 1809 musste er in die Schweiz fliehen. Im oberen Gsieser Tal endet die Straße in **St. Magdalena**, einem gut geeigneten Ort für die Sommerferien. Eine etwas schwierigere Wanderung führt von hier auf das Hochkreuz, den höchsten Berg des Tals (2740 m; 8 Std., 1300 Höhenmeter). Unterwegs passiert man die Wasserscheide zwischen Mittelmeer und Schwarzem Meer.

PRAKTISCHE INFORMATIONEN

Wie komme ich am besten nach Südtirol? Was sollte auf keinen Fall zu Hause vergessen? Wann ist die Hauptsaison und welches Wetter erwartet mich im Frühjahr, Sommer oder Herbst – beispielsweise am Kreuzkofel wie hier im Bild? Und welche Straßen sind eigentlich mautpflichtig?

Anreise · Reisevorbereitung

Mit dem Auto Die bekannteste Route von Deutschland nach Südtirol führt über die Autobahn A 8 München–Innsbruck–**Brenner** nach Bozen. In Österreich und Italien sind Autobahnen mautpflichtig. Auf der Brennerautobahn zahlt man für den Abschnitt Schönberg–Brenner (Europabrücke) eine Extra-Maut. Bereits an den Autobahntankstellen hinter München kann man die Vignette für die österreichischen Autobahnen (10 Tage, 2 Monate oder 1 Jahr) erwerben. Zusätzlich kann man auch die Brennermaut kaufen, dabei wird das Autokennzeichen registriert und erlaubt, zügig durch die Videomaut zu fahren.

> **Hinweis**
> Gebührenpflichtige Servicenummern sind mit einem Stern gekennzeichnet: *0180 ...

Aus dem westlichen **Österreich** kommend, gelangt man am besten über den ganzjährig befahrbaren Reschenpass nach Südtirol. Timmelsjochstraße (mautpflichtig), Staller Sattel, Stilfser Joch und Umbrailpass sind je nach Schneelage von Juni/Juli bis Oktober geöffnet. Kommt man aus dem östlichen Österreich, empfiehlt sich die Fahrt über Lienz und weiter auf der E 66 über Winnebach und das Pustertal nach Brixen. Von der **Schweiz** gelangt man zwischen Müstair und Taufers im Münstertal über die Grenze (ganzjährig geöffnet) nach Südtirol. Die Automobilclubs informieren über Mautgebühren, Öffnungszeiten der Grenzübergänge und Pässe.

Mit dem Zug Von Norden her kann man mit der Bahn über zwei Grenzübergänge nach Südtirol einreisen: über den Brenner oder aus Richtung Lienz (Österreich) über Innichen. Die Verbindungen sind ausgezeichnet. Die Anreise mit dem **Autoreisezug** ist ebenfalls eine Alternative. Autoreisezüge aus Düsseldorf, Hamburg und Hildesheim fahren nach Bozen. Die Fahrtfrequenz ist allerdings stark saisonabhängig. Auch von Österreich verkehren an Sommerwochenenden Autozüge von Wien in Richtung Italien.

Mit dem Flugzeug Nächstgelegene Großflughäfen sind Innsbruck, Venedig und Mailand. Der Regionalflughafen Bozen (Tel. 0471 25 52 55, www.abd-airport.it) wird zurzeit nur innerhalb Italiens angeflogen.

EIN- UND AUSREISEBESTIMMUNGEN

Personalpapiere Auch EU-Bürger müssen sich in Italien ausweisen können. Für Deutsche, Österreicher und Schweizer genügt der Personalausweis. Kinder brauchen einen eigenen Ausweis; ob Kinderreisepass, Reisepass oder Personalausweis, hängt vom Alter ab.

BAHN
Deutschland
Tel. *0 18 05 99 66 33
Tel. 0800 1 50 70 90
(kostenfreie Fahrplanauskunft)
www.bahn.de
(auch Auskünfte über inneritalienische
Bahnverbindungen)
www.fahrplan-online.de
www.dbautozug.de

Trenitalia
in Deutschland Auskünfte und Reservierung (nur Personenbeförderung)

Tel. 0 60 31 73 76 30
in Italien Tel. 89 20 21 (24 h)
www.trenitalia.com

Österreichische Bahnauskunft
Tel. 05 17 17
www.oebb.at

Schweiz
Tel. 09 00 30 03 00
Fahrplanauskunft und Fahrkarten-
bestellung
www.sbb.ch

Bei Diebstahl helfen die jeweiligen Auslandsvertretungen. Erste
Anlaufstelle ist aber die Polizei, denn ohne Kopie der Diebstahlsmel-
dung geht nichts. **Ersatzpapiere** bekommt man von der Botschaft
leichter, wenn man Kopien der jeweiligen Dokumente vorweist.

Verlust der Papiere

Mitzuführen sind Führerschein, die Zulassungsbescheinigung I (alter Kfz-Schein) und die Internationale Grüne Versicherungskarte.
Kraftfahrzeuge müssen das ovale Nationalitätskennzeichen tragen,
sofern sie kein EU-Kennzeichen haben.

Fahrzeug-papiere

Seit 2011 ist auf EU-Ebene vorgeschrieben, dass Haustiere mit im-
plantiertem Mikrochip reisen müssen; ebenfalls erforderlich ist ein
EU-Kleintierausweis samt Nachweis der Tollwutimpfung. Maulkorb
und Leine muss man dabeihaben.

Haustiere

Innerhalb der Europäischen Union ist der **Warenverkehr** für private Zwecke weitgehend **zollfrei**. Es gelten lediglich gewisse Höchst-
mengen (z. B. für Reisende über 17 Jahre 800 Zigaretten, 10 l
Spirituosen und 90 l Wein). Souvenirs sind bis 300 € zollfrei.
Für Reisende aus Nicht-EU-Ländern wie der Schweiz gelten folgende
Freigrenzen: 200 Zigaretten oder 100 Zigarillos oder 50 Zigarren
oder 250 g Tabak, ferner 2 l Wein oder andere Getränke bis 22 % Alkoholgehalt sowie 1 l Spirituosen mit mehr als 22 % Alkoholgehalt.
Zollfrei sind außerdem Geschenke bis zu einem Wert von 300 CHF.
Im **Zollausschlussgebiet** von Livigno, westlich von Südtirol, kann
man in rund 200 Duty-free-Läden zollfrei Waren einkaufen.

Zollbestim-mungen

Versicherte der deutschen Krankenkassen haben im Krankheitsfall
Anspruch auf eine Behandlung nach den in Italien gültigen Vor-

Kranken-versicherung

schriften. Auch mit der **europäischen Krankenversicherungskarte** muss in den meisten Fällen ein Teil der Kosten selbst bezahlt werden. Gegen Vorlage der Quittungen übernimmt die Krankenkasse zu Hause dann die Kosten – allerdings nicht für jede Behandlung. Schweizer müssen Behandlung und Medikamente selbst bezahlen.

Private Reise-versicherung Da die Kosten für ärztliche Behandlung und Medikamente teilweise vom Patienten bezahlt werden müssen und die Kosten eines evtl. notwendigen Rücktransports von den Krankenkassen nicht übernommen werden, empfiehlt sich der Abschluss einer zusätzlichen Reise-Krankenversicherung.

Auskunft

ITALIENISCHES FREMDENVERKEHRSAMT (ENIT)
ENIT in Deutschland
Barckhausstr. 10, 60325 Frankfurt
Tel. 069 23 74 34
www.enit-italia.de

ENIT in Österreich
Mariahilfer Str. 1 b, 1060 Wien
Tel. 01 5 05 16 39
www.enit.at

ENIT in der Schweiz
Uraniastr. 32, 8001 Zürich
Tel. 043 4 66 40 40
www.enit.ch

SÜDTIROL MARKETING GESELLSCHAFT (SMG)
Pfarrplatz 11, 39100 Bozen
Tel. 0471 99 99 99
www.suedtirol.info
Homepage des Tourismus-Dachverbands mit Informationen zu allen Orten und Tälern

INTERNET
Südtiroler Bürgernetz
www.provinz.bz.it

www.dolnet.it
Internet-Verzeichnis für Südtirol

Aktueller Nachrichtendienst für Südtirol
www.suedtiroljournal.com

Wetterbericht für Südtirol
www.provinz.bz.it/wetter/suedtirol.htm

Webcams in Südtirol
www.suedtirol24.tv

Aktueller Veranstaltungskalender
www.eventguide.it

Übersicht für die Skigebiete der Provinz
www.ski-ferien.com

Informationen über den Wein, Weinanbau und Kellereien
www.suedtirolerwein.com

www.lts.it
Kontaktadressen aller Südtiroler
Tourismusorganisationen

www.visittrentino.it
Tourismus-Homepage der Provinz
Trentino

www.dolomiti.com
Tourismus-Homepage der Nachbarprovinz Belluno

BOTSCHAFTEN
Deutsche Botschaft
Via San Martino della Battaglia 4
00185 Roma
Tel. 06 49 21 31
www.rom.diplo.de

Österreichische Botschaft
Via Pergolesi 3, 00198 Roma
Tel. 0 68 44 01 41
www.austria.it

Schweizerische Botschaft
Via Barnaba Oriani 61, 00197 Roma
Tel. 06 80 95 71
www.eda.admin.ch/roma

KONSULAT
Deutsches Honorarkonsulat
Dr.-Streiter-Gasse 12, 39100 Bozen
Tel. 0471 97 21 18

Mit Behinderung in Südtirol

In Südtirol sind viele Orte und Sehenswürdigkeiten auch für Menschen mit eingeschränkter Mobilität erreichbar. Gerade Museen sind häufig behindertengerecht ausgebaut. So kann man beispielsweise, dank einer Hebebühne, auch aus dem Rollstuhl einen Blick auf den berühmten »Ötzi« werfen.

*Independent L. –
Sozialgenossenschaft*
Laurinstr. 2/d, 39012 Meran
Tel. 0473 20 03 97
www.independent.it

»Südtirol für alle«
www.hotel.bz.it
Der Dienst von »Südtirol für alle« der
Sozialgenossenschaft Independent L.
hilft bei der Übernachtungssuche.

Elektrizität

Das Netz führt 220 V Wechselspannung. Im Allgemeinen ist ein Adapter (adattatore) nötig. Europanorm-Gerätestecker sind meist nur dann verwendbar, wenn sie dünne Kontaktstifte besitzen. Im Laden fragt man nach dem passenden Stecker (spina elettrica) für die Steckdose (presa di corrente, presa elettrica).

Elektrizität

Etikette

»Natürliche« Benimm- regeln

Südtirol gehört zu den meistbesuchten Urlaubsregionen Europas. Der Schutz der Natur sollte deshalb selbstverständlich sein. Auch außerhalb von Schutzgebieten (Naturparks, Biotope) sollte man die Wege nicht verlassen, keine Blumen pflücken oder Tiere stören. Abfälle gehören in die dafür vorgesehenen Behälter. Das Sammeln von Mineralien ist nur mit Genehmigung gestattet, das Sammeln von Pilzen ganz verboten. Die Einheimischen sehen es außerdem mit äußerstem Missfallen, wenn man durch ungemähte Wiesen geht, Fallobst aufliest oder sich zur Zeit der Traubenreife in die Weinberge begibt. Durchquert man Weidegebiete, muss beim Betreten und Verlassen das Gatter wieder sorgfältig geschlossen werden. Die prunkvollen und mit großer Hingabe gefeierten Kirchenfeste, allen voran die ländlichen Prozessionen, sind ein wichtiger Bestandteil der Volksfrömmigkeit und keine folkloristischen Veranstaltungen. Als Zuschauer sollte man sich entsprechend respektvoll verhalten.

Nicht zu viel italienisch

Auch ein Zeichen von Takt ist es, in Südtirol nicht die italienischen Ortsnamen zu verwenden, sondern die ursprünglichen deutschen Namen. Es wird nicht nur als überflüssige Unsitte aufgefasst, sondern trifft möglicherweise sogar einen empfindlichen Punkt der Einheimischen, denn die meisten italienischen Bezeichnungen erinnern an die Zeit, als der italienische Nationalist Ettore Tolomei (►Berühmte Persönlichkeiten) rund 20 000 deutsche Orts- und Flurnamen meist völlig willkürlich ins Italienische übersetzte.

Rauchverbot

In Italien gilt eines der strengsten Anti-Rauchergesetze: In öffentlichen Räumen – u. a. Büros, Bahnhöfen, Geschäften, Kaffeebars und Restaurants – darf bei hoher Strafe (bis 275 €) nicht geraucht werden. Ausnahmen gibt es nur in Lokalen mit Raucherräumen.

Geld

Euro

Italien gehört zur Eurozone. Für die nicht an das Euro-System angeschlossene Schweiz gilt zzt.: 1 € = 1,21 CHF bzw. 1 CHF = 0,82 €.

Banken

Banken sind in der Regel Mo. – Fr. 8.30 – 13.00 Uhr geöffnet; nachmittags variieren die Öffnungszeiten (ca. 14.30 – 15.30 Uhr). An Tagen vor Feiertagen (prefestivi) schließen die Banken um 11.20 Uhr. An **Geldautomaten** (bancomat) kann man mit Kredit- und Bankkarten rund um die Uhr Geld abheben. Den Verlust von Bank- bzw. Kreditkarte meldet man sofort, damit die Karte gesperrt werden kann. Der Sperr-Notruf Tel.-Nummer 0049 116 116 vermittelt den Kontakt für das Sperren von Bank-, Kredit-, Handy und Krankenversicherungskarten. Der Anruf ist außerhalb Deutschlands gebührenpflichtig (www.sperr-notruf.de).

In Italien sind Käufer verpflichtet, Kassenbelege (ricevuta fiscale, **Quittungen** scontrino) zu verlangen und aufzuheben. Es kann vorkommen, dass man nach dem Verlassen eines Geschäfts aufgefordert wird, die Quittung vorzuzeigen – damit soll Steuerbetrug erschwert werden. Der Ankauf imitierter Markenwaren, meist auf der Straße angeboten, ist untersagt und kann mit Geldstrafen bis 10 000 Euro geahndet werden, auch deshalb ist eine reguläre Quittung wichtig.

Gesundheit

Die Apotheken (farmacia) sind in Südtirol an Sonn- und Feiertagen **Apotheken** geschlossen. In den größeren Orten haben »Turnusapotheken« Bereitschaftsdienst. Hinweise auf die Öffnungszeiten und Adressen sind an den Apotheken angeschlagen.

Achten Sie darauf, dass Sie vor allem im Gebirge **nicht allein unter-** **Vorsicht im** **wegs** sind. Verlassen Sie sich auch nicht darauf, dass Sie mit dem **Gebirge** Mobiltelefon von jedem Standort aus Hilfe anfordern können, denn in den Gebirgslagen ist der Handy-Empfang nicht überall gewährleistet. Geben Sie Ihr Ausflugsziel im Hotel an. Wenn Sie in höheren Regionen unterwegs sind, sollten Sie selbst bei indirekter Sonneneinstrahlung auf entsprechenden **Sonnenschutz** achten, da die UV-Strahlung im Gebirge selbst bei Nebel oder Wolken sehr hoch ist.

Literatur und Film

Bauer, Ursula und Frischknecht, Jürg: Schüttelbrot und Wasser- **Bücher zur** wosser. Wege und Geschichten zwischen Ortler und Meran. Wan- **Einstimmung** dern im Vinschgau. Rotpunktverlag 2012. 31 Tourenvorschläge zur Entdeckung von Kultur, Geschichte und Sprache der Region.

Cube, Hellmut von: Mein Leben bei den Trollen. Mit einem Vorwort von Herbert Rosendorfer. Edition Raethia 2008. Diese gut 50 Jahre alte Liebeserklärung an Südtirol beschreibt das Leben der Schnalstaler Bergbauern – und wirkt bisweilen recht aktuell.

Dapunt, Roberta: Nauz, Folio Verlag 2012. 17 Gedichte in deutsch und ladinisch, dazu 34 Fotos, die sich dem bäuerlichen Leben im Gadertal widmen. Im Mittelpunkt steht das Schlachten eines

Schweins, was seit alters her zur Arbeit auf einem Bauernhof gehört und das Überleben sichert.

Dumont Bildatlas: Südtirol. MairDumont 2013. Stimmungsvolles Porträt der Region Südtirol.

Dumont Aktiv: Südtirol. MairDumont 2011. 35 Touren zu den schönsten Wanderzielen.

Gatterer, Claus: Schöne Welt, böse Leut, Folio Verlag 2005. Eine Kindheit in Südtirol zur Zeit des Faschismus wird hier vom Autor in einen humorvoll ironischen Roman verpackt.

Gummerer, Hermann, Hack, Franziska: Total alles über Südtirol, Folio Verlag 2013. Viele unbekannte Informationen über Südtirol.

Kompatscher, Anneliese und Schmalzl, Tobias: Südtirols Küche – raffiniert einfach, Folio Verlag 2006. Von Vorspeisen bis zu unwiderstehlichen Desserts und der entsprechenden Weinempfehlung.

Marseiler, Sebastian: Wege zur Kunst. Die bedeutendsten Kunstdenkmäler Südtirols. Athesia Verlagsanstalt 2011. Ein origineller und spannend zu lesender Führer zu Südtirols Kunstschätzen.

Messner, Reinhold und Tappeiner, Jakob: Dolomiten. Die schönsten Berge der Welt, Tappeiner Verlag 2006. Der Extrembergsteiger Reinhold Messner beschreibt seine Kletterheimat, die faszinierenden Fotos sind von Jakob Tappeiner.

Peterlini, Hans Karl: Wir Kinder der Südtirol-Autonomie, Folio Verlag 2010. Dank einer weitreichenden Autonomie hat sich Südtirol prächtig entwickelt.

Stimpfl, Oswald: Südtirol für Kinder, Folio Verlag 2013. Insgesamt 57 Vorschläge, wie man Südtirol mit Kindern erleben kann, zu Fuß, auf dem Pferd, mit dem Boot und auf dem Rad.

Südtirol im Film
Die Dolomiten und Südtirols Bergwelt sind auch ein beliebter Schauplatz für Kletter- und Bergfilme. So wurden die Dolomiten bei Leni Riefenstahls »Das blaue Licht« oder »Cliffhanger« mit Sylvester Stallone dramatisch in Szene gesetzt. Gröden ist die Heimat des legendären Bergfilm-Schauspielers, Filmemachers und passionierten Bergsteigers Luis Trenker (►Berühmte Persönlichkeiten), der n zahlreichen Filmen mitwirkte. Auch dem Extrembergsteiger Reinhold Messner sind mehrere filmische Dokumentationen gewidmet, die gleichzeitig die Faszination des Kletterparadieses Südtirol vermitteln.

Medien

In Südtirol sind eine ganze Reihe deutschsprachiger Sender zu empfangen. Im **Radio** sind eine Vielzahl kleiner Regionalsender sowie die österreichischen Stationen zu hören. Auch im **Fernsehen** dürfte es nicht zu Sprachproblemen kommen. Der Sender Bozen der italienischen Rundfunkanstalt RAI strahlt seine Sendungen in deutscher Sprache – und bei besonderer Relevanz für die Minderheit sogar in ladinischer Sprache – aus. Außerdem können das ZDF, erste und zweite Programm des ORF und das deutsprachige Schweizer Fernsehen empfangen werden.

Man spricht deutsch

Überregionale Tageszeitungen wie die »Süddeutsche«, die FAZ oder die NZZ sind vor Ort am Erscheinungstag erhältlich. Das Angebot an deutschsprachigen Lokalzeitungen ist groß, dabei hat die »Dolomiten« die größte Verbreitung. Ferner gibt es die »Tageszeitung«, die »Südtiroler Nachrichten«, das »Südtiroler Wochenmagazin FF« und zahllose kleine Zeitungen in den verschieden Tälern und Regionen. Bei den italienischsprachigen Lokalzeitungen führt »Alto Adige«.

Gedrucktes

Notrufe

Einheitlicher Notruf in der EU
Tel. 112 (Polizei, Unfallrettung, Feuerwehr)

Bergrettung
Tel. 118

Pannenhilfe ACI
Tel. 80 31 16
Mobil-Nr. 8 00 11 68 00

Straßenzustandsbericht, Wetter, Verkehrsmeldungen
Tel. 0471 20 01 98

Schnee- und Wetterbericht
Tel. 0471 27 11 77 oder 0471 27 05 55
www.provinz.bz.it/wetter/suedtirol.htm

ACE-Notrufzentrale
Tel. 0049 18 02 34 35 36

ADAC Notruf
Tel. 03 92 10 41 oder
0049 89 22 22 22

DRK-Flugdienst Bonn
Tel. 0049 2 28 23 00 23

Deutsche Rettungsflugwacht
Tel. 0049 7 11 70 10 70

ÖAMTC-Notrufzentrale Wien
Tel. 0043 12 51 20 00

Schweizer Rettungsflugwacht
Tel. 0041 4 46 54 33 11

Post · Telekommunikation

Post und Brief

Postämter sind im Allgemeinen von 8.30 bis 13.30 Uhr geöffnet; samstags und am letzten Tag des Monats schließen sie um 11.45 Uhr. **Briefmarken** (francobolli) kauft man entweder in Postämtern oder in Tabakwarengeschäften, die mit einem »T«-Schild (tabacchi) gekennzeichnet sind. Ein Brief bis 20 g sowie eine Postkarte ins europäische Ausland kosten 0,62 € und werden mit »Posta prioritaria« frankiert. Die **Briefkästen** sind rot.

Telefon

Telefongespräche ins Ausland kann man von öffentlichen Fernsprechern mit orangerotem Telefonhörersymbol führen. Diese funktionieren praktisch nur noch mit Telefonkarten (carta telefonica), die es u. a. in Bars, an Kiosken oder in Tabakgeschäften gibt.
Wichtig: Die Ortsvorwahlen sind Bestandteil der italienischen Rufnummern. Bei Ortsgesprächen und Anrufen aus dem Ausland muss die Vorwahl einschließlich der 0 gewählt werden. Dagegen fällt bei der Handy-Nummer die 0 weg.
Das **Handynetz** ist ausgezeichnet, in den Bergen muss man jedoch mit Funklöchern rechnen. Mobiltelefone wählen sich automatisch über Roaming in das entsprechende Partnernetz ein. Eine vor Ort erworbene Prepaid-Karte ist vor allem für Telefonate von Italien ins Ausland deutlich günstiger.

VORWAHLEN
von Deutschland, Österreich und der Schweiz
nach Italien 00 39

aus Italien
nach Deutschland 00 49
nach Österreich 00 43
in die Schweiz 00 41

Preise und Vergünstigungen

?
BAEDEKER WISSEN

Was kostet wie viel?

Menu: ab 18 €
Einfache Mahlzeit: ab 7 €
Espresso: ab 1 €
1 l Super-Benzin: ca. 1,80 €

Preise für Restaurants ► S. 62
Preise für Übernachten ► S. 81

Die **Mobilcard** ermöglicht an drei bzw. sieben aufeinander folgenden Tagen die öffentlichen Verkehrsmittel kostenlos in ganz Südtirol zu nutzen. Es gibt auch die **Museumobil Card**, hier kann man die freie Fahrt in den öffentlichen Verkehrsmitteln mit 80 Museen kombinieren (3 oder 7 Tage gültig). Wer gerne mit dem Leihfahrrad unterwegs ist, kann für die Beförderung die Bikemobil Card nutzen. Erhältlich sind diese Karten bei allen Tourismusämtern, den Verkaufsstellen des Südtiroler Verkehrsverbunds und den angeschlossenen Museen. Auskunft: www.mobilcard.info

Reisezeit

Südtirol liegt an der wetterbegünstigten Alpensüdseite. Die kalten, starken Luftströme aus dem Norden werden vom Alpenhauptkamm abgefangen. Die Jahresdurchschnittswerte zeigen im Vergleich zu den nördlichen Gebieten wesentlich mehr Sonnentage und weniger Niederschlag. Auch die Tiefdruckgebiete des Atlantik beeinflussen kaum das Klima. Schlechtwetter zieht meist mit feuchten, aber milden Strömungen von der nahen Adria oder vom Golf von Genua zu den Bergen. Während auf den Gipfeln der Hochgebirge ganzjährig Schnee liegt, ist das Klima in den nach Süden geöffneten Talböden von Etsch und Eisack fast mediterran. Dementsprechend variiert auch die **mittlere Jahrestemperatur**. Sie liegt beispielsweise in Sterzing im Norden (948 m ü. d. M.) oder in Bruneck (835 m ü. d. M.) um die 6 °C. Im östlich gelegenen Innichen sinkt das Jahresmittel sogar auf 4,7 °C. Warm wird es in Schlanders (9 °C) und Meran (11,5 °C) und am wärmsten in Gries bei Bozen (273 m ü. d. M.) mit 11,7 °C. Zum Vergleich: Die wärmste deutsche Stadt Freiburg kommt »nur« auf 10,4 °C.

Palmen und ewiges Eis

Südtirol punktet mit seinem milden Klima und seiner guten Infrastruktur. Da beginnt das Frühjahr meist schon im März und der bunte Herbst endet Anfang November, wenn das Wetter mitspielt. Dank Kunstschnee erleben die Gäste zu Weihnachten auch bei Schneemangel ein ungetrübtes Skivergnügen. Die **Hauptsaison** ist Juli und August, dann kann man in den wärmeren Bergseen baden und auch in hohen Lagen hervorragend wandern. Der Herbst ist berühmt für das Törggelen, ein beliebter Anlass für viele deutsche Gäste, von Buschenschank zu Buschenschank zu ziehen.
Der November ist eher ein ruhiger Monat, das gilt auch für den Dezember, abgesehen von den Besuchern aus Norditalien, die an den Adventswochenenden die Weihnachtsmärkte besuchen.

Fast das ganze Jahr Saison

Verkehr

Die Autobahn (autostrada) in Südtirol ist gebührenpflichtig (pedaggio). Die Autobahngebühr kann bar, mit Kreditkarte oder mit der sog. »Viacard« bezahlt werden. Man erhält sie in Italien bei den Automobilclubs, aber auch in Tabakläden sowie an Tankstellen.

Autobahn

Entfernungen

Tankstellen Die Einfuhr und der Transport von Benzin in Kanistern sind verboten. Es gibt bleifreies Benzin (95 Oktan, benzina senza piombo oder benzina verde), Superbenzin (97 Oktan) und Dieselkraftstoff (gasolio). Die Tankstellen sind in der Regel von 7.00 bis 12.00 und 14.00 bis 19.00 Uhr geöffnet; an der Autobahn gibt es meist einen 24-Stunden-Service. Fast alle Tankstellen bieten Selbstbedienung und Bezahlung am Geldautomaten an.

Verkehrs-vorschriften Neben den in Europa üblichen Verkehrsvorschriften gibt es in Italien einige Besonderheiten. Die **Promillegrenze** liegt bei 0,5. Außerdem muss man auf Autobahnen und Schnellstraßen tagsüber mit **Abblendlicht** fahren.
Es gelten folgende **Tempolimits**: Pkws, Motorräder und Wohnmobile bis 3,5 t: innerorts 50 km/h, außerorts 90 km/h, auf Schnellstraßen (zwei Spuren pro Richtung) 110 km/h, auf Autobahnen 130 km/h; Pkws und Wohnmobile über 3,5 t: außerorts 80 km/h, auf Schnellstraßen 80 km/h und auf Autobahnen 100 km/h. **Bei Regen** sind auf der Autobahn maximal 110 km/h anstatt 130 km/h erlaubt! Auf der **Brennerautobahn** besteht zudem ein generelles Tempolimit von 110 km/h. Wer zu schnell fährt und erwischt wird, muss mit hohen Geldstrafen rechnen.
Wichtig: **Pannenwesten**, die den Sicherheitsnormen entsprechen, sind Pflicht! Privates **Abschleppen** auf Autobahnen ist verboten. Im

Falle einer Panne werden ausländische Auto- oder Motorradreisende vom Pannendienst des italienischen Automobilclubs kostenlos zur nächsten Werkstatt abgeschleppt. Auf Motorrädern und Mopeds besteht **Helmpflicht**. Bei Totalschaden ist der Zoll zu verständigen, da sonst u. U. für das Schadensfahrzeug Einfuhrzoll bezahlt werden muss.

Zu den ganzjährig befahrbaren Passstraßen gehören die Grenzübergänge Reschen und Brenner, auch der Jaufenpass wird wegen des Skigebiets von Ratschings freigehalten. Folgende Pässe sind zu den Zeiten in Klammern gesperrt: Timmelsjoch (Oktober – Mai), Gavia (September – Juli), Penser Joch (November – April) und Stilfser Joch (Oktober – Juni). Auf den Passstraßen können gelegentlich schon im Herbst bzw. noch im Frühling winterliche Verhältnisse herrschen, die eine **Winterausrüstung** verlangen. Über wetterbedingte Beeinträchtigungen der Befahrbarkeit informieren die Automobilclubs sowie Hinweistafeln an den großen Zufahrtsrouten.

Passstraßen

Die Straße über das Timmelsjoch und die Stilfser Jochstraße sind mautpflichtig; Timmelsjoch: Pkw einfache Fahrt: 14 €, hin und zurück 18 €; www.timmelsjoch.it; Wochenvignette Stilfser Jochstraße: 10 €, Einzelkarten gibt es nicht; www.greenpass.bz.it.

Mautpflichtige Straßen

Unentgeltliches Parken ist in Städten und größeren Orten fast unmöglich. Kostenpflichtige Parkplätze sind mit blauer Farbe gekennzeichnet, man zahlt am Parkautomaten. Weiß umrandete Parkplätze sind Anwohnern vorbehalten.

Parken in den Städten

Wer in Italien ein Auto mieten möchte, muss mindestens 21 Jahre alt sein, eine Kreditkarte haben und seinen Führerschein zumindest ein Jahr besitzen. Bei internationalen Autovermietern kann man von Deutschland aus in der Regel billiger buchen. Örtliche Autovermieter stehen im Telefonbuch unter »Noleggio« bzw. »Autonoleggio«.

Mietwagen

Die regionalen Bus- und Zuglinien sind gut ausgebaut. Regionalen Zugverkehr gibt es auf der **Brennerlinie** (Brenner–Bozen–Ala). Die 1906 eröffnete und zwischen 1999 und 2005 eingestellte **Vinschger Bahn** verkehrt zwischen Meran und Mals (die 60 km lange Strecke wird in etwas mehr als einer Stunde zurückgelegt). Seit 2008 gibt es auch die **Pustertalbahn**. Sie fährt von Franzensfeste über Bruneck nach Innichen.
Wer die öffentlichen Verkehrsmittel des Südtiroler Verkehrsverbunds nutzt, kann mit der Mobilcard Geld sparen. Sie ist 3 oder 7 Tage gültig, erhältlich u. a. bei den Tourismusbüros und den Verkaufsstellen des öffentlichen Nahverkehrs; www.mobilcard.info.

Öffentlicher Nahverkehr, Mobilcard

AUSKUNFT & INFOS

Südtirol Bahn
www.vinschgerbahn.it
Tel. 84 00 04 71
Informationen u. a. über Süditirol Bahn,
Vinschger Bahn, Pustertalbahn etc.

Südtiroler Verkehrsverbund
www.sii.bz.it
Fahrpläne und Tarife für den Busverkehr;
Fahrscheine sind an Bahnhöfen, Busstationen, Kiosken u. Tabakläden erhältlich.

Südtiroler Verkehrsmeldezentrale
Tel. 0471 20 01 98
Verkehrsinfos über gesperrte Pässe,
Staus etc.

Automobilclub Südtirol
Italienallee 19/A
39100 Bozen
Tel. 0471 26 10 47; www.acibz.it
Zweigbüros: an Brenner- und Reschenpass, in Brixen, Neumarkt, Leifers, Meran, Innichen, Schlanders und Sterzing

SAD Nahverkehr AG
Italienallee 13/N, Bozen
Tel. 0471 45 01 11
www.sad.it
Fahrplanauskunft

AUTOVERMIETUNGEN IN BOZEN

Die Abrechnung erfolgt nur über
Kreditkarte.

Avis Autonoleggio
Piazza Verdi 18
Tel. 0471 97 14 67
www.avis.de

Hertz Italia Autonoleggio
Via Garibaldi 34
Tel. 0471 98 14 11
www.hertz.de

Budget Rent a Car
Via Galvani 1
Tel. 0471 21 25 60
www.budget.de

Zeit

Im Winterhalbjahr gilt in Südtirol die Mitteleuropäische Zeit (MEZ),
von Ende März bis Ende Oktober die Mitteleuropäische Sommerzeit
(MEZ + 1 Std.).

Index

Bildnachweis

Verzeichnis der Karten und Grafiken

BAEDEKER WISSEN

? *atmosfair*

nachdenken • klimabewusst reisen

atmosfair

Reisen verbindet Menschen und Kulturen. Doch wer reist, erzeugt auch CO_2. Der Flugverkehr trägt mit bis zu 10% zur globalen Erwärmung bei. Wer das Klima schützen will, sollte sich nach Möglichkeit für die schonendere Reiseform entscheiden (wie z.B. die Bahn). Gibt es keine Alternative zum Fliegen, kann man mit atmosfair klimafördernde Projekte unterstützen.

atmosfair ist eine gemeinnützige Klimaschutzorganisation unter der Schirmherrschaft von Klaus Töpfer. Flugpassagiere spenden einen kilometerabhängigen Betrag und finanzieren damit Projekte in Entwicklungsländern, die den Ausstoß von Klimagasen verringern helfen. Dazu berechnet man mit dem Emissionsrechner auf **www.atmosfair.de** wieviel CO_2 der Flug produziert und was es kostet, eine vergleichbare Menge Klimagase einzusparen (z.B. Berlin – London – Berlin 13 €).

atmosfair garantiert die sorgfältige Verwendung Ihres Beitrags. Alle Informationen dazu auf www.atmosfair.de. Auch der Karl Baedeker Verlag fliegt mit atmosfair.

Impressum

Ausstattung:
119 Abbildungen, 28 Karten und grafische Darstellungen, eine große Reisekarte

Text:
Dagmar Kluthe (Überarbeitung), Wieland Höhne, Monika Kellermann, Christoph Pichler, Anja Schliebitz und Oswald Stimpfl

Bearbeitung:
Baedeker-Redaktion (Anja Schliebitz, Isolde Bacher)

Kartografie:
Klaus-Peter Lawall, Unterensingen; MAIRDUMONT Ostfildern (Reisekarte)

3D-Illustrationen:
jangled nerves, Stuttgart

Infografiken:
Golden Section Graphics GmbH, Berlin

Gestalterisches Konzept:
independent Medien-Design, München

Chefredaktion:
Rainer Eisenschmid, Baedeker Ostfildern

11. Auflage 2013
Völlig überarbeitet und neu gestaltet

Anzeigenvermarktung:
MAIRDUMONT MEDIA
Tel. 0049 711 4502 333
Fax 0049 711 4502 1012
media@mairdumont.com
http://media.mairdumont.com

Printed in China

Trotz aller Sorgfalt von Redaktion und Autoren zeigt die Erfahrung, dass Fehler und Änderungen nach Drucklegung nicht ausgeschlossen werden können. Dafür kann der Verlag leider keine Haftung übernehmen.
Kritik, Berichtigungen und Verbesserungsvorschläge sind jederzeit willkommen. Schreiben Sie uns, mailen Sie oder rufen Sie an:

Verlag Karl Baedeker / Redaktion
Postfach 3162
D-73751 Ostfildern
Tel. 0711 4502-262
info@baedeker.com
www.baedeker.com

FSC
www.fsc.org
MIX
Papier aus verantwortungsvollen Quellen
FSC® C017606

Die Erfindung des Reiseführers

Als **Karl Baedeker** (1801 – 1859) am 1. Juli 1827 in Koblenz seine Verlagsbuchhandlung gründete, hatte er sich kaum träumen lassen, dass sein Name und seine roten Bücher einmal weltweit zum Synonym für Reiseführer werden sollten.

Das erste von ihm verlegte Reisebuch, die 1832 erschienene **Rheinreise,** hatte er noch nicht einmal selbst geschrieben. Aber er entwickelte es von Auflage zu Auflage weiter. Mit der Einteilung in die Kapitel »Allgemein Wissenswertes«, »Praktisches« und »Beschreibung der Merk-(Sehens-)würdigkeiten« fand er die klassische Gliederung des modernen Reiseführers, die bis heute ihre Gültigkeit hat. Der Erfolg war überwältigend: Bis zu seinem Tod erreichten die zwölf von ihm verfassten Titel 74 Auflagen! Seine Söhne und Enkel setzten bis zum Zweiten Weltkrieg sein Werk mit insgesamt 70 Titeln in 500 Auflagen fort.

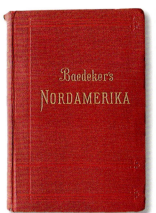

Bis heute versteht der Karl Baedeker Verlag seine große Tradition vor allem als eine Kette von Innovationen: Waren es in der frühen Zeit u. a. die Einführung von Stadtplänen in Lexikonqualität und die Verpflichtung namhafter Wissenschaftler als Autoren, folgte in den 1970ern der erste vierfarbige Reiseführer mit professioneller Extrakarte. Seit 2005 stattet Baedeker seine Bücher mit ausklappbaren 3D-Darstellungen aus. Die neue Generation enthält als erster Reiseführer Infografiken, die (Reise-)Wissen intelligent aufbereiten und Lust auf Entdeckungen machen.

In seiner Zeit, in der es an verlässlichem Wissen für unterwegs fehlte, war Karl Baedeker der Erste, der solche Informationen überhaupt lieferte. In der heutigen Zeit filtern unsere Reiseführer aus dem Überfluss an Informationen heraus, was man für eine Reise wissen muss, auf der man etwas erleben und an die man gerne zurückdenken will. Und damals wie heute gilt für Baedeker: Wissen öffnet Welten.

Baedeker Verlagsprogramm

- Ägypten
- Algarve
- Allgäu
- Amsterdam
- Andalusien
- Argentinien
- Athen
- Australien
- Australien • Osten
- Bali
- Baltikum
- Barcelona
- Bayerischer Wald
- Belgien
- Berlin • Potsdam
- Bodensee
- Brasilien
- Bretagne

- Brüssel
- Budapest
- Bulgarien
- Burgund
- China
- Costa Blanca
- Costa Brava
- Dänemark
- Deutsche Nordseeküste
- Deutschland
- Deutschland • Osten

- Djerba • Südtunesien
- Dominik. Republik
- Dresden
- Dubai • VAE
- Elba
- Elsass • Vogesen
- Finnland
- Florenz
- Florida
- Franken
- Frankfurt am Main
- Frankreich
- Frankreich • Norden
- Fuerteventura
- Gardasee
- Golf von Neapel
- Gomera
- Gran Canaria
- Griechenland
- Griechische Inseln
- Großbritannien
- Hamburg
- Harz
- Hongkong • Macao
- Indien
- Irland
- Island
- Israel
- Istanbul
- Istrien • Kvarner Bucht
- Italien
- Italien • Norden
- Italien • Süden
- Italienische Adria
- Italienische Riviera
- Japan
- Jordanien
- Kalifornien
- Kanada • Osten
- Kanada • Westen
- Kanalinseln

- Kapstadt • Garden Route
- Kenia
- Köln
- Kopenhagen
- Korfu • Ionische Inseln
- Korsika
- Kos
- Kreta
- Kroatische Adriaküste • Dalmatien
- Kuba
- La Palma
- Lanzarote
- Leipzig • Halle
- Lissabon
- Loire
- London
- Madeira
- Madrid
- Malediven
- Mallorca
- Malta • Gozo • Comino
- Marokko

- Mecklenburg-Vorpommern
- Menorca

- Mexiko
- Moskau
- München
- Namibia

- Neuseeland
- New York
- Niederlande
- Norwegen
- Oberbayern
- Oberital. Seen • Lombardei • Mailand
- Österreich
- Paris
- Peking
- Piemont
- Polen
- Polnische Ostseeküste • Danzig • Masuren
- Portugal
- Prag
- Provence • Côte d'Azur
- Rhodos
- Rom
- Rügen • Hiddensee
- Ruhrgebiet
- Rumänien
- Russland (Europäischer Teil)
- Sachsen

- Salzburger Land
- St. Petersburg
- Sardinien
- Schottland
- Schwarzwald
- Schweden
- Schweiz
- Sizilien
- Skandinavien
- Slowenien
- Spanien
- Spanien • Norden • Jakobsweg
- Sri Lanka
- Stuttgart
- Südafrika
- Südengland
- Südschweden • Stockholm
- Südtirol
- Sylt
- Teneriffa
- Tessin
- Thailand
- Thüringen
- Toskana
- Tschechien
- Tunesien
- Türkei
- Türkische Mittelmeerküste
- Umbrien
- USA

- USA • Nordosten
- USA • Nordwesten
- USA • Südwesten
- Usedom
- Venedig
- Vietnam
- Weimar
- Wien
- Zürich
- Zypern

BAEDEKER ENGLISH

- Berlin
- Vienna

Viele Baedeker-Titel sind als E-Book erhältlich: shop.baedeker.com

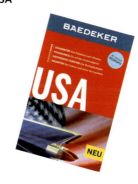

Kurioses Südtirol

Auf 116 Gemeinden kommen 200 Musikkapellen, der Kirchturm von Barbian fällt aus der Reihe und im Bozner Stadtteil Gries leben die Boazner Protzn. Südtirol hat manche Kuriositäten zu bieten.

►**Volksmusik**

In Südtirol gibt es viel zu feiern und immer spielt Musik. An der Auswahl mangelt es nicht: Die 116 Gemeinden Südtirols können auf 200 Musikkapellen zurückgreifen.

►**Törggeln**

Eigentlich war es ein uralter Brauch, im Herbst zum neuen Wein auch eine herzhafte Mahlzeit zu genießen. Dabei ging man von Hof zu Hof, um herauszufinden, ob der Wein beim Nachbarn auch gelungen war. Dann wurde die Sitte vergessen und erst in den 1960er-Jahren zur Belebung des Fremdenverkehrs wieder entdeckt.

►**Kaiserweg**

Aus Furcht vor der wilden Eisack haben bis ins späte Mittelalter alle Händler und die deutschen Könige auf ihrem Weg zur Kaiserkrönung in Rom die Schlucht gemieden und dafür lieber einen großen Umweg über den Ritten in Kauf genommen.

►**Weirouge**

Äpfel gibt es in Südtirol viele. Etwas Besonderes ist der Weirouge, der zehnmal so viel Anthocyane besitzt wie ein herkömmlicher Apfel. Diese entgiften den Körper und senken angeblich das Krebsrisiko.

►**Kirchtürme**

Bei so vielen Kirchen fällt mancher Turm aus der Reihe. So weicht der schiefe Turm in Barbian 1,5 m auf 37 m von der Geraden ab. Und der Kirchturm von Graun ragt aus dem Reschensee heraus – er erinnert an das ehemalige Dorf, das 1950 beim Bau des Stausees am Reschenpass im Wasser verschwand.

►**Osterbräuche**

Am Palmsonntag, dem Sonntag vor Ostern, wird der Einzug Jesu nach Jerusalem gefeiert. Anstelle der Palmzweige sind in Südtirol Sträuße aus Olivenzweigen, Buchsbaum und Frühlingsblumen in Gebrauch, die an sehr lange Stangen gebunden und mit bunten Bändern verziert werden.

►**Spitznamen**

Sehr verwirrend sind die Spitznamen für die Mitglieder einzelner Gemeinden. Wer würde schon Birnbeißer hinter den Leuten aus Villanders vermuten? Dort wachsen besonders viele Birnbäume. Dazu gehört auch die Bezeichnung Lagreinschädel für die Bewohner des Bozner Stadtteils Gries, wo ein guter Lagrein wächst. Und aufgrund des großen Reichtums im Mittelalter spricht man bei den Boznern auch von den Boazner Protzn.